Maps

That
Changed
The
World

Maps

That
Changed
The
World

改變歷史的地圖與製圖師

That Changed The World

約翰・克拉克——著
John
O. E. Clark
曾雅瑜——譯

contents 目錄

Chaper 3 第三章 探險時代

Chaper 4 第四章 軍事地圖

Chaper 5 第五章 劃界

Chaper 6 第六章 奇幻、荒唐、捏造

S. Martens kerck
Eechboudt
Muinck Merschen
Nonnenbossche Abdesse Clooster
Spaens oft nieu Casteel
Antwerpsche poort
1 . S. Ians Kerck
2 . S. Niclaes Kerck
3 . S. Michiels Kerck
4 . S. Iacobs Kerck
5 . Onse lieve Vrouwe Kerck
6 . S. Salvators kerck, alias Sheylich kerst
7 . Abdÿe van S. Pieter
8 . Abdÿe van Baudeloo
9 . Abdye van Drongen
10 . Cartuysers Clooster
11 . Vrouwen broers Cloost.
12 . Predick-heeren Cloost.
13 . Augustÿnen Clooster
14 . Recollecten Clooster
15 . Capucynen Clooster
16 . Iesuyten Clooster
17 . Ingelse Iesuyten Cloost.
18 . Cellebroeders
19 . Rÿcke Claeren Cloost.
20 . Rÿcke Gasth. Abdesse Cl.
21 . Oosteckeloo Abdesse Cl.
22 . Groenenbriele Abdes. Cl.
23 . Arme Claren Clooster
24 . Cloost. Hagen Abdesse
25 . Doorseele Abdesse Cl.
26 . Vrouwen discalce Cloost.
27 . Gallileen Clooster
28 . S. Angeneten Clooster
29 . Deynse Abdesse Clooster
30 . S. Ioris Franc Clooster
31 . Ingelse Nonnen Abd. Cl.
32 . Annonciaten Clooster
33 . Groot Bagÿnhoff
34 . Cleyn Bagÿnhof
35 . Penitenten
36 . S. Ians Gods-huys
37 . S. Ioris Godshuys
38 . Swerte Susters
39 . Wedenaers Godtshuys
40 . Weevers Cappel
41 . Oost Ackergem Godesh.
42 . Eloy Cappel
43 . S. Moor Cappel
44 . Heyligh-bloet Cappel
45 . Weesenhuys
46 . Schippers Cappel
47 . S. Catharinæ Hospitael
48 . Simpel huys
49 . Meyskens weesenhuys
50 . Fraters of Knechtj. weesh.
51 . Hebbeliens Hospitael
52 . S. Iacobs huys oft Hospit.
53 . S. Ians huys oft Hospit.
54 . Graven Casteel
55 . Princen Hoff
56 . Stadt-huys
57 . Belfort
58 . Coorenmert
59 . Verckens mert

根特

Ghent

1649年

布勞家族城市地圖集《比利時城市劇院》（*Theatrum Urbium Belgicae*）涵蓋數十幅精緻細膩手法製作的系列風格地圖。布勞家族很快成為著名的製作高水準精美地圖出版商；也成為歐洲最大型的印刷坊。（參見116頁至121頁）。

填補未知領域，激發想像空間

地圖總是有股揭開世界真貌的潛力，令人想像未知的世界。地圖上的點、線、面，不僅同時展現希望與恐懼，也激發心靈層面的漫遊與好奇。此書典藏的地圖集，證實製圖學是綜合了科學與藝術。地圖早在文字發明前已存在，如今則以最先進的電腦科技及成像系統繪製。從許多地圖中，不乏可見製圖者想表露的宇宙信念，甚及探討地球物理的真相。此外，地圖上所宣示的領土主權，也象徵著社會與政治的權力和抱負。從東、西方的製圖學發展史來看，關於現實與想像的歷史空間，以及人類與宇宙的關係到入侵征服世界的描繪，皆為密不可分。從楔形文字至電腦輔助設計的地圖製作過程，其實也反映了科技的發展。希望這本包羅萬象的地圖典藏集，以及每幅地圖背後的創作故事，能夠闡釋千變萬化的製圖文化與視覺象徵之間的關係。

然而，本書還不構成完整的地圖歷史。美國芝加哥大學出版社早已發行一套《製圖學史》（*The History of Cartography*），前後共六卷。第一卷於1987年發行，書名為《史前、古代、中世紀歐洲及地中海之製圖學》（*Cartography in Prehistoric, Ancient, and Medieval Europe and the Mediterranean*）。最後一卷《二十世紀製圖學》（*Cartography in the Twentieth Century*）則於2015年發行，總共1,960頁。本書雖非學術論述，但書中呈現的地圖將激發點燃人們的想像力。

多樣形式展現世界

許多地圖僅止於賞心悅目，但由於人們想了解地圖背後的科學因素，於是出現了視覺效果並非製圖重點的地圖，例如：洪堡德（Humboldt）的地球磁場圖，或是美國航空暨太空總署的金星探測圖等等。此外，也有些人認為製圖學只力圖發展美學而非科學，但事實並非如此，以下為麥卡托地

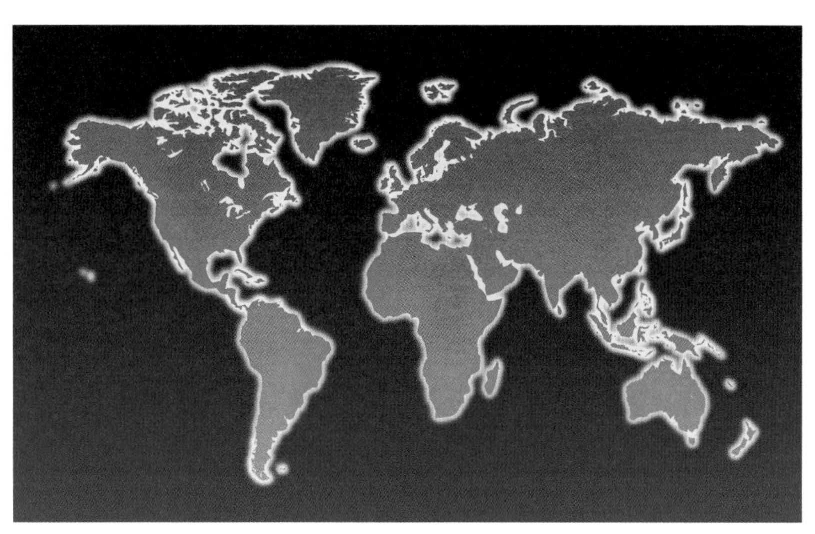

◀最基本的「麥卡托投影」（左圖並非真正標準的麥卡托原圖，但也相差不遠）。此圖不再被視為一幅地圖，反而是世界標誌的一種。你可以拉長地圖，又或許在太平洋增加一條半英寸水域，說不定因此意外創造出更準確的地理位置，特別是有關各區域的呈現。

▲此幅為迪斯諾斯（Charles Louis Desnos ，1725～1812年）於1786年繪製的一幅華麗地圖，完全不遵循「少即是多」的原則。半球地圖顯示英國皇家海軍上校庫克船長（Captain James Cook）的航程。圖中詳細說明了非洲是最炙熱的大陸，亞洲是鮮少人知的富饒之地。

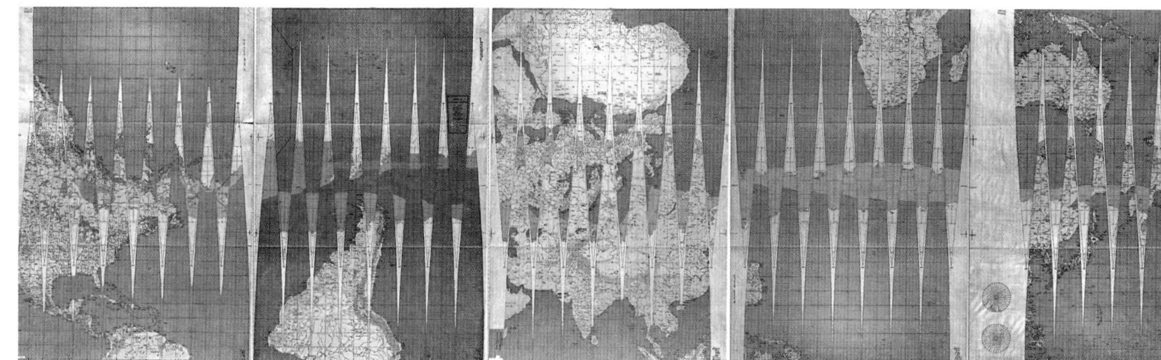

圖投影法基本斜角的簡易座標公式說明：x ＝ $\tan^{-1}$（tanØcosØp＋sinØpsin（z-zo））÷ cos （z-zo），Z代表經度，Ø代表緯度。

有些地圖既不精美，也不具備技術或科學的繪製成就，但仍有其它值得讚賞之處，例如：宣傳地圖提醒大家製圖語言需細心解讀。而一幅草擬「部分北美地區的戰地，包括清楚易辨的道路……河川……新堡壘的通用地圖，」詹姆斯上校（James Montressor）於1760年明確指出，「這將是一幅可被政府部門和軍事採納的地圖」，這些地圖設計用意是要適用貿易需求和擴張領地。其它像是約翰．史諾（John Snow）繪製的霍亂地圖等等，則以社會議題為出發點。

地圖不斷地反覆挑戰視覺效果。在一張平坦紙張上要精準地描繪出龐大地球面貌，不僅是個艱鉅難題，也意味著製圖必得妥協。除了基本製圖重點之外，特定型態地圖也有棘手之處，像是找出合適資料，確認地理空間位置，最後準確描繪製圖，這些過程皆因地圖類型不同而有所差異。此外，通常標明鐵路路線遠比表明厭惡之地（都市人不願踏入之處）來得容易許多，但兩者皆為人類所處的空間。要凸顯大多數宗教信仰的溯源很容易（如：天主教源自義大利、猶太教源自以色列），但要描繪宗教忠誠度卻很困難。

地圖是觸覺形式感知空間，而空間感知的轉換和變化特質，大大影響我們對地圖的理解。地圖所涵蓋的多重意義，增加了地圖的魅力、複雜度和重要性。關於「世界哪個方向應朝上」的討論則充滿歧異。

地圖的北半球應朝上的概念也受到很大挑戰，除了《麥克阿瑟的通用糾正世界地圖》（McArthur's Universal Corrective Map of the World；1979年發行於亞它門），其概念如同地圖結尾標題的描述：「澳大利亞永存——宇宙主宰者」。地圖必須以格林威治子午線為中心，而歐洲必得座落於世界中心的說法並無根據。事實上，許多早期地圖並無此作法。反倒是許多美國地圖把西半球設定為世界中心。

▲1942年繪製，使用150年前相同手法來描繪世界地圖。此幅是美國戰略局為美國戰爭部準備的舟狀區塊圖（長達127公分），「版權屬韋伯科斯特洛公司，但美國政府有權修改和補充地圖資料。」倘若能知「補充」了哪些資料應該蠻有意思的。負責收集和分析戰略情報的美國戰略局（OSS）成立於1942年。

▶此幅舟狀區塊圖（gores）為卡西尼（Giovanni Maria Cassini，1754～1824年）於1790年在羅馬所印製，可拼貼成333公分高的地球儀，圖中顯示庫克船長的航程。該幅和迪斯諾斯的地圖（前頁）同時期繪製，主題屬性也相同（顯然是暢銷款），幾乎找不出差異。卡西尼的地球儀跟他的《最新地理觀測概述地圖集》（*Nuovo Atlante geografico delineato sulle ultime osservazioni*）裡的舟狀區塊圖都廣受歡迎。

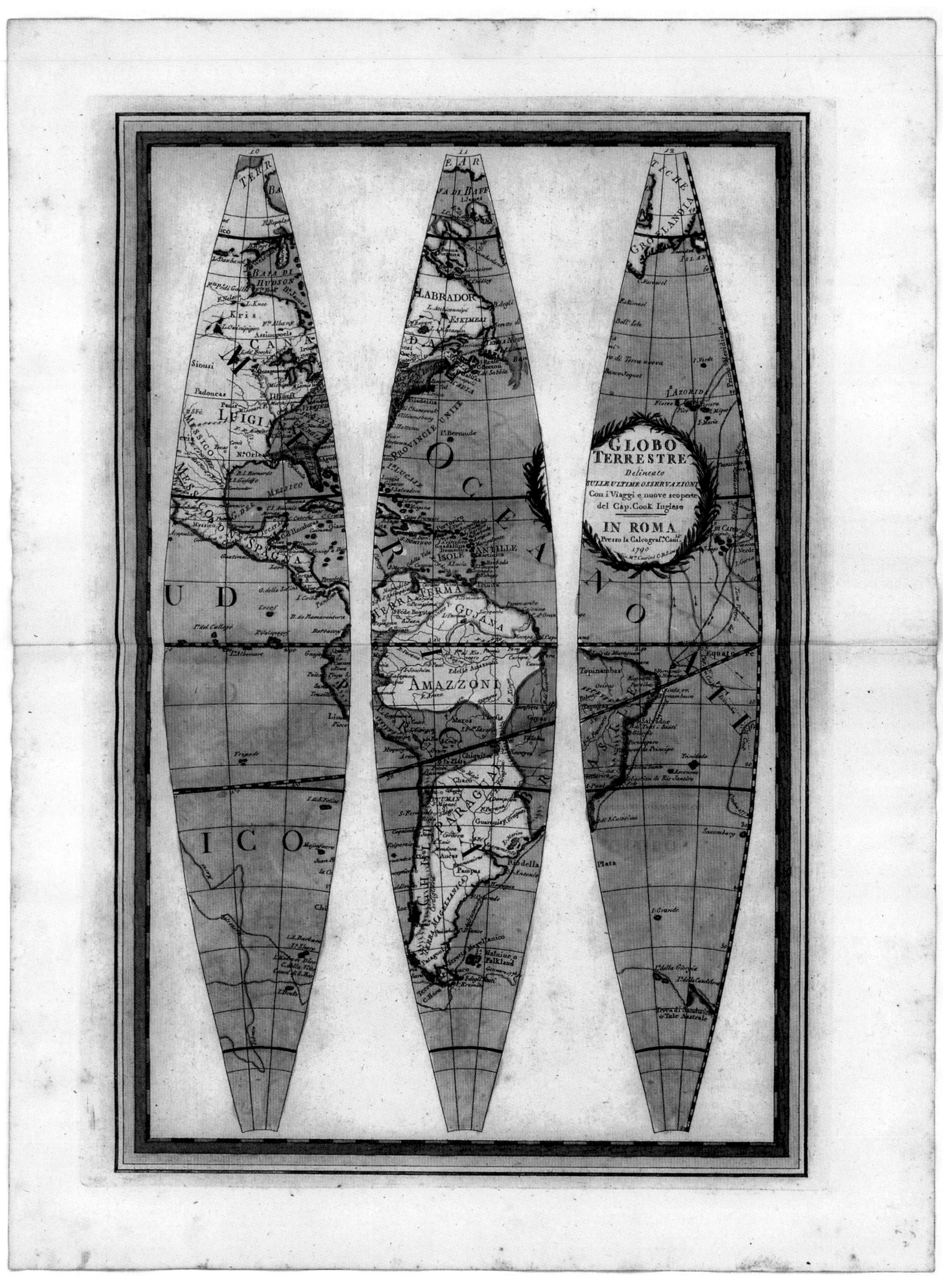
GLOBO
TERRESTRE
Delineato
SULLE ULTIME OSSERVAZIONI
Con i Viaggi e nuove scoperte
del Cap. Cook Inglese
IN ROMA
1790
LABRADOR
AMAZZONI
GUIANA
PARAGUAI
PROVINCIE UNITE
LUIGIANA
IN ROMA
Topinambas
Plata

本書有許多地圖最初源自地圖集，例如：奧特柳斯（Ortelius）和布勞家族（Blaeu family）的作品，除了地圖功能性很強之外，他們的創作之美亦有其之道。歷史地圖集並非意指古地圖，而是與歷史相關的地圖，令人更能深入了解有趣的製圖發展變化。直到20世紀，歷史地圖內容顯然成為國際關係方面的定義，特別是戰爭和領土主權的轉變。在歷史演進中，國家總被假設為關鍵單位（和物件），而地圖集相對涉及改變國家邊界狀態，特別是帝國總有興盛衰敗之時。誠如愛德華·吉本（Edward Gibbon）所撰的《羅馬帝國衰亡史》（*Decline and Fall of the Roman*；1776～88年發行於倫敦）那般，帝國的興衰迭起（尤其羅馬帝國）為年代史注入道德故事的特色，並與該時期的歷史作品相互輝映。19世紀（及之前）歐洲勢力的擴展稱霸掌控了世界各地。倫敦大律師愛德華·奎因（Edward Quin）繪製的《各歷史時期的世界地圖集》（*Historical Atlas in a Series of Maps of the World*；1830年倫敦發行），其利用色彩來表示歐洲中心式的「文明」。「我們統一用橄欖綠來代表類似時期……野蠻不文明的國家，」他寫道，「就像目前的非洲內部。」

1945年後期，地圖開始出現信心危機。例如，歷史地圖集上開始縮減強調自然地理環境，這點其實反映出某些因素，包括全球化現象，以及與唯物主義概念漸行漸遠的思維變遷。以上所帶來的效應使得地圖設計變得更加創新，但解釋歷史的能力也相形漸弱。

權力、商業價值與知識的角力

然而，製圖師到底有多大的自主性呢？就算連本書所提及的偉大製圖家奧特柳斯（參見第106頁），他的地圖仍是團隊合作加上商業導向之下所產生的結果。至於製圖師是否能帶來宏觀的學術想法或個人觀點揣測，這點我是抱持保留的態度。因為顯然跟其它種類書籍比較起來，地圖集封面無論印的是作者、製圖師或編輯的名字（或三者加起來）都只說明一件事，那就是出版商是主導地圖集框架的人。從最基本的層面來看，出版商是定案執

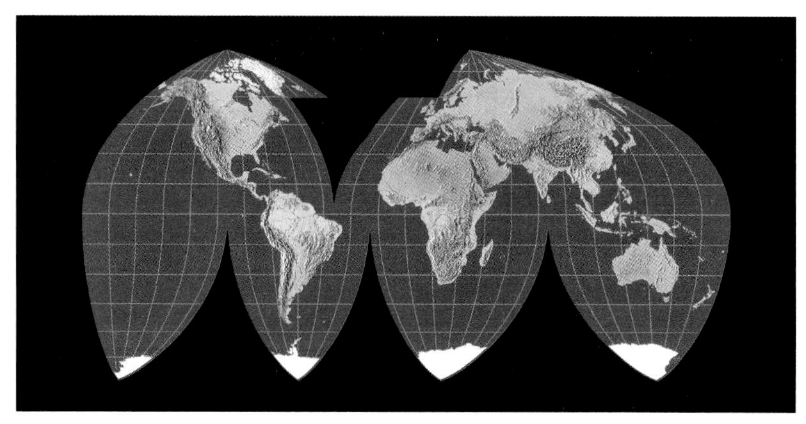

◀此幅為同時保持五大洲良好形狀不致變形的「古特投影」。以技術層面來說，「古特分瓣投影」（Interrupted Goode Homolosine Projection）是等積偽圓柱投影地圖。

▶此幅為費德列克·維特於18世紀早期繪製的愛爾蘭地圖。地圖同時提供德國、法國、英國和愛爾蘭的比例尺單位，算是解決製圖師煩惱的好例子。即便16世紀末已制定了「法定里」（statute mile），但各國在其國內不同地區的里程長度也不盡相同。例如：法國勃根地的里格（lieue）比巴黎的里格還要長。在愛爾蘭1英里等於2,240碼。（更多關於維特，參見第122頁）。

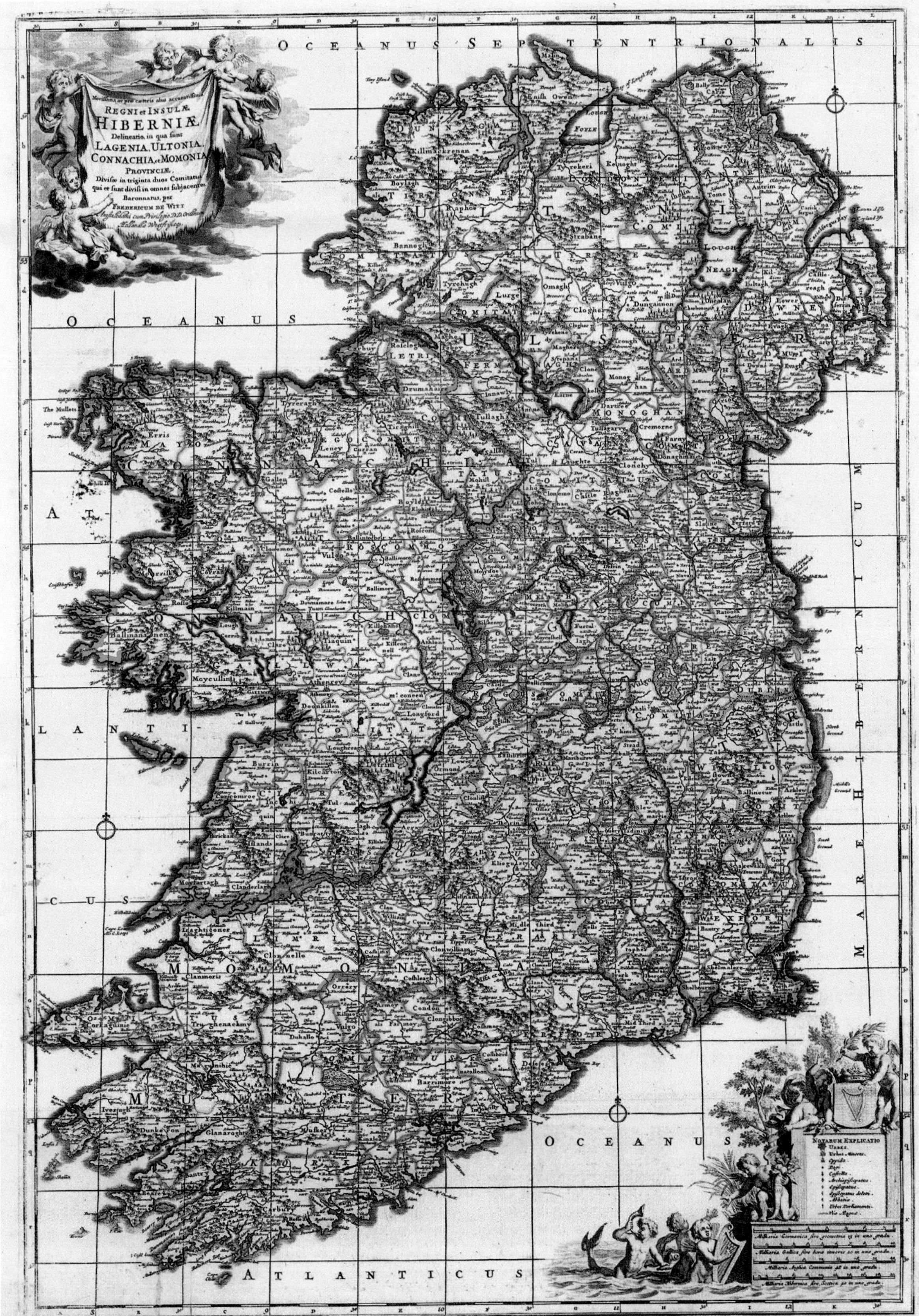
OCEANUS SEPTENTRIONALIS
REGNI et INSULÆ
HIBERNIÆ
Delineatio, in qua sunt
LAGENIA, ULTONIA,
CONNACHIA, et MOMONIA
PROVINCIÆ,
Divisæ in triginta duos Comitatus
qui et sunt divisi in omnes subjacentes
Baronnatus, per
FREDERICUM DE WITT
OCEANUS
ATLANTICUS
MARE HIBERNICUM
ULTONIA
CONNAUCHT
MOMONIA
MUNSTER
LOUGH NEAGH
OCEANUS
ATLANTICUS
NOTARUM EXPLICATIO

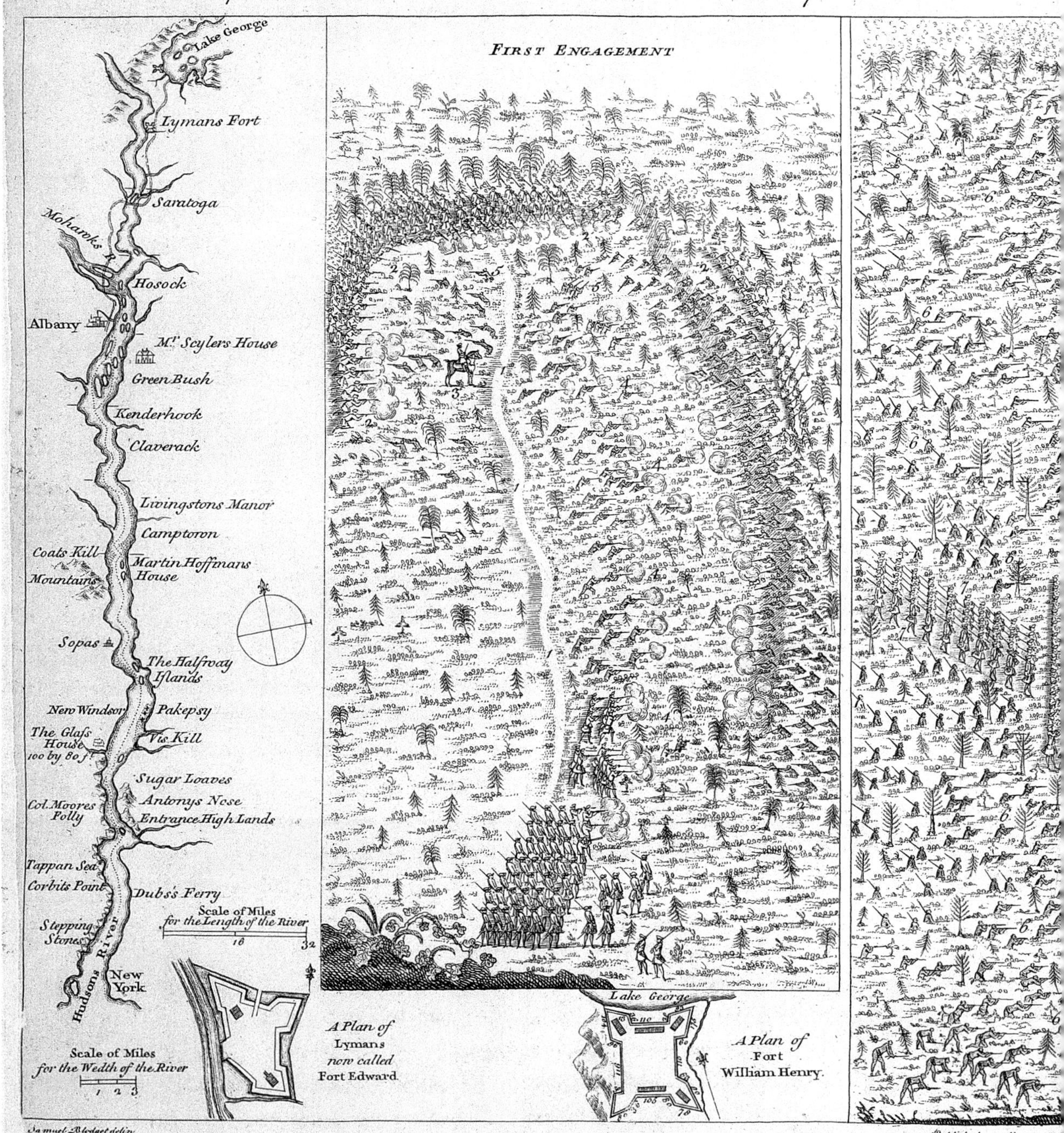
A Prospective View of the BATTLE fought near Lake G
under the command of Gen.l Johnson: & 2500 French & Indians under the command of Gen.l Dieskau in which t
First Engagement
Lake George
Lymans Fort
Saratoga
Mohawks R.
Hosock
Albany
Mr. Scylers House
Green Bush
Kenderhook
Claverack
Livingstons Manor
Camptown
Coats Kill
Mountains
Martin Hoffmans House
Sopas
The Halfway Islands
New Windsor
Pakepsy
The Glass House 100 by 80 f.
Vis Kill
Sugar Loaves
Antonys Nose
Col. Moores Folly
Entrance High Lands
Tappan Sea
Corbits Point
Dubs's Ferry
Stepping Stones
Hudsons River
New York
Scale of Miles for the Length of the River
16
32
Scale of Miles for the Wedth of the River
1 2 3
A Plan of Lymans now called Fort Edward
A Plan of Fort William Henry
Samuel Blodget delin
Published according to Act

on the 8th of Sepr 1755, between 2000 English with 250 Mohawks,
were victorious captivating the French Genl. with a Number of his Men killing 700 & putting the rest to flight

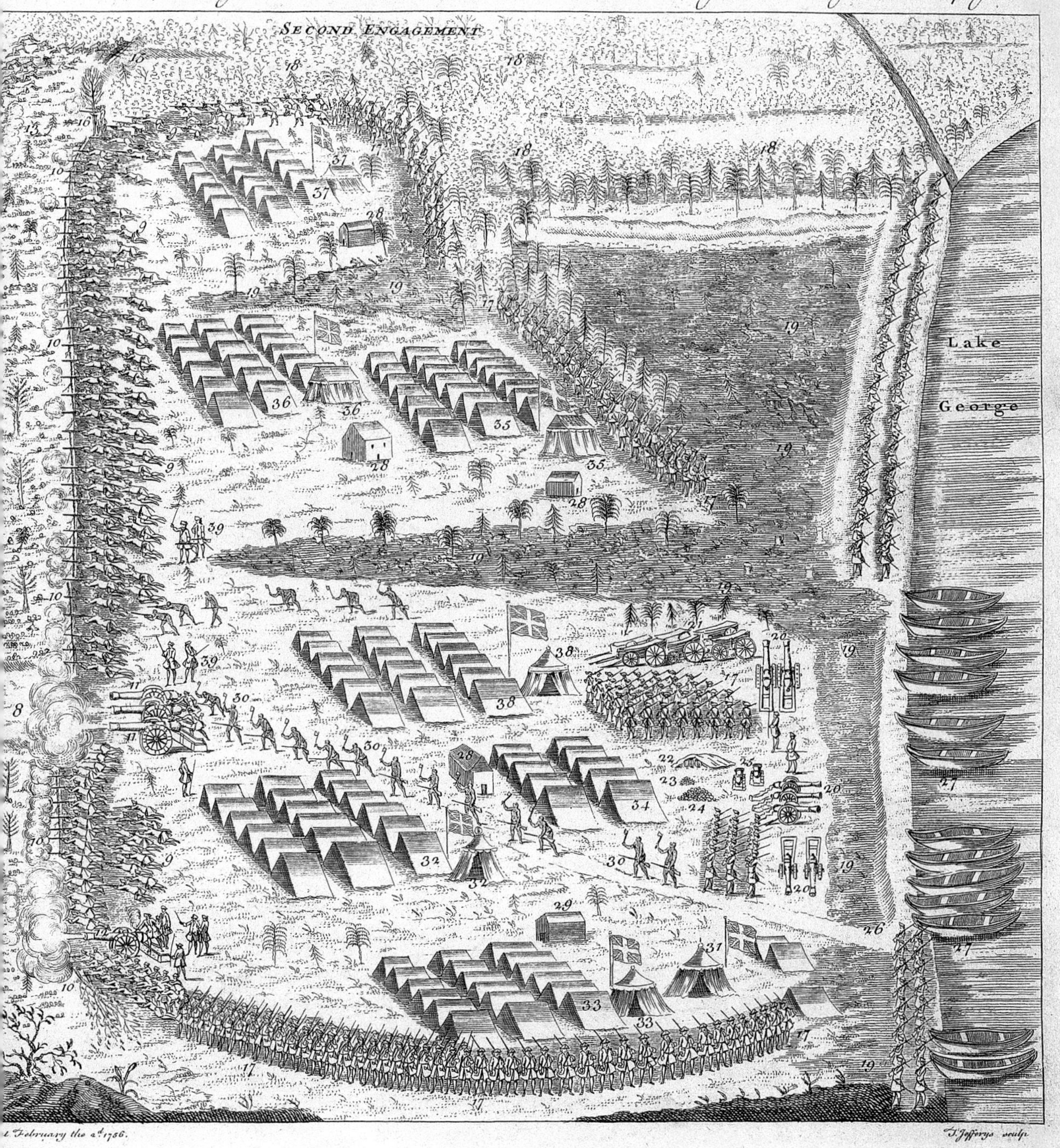

▲1755年9月8日，喬治湖附近的戰役鳥瞰圖。英國與莫霍克盟友擊敗了法國和印度軍隊。製圖作為重要的戰爭工具，可透過本書「軍事地圖」章節清楚了解；而有些地圖只能作為戰後的紀念，向戰勝者致敬。

行時間長短和地圖篇數多寡的決策者，因為無論早期或現代的地圖集製作費用，肯定都比製作文本或圖片來得昂貴。（早期製圖家有時身兼出版商，因而簡化了繁瑣過程。）

於此，有幅戰爭歷史地圖可作為舉例說明。幾年前我製作了一幅有關18世紀的印度地圖，主旨在於彰顯歐洲帝國間接影響的前60年帝國版圖。這是一幅標準側重歐洲入侵印度的南北地圖，藉此凸顯印度和周邊海域的關係。印度主要以半島形式呈現，而孟買、加爾各答、果阿、馬德拉斯等歐洲掌控的沿海地區，虎視眈眈德里。這幅地圖按慣例只表明由克里夫（Clive）領兵獲勝的「阿爾可提與普拉西戰役」（Battles of Arcot and Plassey），並且印記著當時不列顛併吞印度的時空狀態。相對來說，印度歷史可能記載著迥然不同的歐洲挫敗事蹟，例如：1779年的《華德岡協定》（Convention at Wadgaon），或1780年邁索爾（Mysore）的海德爾・阿里（Hyder Ali）戰勝不列顛的「博魯馬卡戰役」（Battle of Perumbakkam），或1782年提普蘇丹獲勝的「柯蘭河戰役」（Coleroon river ），或1790年與1791年夏季，不列顛接連抗敗邁索爾的戰役。

我提案的地圖主題是針對幾個擴張主義權力接替蒙兀兒帝國（Mughal Empire）的爭議，像是不列顛（絕無例外）、馬拉地聯盟（Marathas Confederation）、海得拉巴的尼扎姆（Nizam of Hyderabad）、孟加拉的納瓦布（Nawabs of Bengal）、卡納提克（Carnatic）和邁索爾的蘇丹（Sultan of Mysore）。我想強調接替蒙兀兒帝國的入侵國，必須從開伯爾山口進入印度要道、直搗德里的地圖觀點。總之，這幅地圖最後因觀點不具商業價值考量而無法出版。對於出版商和其他發行商來說，他們只想要發行大眾深感興趣的東西。而諸如政府或公共組織出版的地圖，對於製圖者或製圖團隊來說，所承受的壓力相對有差，但壓力也未必減少。如果像我這種探索印度歷史的學術地圖無法出版的話，那麼可想而知類似集權主義的史達林會如何善用製圖師呢。

以同比例呈現的地圖，其空間和距離看起來毫無差異，但其實不然。距離的概念隨著時間演變產生變化，而變化的感知頻率也非永恆不變。舉例來說，1776年的時空的旅程概念，會更接近223年前的情況，而非223年後的狀態。至今，地圖仍無法捕捉未知祕境的生活經驗。同樣地，天神直接介入、人類世界的善惡交集、天堂和地獄、神聖之地等感知，在很大程度上被今日的世俗主義和科學所限縮。但是這些卻是早期製圖考量的重要概念，像澳洲原住民的地圖、天體音樂地圖，甚至神祕的阿瓦隆島等，都將於本書中說明。

蘊含形色各異的主觀意識與解讀

從小我對地圖深感興趣，只要是附有地圖的書籍，像是《燕子與鸚鵡》（*Swallows and Amazons*）或《哈比人》（*The Hobbit*）等書，皆令我愛不釋手，地圖讓故事情節更紮實易解，令人彷彿身歷其境。在倫敦郊區長大的我，也讓哈利．貝克（Harry Beck）的地鐵圖定義了我的世界；他的地圖設計呈現不同的進城路徑，以清楚對稱的路線結構蔓延整座城市，這份地圖也幫助我以前在送報時，免於繞路之苦。小時候的我，為自己的想像世界寫過一篇附有地圖講解的歷史，還自行繪製一幅地圖作為其中一個真實國家歷史演變的說明。（讀者閱讀到最後一章「奇幻、荒唐、捏造」時，可能會喚起類似回憶。）以前學校將地理當作歷史課來教，其意味著問題是從「香蕉打哪來」開始，但現代的地理課卻會說，「如果閱讀地理區域的分析，就會知道香蕉來自何處。」總之，地圖讓現實世界解放，從十幾歲起，我總是興高采烈幫家人策劃歐洲大陸的公路旅行或英國行腳路程。直到今日，即便是飛機上的地圖（航空雜誌地圖和電子螢幕地圖）仍令我深深著迷。兩者雖為相同航線，但呈現方式卻截然不同，這份差異性很引人注目。

想到最初動筆撰寫引言時，英國各報充滿選舉地圖，雖然訊息清楚明瞭，但也因簡化資訊而產生誤導，例如：該選區中，超過百分之六十的選民對當選人投下反對票，但標示選民的色碼卻採用當選人政黨的代表色，幸虧英國採用「簡單多數決」（first-past-the-post）的選舉制度才有辦法這麼做。我們可說這幅地圖精準描述了當選結果，同時也曖昧表達選民的政黨喜好。其實更好的作法應是利用色彩比例圖加上數字說明，來呈現不同選區選民的投票比例，但這會變成為了呈現精準數據而犧牲掉理解力，這是之後的地圖都需衡量考慮的地方。

無論如何，我的看法肯定多少會引起一些讀者共鳴，每個人都可用自己的歷史觀點去理解和欣賞地圖。而這些多元的理解與欣賞角度，便也說明為何地圖蘊含形形色色的主觀意識與解讀看法。而地圖也常被用於宣傳目的，但並非意味地圖就不具價值，或者說地圖只是透過分配或操作觀點來掌控領土的簡單手段。反之，了解看法的細微差別是有必要的，而為了明白象徵意義，同時也要察覺地圖的本質問題。

本書將鼓勵人們著眼於未來。在視覺日益主導文學之上的世界裡，地圖將扮演明顯角色。某種程度上是因為無論是人腦或人工微晶片機器等等，這些人們不太熟悉明白的組織系統是需要被描述理解的。在欣賞地圖的遼闊世界的同時，輝煌燦爛的世界製圖史更不容錯過。

——傑米．布萊克（Jeremy Black）

英國艾克斯特大學（University of Exeter）歷史學教授

地圖選擇標準

區區一本書是無法完整闡述製圖史，本書所收錄的地圖摹本，都具有特定鮮明的題材，像是哈利．貝克的倫敦地鐵路線圖，或是赫爾曼．波爾曼的立體正投影城市導覽圖等創新地圖；有些地圖則因繪製者在製圖史上佔有舉足輕重地位之故，因而納入書中，包括柯里斯佛．薩克斯頓（Christopher Saxton）、彼得．艾比恩（Philip Apian）、奧特柳斯（Ortelius）、托勒密（Ptolemy）；有些地圖可視為製圖技術或發展方向的範例，例如：2004年透過電腦運算的海嘯圖或世界貧困統計圖；其它諸如澳洲原住民地圖和古代斯堪地那亞人的九界圖，皆象徵及概述整個宇宙觀。

顯而易見的是，幾乎所有地圖皆為局部象徵和偏頗世界一角，就算唯一目的是呈現地理或地圖內容，其仍試圖在精準的地域、形狀、距離和方向之中混合衝突觀點。假設地圖設計目的複雜，甚至意圖模糊，例如美化國家領導人或宣示領土主權等等，那麼對地圖閱讀者來說，將更難以準確解讀及解密圖像。除了背後的意涵，圖像的精美也是篩選的標準之一。17世紀的荷蘭地圖，「美感」扮演著不可或缺的角色，地圖本身的藝術性就令人嘆為觀止。

本書第一章以製圖之始作為開章，內容彰顯早期東西方間製圖知識的交流。第二章著重於製圖突破，雖非囊括四海，但多數與傑出製圖天才有關。第三章著墨分析探險的黃金時代。而接續所精選的軍事地圖章節則是刻意安排的。很多地圖其實可以很寬鬆定義成軍事目的。舉例來說，不少19世紀的「歐式」非洲地圖，可看出其目的無非是軍事，不然就是領土合併為由。很多軍事地圖擇自那些對戰事結果有實質影響的地圖，不然就是地圖能凸顯出軍事決策的過程。關於「劃界」主題的章節，主要著墨於領土併吞的表述。最後一章則側重地圖的爭議與想像的世界。

▶此幅為約瑟夫．伯津（Joseph Perkin）於1826年繪製的法國地圖，以色彩編碼凸顯出殖民地、區界、道路、運河和地形特徵。

Long. 76 East from 77 Wash.
Dover
NETHERLANDS
Brussels
SWITZERLAND
Berne
ITALY
Genoa
MEDITERRANEAN SEA
Gulf of Lyon
LOWER SEINE
SOMME
ARDENNE
MOSELLE
MEURTHE
VOSGES
UPPER MARNE
MARNE
SEINE
CALVADOS
ORNE
EURE
LOIRE
YONNE
AUBE
COTE D'OR
DOUBS
JURA
AIN
INDRE
CHER
VIENNE
CREUSE
CHARENTE
DORDOGNE
GIRONDE
LOT
TARN
GARONNE
AVEIRON
LOZERE
GARD
ARDECHE
RHONE
LOW ALPS
HIGH ALPS
PYRENEES
EAST PYRENEES
ARRIEGE
AUDE
PARIS
Geneva
Lyon
Marseilles
Long. 5 East from 6 Greenwich

arsenga
malana
ormis
Dauro

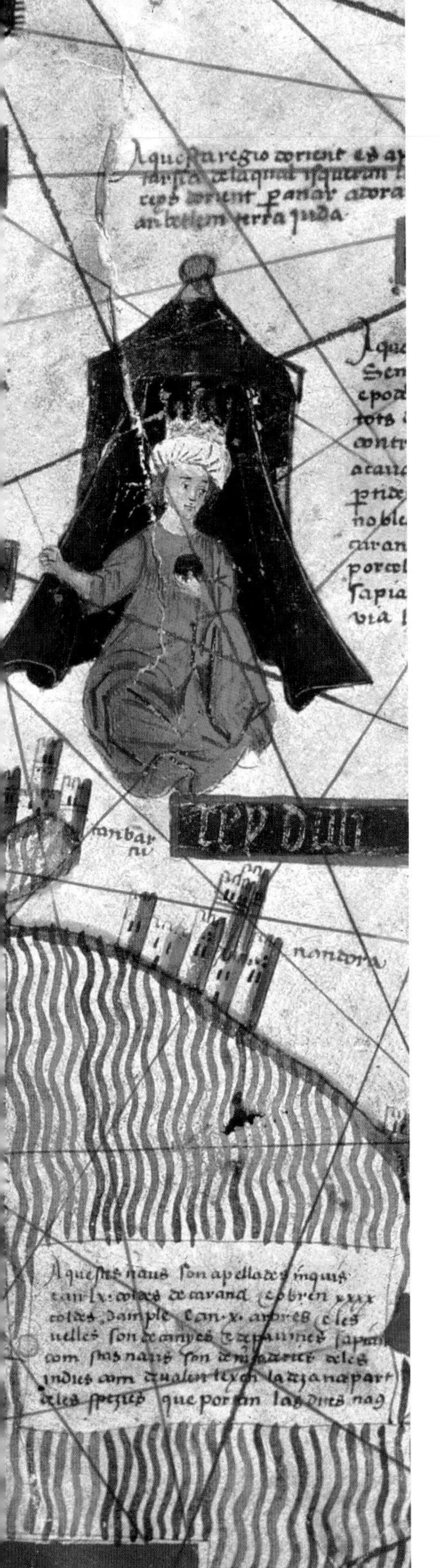

Chaper1 | 第一章

最早期地圖

The Earliest Maps

圖中繪製範圍為中東、波斯灣及紅海。該幅地圖由費雷拉公爵的特使坎提諾（Alberto Cantino）於1502年在葡萄牙委託（或收賄） 他人繪製，但製圖者不詳。事後坎提諾將此航海地圖從葡萄牙偷帶回義大利，以便提供公爵最新的地理情資，包括航海家哥倫布發現的南美洲北方沿海和加勒比海島嶼、卡布拉爾（Pedro Alvares Cabral）發現的巴西（1500年）與里爾兄弟（Miguel and Gaspar Corte-Real ）發現的加拿大紐芬蘭和拉布拉多（當時誤作為「亞洲北角」）。這一連串地理資訊令公爵興起諸多疑問：這些新土地統治者是誰？是否依然是舊大陸的那批統治者呢？此圖不僅代表著地圖學的新臨界點，同時也是首幅概括新大陸的世界地圖。

古代泥板地圖

Ancient Clay Maps

位於底格里斯河和幼發拉底河兩河流域之間的中東美索不達米亞，不僅產生最早的車輪、耕犁，現存最早的地圖亦源於此地，迄今已逾4千多年之久。

大約西元前2350年，薩爾恭（Sargon）在美索不達米亞以北創建阿卡德帝國。當時所使用的語言為阿卡德語，沿用蘇美語的楔形文字（結合不同楔痕組成的字符）。抄寫者通常利用三角「尖頭筆」，將楔形文字刻印在濕泥胚上，經由曬乾或烘烤變成乾硬泥板後，便可永久保存文字紀錄。1930～31年間，考古學家於古巴比倫以北320公里處的「努齊」廢墟[1]，挖掘出一塊與眾不同的泥板，上頭刻的並非楔形文字，而是一幅地圖。該泥板歷史可追溯至西元前2300年，考古學家認為它是世界上現存最早的地圖。泥板長約7.6公分、寬約6.8公分，宛如手掌大小。

泥板上的刻紋不易辨識，但專家認為刻紋圖像可能象徵著某方地形，上頭亦刻有作者之名：阿扎拉（Azala）。泥板上雙重交疊的兩個半圓，代表房子座落於疊疊山巒之間；並有一條水道通過中間；中央土地的面積約12公頃；其中3個圓圈中的小點可能代表著基本方位：東、西、北。

小規模的城鎮地圖也出現於古巴比倫晚期的泥板上。其中一幅來自西元前1500年的泥板，上頭刻畫著尼普爾城邦（Nippur），該城座落於古巴比倫以南，是蘇美文明的城邦之一。泥板上除了刻框出主要築體外，亦將恩利爾神廟（Temple of Enlil）納入其中；此外，泥板上也描繪出附近地域的富裕地主之屋，邊界以蜿蜒的河流渠道間隔開來。另一幅出自於西元前500年的泥板地圖，上頭描繪著位於古巴比倫以北、幼發拉底河東岸的西帕爾城邦（Sippar）。該泥板以矩形象徵城邦，並在其周邊圍繞縱橫複雜的運河系統。古巴比倫的街道也都詳載於泥板地圖之中，包括馬杜克神廟（Temple of Marduk）以及到城牆外的小神廟朝聖所必經的伊絲塔城門（Ishtar Gate）。

另一幅來自西元前600年的古巴比倫泥板，則刻繪出世界地圖樣貌，以泥板中央作為世界中心，外圍被一圈圈的水域包覆著。靠近中央有一矩形圖形象徵著古巴比倫城，並同時橫跨幼發拉底河；而周邊的小圓圈則代表著附近不同的城邦。這是首幅呈現世界整體的地圖，早於希臘的阿那克西曼德（Anaximander）和赫克特斯（Hecataeus）所詮釋的世界地圖。

大多古代泥板地圖所呈現的是小區域的放大地圖，上面常見灌溉渠道、原野土地、土地所有權等記載。這些石刻地契證明當時已無狩獵採集的社會新形式。但這些泥板並非最原始的地圖，只是目前存留至今最古老的一批而已。

1. 「努齊」（Nuzi）的阿卡德語稱之「Gasur」（迦索）；今則稱之「約爾汗遺址」（Yorghan Tepe），其位於伊拉克的「基爾庫克」（Kirkuk）和「哈蘭」（Harran）城市附近。

▶此塊泥板可追溯至西元前600年，上面刻載著古巴比倫人眼中的世界模樣。中心點上方的長方形代表著古巴比倫城，北方則呈現山脈，以及幼發拉底河往南直流波斯灣所形成的外圍水域。由此可見，環形水域反映出的是世界海洋。

繪製 夢創時期

The Mapping of the Dream Time

澳洲原住民的「 Alcheringa」一詞，常譯為「夢創時期」（Dream Time），意指神聖的萬物伊始，所有具圖騰意義的遠古祖靈皆生於天地之中。宇宙與人類萬物之所以存在，皆因毛毛蟲、袋鼠、蠍子及其它萬能的祖靈，從夢中創造出真實世界。

傳統原住民宗教認為不朽本質（immortal entities）至今仍以夢創冬眠的狀態寄居於神聖的岩石和豐富萬變的大地中。祖靈的身份會透過傳統繪製圖騰方式，記載於樹皮或神聖的石壁上。有時候也會透過歌曲或誇張舞蹈及儀式來展現創世神話。不管神話是經由視覺或聽覺的傳達，都可視為指引祖靈從夢創時期前往真實世界的一幅地圖。然而，這些超自然的祖靈以清楚的大地符號形態居住於地理環境中，也是大自然世界的實用指南地圖。

「夢創時期」、「永恆的夢創時刻」、「作夢」，這些概念對澳洲原住民的日常生活來說是密不可分的。對於澳洲原住民傳統而言，夢創的「時間」並非被視為一種永恆的「空間」。

「夢創時期」常被拿來形容成神話肇始的「彼時」（拉丁原文：in illa tempore），意即祖靈開始為人類建立規條或禁忌的時期。對於原住民而言，「彼時」就是不朽超自然始祖的存在空間，同時也是大地生命之肇始。這些存在於大自然土地的祖靈，可被召喚來教導人類如何生存。

傳統上，由於原住民族對於土地的親近與愛護，讓他們得以跟祖靈對話。在澳洲原住民社會裡，人人擁有兩種靈魂：可朽靈魂（mortal soul）與不朽靈魂（immortal soul）[2]。「可朽靈魂」透過人類先祖流傳天賦異能；「不朽靈魂」則經由圖騰祖靈繼承超自然能量。而這些不朽的圖騰祖靈有可能是隻袋鼠或毛毛蟲，因個人出生狀況而異。

所有寄居於石頭、樹幹及泉水等不朽圖騰都隨著大地長眠。儘管如此，人類女子若在懷孕特定階段巧經超自然祖靈聖所，這些圖騰祖靈可隨時進入女性子宮，並賜予每位小孩專屬的超自然之禮。這份不朽靈魂跟可朽靈魂如同雙胞胎似附身於人類肉體直到生命結束為止。圖騰祖靈可化身為人類形態，而當肉體和靈魂滅亡時，不朽靈魂將回歸到祖靈狀態，永恆安居於大地。

傳統的原住民社會，人人都知道如何辨識祖靈以及與祂們對話，唯有了解與學習關於祖靈的神話與儀式，才可以在尋找季節水源或獵殺遷徙動物的過程中安然無恙。對原住民部落來說，繪製夢創時期的傳統永恆圖騰已遠遠超過神靈信仰，它所代表的是一種設法求生的實用工具。

2. 可朽靈魂亦作內部靈魂（enteral soul）；不朽靈魂亦作外部靈魂（external soul）。

▲古瑪吉原住民（Gumatj）認為鱷魚的力量跟火有關。巴魯（Baru）鱷魚在卡利登灣（Caledon Bay）附近的帛安帛安（Biranybirany）帶來火災，菱形紋即代表熊熊火焰燃燒全國。古瑪吉人（或鱷魚）是來自澳洲東北部的「擁古族」（Yolngu）。此圖象徵巴魯鱷魚和帛安帛安地域的祖先輪廓；尾巴跟身體銜接處為河口。

納斯卡線之謎

The Nazca Enigma

位於南美洲秘魯南方乾旱貧瘠的沙漠高原，此處曾為納斯卡人（Nazca）於西元前200年至西元600年期間蓬勃發展的聚居地。至今仍可見到他們遺留下來的足跡，例如：絢麗豐富的「彩陶」和龐大驚人的「沙漠地畫」。

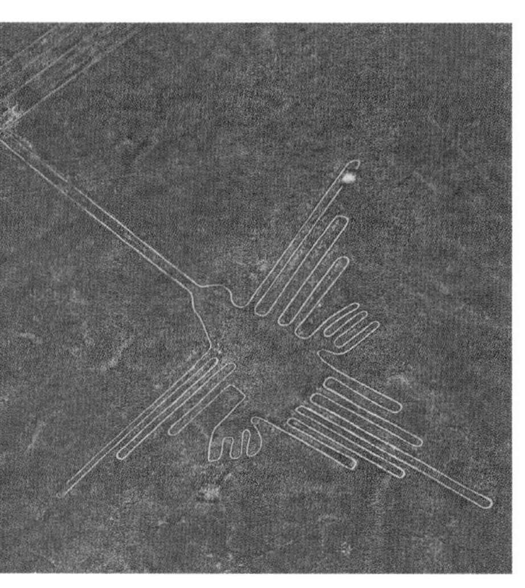

▲「納斯卡地畫」起源於秘魯首都利馬以南400公里的帕爾帕市沿岸附近的納斯卡地帶，整體地畫分佈面積約400平方公里。蜂鳥圖像一線呵成，全長達93公尺。

以線條勾勒出鳥、猴子、鯨魚、蜘蛛、樹木及花朵等動植物的圖案的「納斯卡線」（Nazca Lines ；或稱「納斯卡地畫」），面積廣達400平方公里左右，規模巨大無比，像是長達93公尺的蜂鳥，或是285公尺長的鵜鶘，使得這些巨型圖像不易從地面上察覺。直至1930年左右，有架飛機飛過祕魯納斯卡平原上空，從高空窺見了巨幅圖案的全貌，從此納斯卡地畫才得以廣為人知。除了動、植物圖案外，也有其它制式幾何形狀，像是螺旋狀、三角形、直線條和弧線圖案等等。

此地相鄰的山坡上也遍佈不少擬人化圖案，例如兩個巨大的手掌，其中一隻手僅4根手指；另有其它象徵性物件如紗、織布機、裝飾扣針等等。總體來說，幾乎每幅地畫線條都有明確的起點與終點。

如此浩大工程到底是如何進行呢？納斯卡人在潘帕沙漠地帶（Pampa Colorada；又名「紅色平原」），透過移除沙漠中褐色的風化岩層表面，露出底下淺色砂層來形成坑道線條。由於風不斷移走坑道上的沙塵，加上坑道便於印第安人在沙漠中行走，使深度不斷地加深。再者，納斯卡平原屬乾旱區域，全年降雨時間僅約20分鐘；且該處平坦石質的地形，降低了風的影響。這些地理氣候環境，讓納斯卡線得以保存至今。但納斯卡人勾勒地畫的真正用意究竟為何？

關於納斯卡線的用途理論不勝枚舉。有研究指出，這可能是大型的灌溉系統地圖（如今功能已失效），主要包括數條從安地斯高山脈流向至納斯卡平原地域的徑流，這些渠道可確保乾旱區居民獲得常態性供水。

亦有理論宣稱這些巨幅「圖像」近似於納斯卡陶器上那些具有宗教象徵意義的圖騰。而此設計功能是要讓參拜者或朝聖者可以沿行徒步膜拜，同時進行向神靈祈雨的儀式，此說法獲得不少支持。從這個觀點來看，這些圖騰宛如大型戶外寺廟，而從中心點散開的筆直線條，可能是用來引導朝聖者前往特定神聖地的路線。也有一說法是，當時祭司乘坐類似熱氣球的飛行器，從上空俯瞰整個朝聖過程。由此可見，納斯卡線圖如此浩大驚人的原因，其實是為了迎合高空觀賞的最佳效果。另外，美國歷史學家保羅．柯索（Pual Kosok）於

▲此圖為著名「納斯卡地畫」之一；該線圖貌似人形、上帝或外星人，全長約達32公尺。

1941年提出了另一種可能性，他認為該線圖顯示當時人們對天體的觀察，有些動物形狀可與星群呼應，就像早期天文學家將星座與動物聯想一起，而整幅地畫宛如一張大型的天文圖或月曆。不過，1967年時，一位美國天文物理學家傑拉德·霍金斯（Gerald Hawkins）推翻了這個說法，主要原因是他在納斯卡地畫和星座間找不到任何相符理由，即便找出過去2,000年內所有星星變化位置作交叉比對，但毫無匹配結果。6年後，霍金斯博士利用電腦程式研究了186條線，發現只有百分之二十左右的線圖跟星座有關，雖非巧合但也僅止於此。因此，若說納斯卡線圖是古代天體圖遺跡的話，這應該是有史以來人類打造出最巨幅的地圖。納斯卡線之謎目前仍無解，且因為無法進行放射性碳定年法，而無從確定納斯卡人是否為地畫原創者。儘管如此，許多奇思妙想者將這些線圖跟貓邪教、星座符號、跑道、外星訪客等聯想一起，為其添增了許多神祕感。

伊斯蘭的知識守護者

Islamic Guardians of Knowledge

古典時代產生的龐大知識能存留至今，得感謝中世紀前期伊斯蘭學者們的努力。其中對於伊斯蘭地圖學貢獻最具盛名的人物是阿拉伯地理學家穆罕默德．伊德里西（Abu Abdallah Mohammed al-Sharif al-Idrisi）。

伊德里西於1100年出生直布羅陀海峽南岸的摩洛哥休達城，在遊歷北歐、北非和小亞細亞一帶之前，他曾於當時的文化中心重鎮安達魯西亞（今屬西班牙自治區之一）地區的哥多華城求學。 這段長達15年左右的行腳發現之旅，奠定了他日後著作理論及地圖繪製的基礎。

伊德里西的卓越製圖才華，獲得西西里諾曼王朝國王羅傑二世（Roger II，1095～1154年）的賞識。羅傑二世在帕拉摩城所建立的王朝，不僅輝煌聞名於外，這位英明君主也極力促進基督教和穆斯林學者們之間的交流對話。即便諾曼人於11世紀末征服阿拉伯統治過的島嶼，羅傑二世仍毫無清除伊斯蘭文化的念頭。然而，對地理甚感興趣的他，自1140年起，委託這位摩洛哥製圖家繪製好幾幅重要地圖。其中頗負盛名的是一幅世界地圖，將世界分成好幾個區塊，並涵蓋當時已知最新地理資訊。伊德里西將這些資訊刻在重達約400公斤的銀質球體表面，刻繪出七大洲，以及一些河流湖泊，加上幾個主要城市和貿易路線等細節。可惜的是，這顆壯觀宏偉的地球儀早已佚失。

伴隨著地球儀（現今所知為第一顆地球儀）而出的《羅傑之書》（*Al-Kitab al-Rujari*）則流傳至今，內容涵蓋70幅世界各地的地圖，並簡述各國形色各異的宗教、語言和習俗。

雖然地圖有些誤差，例如將主要島嶼散布在大西洋中，或者把斯堪地那維亞半島（Scandinavia）畫成一座島嶼，但不可否認的是這些地圖相較於歐洲當時同性質地圖來說是具優勢的。《羅傑之書》煞費苦心地指出所有距離，以及特殊地形特徵的位置、高度及長度，盡可能精準呈現實際情況，而這些地理依據皆來自伊德里西和其他旅行家（大多是穆斯林學者）所收集來的資料而定。

伊德里西於1166年逝世，他因繪製了幾條西西里經貿路線而迅速聞名於歐洲。其地圖雖然有部分受到製圖師托勒密之著作影響（托勒密作品於9世紀時被翻譯成阿拉伯文），但仍可被視為真正原創之作。

◀11世紀伊斯特比（al-Istalbry）繪製的地圖集，其中出現底格里斯河和幼發拉底河的流徑。

▶此幅為伊德里西於1154年繪製的世界地圖（本圖為1553年摹本），相較於其它地圖來說，此幅最大特點是繪有弧度的緯度圈。地圖是依據古希臘航海手稿或航海指南所繪製而成。

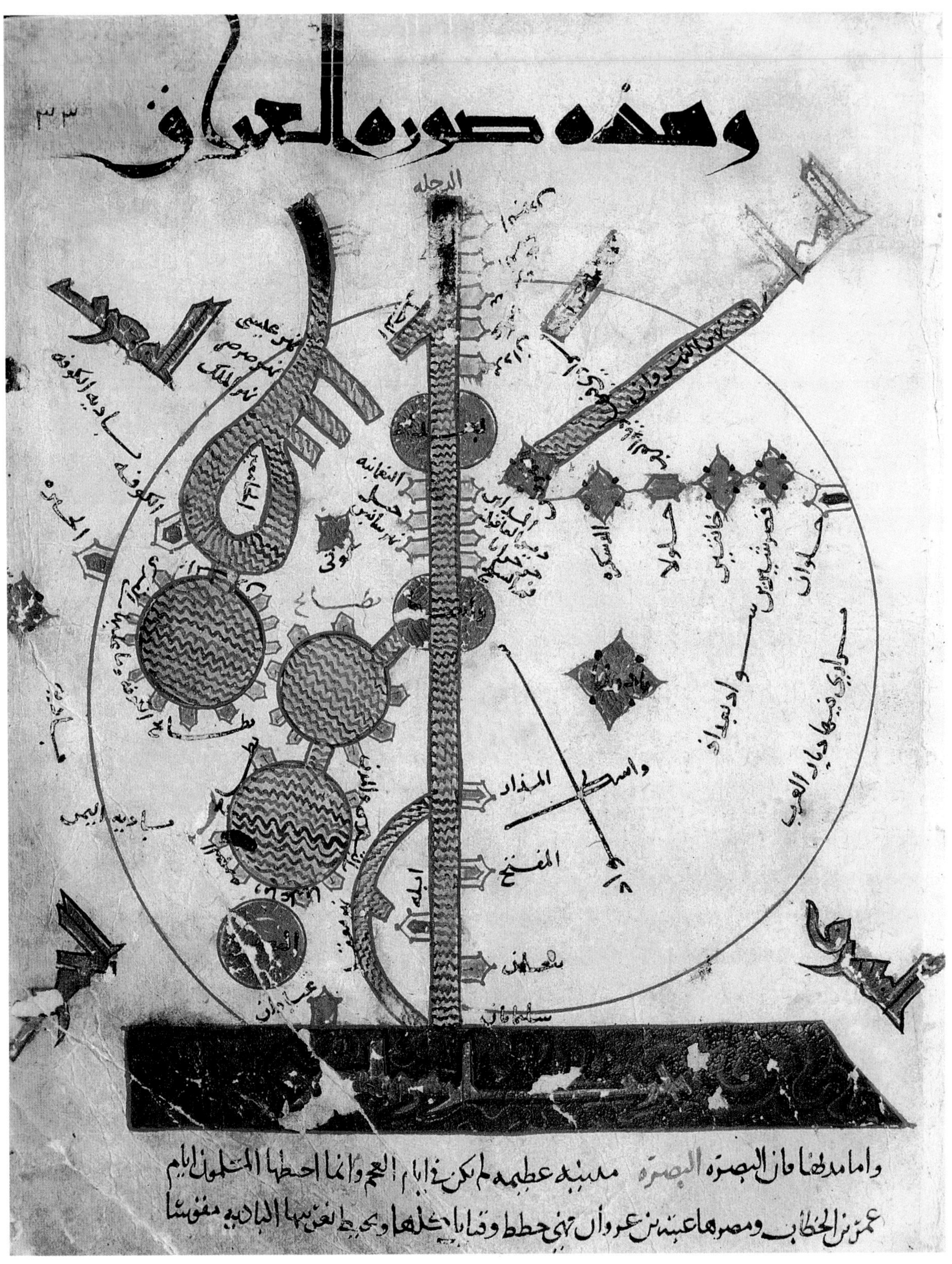
وهذه صورة العراق
الدجله

中國製圖學

Chinese Cartography

中國最早的測量與希臘最早的地圖繪製，碰巧出現於同時期。最先把計里畫方[3]應用於東方製圖學的中國天文學家張衡，與西方製圖家托勒密同屬一個時代的人。遠古中國與古希臘的地理文學也凸顯出雙方皆以幾何線條來劃分世界區塊。

西元前221年，地處西陲且最具侵略性的秦國，陸續征服其它國家，完成統一中國大業，結束長期分裂割據的局面。專橫集權的秦始皇所創立的秦朝雖國祚不長，但其開創的皇帝制度及官僚體制在中國延續了兩千年之久。如同本書其它論證之處指出，官僚體制中不可或缺的一項是「地圖」。比方說，中國早期地圖包含界定土地範圍、地價及土地所有權的「地籍圖」（古埃及的地籍圖功能也如出一轍），用以課徵稅賦；其次也因中國領土不斷受到外來威脅，而極需繪製方位精準、比例正確和符號清楚易瞭的軍事地圖，並加上計里畫方的運用。大約西元3世紀初，身為司空的裴秀負責官制地圖測繪事宜，其中包括制定高低不平的地勢測量規則等等[4]。這些製圖成就，除了歸功於2世紀左右發明的「造紙術」之外，還有已知最早的印刷地圖（可追溯至1155年，其印刷範圍為中國西陲）。另外，中國於11世紀（甚至可能更早）發明羅盤，並在接下來幾百年之內流傳到西方。440年左右，中國也發明了首座渾天儀。但即便16世紀歐洲的製圖科學興起，中國仍以「中國本位」的世界觀為主，探索方向並非是往非洲或美洲前進，反而著迷於觀測行星和恆星的星象圖。撇開地圖的實用價值不說，中國製圖學中最後一個有關「中國本位」的特點，就是「地圖繪製」是融合文學與藝術的視覺創作，也因為這個緣故，「中國製圖學」直到19世紀末才自成一門真正的「科學」。

3. 古代按比例尺繪製地圖的網格法。
4. 裴秀是中國史上傑出的地圖學家，創立了著名的「製圖六體」理論，即為「分率」、「準望」、「道里」、「高下」、「方邪」、「迂直」。

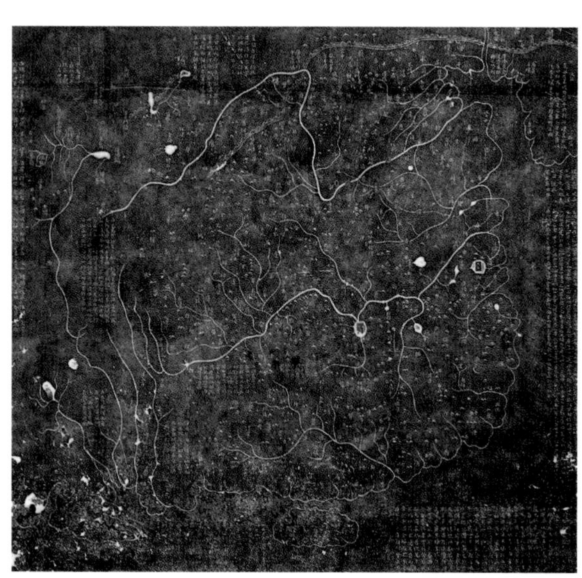

◀此幅石刻地圖可追溯至1136年，展現南宋期間（1127～1279年）的中國，並涵蓋部分高麗王朝（今韓國）。地圖中也出現楊子江（長江）和其它河流，以及超過400處的地名。

▶1800年高麗王朝繪製的兩幅水墨地圖：《天下中國圖》和《中國十三省圖》，顯示出14世紀中葉至17世紀中葉的「世界地圖」（上圖）和「中國明朝」（下圖）。可見中國製圖學的確對當時的高麗王朝產生巨大影響。

G7820
15--
.C5
Vault

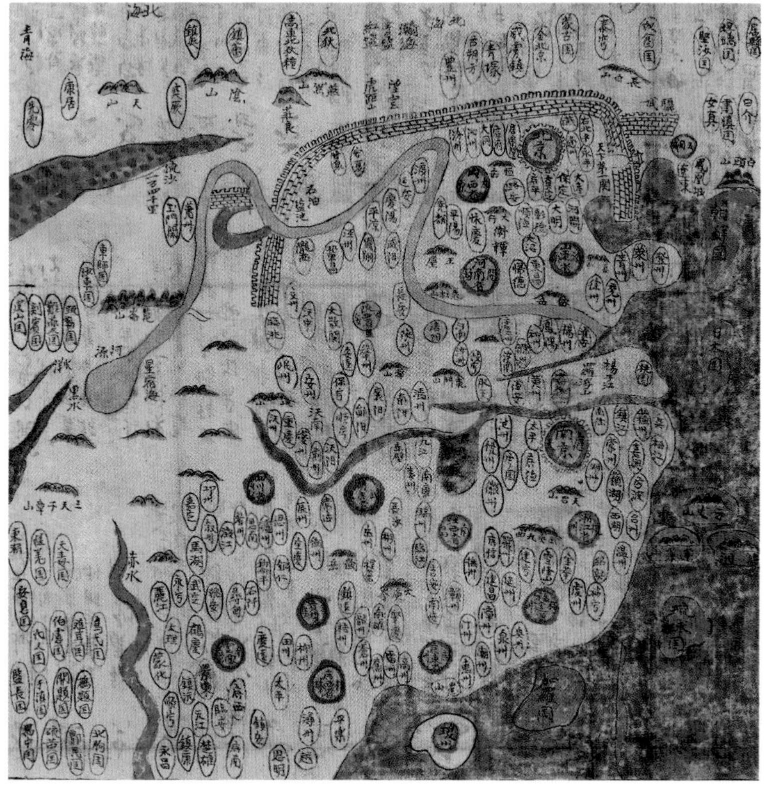

北歐神話「九界圖」

The Nine Worlds of the Norsemen

超自然原始信仰「薩滿教」（shamanism）是北歐神話的宇宙肇始形象來源。大多部落族人自開天闢地以來，對於信奉薩滿早已習以為常。於此，此幅並非是真實存在的古地圖，而是來歷最悠久的一幅「心靈地圖」（psychic maps）。

「薩滿」的身分多變，可堪稱是魔法師、神祕主義者、靈療師、詩人等等。在薩滿複雜的宇宙觀裡，總以一種擎天之柱或高聳入雲的巨木意象作為概念主軸。換句話說，薩滿宇宙中結滋所有層次元素的是來自一顆生命力豐滿的「世界之樹」（World Tree）。北歐神話中，也有一顆支撐著9個國度的巨大梣樹，稱之「世界樹」（Yggdrasill；音譯「尤克特拉希爾」）。作為9個國度支柱中心的世界樹，其實是薩滿靈穿梭神界或冥界的媒介。

「世界樹」一詞源自古諾爾斯語「Yggdrasill」，字面上是「奧丁之馬」（the steed of Ygg）[5]。奧丁是北歐神話的諸神之王，同時也是一名至高「薩滿」。正如薩滿神遊樹之間，奧丁也穿梭9個國度的「世界樹」，並成為每個國度的統治王者。奧丁用很長一段時間尋求知識與智慧，走過所有國度向巨人、精靈、矮人、女神寧芙、氣靈、水靈、地靈、山靈等所有生命請益。

奧丁向樹木、植物甚至每顆石頭發問，同時也經歷了不少冒險與考驗。然而，沿途中的種種際遇，也讓他累積不少的智慧。在這之中，「世界樹」是奧丁經歷過最悲慘的一段歷程。如同被釘在十字架上的耶穌，奧丁以長矛自刺，將自己身軀倒吊在世界樹上9天9夜。飽受巨大折磨的他，依然苦苦冥想修行，直到第9夜時，他發現了一股帶有神祕力量的盧恩符文（runes），因而獲得解脫且復活。他從世界樹上砍下枝幹製作魔法權杖，學會透過魔咒療癒疾病、讓死人說話、削弱武器攻擊力、引誘女人主動愛慕，以及利用土地與大海來安撫風暴。

渴望獲得智慧與權力的奧丁，跑去尋找智慧之泉的主人密米爾（Mimir），但天下沒有白吃的午餐，奧丁為了換取一口智慧泉水，以自己的右眼作為交換條件，接著他毫不猶豫地飲下泉水，自此之後被稱為「獨眼神」。復活後成為諸神之王的奧丁，全身散發著令人畏懼的恐怖氣息；他獨眼且不苟言笑，身材魁武高大並蓄著灰色大鬍子，身穿亮藍色長袍披著灰色斗篷，頭上戴著老鷹羽毛裝飾的頭盔；而奧丁專屬的「至高王座」（Hlidskialf），令他可以一眼看穿9個國界的一切事物；在他的腳下也蹲伏著兩隻狼，各自命名為「貪婪」與「慾念」；而雙肩則棲息兩隻烏鴉，分別代表「思維」與「記憶」。

身為詩人作家的凱文．克羅斯利哈蘭（Kevin Crossley-Holland），在他所杜撰的《北歐神話》（*The Norse Myths*）一書中，以簡單明瞭又具啟發性的方式描述了北歐神話的地圖面貌。他筆下的「世界之樹」是直通天

5. Ygg是奧丁（Odin）眾多名字之一。

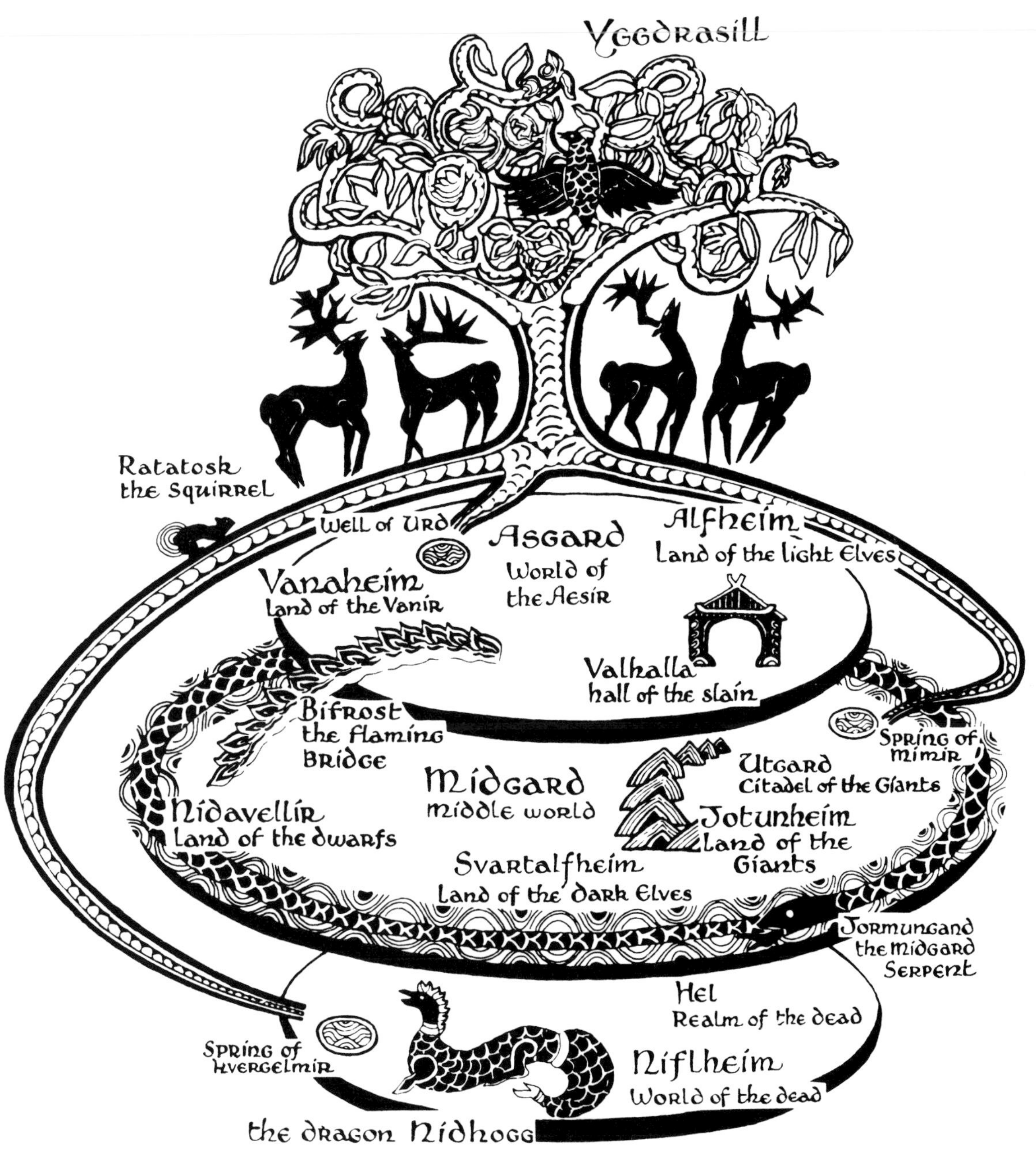

▲凱文・克羅斯利哈蘭繪製的《維京宇宙觀》呈現了地圖必備元素：簡化資訊。以圖像呈現生死的3個層次與兩者間相互交織的關係。克羅斯利哈蘭指出，冰島小鎮郊區常見的景象為一座孤立的農舍邊佇立著一棵樹，這些樹是「20世紀對於傳統守護樹所發出的呼應……而這些樹中開先為例且最巨大的一顆就是世界樹。」

堂，並且在樹頭頂端站著一隻大老鷹；樹的葉子會滴蜜露，鹿也會啃食樹皮和新芽，松鼠則是樹頂神鷹和樹底不斷啃食樹根的惡龍之間的信使。

克羅斯利哈蘭所形容的北歐神話分成3層相疊的樹根結構。在世界之樹中的每層樹根都有一處泉水。第1層樹根深入「命運之泉」（Well of Urd）；第2層樹根深入「智慧之泉」（Spring of Mimir）；第3層樹根則是深入「地底之泉」（Spring of Hvergelmir）。世界上也有不少神話同以巨樹或擎天之柱作為世界（宇宙）的中心支柱；像在印度吠陀和中國宇宙觀裡，也可看見一顆樹滋養3區宇宙的類似神話。

▲這是位於羅德島紐波特圖羅公園的石磨坊。有人主張，其建築結構應源自北歐燈塔或教堂，並且似乎沒有動用到任何英制的建構衡量單位。

簡而言之，樹層大致可區分成3層：天堂、地球、地獄。不過，在北歐宇宙觀之中的細節則略顯複雜。像是第一層涵蓋了3個國度：亞斯格特（Asgard）、華納海姆（Vanaheim）、亞爾夫海姆（Alfheim）。

「亞斯格特」是阿薩神族（Aesir）的國度，這裡擁有諸神聚集的宮殿，其中諸神之王奧丁讓戰死的勇士享受天堂之福的著名「英靈神殿」（Valhalla，音譯：瓦爾哈拉）也位於此地；「華納海姆」是華納神族（Vanir）的國度，屬於生育之神的故居；最後的「亞爾夫海姆」則是精靈之國。

第2層是被一隻沈睡海底的巨蛇怪物耶夢加德（Jormungand）環繞住，因其身體龐大，以咬住自己另一端尾巴形成一圈。此層有一座彩虹橋（Bifrost，意即「搖晃的天國道路」，是阿薩神族的諸神通往第2層的必經之處。這座彩虹橋也是雷神索爾駕馭著山羊戰車到人類世界的首選之路。

然而，第2層涵蓋了4個國度。第一個國度是人類居住的「中庭」（Midgard）；第2國度是位於中庭東邊山區，有一座厄特加爾（Utgard）堡壘的巨人所居的「約頓海姆」（Jotunheim）；第3及第4國度是座落中庭南北邊的地底王國，北邊侏儒之鄉「尼德威阿爾」（Nidavellir），南邊則是居住著黑暗精靈的「瓦特海姆」（Svartalfheim）。

最底層則涵蓋了兩個國度：海姆冥界（Hel）和尼福爾海姆（Niflheim），都是死亡國度。「海姆冥界」是由地獄惡犬加姆（Garm）看守的冥界之門，並由看似半黑半白的可怕女妖海拉統治著亡者之國。所有罪惡之人只要通過海姆冥界之門，就會再死一次，並且還要繼續前往更可怕的死亡國度：「尼福爾海姆」。這個國度終年濃霧瀰漫，天寒地凍甚至不見天日，並盤據不少毒蛇及一條稱之「尼德霍格」（Nidhogg）的惡龍。

即便在北歐神話裡，諸神也並非長生不死。諸神明白所有9個國度的居住者最終全面滅亡。這意味著將會有一場巨人跟諸神之間的最後一戰，且最終會以一場熊熊火焰燃燒毀掉9個國度作為落幕。「諸神的黃昏」（Ragnarok）就是北歐神話預言中的災難日，當不幸之日來臨時，黑狼斯庫爾（Skoll）會吞食太陽，牠的兄弟哈提（Hati）則會吃掉月亮。接著，世界變成一片漆黑，且地動山搖及海水倒灌；巨狼芬里爾（Fenrir）掙脫枷鎖，巨蛇耶夢加德帶著憤怒甦醒。所有一切再加上地獄惡犬加姆和惡龍尼德霍格，全都加入巨人軍隊的行列對抗諸神。最終全盤轟然崩倒，甚至連奧丁、索爾和其祂眾神全都同歸於盡。沒有任何人逃過一劫，只剩下一片熊熊火海貫穿各個國度，所有生命都被巨大火焰吞噬毀滅。

是否這幅宇宙地圖能拿來跟現實的世界地圖，做個有意義的比較呢？首先，第2層的中庭地區彷彿被無止盡的海洋環繞著，而事實真相是早在9～11世紀期間，北歐維京人是最好的航海家。其次，從中庭[6]到尼福爾海姆需要花上9天，這說明了北歐人當時確實有意識到3個地理區域（天堂、人間、地獄）的方位感。那麼地獄的方向到底在哪裡呢？當然是北方；天寒陰暗毫無生氣的荒地。

6. 中庭（Midgard）的曠野（Vigrid）是諸神的黃昏發生的戰場，從此處往四周延伸120里格即為瓦爾哈拉。里格（leagues）是古老的海洋測量單位。

▼來自8世紀的維京石碑，上面繪有北歐神奧丁騎著他那隻長有8隻腳的馬（Sleipnir），以及女武神鎮守瓦爾哈拉的大門。8隻腳象徵著羅盤方向。

天體音樂

The Music of the Spheres

文藝復興時期的耶穌會教士阿塔納斯·珂雪（Athanasius Kircher）於著作《天體音樂》（*Musurgia Universalis*）一書中寫道：「古代哲學家認為世界在於完美的共鳴，從大地到星空就是完美和諧的音程。」天體音樂並無參雜任何異教迷信，反而是心靈的啟蒙演練。此幅雖非為最古老的地圖，但卻是西方思維中歷史最久遠的一幅宇宙圖。

在天體音樂中的完美和諧七步驟，包含著幾何、天文、數學、階波、哲學、美學合而為一的宇宙結構，其所呈現的宇宙受音樂共鳴的法則所主宰。

西元前6世紀，古希臘時期的畢達哥拉斯（Pythagoras）認為音樂來自數學基礎的建構，此觀點被視為科學的真正起始。畢達哥拉斯發現在音程結構中（如：七音階Doh－ray－me），特定數值比例決定了音階的音程，這令他同時也看見宇宙如同音樂結構般。人類透過數學結構建立的音樂音程，找到了測量和探索宇宙的精準方法。此後，哲學家柏拉圖與蘇格拉底闡述了後來所謂的「天體音樂」。

在天體音樂之中有3種音樂型態。第1種形態為「器樂」（musica instrumentalis）——即在樂器上以精確數值作為音樂時間、音程、音調、音域的衡量方式，其中包括了聲樂、打擊樂器、管弦樂器等；第2種形態為「人體音樂」（musica humana）——即人體器官的脈搏與呼吸節奏；第3種型態為「宇宙音樂」（musica mundana）——即相信地球與其它行星在宇宙間運行時所創造出來的音調。

「宇宙音樂」被理解成數學比例，以行星繞著太陽運轉的年週期與地球自轉週期相做比較。如同地球自轉並繞著太陽公轉控制了日與年的節奏；繞著地球旋轉的月亮，則控制了潮汐變化及週與月的節奏。同理之下，有人認為其它行星的運轉也跟生活各層面息息相關。以上影響皆來自太陽系內的運行計算結果。

古希臘人透過推測宇宙常態構想天體音樂。然而，當基督教成為羅馬帝國的國教後，此系統被證明在新的社會宗教秩序狀態下，是非常有用的結構模型。

從異教哲學轉換到接納基督教的過程，天體音樂概念不僅完整保留，同時也成為最能維持教會秩序與權威的重要學說。15世紀的英國法學家約翰·福蒂斯丘爵士（Sir John Fortescue）在天體音樂中看見一個關於天體共鳴秩序的古老主題，其複製了中世紀的社會和宗教階級：

▲▶1630年，約翰·拜耳繪製的《測天圖》，這是第一本涵蓋整個天球的星圖。每一幅都以網格形式精準呈現出恆星位置。右圖為獵戶座，該耀眼星座分佈於天赤道，可是全世界的人都能看得見。

本秩序中，天堂的天使之間各有階級；而地球上的人和獸，空中的鳥，水裡的魚，皆亦如此。所有秩序皆創造於至高無上的天體音樂共鳴之下。

從中世紀到文藝復興時期的拉丁散文重要巨作是西塞羅（Cicero）所撰的《西比奧之夢》（*Scipio's Dream*），此書也成為最佳詮釋「天體音樂」宇宙的啟發性文字。《西比奧之夢》一書中，羅馬名將西比奧（Scipio Africanus）被送往天堂，在那裡他的耳朵被塞入一顆超然卓越的天體音樂球體。

充分感受到驚喜與喜悅的西比奧問：「是什麼聲音在我耳朵裡，聽起來既響亮又甜美呀？」以下答覆解釋了西比奧的疑惑：

那是一股連結自特定比例組成的和諧宇宙的聲音，是由球體的振動和運動所引起的……產生了7種不同的聲音，「數」是掌管所有一切的關鍵。

2千年之後，形而上詩人亨利・沃恩（Henry Vaughan）描述了另一個天體版本：「我看見了永恆的夜晚，似純淨無盡的光環。皎潔的夜空如此沈靜；圓其下方，天體運轉了時、日、年的時間狀態。」亨利・沃恩幾乎與時代傑出天文學家克卜勒同一世代。克卜勒是撰寫《宇宙共鳴》（Harmony of Universe）一書的作者，而他細化的古老制度被形容成「數學家的雅歌」（a mathematician's Song of Songs）。然而，他的太陽系論述也與擁有2千年歷史的天體音樂近乎雷同。不過，克卜勒慎重地解釋這主要是一種心智概念的「音樂」。他堅持天體運行除了特定永恆複調外，是通過智力感知，而非依賴耳朵聆聽。」

《宇宙共鳴》一書中，克卜勒的「天體音樂」所代表的是更深層次的數學真相的隱喻。畢竟，不管任何和諧的形式，眼睛和耳朵都得運用心智能力去感知完美的幾何形狀、精準數值、順序空間和時間單位。這一點也是古希臘人所想傳達的「天體音樂」的概念。

在柏拉圖的《理想國》（*The Republic*）一書中，請蘇格拉底描述天堂中可見的天體運動：「這些天空中錯綜複雜的花飾窗格，無疑是最美麗完美的物質。」不過，這些空中花飾窗格跟真正天體音樂無關。在蘇格拉底眼中，天體音樂是「可見世界的一部分，因此它們遠遠達不及真正的現實——真正的相對速度，在純數及完美幾何形狀之中……這些只能透過理性與思維構想，而非眼睛之能所見。」

從蘇格拉底到克卜勒對於天體音樂的評述來看，此套系統主要是用來發展探索真實世界的元素。在巴赫和牛頓的時代，數學家萊布尼茲（Liebniz）寫道：「音樂透過淺意識的心靈與數字交流，是一種隱藏的算術演練。」沒有什麼比這句話更精準地表達出畢達哥拉斯的原則。

不管如何，天真的我們也許認為結合數學、天文學及哲學的宇宙音樂論，幾乎成為每個現代科學的基礎。「天體音樂」的宇宙共鳴概念直接影響了代數、投影幾何和微積分的數學語言發展。而2千多年以來，「天體音樂」制定出人類多維宇宙中最重要和最先進的製圖系統。

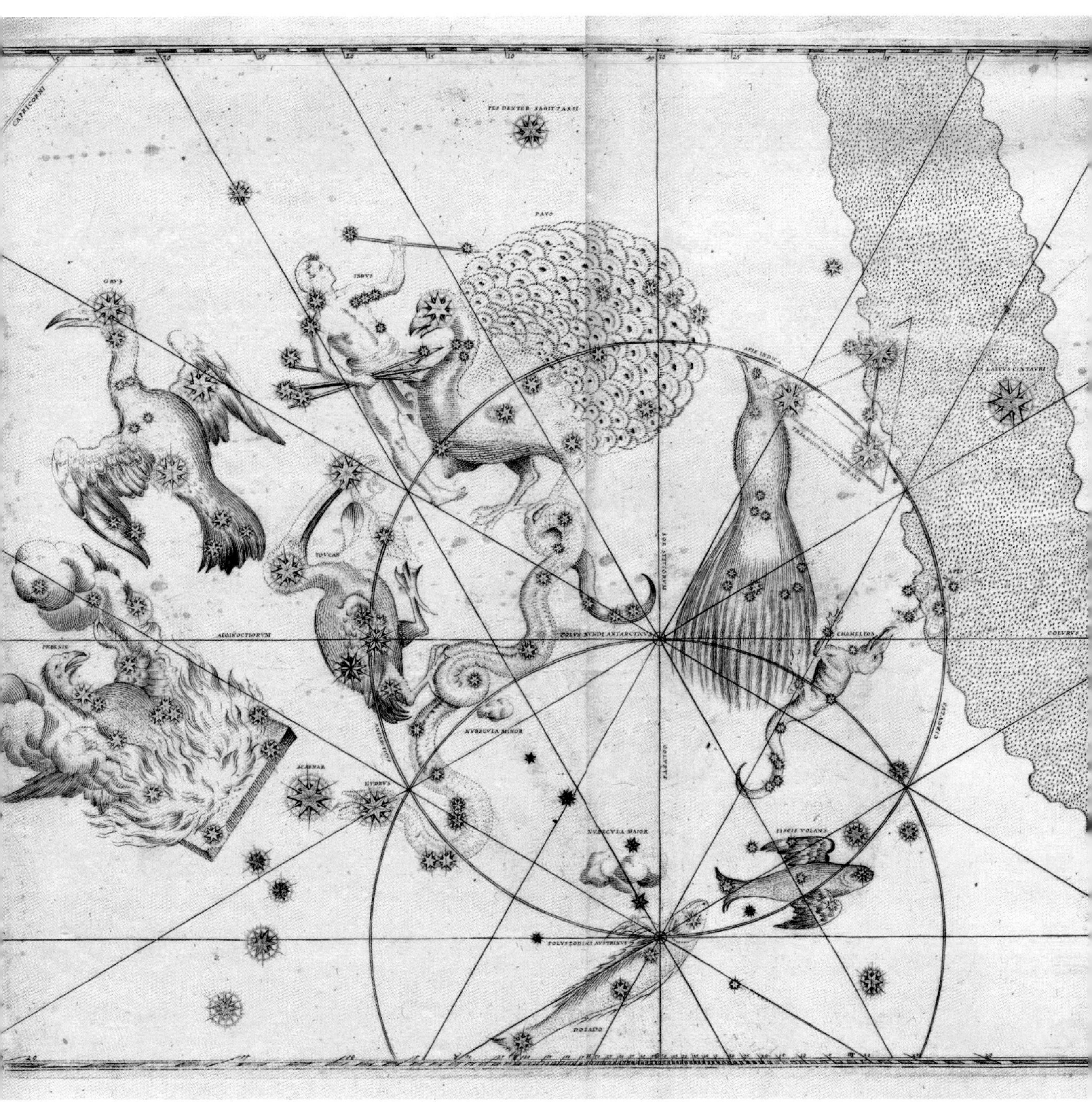

▲此幅來自約翰·拜耳的《測天圖》的第49張星圖。這是第一幅出現天球南極周圍的十二新星座圖表。拜耳在天文學史上的傑出地位無庸置疑，而他利用希臘字母來命名肉眼可見的恆星，這套系統至今仍被採用。《測天圖》中最後兩張星圖：第50張〈Synopsis coeli superioris〉與第51張〈Synopisis coeli inferioris austrina〉，各自繪製出北半球天空與南半球天空的概觀。

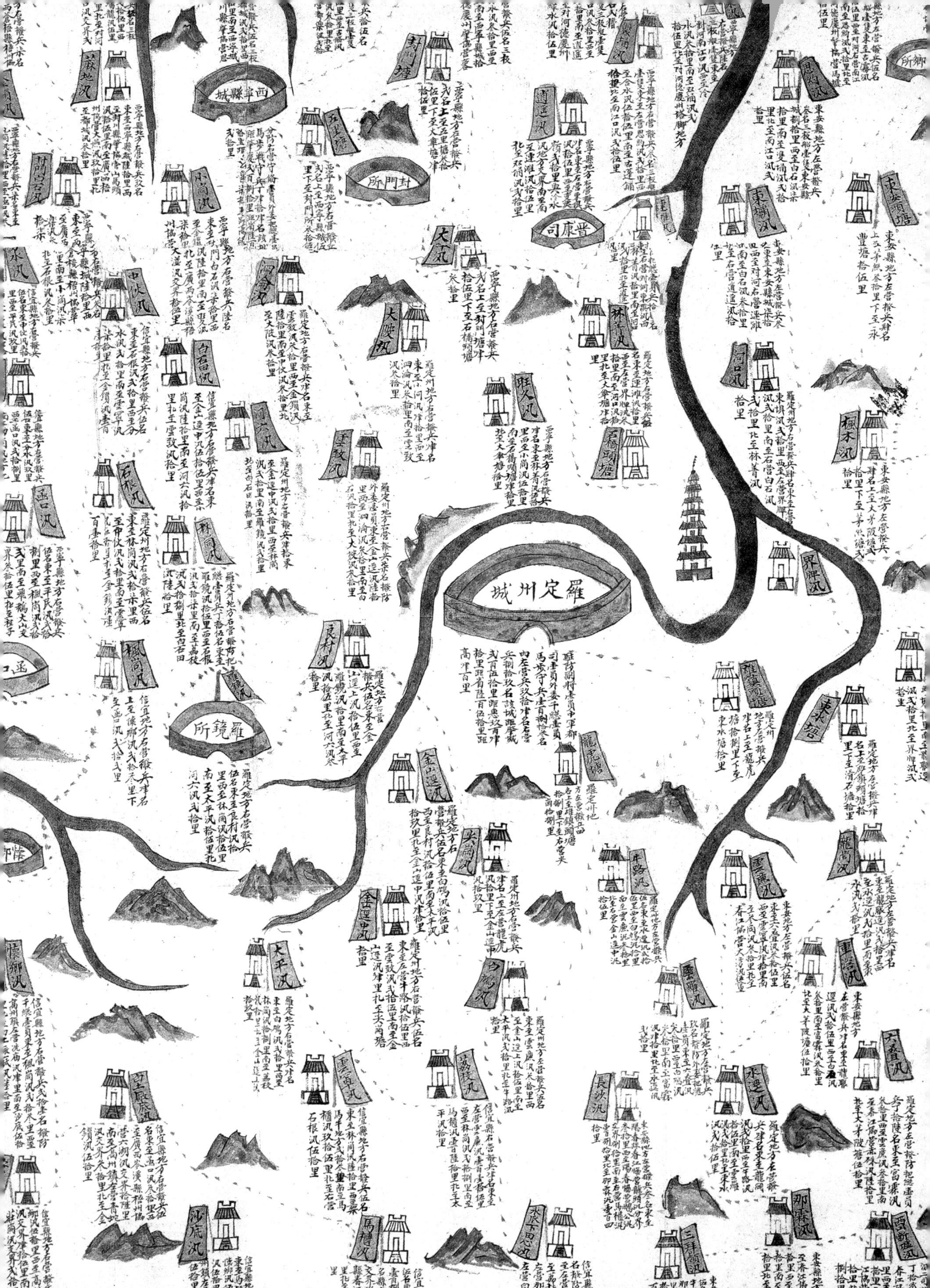

羅定州城
羅鏡所
封門所
晉康司
西寧縣城
東安頂塘
東壩汛
楓木汛
界牌汛
河口汛
林青汛
大陂汛
石根汛
白石汛
金山逕汛
龍虎塘
雲廉汛
太平汛
白鶴汛
長沙汛
水逕汛
六貢汛
馬槽汛

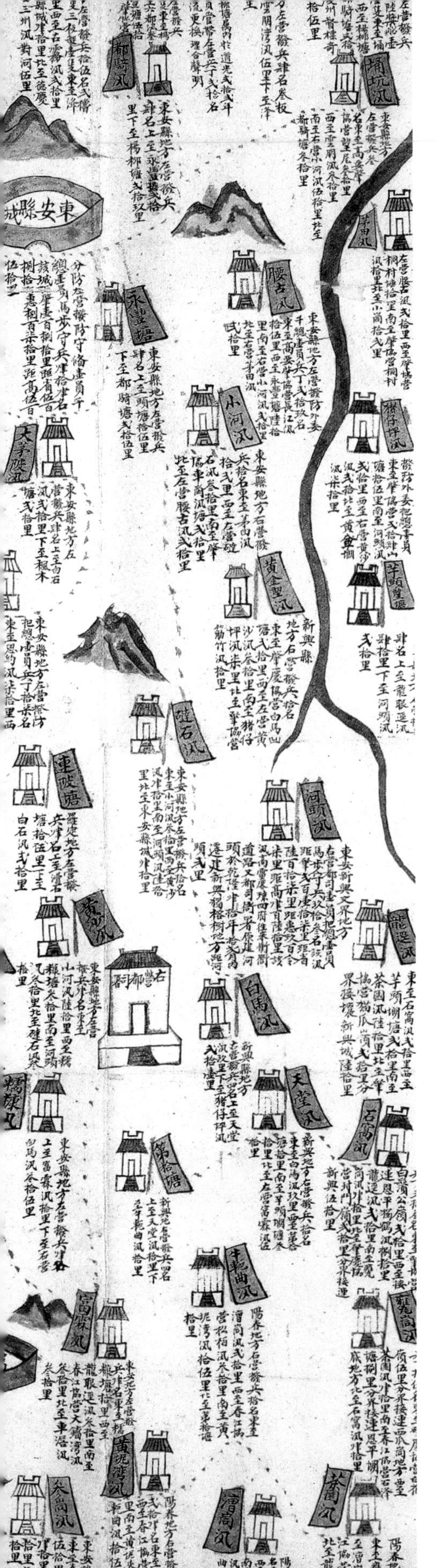

Chaper2 | 第二章

製圖突破

Cartograpic Breakthroghs

此幅出自廣東省檔案館的中國軍事地圖（1850年），繪出從合浦到越南邊界的欽州海岸。1838年越南成功脫離中國武力佔領成為主權獨立的國家，但也僅僅維持到1858年法國入侵殖民統治。到了19世紀中葉，此幅地圖看起來也許有點簡單，但可是具備了地形和軍隊位置的軍事要素。該幅地圖也提醒了中國早期在製圖學方面的貢獻：印刷、象形圖、羅盤、計里畫方。

托勒密

Ptolemy

一本書能夠出版並屢次再版是眾多作家的畢生夢想。然而，古代就有這麼一本典籍留存至今長達1,600年之久，該著述為《地理學指南》（原希臘文書名：*Geographike Hyphegesis*，127～155年），出自於出生埃及的古希臘天文學家暨地理學家「托勒密」之筆。

托勒密（拉丁全名為Claudius Ptolemaeus），誕生於90年，除了略知他可能是希臘化的埃及人，以及曾任職於亞歷山大圖書館（當時處於羅馬帝國統治下）之外，其餘生平事蹟至今所知甚少。托勒密在亞歷山大圖書館裡完成了古今巨作《地理學指南》（*Geography*，共八卷），而該書最具影響力的部分應屬第一卷，因其內容涵蓋整個世界地圖，並將每個據點都標註經緯度座標。托勒密接續了早期古希臘學者埃拉托斯特尼（Eratosthenes of Cyrene，約西元前276～194年）和希巴克斯（Hipparchus of Nicaea，約西元前180～125年）所建立的地球經、緯線概念，當時他建議應將緯線（東西向）與赤道平行，並以赤道（緯度0度）作為計算緯度的基準，向北極遞增至緯度90度。此外，並以本初子午線（經度0度）劃分成東經和西經各180度。托勒密當初將「本初子午線」設定在「加納利群島」（Canary Islands；後來被改稱為Fortunate Islands，「幸運島」之意），可惜該定位計算並不精準，離實際位置往東偏差7度左右。儘管如此，如今世界各地能根據經、緯度座標定位，要歸功於托勒密用心良苦的論述研究。至於地圖上的地理方位，托勒密則仰賴商人和羅馬官員四處奔波帶回來的口述資訊（並非天文數據）作為定位座標參考。不過，當時有些評論家認為，某些地名可能純粹來自旅者的道聽途說罷了。

托勒密主要利用兩種地圖投影法呈現地球曲面樣貌。其一利用球體投影到圓錐的「圓錐投影法」（conic projection），其緯線呈現同心圓弧狀，經線則從北極點為中心等距放射，成為這些同心圓的半徑。其二是「偽圓錐投影法」（pseudoconic projection），其經線呈弧形而非直線。

《地理學指南》第二卷至第七卷列有歐、亞、非三大洲位置的經緯度座標一覽表。據說第八卷以馬里努斯（Marinus of Tyre）的研究基礎製作了26幅的區域地圖（4幅非洲、12幅亞洲、10幅歐洲）。縱使這些地圖已不復存在，仍足以構成已知世界的地圖集。對照當今觀點來看，托勒密所勾勒的世界地圖也許長得有點奇異，即便地圖上某些定位失真，甚至有些資訊荒謬不已，卻仍讓克里斯多福．哥倫布（Christopher Columbus，1451～1506年）誤以為從歐洲往西航行可能有機會抵達亞洲（特別是托勒密的世界地圖縮短了歐亞之間距離的緣故）。

然而，到底是什麼原因讓托勒密的《地理學指南》一書流傳16個世紀之久呢？實情是該書不只是單純再版複製，而是在傳抄過程中不斷被後繼編輯要求新增或「修訂」內容。此外，只要書籍封面印有托勒密大名絕對是銷售一空。當然，在印刷術發明之前，圖書複製仍以手抄方式為主，也因此更容易隨意添增內容。舉例來說，在1427年法國學

▲此幅插圖來自15世紀出版的《地理學指南》，畫面人物是托勒密，他右側伴隨著貿易工具，手裡正拿著星盤觀測中。

者紀憂・非亞史特（Guillaume Fillastre）派令手抄員將一幅丹麥地理學家克勞迪烏斯・克勞森（Claudius Clavus）繪製的北歐地圖，順勢添增至手抄本中。20年之後，傳抄到義大利公爵費拉拉（Duke of Ferrara）手中的版本更附加了其它幅地圖，並新增標示地理特徵及邊界的方式。佛羅倫斯畫家皮耶羅・瑪薩尤（Piero del Massaio）分別於1469年和1472年，將地中海主要城市添加到同時期法國、義大利和西班牙的地圖裡。

托勒密的《地理學指南》於1450年印刷術發明崛起期間快速傳播獲得名聲。印刷摹本不僅內容頁數增厚不少，出版速度也加快許多。特別是在義大利：威尼斯（1475年發行）、羅馬（1478年發行）、佛羅倫斯（1480年發行）。1482年，有人在德國烏爾姆城市（Ulm）利用彩色木刻拓印，印製帶有藍海和黃色邊框的精美世界地圖。至於正式承認有美洲存在的地圖版本，則首次出現於1508年左右以後的摹本之中。然而，地圖的數量也隨著時間增加，從1513年德國製圖師瓦爾德澤米勒（Martin Waldseemuller）所繪製的20幅，增加到1548年義大利製圖師加斯托迪（Giacomo Gastaldi）繪製的33幅。其中「無任何改編版」來自法國的製圖師麥卡托（Gerardus Mercator，1512～94年）於1578年的版本，他複製了27幅托勒密的原圖，並與一字不漏的原著內文共同發行，這可能是信賴度最高的流傳版本。到了1730年，已超過50個以上的版本發表面世。

托勒密不僅鑽研物理和幾何原理，也出版有關光學的論述著作。事實上他最為人所知的論作應屬《天文學大成》（*Almagest*），其影響力比流傳已久的《地理學指南》更為深遠。托勒密將一系列天文研究論述稱之《數學彙編》（*Megale Syntaxis*），不過長久以來這系列論述都被稱為《天文學大成》（Almagest有「至大」之意）。《天文學大成》一書是以原本古希臘哲學家柏拉圖與亞里斯多德所提倡的地球為宇宙中心（地心論）的概念，現今則稱此論述核心為「托勒密系統」。他結合了錯綜複雜的數學理論來解釋為何行星運動是繞著圓形軌道（實際上是橢圓形），雖然個別解釋行星可以符合觀測理論，但當整個太陽系被視為一體後，托勒密系統便會瓦解。即便如此，托勒密的聲譽仍無可非議，也因此以太陽為宇宙中心的論述一直無法成為主流，直到15世紀才被波蘭天文學家哥白尼（Nicolas

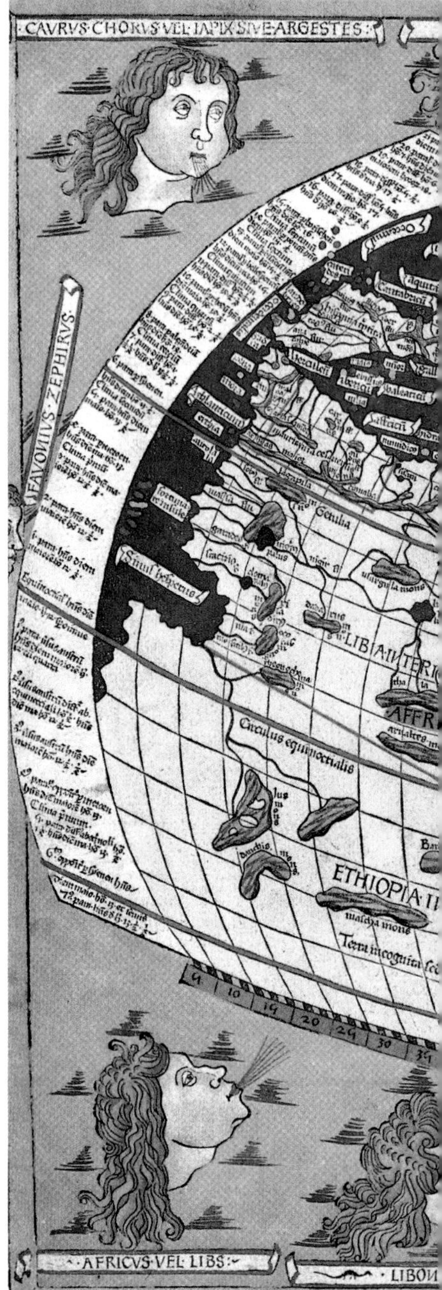

Copernicus ，1473～1543年）和他的追隨者伽利略（Galileo Galilei ，1564～1642年）推翻。

托勒密的第四部重要著作《四書》（*Tetrabiblos*），是藉由

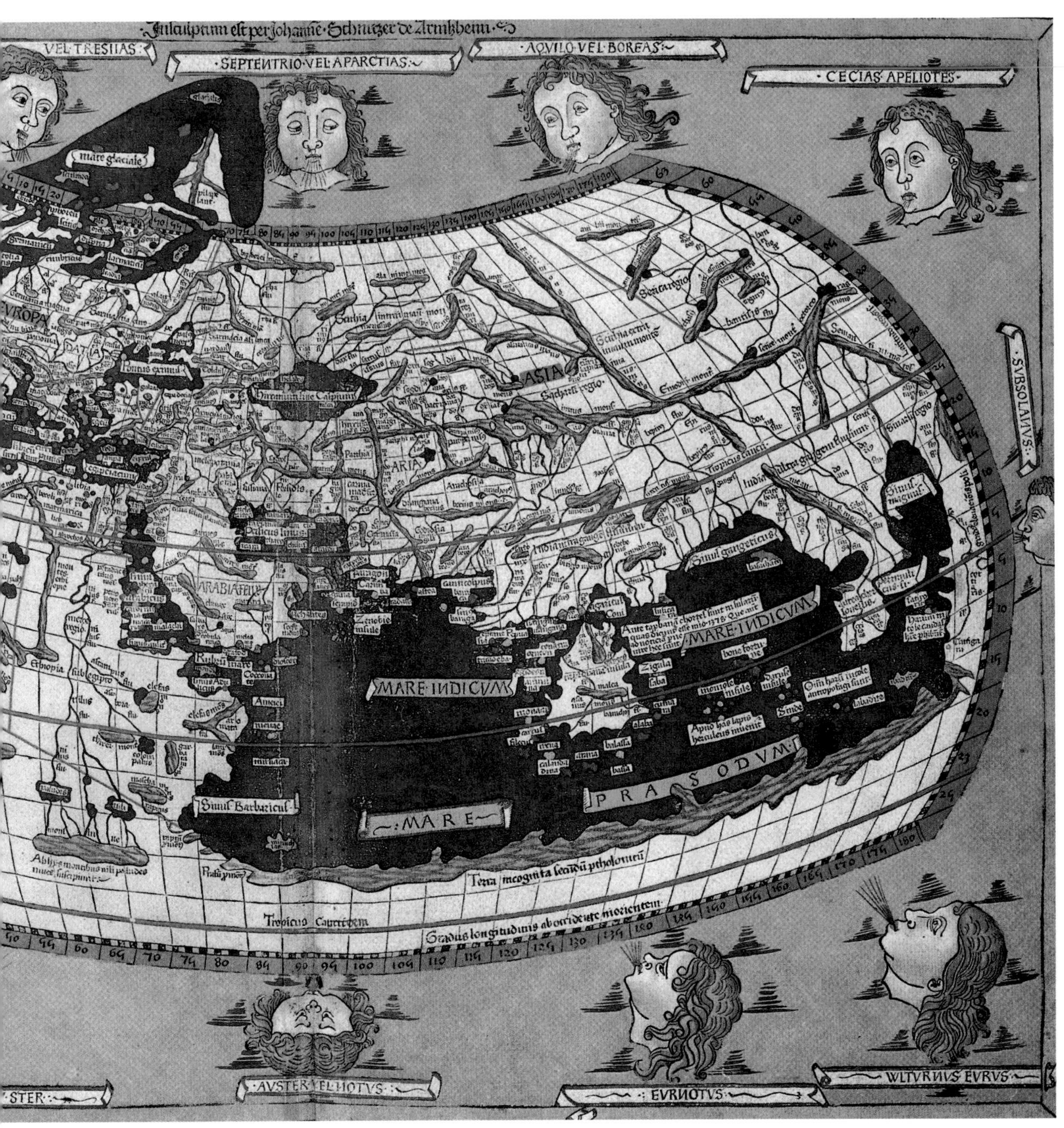

收集《地理學指南》和《天文學大成》書中有關地球和宇宙的資訊，來發展當時正統研究領域的占星論述。

▲此幅托勒密於15世紀繪製的世界地圖範例，採斗篷狀形式投影。緯度和經度都附註編號。印度洋是封閉的，海角周圍也無任何海上航線。「未知」的（舊）世界是以龐大膨脹區塊呈現。

波伊廷格古地圖

The Peutinger Table

《波伊廷格古地圖》非現存最久和最詳細精準的地圖，但肯定是最長的一幅。這一卷繪製於羊皮紙的彩色地圖，全長約7公尺，是一幅以古羅馬為中心通向四面八方的主要旅行路線指示圖。該地圖因不斷複製版本的關係，可算是眾多地圖中十分不靠譜的一幅。

《波伊廷格古地圖》最初的版本出自於西元前1世紀後半期，由古羅馬政治家暨將軍阿格里帕（Marcus Agrippa，約西元前63～12 年）所帶領的團隊製作而成，他們千辛萬苦地考察古羅馬帝國的主要道路，從西半部的不列顛和西班牙啟程，往東穿越歐洲及中東，最遠達至印度（已遠超出當時古羅馬帝國版圖範圍）。此外，該幅以古羅馬為中心的地圖也雕刻於大理石板塊上，豎立於古羅馬廣場。

該幅地圖歷年來不斷地重新複製，最後更新版本可追溯至西元3世紀左右，手抄者應是來自法國科爾馬（Colmar，如今已改稱Alsace）的修道士，他利用12張羊皮紙複製地圖。1494年，該幅地圖被一位受命於神聖羅馬帝國皇帝馬克西米利安一世（Holy Roman Emperor Maximilian I）的圖書館員康拉德·彼科爾（Conrad Pickel，德語名）於德國巴伐利亞省泰根塞地區的本篤會修院所發現。彼科爾其實偏好以拉丁名康拉德·策爾諦斯（Conradus Celtis，約1459～1508年）自稱，他本身是人文學家暨拉丁語詩人，並於1487年榮獲首位德國桂冠詩人，同時致力倡導德國古物研究。在他逝世之後，依據囑咐將這份地圖移交給定居奧格斯堡，身兼多重身份（官員、古物家、錢幣收藏家）的朋友康拉德·波伊廷格（Conrad Peutinger，1467～1547年）。在波伊廷格過世時，這幅原本收藏於自家書房的地圖，便以《波伊廷格古地圖》之稱珍藏於維也納國家圖書館。

《波伊廷格古地圖》長6.7公尺，寬34公分，看起來十分扁長。最初地圖是繪製於12張羊皮紙上，其中11張至今仍保存於維也納圖書館。地圖上的道路大致上以近乎直線形式呈現，從地圖一端延伸至另一端，並沿途標註各城鎮名稱。該幅地圖並非按照比例繪製；而城鎮之間的距離則以羅馬數字標示於地圖的道路旁，實際25公里之距以不超過代表5公里之比例呈現。不過，「距離長短」對於當時只想知道如何從甲地到乙地的旅者來說顯然無關緊要。反觀是地圖道路兩旁繪製的標記，像是城堡、教堂、燈塔、高塔或樹林等符號，或以集合建築物體形式象徵的城鎮，這些才是旅者重視的參考地標。其中介於中歐與義大利之間的「法蘭契杰納大道」（Via Francigena），則是中世紀時期成千名朝聖者每年前往神聖羅馬城的主要朝聖之路。

近代也有出現類似線狀或條狀的地圖，像是約翰·歐吉比（John Ogilby，1600～76年）於1675年所繪製的英國道路比例

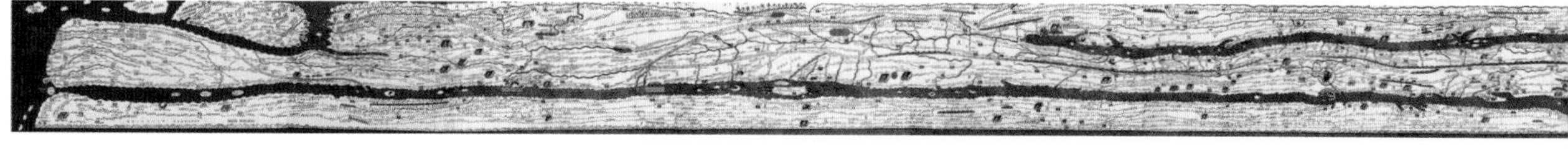

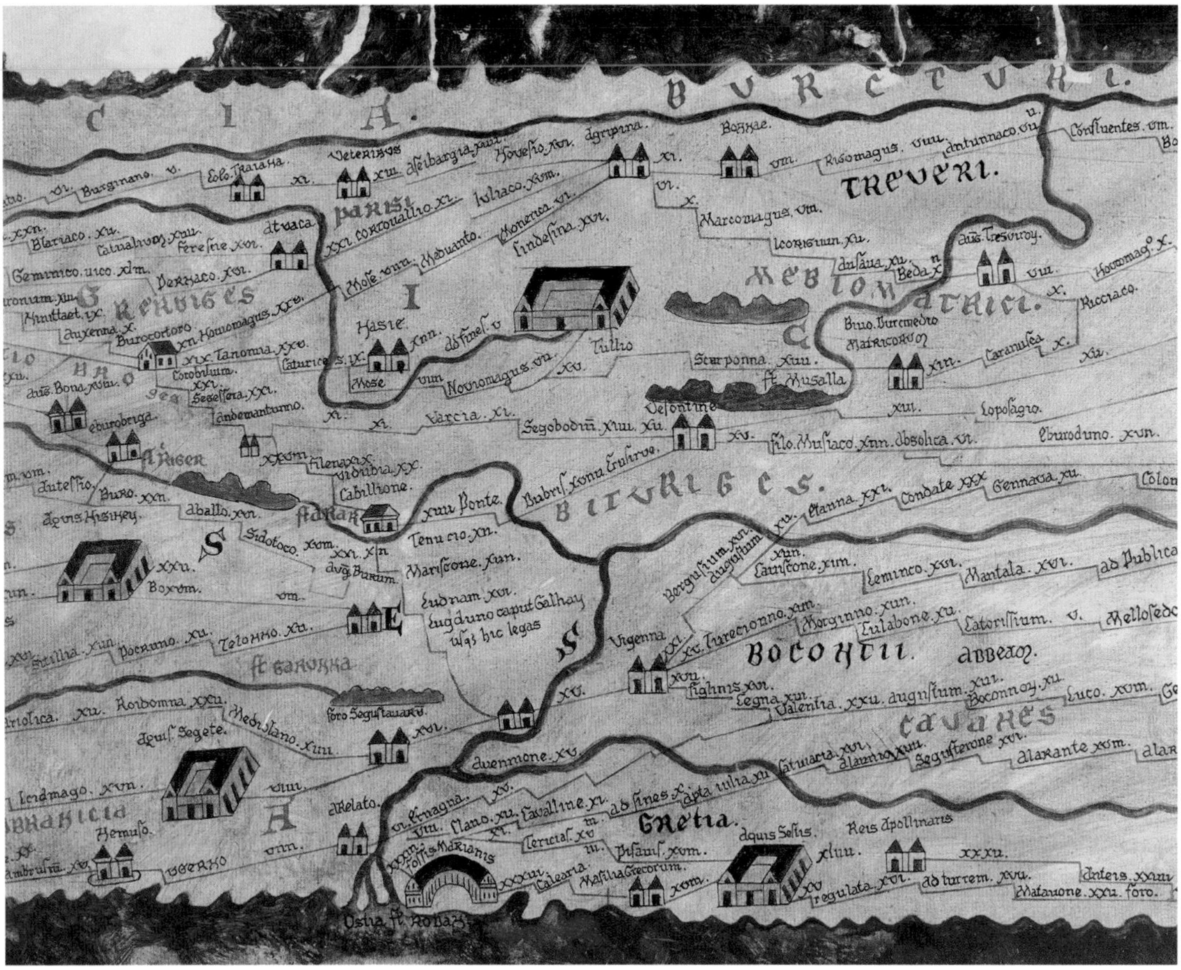

條狀圖，每一幅地圖最多涵蓋6條路線。道路兩旁所呈現的旅行輔助地標則以教堂和風車居多。1930年代，英國的大西部鐵路局出版了鐵路熱門幹線地圖，包括從倫敦「帕丁頓站」（Paddington）到康沃爾郡「彭贊斯站」（Penzance）的幹線。火車路線垂直由上往下延伸，路線沿途兩旁註記著地標。旅者可參考地圖正反面各別印製的出發與回程的路線圖。英國汽車協會（Automobile Association，簡稱AA）也製作類似的地圖提供會員使用；其AA地圖也是從上到下的路線圖，並且加註道路號碼及距離資訊。此類地圖呈現的方式，如今也運用於汽車導航系統之中。《波伊廷格古地圖》可說是這些傑出實用的地圖先鋒。

▲此部分的《波伊廷格古地圖》範圍為法國與德國。

▼一字攤開完整的《波伊廷格古地圖》，首次出現於4世紀左右，並遲至16世紀時才修訂。因該幅地圖代表古代「地中海」的西方文明，所以東西走向是主軸。

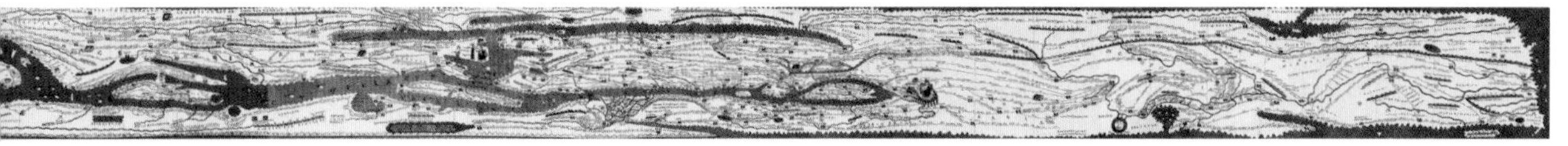

天文圖

Celestial Charts

某些出現於近代歐洲早期製圖鼎盛時期的地圖，製圖技術既複雜又精緻，其主題並非針對地貌特徵，而是圍繞著天文觀測。尤其自1610年望遠鏡發明之後，無論科學家或普羅大眾對於天文學皆有著無比的想像，同時也創造了以視覺歸納當下先進知識的地圖需求市場。

1660年，安德烈亞斯・塞拉里烏斯（Andreas Cellarius）的經典之作《和諧大宇宙》（*Harmonia Macrocosmica*）將天文圖推上巔峰，但14世紀中最先給後人訂立星圖標準的作品，則由來自德國巴伐利亞的律師兼出版商約翰・拜耳（Johann Bayer，1572～1625年）於1603年一手測繪的星圖 《測天圖》（*Uranometria*）。拜耳的開創之作《測天圖》（請參見第34頁）是以丹麥天文學家第谷・布拉赫（Tycho Brahe，1546～1601年）的星表為依據。在望遠鏡尚未發明期間，天文學家是利用星盤和象限儀等工具來觀測天象繪製星表。《測天圖》是一本旨在讓天文學家用來追蹤行星、月亮和天體運行的重要科學圖表；並且有系統性的辨識每個星座之恆星，以及依據恆星之亮度以希臘字母來命名〔例如：半人馬座阿爾法星（Alpha Centauri），又稱「南門二」〕。另外，撇開拜耳星圖之功能性不說，其雕刻於銅版上的51幅圖表本身就是令人讚嘆不已的佳作。

如今，天文圖儼然被視為形式華麗的複製工藝品。其高超的視覺效果引人入勝，尤其是針對每個星座的描繪，並非只有簡單呈現恆星個體的模樣，反而以更精緻的動物或神話人物圖像表現。也許對於現代觀星者來說，光看這些巨蟹座、大熊座、金牛座的星圖會感到不可思議，但該時期的星圖不管是經由商業製圖師繪製，或是交給著名的科學家約翰・佛蘭斯蒂德（John Flamsteed）[1]親手測繪，都會這樣描繪星座。這些對天文觀察所表達出來的不同思維，對當代製圖仍有所影響。

有別於現代歐洲人，針對17世紀不同社會地位的人來說，各式天文相位在生活中可是扮演著重要角色。比方說，一般平民們會焦心憂慮地跑去占星問卜，試圖預知未來的命運。另外，預測未來的占星年曆也十分賣座，而且據說在英國內戰爆發期間（1642～51年），有三分之一國民經常購買這類出版品；而類似日食或彗星劃過天際等令人畏懼的天象也廣為流傳；至於統治者及其他權貴人士，同樣深信行星能量對於生活起居也會造成影響。然而，1618至1648年期間，正處於歐洲「三十年戰爭」，其中最為出類拔萃的英雄人物亞伯赫特・瓦倫斯坦將軍（Albrecht von Wallenstein）也帶著占星師協助決定征戰時機。此外，神聖羅馬帝國皇帝魯道夫二世（1552～1612年）統治的捷克宮廷裡，天文學家第谷・布拉赫與約翰內斯・克卜勒（Johannes Kepler）兩人不只是數學家，同時也被要求預測未來事件。從文獻看來，似乎克卜勒針對教皇國軍隊和威尼斯共和國之間的衝突處理，給予魯道夫一些建議，並順便擬繪幾百幅星圖。天文學和占星學無庸置疑地在經驗科學興起後成為相互佐證的科學。

16世紀末期，哥白尼首次提出行星繞著太陽運轉的「日心

▲該幅為塞拉里烏斯刻繪的渾天儀圖，收錄於《和諧大宇宙》1708年版本。圖中呈現行星圍繞地球軌道運行，此宇宙觀可追溯至亞里士多德的「地心說」，但顯然「地心說」在塞拉里烏斯出版作品時已為過時論述。圖底左右插圖，各自代表托勒密和布拉赫的宇宙系統。

論」，該學說逐漸被眾人公認是奠定嶄新經驗科學的基礎。然而，伽利略卻因支持哥白尼學說而被交付到宗教判裁所審判。即便如此，哥白尼學說並未完全推翻占星學。身為「理性時代」（Age of Reason）典型人物的艾薩克．牛頓（Isaac Newton）也聲稱，占星學所探討的是各行星之間的關係，這跟以哪個天體為系統中心毫無關聯，因此仍是個有效的探究主題。

有了上述的歷史背景說明後，再讓我們回頭探討17世紀生活在荷蘭大半輩子的德國製圖學家安德烈亞斯．塞拉里烏斯（Andreas Cellarius，約1596～1665年）編著的著名星圖——《和諧大宇宙》（*Atlas Coelestic*，1660年）。該圖集收集了天文知識史上的代表傑作，以26幅雙對開手工上色星圖呈現，加上超過200頁的拉丁文註解（每幅收錄4至9頁的內文說明）。在塞拉烏

1. 英國首任皇家天文學家，1675年創立格林威治天文台。

◀此幅約翰內斯·赫維流斯（Johannes Hevelius）繪製的《月面圖》（selenographia，或稱《月亮地圖》），首次出版於1647年。他在但澤市（Danzig）安裝一座40公尺長的焦距望遠鏡天文台。在觀察月球10年之後，他終於估算出月球山脈的高度，並且準確測繪出《月面圖》。

里斯所刻繪的華麗精美的天文圖中，其所涵蓋的主題包羅萬象，像是行星繞著地球運轉的軌道圖、各式天文學家的天體圖（圓球面投影到平面）、月相圖、南北半球的星座圖、天體大小比較圖等等。此地圖集之所以耐人尋味，是因為內容包涵從拜耳早期的完整天文系統測繪圖，到近代天文模式思維的發展變化。因此，塞拉里烏斯在書中呈現2世紀托勒密的地心說和他對行星運作的錯誤假設看法，以及布拉赫和哥白尼的天文體系。同樣的，不同地圖同時呈現了古典星座形式（至今仍被接受），以及1627年由朱利葉斯·席勒（Julius Schiller）以聖經人物代替神話人物，將基督教概念納入星圖之中。

《和諧大宇宙》地圖集中所呈現的星圖與天體圖精準無疑，有些地方仍不科學，但似乎是為了給更多元的讀者賞閱（並非侷限天文學社群）。例如：雕版上所刻繪的南半球太平洋及南極地區的天空，彷彿是由遙遠的外太空往地球望去的景象。如此富有想像力的觀察角度確實豐富了地圖美感，但對天文學家來說一無是處，甚至為此感到混淆不清。不過，此書可是受到大眾無比愛戴，甚至在1708年時刪去大量註解重新編著。我們可以合理地認為《和諧大宇宙》體現了一種新時代精神。似乎半世紀前托勒密的思辨爭議已經無所謂，反而令人讚譽有加的是綜合多元的天文觀點。

首版地圖集被奉獻給英國國王查理二世（Charles II）。1662年，在他的統治之下，英國皇家學會於倫敦正式成立，屬於歐洲第一批科學組織之一，其運作目的是正式推動探索科學的新實驗方法，以及引起活躍的思想交流探討。塞拉烏里斯的星圖似乎成功啟發了後世。

▲天文圖是伊斯蘭科學的重要組成元素。十二生肖符號代表東方傳授完整知識到希臘。圖中一共包含48種古老星座，但「後哥白尼時代」則很快地出現更多所謂「現代」星座圖。

薩克斯頓筆下的伊莉莎白時代

Saxton's Elizabethan England

英國及其它君主國早期出版的國家地圖集，可說是與政治強權密不可分。例如，約翰·史畢德（John Speed）細心測繪的不列顛群島地圖集《大不列顛帝國全覽》（*The Theatre of the Empire of Great Britaine*，1611～12年），涵蓋了英格蘭、愛爾蘭、蘇格蘭，該圖集也凸顯了查爾斯一世（Charles I）意欲統治英國的具體野心版圖。

同樣富有濃厚政治色彩的一幅地圖，則來自史畢德的英國前輩柯里斯佛·薩克斯頓（Christopher Saxton，約1543～1610年）測繪的《英格蘭與威爾斯之郡級地圖集》（*Atlas of the Counties of England and Wales*，1579年），此地圖的視覺形式在當時的歐洲可說是前所未有的首例。薩克斯頓早期跟隨來自北英格蘭約克郡迪斯伯里的牧師約翰·羅德（John Rudd）學習製圖技術。文獻記載1570年時，羅德聘僱薩克斯頓擔任土地測量師，當時這份工作顯然可為薩克斯頓帶來穩定收入，甚至讓他過著十分優渥舒適的生活。這是因為1530年末左右，亨利八世（Henry VIII）因解散修道院以及與羅馬教廷分裂的關係，隨後出現一批龐大規模的教會財產等著分割轉售給私人買家，加上土地圈佔權利糾紛也層出不窮，因而創造大量工作給測量師及仲介商。

接著，大約1573年，薩克斯頓受到法庭主事官湯馬斯·塞克弗德（Thomas Seckford）的賞識而搬到倫敦工作。塞克弗德是英國女王伊莉莎白一世最親信的首席國務大臣威廉·塞西爾（William Cecil）的部下，他委任薩克斯頓進行測繪英格蘭和威爾斯的所有郡城地圖，製作這項龐大任務不僅相當耗時，也讓塞克弗德投入不少資金，前後花了5年才大功告成。

由此可見，此任務顯然是當時重要的國家計畫，而塞克弗德的長官塞西爾也相當清楚「製圖」具有重要政治意義；文獻記載塞西爾還親手擬繪政治敏感或可能未來有衝突的區域地圖，像是鄰近蘇格蘭棘手邊境之類的地域[2]。自從1558年英格蘭女王伊莉莎白一世登基以來，不斷受到各方嚴重威脅，還得擔心捲入意圖引起叛亂的「天主教陰謀」（Popish plots）。這位「童貞女王」急於達成現實政治（realpolitik）[3]的統治，也許這點對於非歷史學家來說很難理解，但在她的統治期的確孕育出前所未有的盛世。然而，繪製這份不列顛地圖並非在於展現國家聲望及自豪感，反而主要是因應戰略考量而產生。尤其這份地圖凸顯了一些關鍵訊息，例如：海上登陸入侵的可能著陸點等。所以，製圖家在戰略考量之下，從最有可能被敵軍[4]入侵登陸的地點，也就是從英格蘭東南端海口著手繪製。

英格蘭東南方的諾福克郡是首幅郡級地圖的測繪地區，於1574年完成。薩克斯頓一貫精準的製圖特色也在整本圖集中展露無遺。總而言之，地圖所透露的細節及被忽略之處都有其用意。

地圖中描繪了主要河流、其它水域及廣大又零散的植被區，重要城鎮則以密集建築物伴隨著精準描繪的顯著地標方式表示；山地丘陵以圖例表現，即便無列出準確的地勢高度資訊，地勢圖

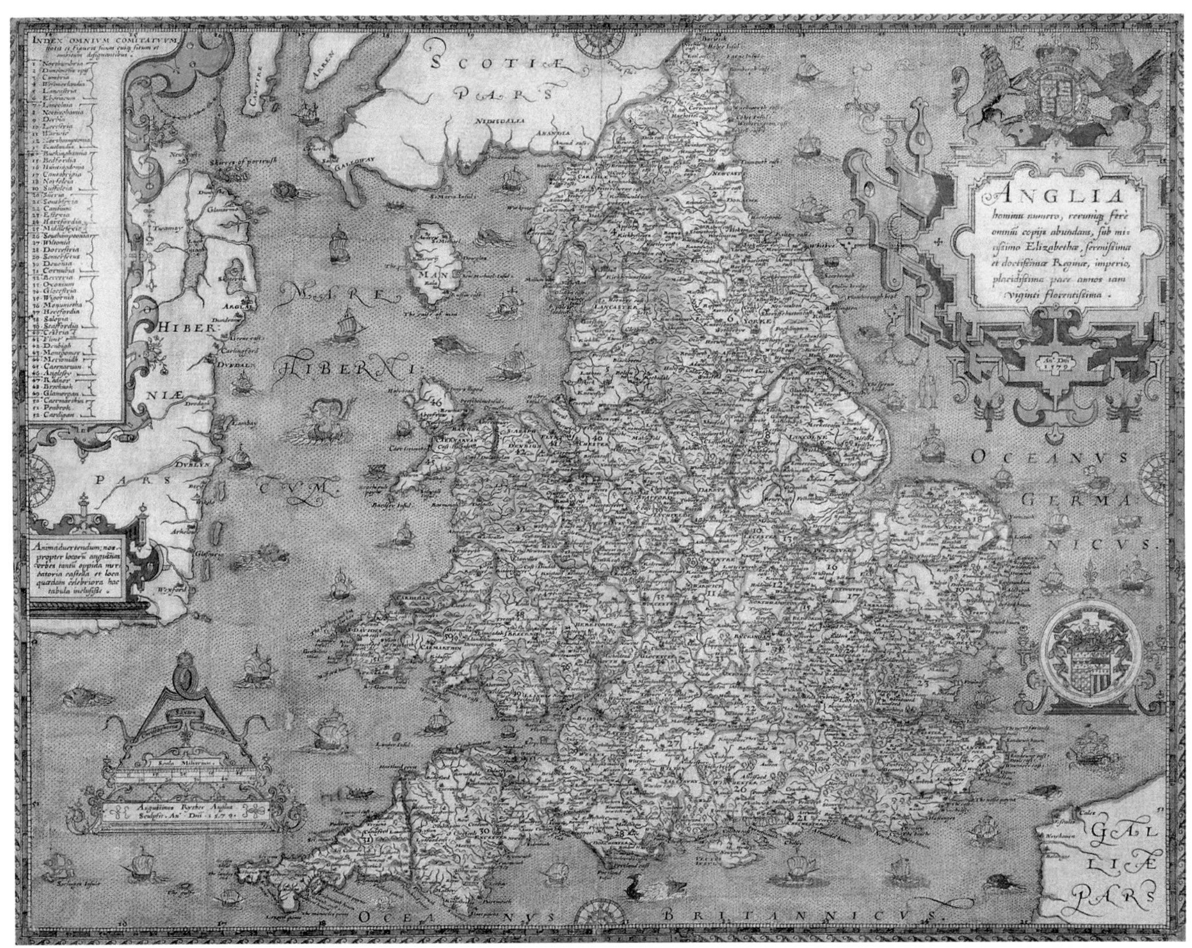

▲此幅出自薩克斯頓繪製的《英格蘭與威爾斯之郡級地圖集》，由奧古斯丁．瑞樂（Augustin Ryther）於1579年出版。地圖左方郡名表是採拉丁文，例如：Northamptonia（北安普敦郡）和Buckinghamia（白金漢郡），而至今仍沿用拉丁郡名的只剩Cumbria（坎布里亞郡）和Northumbria（諾桑比亞郡），想必這兩處蠻荒北方氣候之地，必有滿足居民之處。由於這幅並非是世界北方島嶼圖，而是擁有自己語言的國家地圖，因此其它地名都已不採用拉丁名。

2. 當時蘇格蘭與英格蘭邊界擾攘不息（蘇格蘭由信仰天主教的瑪麗一世所掌權，英格蘭則是伊莉莎白一世所統治）。
3. 意指當政者應以國家利益做為從事內政外交的最高考量，而不應該受到當政者的感情、道德倫理觀、理想、甚至意識形態的左右，所有的一切都應為國家利益服務。
4. 當時最大的敵軍是西班牙，在薩克斯頓出版地圖集的9年之後，他們以強大軍隊試圖侵略英格蘭。

仍扮演著至關重要的說明功能。例如，高端處被伊莉莎白一世指定，作為敵人入侵時發出警示訊號的戰略地點。

至於地圖欠缺的道路，我們可推測應是薩克斯頓受命確保地圖集盡快出版，而只好先繪製主要的地圖功能。此地圖集共有34幅跨頁地圖，範圍涵蓋個別或聯合的郡縣圖，並附加英格蘭及威爾斯的通用地圖。該地圖集是在很短時間內完成所有繪製工作，前前後後一共只花5年。換句話說，薩克斯頓的每一幅郡地圖的製作期平均不到一個月。在薩克斯頓少之又少的史料中，雖然找不到有任何助手協助製圖的記載，仍知他有受到各郡城的在地居民協助而完成任務。為了工作順利，他隨身攜帶一封來自樞密院的指令信，內容要求在地官員「委派2至3名熟悉郡縣且可信賴的人，協同他一起進行塔樓、城堡、高地或山丘等地勘察測繪等等。」關於他的測量方式鮮為人知，但據說是利用經緯儀的基本形式和三角測量法的技術執行測量工作。

即便如此，一些對於製圖師來說易如反掌的元素也呈現在地圖上，例如：海上帆船、魚兒、海洋怪物及華麗漩渦裝飾主題框等等，這些創意元素說明薩克斯頓並非只想製作功能性的地圖，而這些華麗裝飾元素無形中也促成後人喜愛。

關於薩克斯頓的製圖任務背後的最高資助指導長官，可見於地圖集的捲首插圖之處，即一張伊莉莎白一世的肖像，她以資助人身分正襟危坐中間，左右兩側站著蓄有大鬍子的人物，各別象徵著地理與天文。這位令人敬畏的英格蘭「童貞女王」亦是地圖集的受奉獻者。她向薩克斯頓的勤奮付出表達感激之情，甚至在1574年，當測量工作仍在進行之際，「……針對近期持續地在英國各地考察的這份崇高善舉與犧牲，」授與他一座位於薩福克郡的莊園（Grigston Manor）。從塞西爾所留下的記載中，可一窺這位國家領導菁英熱衷參與製圖計畫的證據（目前史料收藏於大英博物館）。每一幅薩克斯頓的手繪地圖，都是由當下首屈一指的英格蘭及荷蘭雕版師，像是英格蘭的奧古斯丁·瑞瑟（Augustine Ryther）、荷蘭的雷米鳩斯·荷根伯格（Remigius Hogenberg）與柯利斯·德·胡荷（Cornelis de Hooghe）等人在銅板雕製，由塞西爾將所有檢驗過關的印刷地圖與其它文件編錄於同本地理圖集裡。女王伊莉莎白一世授與製圖者獨家地圖出版權10年（以1577年為始）。

薩克斯頓成為繪製國家地圖的開創先鋒，這份無比成就絕對名符其實。而其所繪製的地圖，即便是在出版的100年之後，仍被視為繪製郡城地圖的基本參考範本。並且最初的地圖版畫也不斷地重新被修改直到18世紀結束為止。現代英格蘭小說家兼文化觀察家彼得·阿克羅德（Peter Ackroyd） 在他所撰的《英格蘭想像之起源》（*Albion－Origins of the English Imagination*）一書中，以生動活潑的方式描述這些令人驚嘆無比的創新地圖物件：

> 薩克斯頓繪製的郡地圖……提供第一幅（英國郡城）完整視覺圖像，其所帶來的新鮮感與啟發，就如同近代人們第一次看到宇宙照片般令人震撼……4萬多筆地名刻在薩克斯頓龐大的英格蘭地圖上是神聖的……如同布雷克或朗蘭筆下密密麻麻的在地細節。

▶史畢德所繪製的《大不列顛帝國全覽》也是一本郡級地圖集，於1612年首次出版完整地域圖（包括愛爾蘭和蘇格蘭在內）。此幅地圖是巴塞特和奇斯偉特（Basset and Chiswell）於1676年發行的大尺寸「不列顛地圖」版本。但該地圖卻沒有提及作者（薩克斯頓）。系譜學家兼歷史學家的史畢德繪製地圖的目的，是要用來補充說明1600年左右出版的巨作《大不列顛史》（*History of Great Britaine*）。此地圖史目的（幾乎潛意識的）是要建立該國過去尊貴的「真實」國家歷史面貌。

Septentrio
OCEANVS GERMANICVS.
BRITANNIA
prout divisa fuit temporibus
ANGLO-SAXONVM,
præsertim durante illorum
HEPTARCHIA.
Anglis
THE GERMAN SEA.
MARE
HIBERNICUM,
vulgo
THE IRISH SEA.
IRELAND
THE Suderland KINGDOME
KINGDOME OF THE SCOTS.
KINGDOM OF THE PICTS.
WALES.
EAST ANGLES KINGDOM
MERCIA.
THE BRITISH OCEAN
GALLIA
Occidens
Oriens
Meridies

愛德蒙・哈雷

Edmond Halley

提到「哈雷」這個名字，一般人多半會聯想到「哈雷彗星」。但是，愛德蒙・哈雷除了名字被拿來命名外，本身也擁有多項創舉成就，特別是他測繪了首幅顯示大西洋各地磁偏角的地圖，即羅盤指示的北方與實際正北方的夾角磁差。

愛德蒙・哈雷（英文名有時會拼作Edmund）1656年誕生於英國倫敦的海格爾斯頓鎮，身為富裕肥皂製造商之子的他，從小在家接受私人教育，後來進入聖保羅學校唸書。1673年前赴牛津大學就讀皇后學院。當時還在學的他，已測得倫敦偏磁角（磁差）為2度30分（磁偏角為羅盤北方與正北方的差距夾角；磁差隨著北磁極位置逐年往正北方移動而產生變化）。哈雷利用父親購買的各種昂貴儀器，從事天文觀測，進而發現計算行星軌道的新方法。哈雷19歲時，已發表3篇關於太陽黑子、行星軌道和掩星（火星）的研究論文。

1676年左右，哈雷在皇家天文學家約翰・佛蘭斯蒂德（John Flamsteed，1646～1719年）的鼓舞之下，中斷學業離開牛津，前往位於南大西洋的聖海倫娜島（St. Helena；當時隸屬大不列顛最南端的領土）進行南半球天文觀測（當時仍是個謎）。經歷了18個月，即便天候不佳的環境之下（大多是多雲天氣），哈雷仍編制出341顆南半球恆星方位的《南天星表》（*Catalogus Stellarum Australium*，1679年），也因此聲名大噪。佛蘭斯蒂德更以頗負盛名的丹麥天文學家第谷・布拉赫之名，譽稱哈雷為「南方第谷」。英王查理二世下令授予哈雷文學碩士學位，他被選為英國皇家學會院士時，年僅22歲。

哈雷在遊歷歐洲各地兩年後，與巴黎天文台第一任台長喬凡尼・卡西尼（Giovanni Cassini，1625～1712年）聯手探索新彗星，並於1682年搬到伊斯林頓（Islington）展開一系列有助解決海洋經度難題的月球觀測活動。

他向英國天文學家虎克（Robert Hooke）和雷恩（Christopher Wren）請教重力問題，但卻沒有得到滿意的答案，因而決定前往劍橋親自請教鼎鼎有名的牛頓。本次會面使得兩人建立了長久堅固的友情。由於哈雷當時擔任皇家學會的書記官，1684年在他父親過世後更繼承了大筆財產，因此牛頓在他大力資助與協力編輯之下，順利於1687年發表《原理》（*Principia*）這本曠世鉅作。

哈雷於1686年公佈了世界上第一部記載海洋盛行風分佈的氣象圖，他是根據回國船長的數據資料繪製成圖，可算是首幅巨大尺寸的氣象圖。為了回報哈雷之前的協助，1696年牛頓介紹哈雷一份收入豐厚的工作，讓他在切斯特鑄幣局擔任副審計長；牛頓就是倫敦皇家鑄幣局的監管人。

1698年，英王威廉三世（King William III）任命哈雷擔任皇家海軍軍艦Paramour（秘密情人之意）的艦長。在接下來幾年時間內，他大多在海上航行。因為威廉要求他探索座落於大西洋以南位置的領土，因而促使他盡量往大西洋海域前進。為了更精準計算海上經度，他最遠航行至巴貝多島考察地磁變化，並利用表示磁子午線與地理子午線

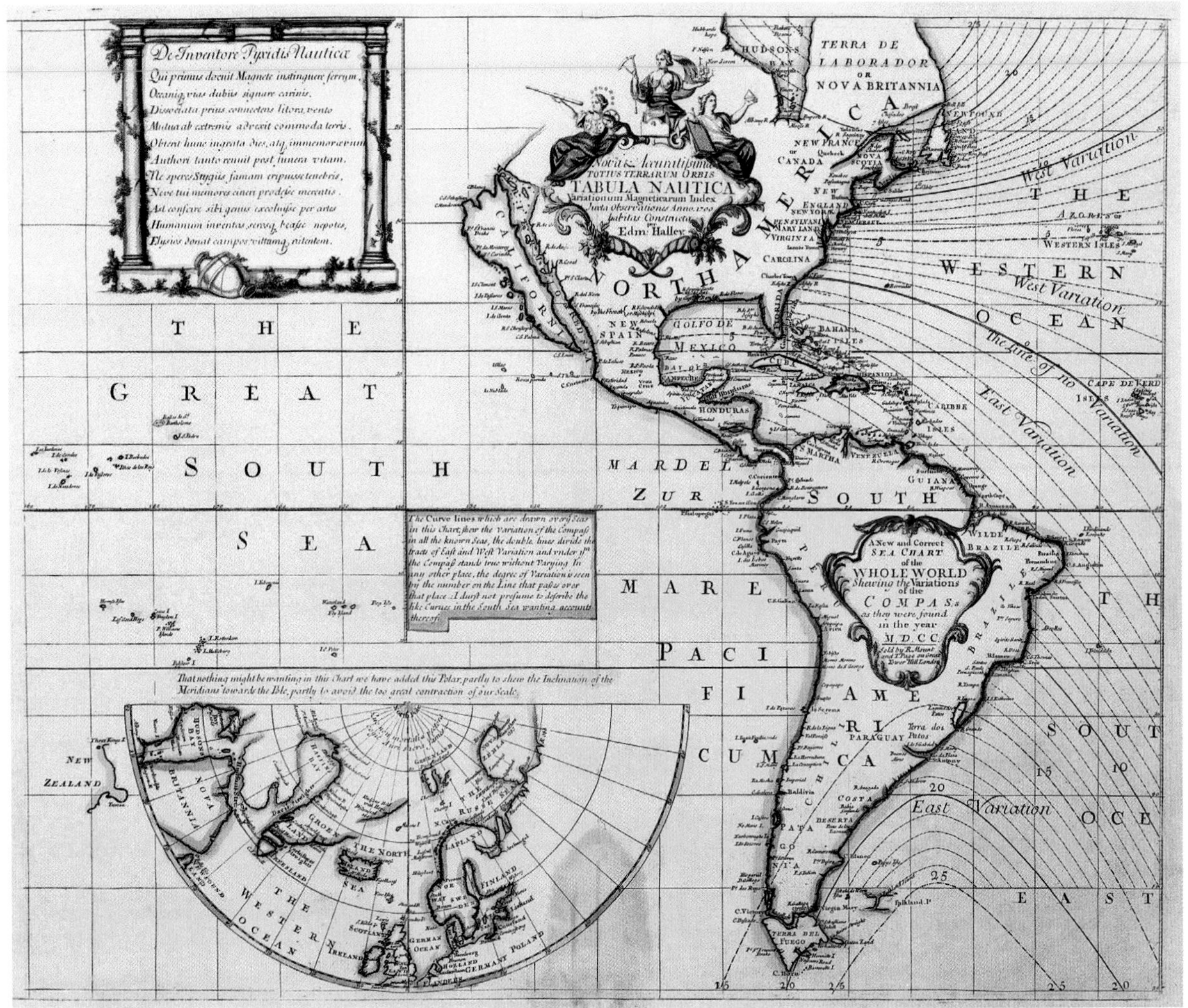

▲此幅為哈雷於1700年繪製的大西洋西部和美洲海域的「等磁偏角線」地圖。此航行是一趟純粹考察的科學之旅，之後他也以相同數據製作一幅涵蓋歐、亞、非範圍的地圖。此圖中央的註解坦承：「在沒有足夠依賴的資訊下，我無法假裝知道南海。」

的夾角（磁偏角）的等偏磁線（isogons）法繪製航海地圖。

哈雷甚至為了考察潮汐和觀測地磁變化，沿著英吉利海峽沿岸航行；而在安妮女王（Queen Anne）的要求下，前往視察亞得里亞海附近的港口；接著為了研究防禦工事而繼續航行到翠斯特（Trieste）探勘。

因為哈雷的製圖太有名了，坊間竟出現了「山寨版」，仿造者將自己名字印製在偽造的地圖上。例如：1715年，赫爾曼．莫爾（Hermann Moll）根據哈雷作品所繪製的地圖（參見第54頁），提到同時期一幅獻給哈雷的法國地圖的問題：

好望角南緯56度；介於好望角和聖奧斯丁角之間17度（而非個別57.30 度和45度）……這幅及其它後期製作的地圖都是與哈雷博士不同的贗品……因此，這幅地圖讓人誤認航行到南太平洋的距離比實際少了約1千里。海上或陸地的資訊都有誤，人人都可輕易判定這些假地圖可能產生的危險後果。此外，這幅地圖的投影法更是糟糕到毫無根據可言。

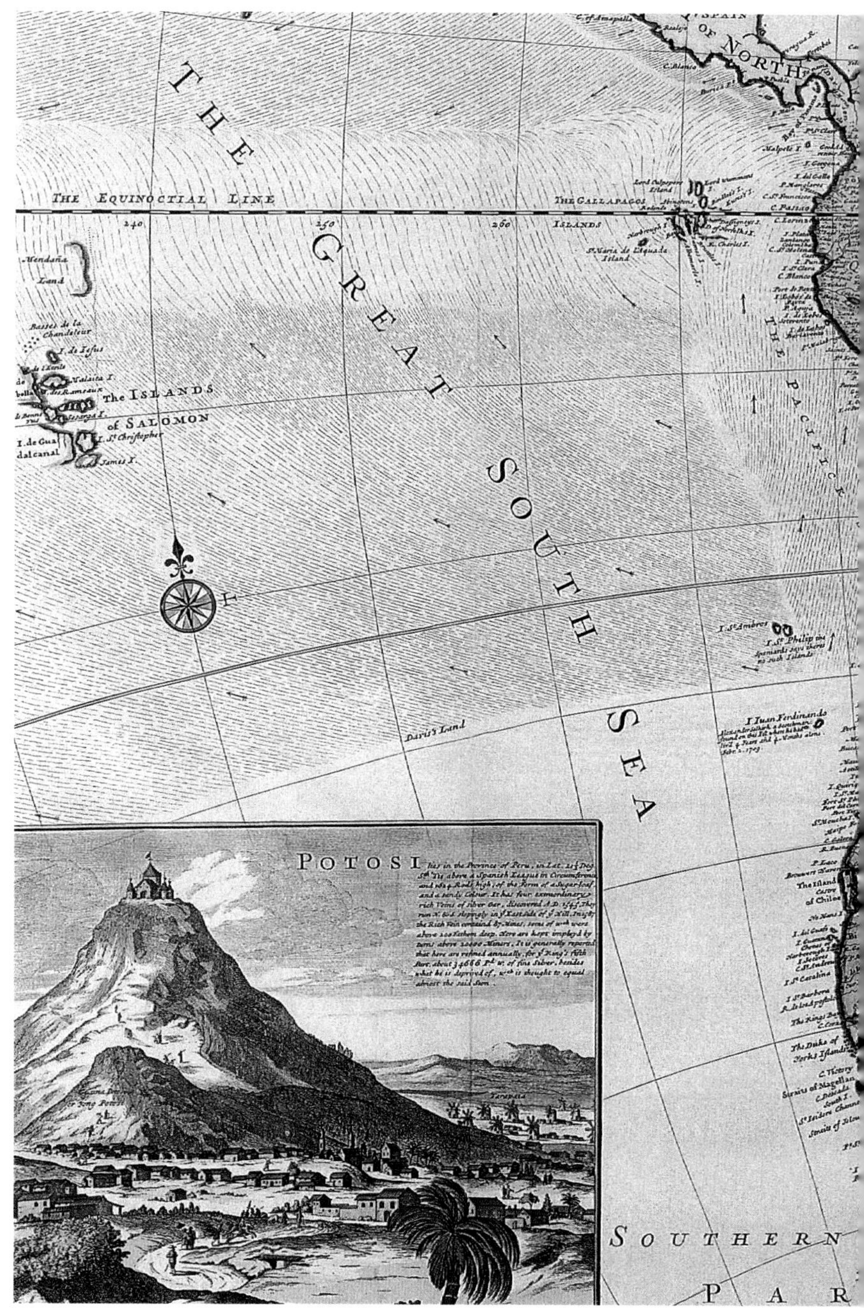

其它正版地圖也承認受惠於哈雷的成就，包括1768年，受班傑明．富蘭克林（Benjamin Franklin）和提莫西．福爾杰（Timothy Folger）認可的南、北大西洋地圖，皆顯示了哈雷觀測到的墨西哥灣流。

然而，提到了哈雷，一定得提到以他名字命名的「哈雷彗星」。1703年，哈雷被任命為牛津大學的幾何學教授，根據佛蘭斯蒂德的說法，「他像船長一樣暢飲白蘭地」和「導致大學生墮落」（此刻的佛蘭斯蒂德已跟哈雷不合）。哈雷為了觀測彗星，在位於牛津的房子屋頂蓋了一座觀測站（至今仍存在）。而在牛頓的幫助下，他盡可能的測繪許多已知彗星的位置。彗星除非運行至非常靠近太陽的位置才能看得見，否則沒人真正知道彗星來自何方及行經何處。哈雷認為這些曾出現於1456年、1531年、1607年和1682年的明亮彗星，事實上可能是來自同一顆以橢圓路徑繞著太陽，超越土星（當時為離太陽最遙遠的行星）的彗星。考慮到彗星軌道受到木星的引力影響，他預言彗星將於1758年底再次回歸。

哈雷成就卓著，不僅發現北極光磁性、解釋潮汐現象、發明潛水鐘，還編制布雷斯勞城（Breslau）的人口死亡率表，成為近代人壽保險費率計算基礎。

1720年，哈雷繼任佛蘭斯蒂德皇家天文學家的職務，但因他與牛頓未經佛蘭斯蒂德的同意，就發表其觀點而再度激怒佛蘭斯蒂德。直到1742年逝世之前，哈

雷都擔任皇家天文學家的要職。他去世後的第16年，也就是1758年的聖誕節那天，彗星如他所預言的再次出現，因此命名為「哈雷彗星」。

▲此幅為赫爾曼．莫爾於1715年發表的《南美洲地圖》。圖中註解寫道：「世界上沒有什麼比那些自稱是女王的地理學家的謊言更可恥。」流亡荷蘭的莫爾後來變成英國優秀的地圖出版商。當1811年美國國會考慮華盛頓特區作為本初子午線的假設可能性時，他的名字當時也被拿來引述，主因是他曾在地圖中引用過倫敦及愛丁堡城堡。

亞歷山大・洪堡德

Alexander von Humboldt

16世紀是葡萄牙、西班牙和不列顛的大航海發現時代，就連義大利的哥倫布也被西班牙派遣出航。接下來幾個世紀，荷蘭人亞伯•塔斯曼（Abel Tasman，1603～59年）、丹麥人維圖斯・白令（Vitus Bering，1680～1741年）和英國人詹姆斯・庫克（James Cook，1728～79年）陸續完成一些探險地圖。到了1800年，終於有位來自德國的博學家兼探險家貢獻了巨大成就。

此人便是亞歷山大・洪堡德，他的研究貢獻影響許多後來崛起的英國自然學家，像是查理斯・達爾文（Charles Darwin，1809～82年）和阿爾弗雷德・羅素・華萊士（Alfred Russel Wallace，1823～1913年）等人。達爾文曾形容他是：「有史以來最偉大的科學旅行家。」洪堡德於1769年誕生於柏林，身為普魯士軍官之子的他，曾經在奧德河畔法蘭克福、柏林和哥廷根這幾處的大學唸書。1790年，他在哥廷根大學認識了隨同英國庫克船長展開第二次世界航海旅程（1772～75年）的德國自然學家福斯特（J.G.A. Forster，1754～94年）。這份友情讓洪堡德之後形容自己年輕時的熱切夢想，是前往充滿異國風情的地方探險。1793年，他出版了《弗萊堡地下植物誌》（*Flora Subterranea Fribergensis*），當時他正在德國弗萊堡礦業學院（Freiberg Mining Academy）接受礦物學教授亞伯罕・維爾納（Abraham Werner，1750～1817年）的指導。並且在上法蘭哥尼亞（Upper Franconia）的採礦部門擔任工程師兩年，之後成為拜洛伊特小鎮的礦場監督。

洪堡德隨著福斯特遊歷歐洲各地長達6年之久，並持續進行植物、地質和地球物理等方面的研究。他預計跟隨法國冒險隊遠征南太平洋，卻因一場與義大利的戰爭而打壞計畫。之後，同樣因遠征計畫受到阻礙的法國植物家埃梅・邦普蘭（Aimé Bonpland，1773～1858年）與洪堡德兩人在他人引薦之下，前往馬德里覲見卡洛斯國王（King Carlos）。卡洛斯國王賜予兩人前往西班牙在美洲殖民地的通行證，於是這兩位勇敢的探險家在1799年，從科倫納（Corunna）啟程出發，航行過了加那利群島，終於抵達委內瑞拉的庫馬納（Cumaná），1個多月之後，他們成功地躲避英國軍艦（拿破崙戰爭才正要發動）。

從此之後，他們展開一系列探索拉丁美洲之旅。在長達約9,600公里的旅程之中，走訪過奧里諾科河（River Orinoco），探險至亞馬遜河的源頭，行經現今哥倫比亞境內的馬格達萊納河（River Magdalena），並越過中央山脈抵達厄瓜多的基多（Quito）和秘魯的利馬（Lima）。他們在古巴停留一陣子，在墨西哥度過整整1年。洪堡德甚至徒手攀上了安第斯山脈的欽博拉索火山（Chimorazo；海拔約5,876公尺），創下了30

▶墨西哥城皇家礦業學院院長戴魯亞（M. D'Elhuyer），說服洪堡德把他在「新西班牙」收集的國內工業相關資料，繪製成一幅涵蓋37個礦區和主礦山的地圖。像是這幅根據三角函數和天文觀測繪製而成的洪堡德地圖（1804年出版），後來修正改版後於巴黎再度出版。

General Chart
of the
Kingdom of New Spain
Betn parallels of 16 & 38° N.
from materials in Mexico at commencement
of Year 1804
by
Humboldt
PROVINCIA DE TEXAS
SONORA
PROVINCIA
NUEVA
BOLSON DE MAPIMI
CINALOA
DURANGO
NUEVO REYNO DE LEON
INTENDENCIA
Pacific Ocean
Gulf of Mexico

年無人超越的紀錄。他們每到一處必定測繪地形、記錄氣候和地磁，並且採集植物、動物和礦物的標本。因此，在他們回到歐洲之後，所帶回的標本超過6萬種，其中許多是從未見過的植物。極具遠見的洪堡德，建議打造一條橫跨巴拿馬地峽的運河，以便連接大西洋和太平洋；另外，他也建議來自秘魯的鳥糞（礦化的鳥糞）可以進口到歐洲作為肥料。

返回柏林的洪堡德，開始著手整理出版田野調查的研究結果。並於1808年左右，搬到巴黎再給自己2年時間完成研究工作。此研究前後一共花費他將近20年的時間。這部總括二十三卷包羅萬象主題的《洪堡德與邦普蘭的熱帶之旅》（*Voyage de Humboldt et Bonpland aux Régions Équinoxiales*）一書，幫他打響了名聲，也是達爾文出航「小獵犬號」（HMS Beagle）時隨身攜帶的書籍之一。在洪堡德的著作之中，使用統計地圖和圖表形式呈現統計數據。山脈和火山的地圖亦涵蓋了植被及其隨著海拔高度變化的資訊。此外，他也證明了很多火山伴有潛在的地質斷層線，特別是位於中美洲和美國南部地區。他也是首位使用「等溫線」圖解溫度變化（等溫線是地圖上溫度值相同各點的連線）；同時也是首位繪製「等壓線」氣象圖（等壓線是地圖上氣壓值相同各點的連線）的人。他所出版的《攸關歷史》（*Relation Historique*）算是開創個人旅遊寫作的先鋒之一。

接下來，洪堡德啟程到巴黎與法國化學家約瑟夫・蓋呂薩克（Joseph Gay-Lussac，1778～1850年）一同研究空氣的化學成分。約莫1835～38年間，他在巴黎出版了《新大陸地理學》（*Géographie du Nouveau Continent*）。後來，又提出收集俄羅斯、亞洲及不列顛殖民地的氣象與地磁數據的新計畫。1892年，洪保德受沙皇尼古拉一世（Tsar Nicolas I）之邀前往俄羅斯，並與德國自然學家克里斯丁・埃倫伯格（Christian Ehrenberg，1795～1876年）和古斯塔夫・羅斯（Gustav Rose，1798～1873年）一道前往，之後發表《中亞》（*Asie Centrale*，1843年）一書，內容為穿越中央烏拉爾（Ural）山脈和西伯利亞地區，在海拔14,500公里之地所進行的氣象和地質調查的結果。

1847年，洪堡德把過去的研究哲學和經驗，整理成圖文並茂的物理世界之史——《宇宙》（*Kosmos*；共兩卷）。該書試圖表明縱使自然界如此錯綜複雜，仍有潛在的統一規則。而他的雄心壯志就是要找出「解釋看似不相干的多元事實的定律。」

洪堡德認為地球的歷史提供了自然地理的線索，而地球的轉動和磁性是形成許多物理現象的因素。《宇宙》一書也涉及原生植物與動物的自然環境，被視為日後生態科學興起的種子。

▲此圖描繪正在荷魯約火山的洪堡德探險隊（1920年中葉出版）。洪堡德將火山海拔（或剖面圖）收錄到《新大陸赤道地區的地理和物理地圖集》（1814年出版）。他利用氣壓計測量高度。荷魯約火山是墨西哥馬德雷山脈的小火山。由於洪堡德對地質學感興趣，才會著迷火山。他也是首位意識到走上高海拔地區會缺氧引起高山症的人，雖然這件事沒有他的考察成就重要，但仍值得一提。

洪堡德於1859年逝世之前，仍不斷地增加新的知識到《宇宙》一書中。他的名字也被用於命名從南冰洋沿智利和秘魯的太平洋海岸往北流的寒流——「洪堡德海流」（Humboldt Current）。終於，有個德國人的名字出現在世界地圖上了。

創造新科學之圖

A Single Map Creates a New Science

威廉・史密斯（William Smith）雖然贏得「岩層史密」（Strata Smith）這個綽號，但另個尊稱應該更令他稱心如意——「英國地質學之父」（Father of English Geology）。超過20年的時間裡，他獨自走遍全國各地，仔細考察所有發掘的岩石和化石。

1815年，威廉・史密斯以一幅名為《英格蘭、威爾斯和部分蘇格蘭之地層圖》（*A Delineation of the Strata of England and Wales, with Part of Scotland*）的地圖，作為研究結果的發表形式。這是第一幅關於英格蘭和威爾斯的地質圖，以15張紙拼湊組成的巨圖，其比例尺為1英寸代表實地5英里。

史密斯於1769年誕生於英國牛津郡，是名鐵匠之子。史密斯年僅8歲時，父親便過世，因此很早就學會自立自強。他進入村裡學校接受教育，並且學習測量，時常在郊外散步採集化石。等到他18歲，正值1787年大力開鑿運河的繁榮年代，他成為山地斯托鎮（Stow-on-the-Wold）負責規劃運河動線的測量員愛德華・韋伯（Edward Webb）的得力助手。1791年，他搬到北薩默斯特郡（Somerset）調查煤炭蘊藏量；1794～99年間，則擔任薩默塞特煤炭運河的工程師。後來，參與監督運河的探勘開發，並於1794年，花了6週時間乘坐馬車走遍整個英格蘭北部考察開鑿方法。在這段長途考察期間，他注意到岩層現象，開始觀察作筆記、畫下岩石形成的剖面圖，並按地質名稱分類。因此，朋友都暱稱他「岩層史密」。

史密斯在巴斯（Bath）的同事鼓勵下，繪製了首幅詳盡的地質圖，這是史無前例的地質圖，地圖上以顏色標示巴斯地區周圍的各種岩石，於1805年繪製完整的英格蘭和威爾斯的地圖。除了地圖的獨特性之外，他還建立了兩個地質學關鍵原則。從岩層觀察來說，他主張只要有不同種類的岩石互疊，通常覆蓋最頂端的代表最新形成的岩層（除非有重大地球運動搗亂了順序）。他也注意到每一地層含有特定的化石。因此，如果知道某地層形成的年代，應可推知該地層中化石的生存年代，反之亦然。

縱使史密斯可能侷限於教育背景，沒有撰寫教科書的能力，他依舊發表了兩本小冊子。其一是典型岩層形成的化石插圖的《鑑定地層》（*Strata Identified by Organized Fossils*，1816年）；其二是涵蓋21縣郡地質圖和岩層剖面圖的《化石地層系統》（*Stratigraphical System of Organized Fossils*，1824年）。他視地圖為最佳呈現地域岩層的方式，並且在侄子約翰・菲利普斯（John Phillips，1800～74年）的協助下一起測繪製圖。史密斯大多居住倫敦，1819年才搬到北約克郡。他工作上的重要貢獻大多不被承認， 也因為缺錢，而將大部分收集來的化石出售給大英博物館以籌獲資金。不過，在他去世的前4年，也就是1835年，這位沒唸過太多書的鐵匠之子，終於獲得都柏林三一學院所頒發的榮譽博士學位。

▶此幅記載整體英格蘭和威爾斯的地質圖，其比例尺是1英寸代表實地5英里，地圖面積規模龐大（2.6公尺高，超過1.8公尺寬）。這份出版品是由英國皇家學會總理約瑟夫・班克斯（Joseph Banks）捐獻50英鎊作為製作刊物的資金。

A
DELINEATION
OF THE
STRATA
OF
ENGLAND AND WALES.
WITH PART OF
SCOTLAND;
THE COLLIERIES AND MINES.
THE MARSHES AND FEN LANDS ORIGINALLY OVERFLOWED BY THE SEA
AND THE
VARIETIES OF SOIL
ACCORDING TO THE VARIATIONS IN THE SUBSTRATA
ILLUSTRATED by the MOST DESCRIPTIVE NAMES
BY W. SMITH.
THE GERMAN OCEAN
THE IRISH SEA
CAERNARVON BAY
CARDIGAN BAY
St. GEORGE'S CHANNEL
BRISTOL CHANNEL
THE ENGLISH CHANNEL

海洋探路圖

Pathfinder of the Seas

馬修・方丹・莫瑞（Matthew Fontaine Maury）於1806年誕生美國維吉尼亞州的一座農場。成長過程中除了務農之外，生活沒什麼變化。之後，全家搬到了田納西州，他向父親吵著要去上學，最終如願以償進入哈伯學院就讀。然而，他仍努力尋找更美好的生活願景，於是1825年進入美國海軍成為海軍官校學生。接下來11年裡，他花了大量時間在海上生活，並全神貫注研究航海的複雜性。

1829年，莫瑞獲得搭乘「文森斯號」（USS Vincennes）出航全球的機會，這是美國海軍首次遠征世界的軍艦。他在橫跨南北緯的航程中，一路觀察風和海流會隨之產生變化。船長航海時是不靠天文鐘的，所以莫瑞值班時，常拿著粉筆在砲彈表面演算航海方程式。每當船艦行經北回歸線、南回歸線和赤道一帶，他必與船員們奮力讓船艦推進順利通過無風帶，每次遇到這種情況都令他百思不解，到底是什麼原因導致大氣中產生異常變化。莫瑞對任何事情都抱著疑問，例如：令人費解的冷熱對流，有時導致船艦以五節速度移動，不停吹送的信風（又稱貿易風），或經過無風帶時的奇怪風向變化，以及來自南方大風暴的「咆哮四十度」（roaring forties）與「狂暴五十度」（furious fifties）。航海歸來的他，與表妹安赫兒・荷恩登訂婚，並於1834年結婚。

1839年，莫瑞在俄亥俄州旅行時，不小心從失去重心的馬車上摔了下來，終身殘廢。原本這場意外應該會結束掉他個人的職業生涯，但因為海軍部長非常需要熟悉天文學的人，以及有人能為華盛頓海軍部的航圖與儀器站提供導航校正設備的諮詢，因此任命他擔任這份完全不涉及航海任務的工作（當時他已不適宜擔任航海重任）。他從成堆的木箱中，翻出了幾千本發霉的航海日誌，這些都是以前船長留下的筆記，其中有些可追溯至「大陸海軍」（Continental Navy）[5]。雖然對海軍來說，這些航誌只是放在倉庫積灰塵，但對莫瑞來說卻如同是一座資訊礦山。他從每頁航誌記載中發現到世界各地每年每月的氣象和海況的紀錄，於是開始思考這些鬆散數據，是否能夠被編譯成海洋常數，並匯集成一種有利於領航員的形式，同時也益於他的六分儀和天文鐘。

莫瑞和團隊開始從海洋日誌中，彙整數千筆的觀測紀錄，但卻也發現數據根本毫無章法可循，導致工作進展十分緩慢。於是，莫瑞轉向說服海軍和商業航運公司開始使用標準化的形式報告氣象、風向、海流和其它水文與氣象觀測。隨著新的數據陸續回報，莫瑞採取與以往不同的方式彙整資訊。他創造了圖表和兩端海口之間的航向導引，並考量到不同緯度下的氣候變化，按月份之別不斷更新資訊。

5. 屬美國海軍前身組織，於美國獨立戰爭中所建立。

▶莫瑞繪製的北大西洋航跡圖。他為了避免橫越大西洋船舶彼此碰撞，而在地圖上置入單向蒸汽船航道，並從1847年起至1855年為止，持續不斷地收集數據擴大地圖範圍。上面的小羽毛飛鏢符號代表水手回報風向吹送的觀察紀錄。

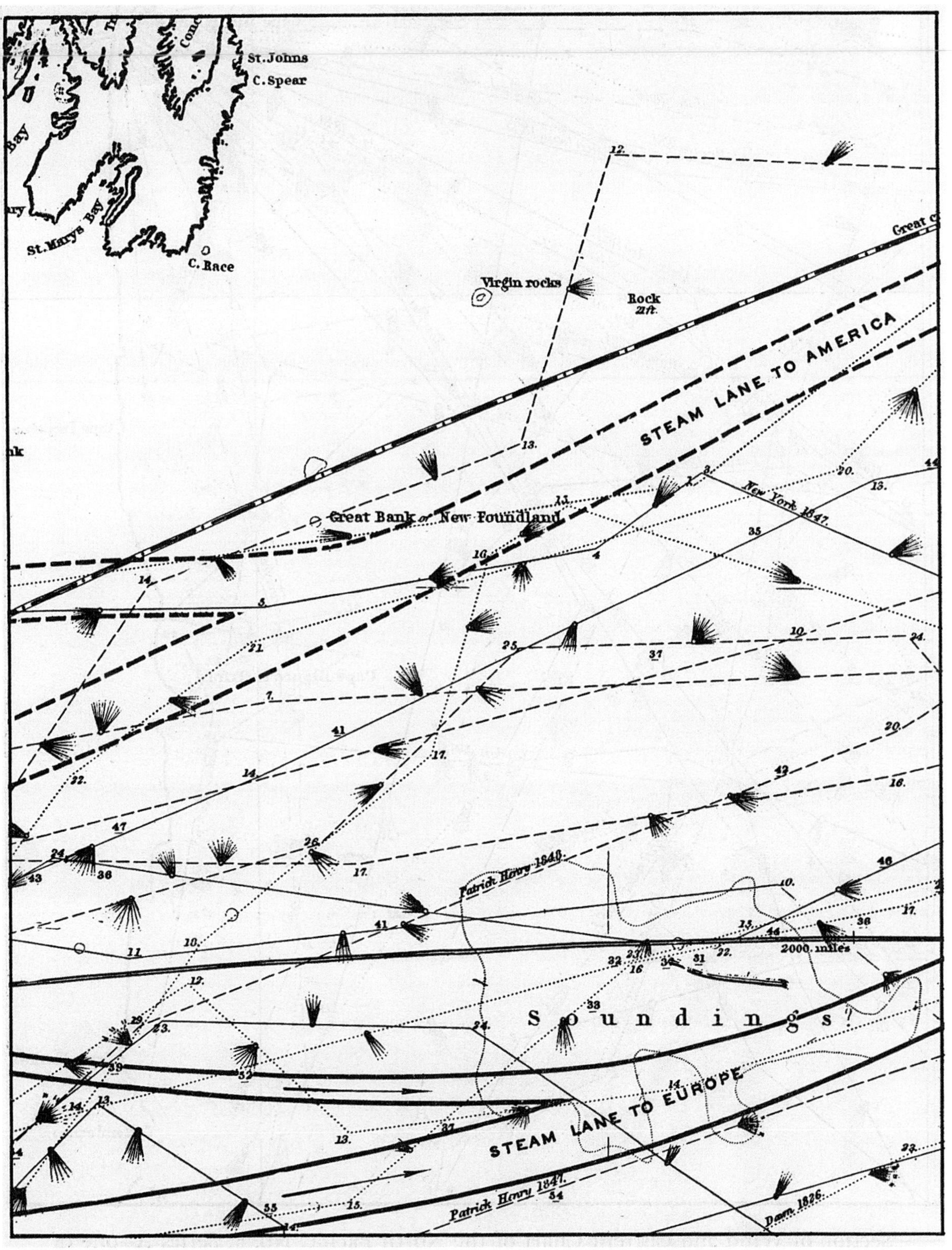
St.Johns
C.Spear
St.Marys Bay
C.Race
Virgin rocks
Rock
21ft.
STEAM LANE TO AMERICA
Great Bank of New Foundland
New York 1847.
Patrick Henry 1848.
2000. miles
Soundings
STEAM LANE TO EUROPE
Patrick Henry 1847.
Dawn 1826.

隨著時間的推移，他終於繪製出世界的風向與海流的地圖。雖然詳細的航路方向圖只針對特定地區，但至少發展出一套全球盛行風向圖表，讓船長在進行長途航行時，可加以利用的氣候模式。其中有位船長首次依據莫瑞的航路圖來回巴西，原本應該花上110天的航程，則大幅縮短了37天。

到了1847年，莫瑞已收集到豐富十足的觀測資訊，約有數以百萬計的數據，並進一步彙整製作成第一幅「北大西洋航跡圖表」。後來，隨著手中累積成數的新觀測數據，他重新修訂再版圖表。接著，更擴大圖表範圍到南大西洋、印度洋和太平洋。航跡圖表成為數百艘船行經同地域必備的口袋指南。紐約到倫敦的航行，因為信風從西邊吹，所以速度總是比較快；但有時領航員也會從發現多偏西風的孤立地區（反之亦然）之中判斷出航行應該前進的方向，而莫瑞的航跡圖則記載了這些航海祕訣。有時水手能從圖表中找到利於航駛的風向，讓航行時間縮短數週，避免多航行100英里。

水手們偏好風吹動船尾舷，而莫瑞增加的航跡圖，顯示了最有利的風向。莫瑞設計了像似小羽毛飛鏢的符號來凸顯風向。飛鏢的尖端點代表船舶位置，但實際上這位置是許多船舶在附近測得的風向位置。領航員從航跡圖的飛鏢符號可得知，風朝飛鏢尖端處吹送，散開的羽毛鬚代表風吹來的方向。因此1年之中不同的時段，水手可以根據先前水手們的經驗，選擇有利航線。

隨著時間的過去，莫瑞將累積的海洋研究知識，彙整製作了導航圖、鯨圖表、第一幅包含地形（山區地形起伏）和水深（湖或海底深度）的北大西洋地圖、熱能與潮汐數據表，他也發現了大氣壓會影響海洋和氣象。

幾年之間，他繪製了鋪設大西洋海底的電纜路線圖，並於1855年發表世界第一本關於海洋自然地理學的權威著作。

隨著南北戰爭的爆發，維吉尼亞州人莫瑞辭去美國海軍司令的軍職，加入邦聯（Confederacy）。他駐紮南方打戰，協助邦聯遠至英國收購戰艦，並開發水雷栓或魚雷工具。內戰之後，莫瑞接受了位於萊克斯頓的維吉尼亞軍事學院的教職。1872年，在一場巡迴講課期間逝世。

莫瑞從未忘記人生谷底的那一刻。從近乎致命的意外事故中漸漸康復的他（1839～40年間），很擔心自己「只能在知識貢獻上盡些微薄之力而已」。因此持續不間斷地探究風向和洋流，並拼命為自己尋找科學一職，終於在1842年，進入華盛頓海軍部的航圖與儀器站，成為19世紀最偉大的海洋科學家。

直到生命的最後一刻，莫瑞仍持續不斷追根究底與思考。在美國國會圖書館手稿部門收藏的他的信件、手稿、日記、期刊、演講稿、文章、筆記本、圖表和印刷品，全部林林總總加起來約莫15,000件，這可是他一生勤奮與實踐研究所換來的一切。

▲此幅為莫瑞繪製的《風向與航路圖》（Winds and Routes Map），顯示海洋盛行信風屬季節性，並建議有利航行的風向路線。

▶此幅為莫瑞於1848年繪製的圖表，展現上海、夏威夷群島和巴拿馬之間的蒸汽船路線。

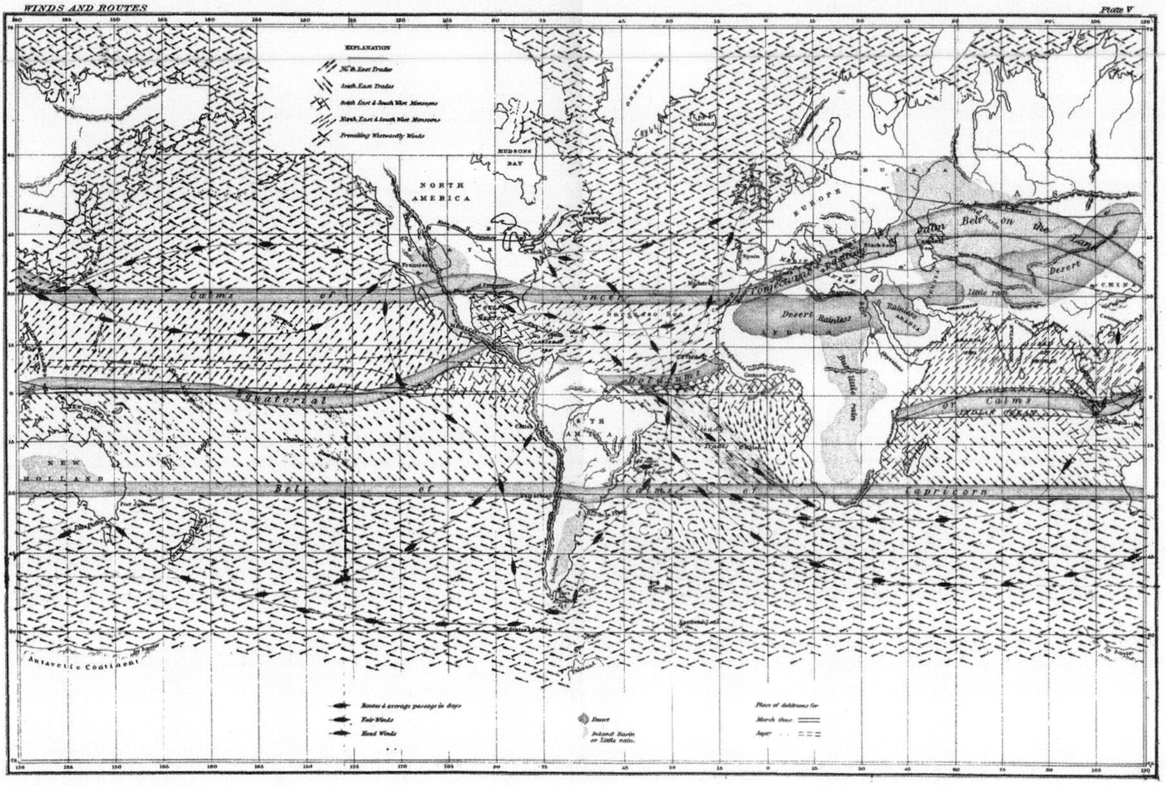

WINDS AND ROUTES　Plate V

EXPLANATION

North East Trades

South East Trades

South East & South West Monsoons

North East & South West Monsoons

Prevailing Westwardly Winds

NORTH AMERICA

HUDSONS BAY

Belt of Calms of Capricorn

Antarctic Continent

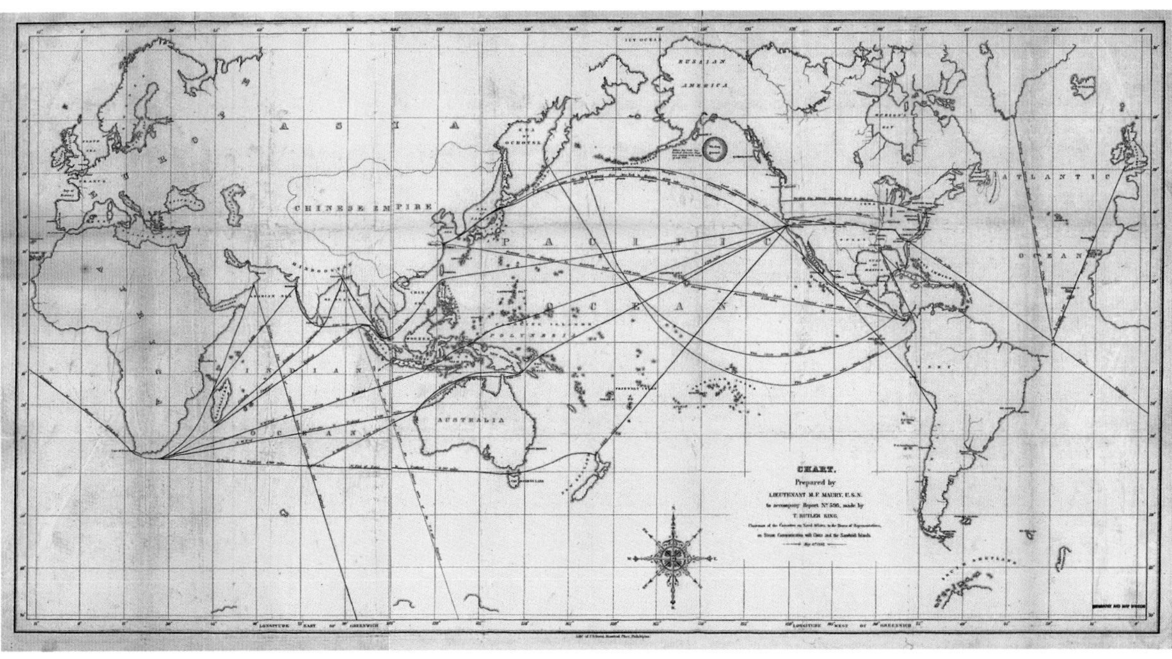

霍亂殺手圖

The Killer Cholera

19世紀中葉，霍亂是致命疾病，衛生條件極差的貧民區居民為主要受害者。1849年，光是在這一年內英格蘭因霍亂死亡的人數高達5萬人。當時令醫生百思不得其解的是：霍亂感染到底是如何傳播的？

1854年夏天，霍亂疫情在倫敦蘇活區爆發。當年9月第一週，已有93人死於霍亂。那時無人知道是什麼原因引起霍亂或其它傳染病。許多醫生認為，霍亂是因為空氣中散發出有毒的瘴氣而導致。但令人不解的是，為何霍亂只影響到「腸」而非「肺」。

1854年霍亂流行期間，1813年誕生英國約克，著名的麻醉醫生的約翰．史諾（John Snow），曾在1853年為生產的維多莉亞女王注射麻醉藥（氯仿）。1831年，他目睹霍亂疫情在桑德蘭（Sunderland）附近發生。於是便於1836年移居倫敦蘇活區，並且很快地發現污水疑似為傳染媒介。居住蘇活區的人都喝同一條街的水泵所抽取的地下水。當時地下水道是由兩間自來水公司負責供應水，「蘭貝斯公司」（Lambeth Company）是從泰晤士河上游取水，而另一家「南華＆沃克斯豪爾公司」（Southwark & Vauxhall Company）的取水地，則離泰晤士河污水傾倒處不遠。

1854年9月，史諾在蘇荷區進行飲用水源的調查。他逐戶拜訪每一戶人家調查他們使用的水泵位置，並在地址上特別註明此戶是否有人死於霍亂。調查結果令史諾確信，大多數受害者皆飲用「南華＆沃克斯豪爾」所提供的水。此外，史諾更進一步將歷經霍亂之災的「死亡屋」繪製成一幅地圖，結果真相大白，原來霍亂死者所使用的公共水泵都集中在博德威街（Broad Street）。他請求此區當局立刻切斷水源，拆除水泵閥。解除霍亂之源，幾乎使疫情立即遏止，史諾的研究結果也推翻了「瘴氣理論」。

1855年，史諾出版的《霍亂傳播模式研究》（*On the Mode of Communication of Cholera*）引起廣泛討論。他列舉了約克郡的一家人，因為身穿沒有洗過的霍亂受害者的衣服而全家死亡。他主張，霍亂猶如「真正動物」般，由可繁殖粒子造成禍源。史諾這個想法可被視為細菌概念的根源。他認為一種有機體只針對一種特定疾病，不像瘴氣研究學者所認為的瘴氣是一次解釋幾個不同疾病。雖然義大利醫生吉羅拉莫．弗拉卡斯托羅（Girolamo Fracastoro，1483～1553年）1546年曾首次在《傳染病》（*De Contagione*）一書中提出細菌引起疾病的概念，但該想法並無被認真看待，直到德國病理學家雅各．亨勒（Jakob Henle，1809～85年）於1840年提出寄生生物是造成感染的因素。之後，1883年，德國細菌學家羅伯特．科赫（Robert Koch，1843～1910年）發現了霍亂的致病微生物是細菌一種，稱之「弧菌」。當時，史諾已於24年前因嚴重中風病逝，享年45歲。1955年，一家在博德威街上（現今稱Broadwick）的酒吧以他的姓名為店名。

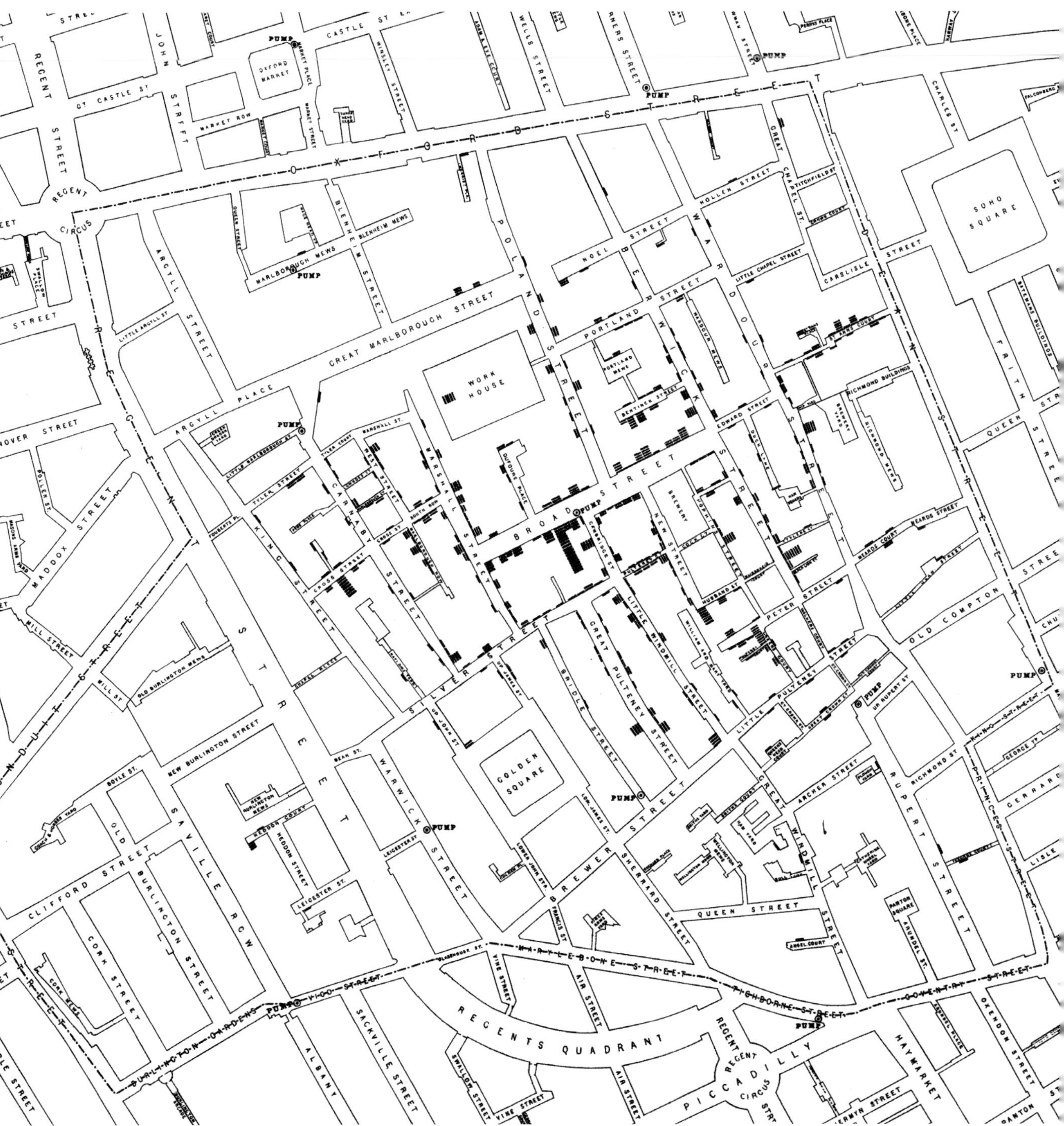

▲史諾的地圖顯示大多數霍亂死者所使用的水泵都集中在博德威街。他總結說：「調查結果是，在倫敦此區沒有特定蔓延霍亂，只有那些習慣飲用來自地圖標示的水泵處水源的人感染疫情」。

城市全景圖

The City Panorama

美國首次百週年的前一年，聖路易斯市委託製作一幅前所未有展現國家和人民驕傲的巨幅全景圖。此幅名為《聖路易斯市全景圖：密西西比河流域的大都會區》（*Pictorial St Louis*）是由卡米耶．得海（Camille N. Dry）於1875年所繪製。該地圖的藝術形式是以1870至1930年蓬勃發展的驚人石版畫手法呈現。得海的這幅巨作被喻為「全景圖的西斯汀教堂（the Sistine Chapel）」。

聖路易斯全景地圖是一幅以110塊彩色精雕平版所印刷組合而成的巨型城市地圖，面積約寬2.9公尺，長7.3公尺。圖中呈現該城市所有的建築物型態，包括商辦大樓、學校、教堂、民宅和私人機構等等。1,999個地點之中，有些地方是獨立繪製並特別標示。得海不僅發行該幅地圖，並在上面寫下創作理念：

這是重視細節的透視圖，需要300平方英尺的面積來完成精準的城市測繪……在每一英尺的有限廣闊範圍內，都經過仔細考察和以鳥瞰角度繪製地形，這幅作品的可信度和精準度將經得起考驗。

聖路易斯不是美國唯一製作過巨大規模彩色全景圖的城市。1869年，巴爾的摩（Baltimore）也委託製圖家繪製令人驚豔的詳盡城市全景圖，面積寬1.5公尺，長3.4公尺。1884年，華盛頓市也委託繪製，面積寬1.2公尺，長1.5公尺。這類單張全景地圖的商業化生產擴散速度十分驚人。介於19世紀後30年和20世紀前30年之間內，有關北美洲的單張全景城市地圖皆由好幾種顏色印製而成。而平版印製的地圖品質和尺寸大小，猶如壁掛藝術品般廣受大眾喜愛流行。還有其它以兩種顏色印製而成的地圖版本，尺寸規模也相對較小。所有商業生產的各式尺寸和種類的城市全景地圖，價錢也十分親民，一幅約1至5美元，幾乎每個美國普通家庭都負擔得起。

然而，透視圖並非是項新發明。透視圖法自早期文藝復興就已經建立了，也因此藝術家和建築師們才有辦法繪製城市全景圖。軍事工程師也經常繪製透視圖來規劃要塞的進攻或防禦工作。第一本城市地圖集是於1572年出版的《世界城市風貌》（*Civitates Orbis Terrarum*），第一版本由喬治．布朗（Georg Braun）和弗蘭斯．哈根堡（Frans Hogenberg）在德國科隆發表的單一冊。到了1617年左右，這本地圖集已經集結成6冊，總共超過363幅城市全景圖，內容涵蓋了從科隆到巴黎和羅馬，從北京到果亞（Goa）和蒙巴薩（Mombasa）等等。總而言之，第46版本是以拉丁文、德語、法語發行。後來，許多城市地圖集都是依據這本佳作形式繪製成冊。

《世界城市風貌》一書中的每幅地圖是以鳥瞰自然地理角度呈現，而每座城市的街道計畫都以垂直浮雕方式呈現個別建築物、船舶、運河、港口和其它地

▶上幅為圖例，下幅為卡米耶．得海於1875年繪製的首幅插畫：《聖路易斯市全景圖：密西西比河流域的大都會區》。這是幅以製圖形式表達人民驕傲的地圖。

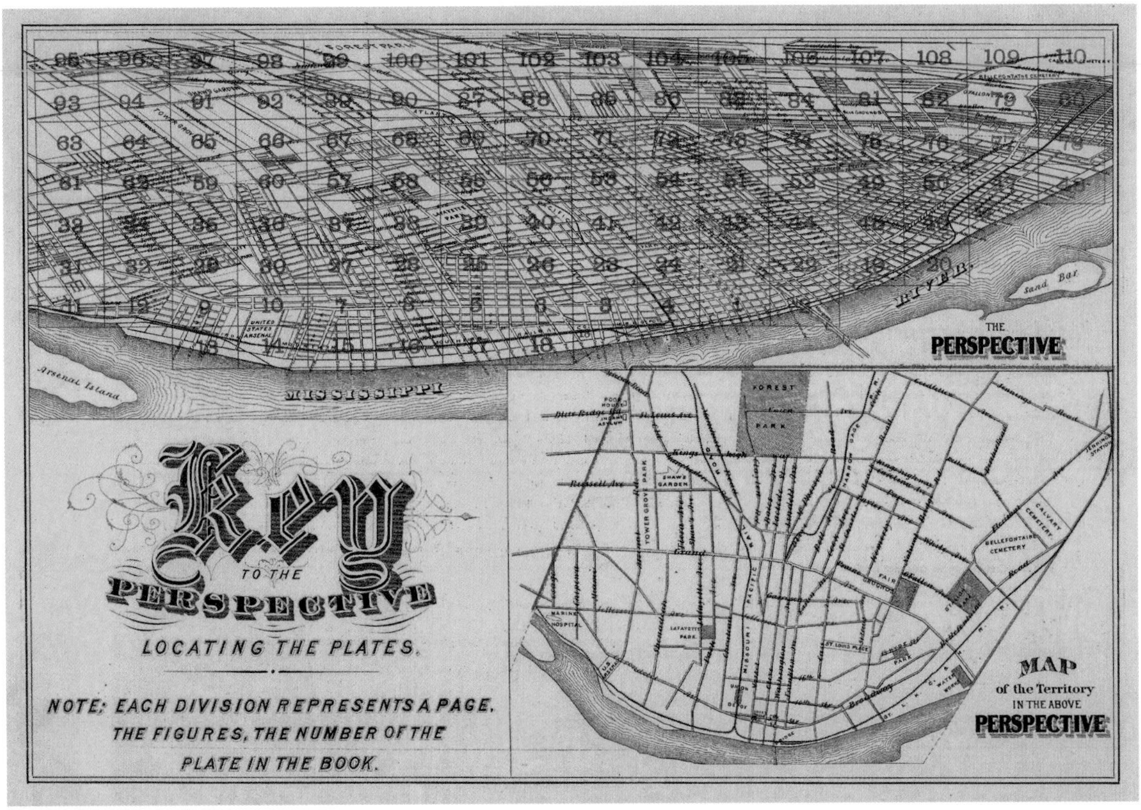

Key to the Perspective

LOCATING THE PLATES.

NOTE: EACH DIVISION REPRESENTS A PAGE. THE FIGURES, THE NUMBER OF THE PLATE IN THE BOOK.

MAP of the Territory IN THE ABOVE PERSPECTIVE

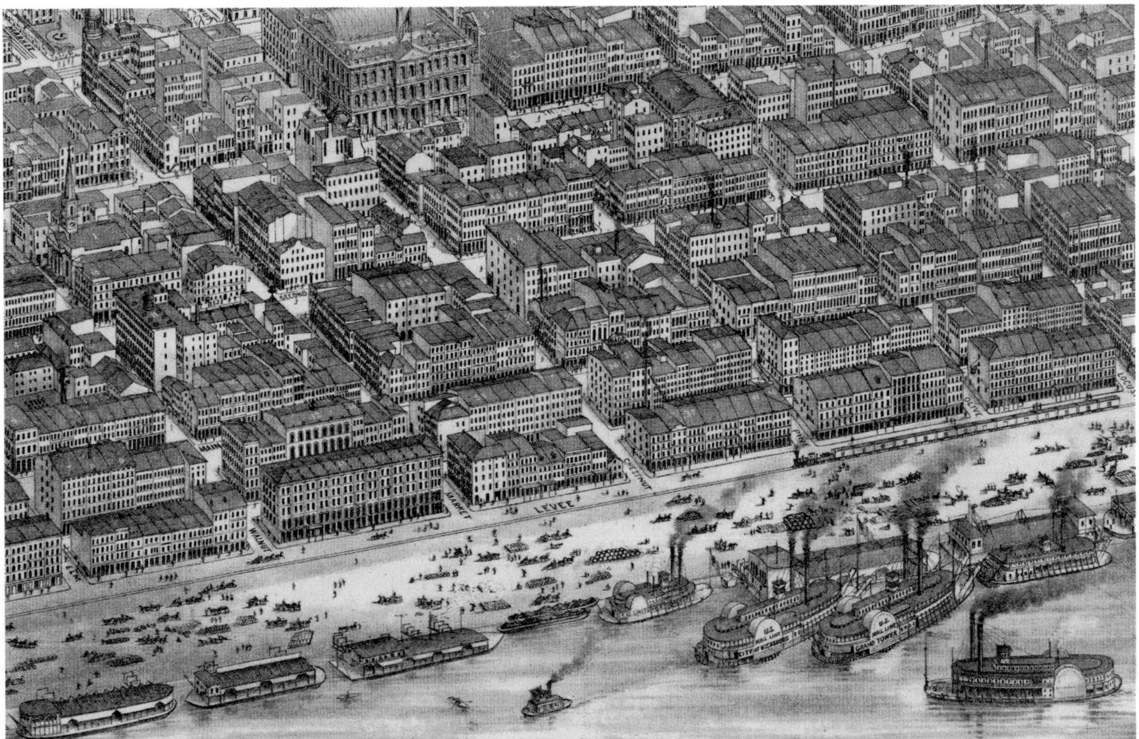

THE WORLD'S INDUSTRIAL AND COTTON CENTENNIAL EXPOSITION.
MAIN BUILDING. GOVERNMENT BLDG.
HORTICULTURAL BLDG. ART GALLERY.
FACTORY AND MILLS.
Bayou Metairie
Mississippi Valley R.R.
Bayou Poydras
St. John's Ch.
St. Alphonsus Church.
Church, St. Mary's Assumption.
Temple Sinai.
Lee Monument.
Annunciation Square.
West End.
(Lake Pontchartrain.)
1st Pres
St. Patrick's C
COPYRIGHT
THE CITY OF
AND THE MISSISSIPPI RIVER
NEW YORK, PUBL

, N.Y.
Cotton Exchange.
ll.
tte Square.
Jesuit Ch. and College.
St. Charles Hotel
Christ Church.
Pickwick Club.
Bayou St. John
Canal St.
Congo Sq.
Post Office and Custom Ho.
Spanish Fort
(LAKE PONTCHARTRAIN.)
Hotel Royal
Depot, Louisville & Nashville RR.
Opera House.
Sugar Exchange.
Sugar and Cotton Sheds
French Cathedral
Jackson Square
LEVEE.
French Market
ALGIERS
U.S. Mint
Morgan Ferry
IEW ORLEANS,
KE PONTCHARTRAIN IN DISTANCE.
& IVES, 115 NASSAU ST.
MICROFILMED 22A-36
898

標。該圖集還對每座城市的歷史、位置、資源、各行各業提供說明。在歐洲擴張的時代，這些地圖是有利於貿易商、傳教士、商人和殖民者。不少國家也爭先恐後發行自己的城市地圖集。

直到1860年之後，石版印刷、照相平版印刷術和照相雕刻術，讓高品質的彩色全景圖製作成本平易近人，格式尺寸也足夠大到可以裱框。雖然在歐洲有些城市也製作類似的競爭作品，但僅限於主要大都市。而繪製成千上萬小城鎮和社區的全景圖，在北美地區成為流行的商業藝術，擁有廣大市場。美國全景圖藝術家在黃金時期廣受歡迎持續了60年之久。

在北美洲，房地產經紀人、市議會成員，或當地商會成員會委託製作地圖。市參議員利用城市全景圖來宣傳社會的商業及住宅增長潛力；房地產經紀人則用來促進銷售。城市全景圖也是市民拿來掛在牆壁上的驕傲。而且只要多付一些費用，藝術家甚至可以在地圖上加繪私人住宅或公司行號的建築物插圖，讓收藏者可自豪地指出自宅位置。

全景地圖巧妙呈現城市的活力，像是港口和運河喧囂的帆船、蒸汽輪船和駁船；蒸汽火車沿線拉著客車或裝載牛隻、煤炭或木材的車輛；鋼鐵廠和工廠的煙囪噴雲吐霧；街頭到處都是在散步、購物和乘坐馬車的行人。

由於全景地圖以高空角度呈現，經常有人認為，這是藝術家坐上熱氣球、飛艇或甚至後來發明的飛機，從上面拍照或繪製而來的。有時候，藝術家和出版商將作品命名為《空中全景》來鼓舞這種高科技飛艇攝影的流行觀點，也因此迎合了公眾對於飛船和飛行機器的狂熱。然而，此全景圖的製作方式卻是前所未有。每幅全景地圖都先決定城市或鄉鎮的區域，以及街道計畫或景觀的角度。接著由藝術家親自走訪考察實際街道、建築物、工廠、碼頭、河流，以及登上高處觀望的角度等等。然後，再將所有觀察草圖繪製到地圖上。

雖然成千上萬的全景地圖在美國和加拿大製作生產，但卻只有少數出版商專精於製作發行全景地圖。此外，創作全景地圖藝術形式的藝術家也很稀少。在美國國會圖書館所收藏的全景地圖之中，有一半是來自以下5位製圖家所繪製：魯格（Albert Ruger）、弗勒（Thaddeus Mortimer Fowler）、威歐（Henry Wellge）、貝利（Oakley H. Bailey）、博利（Lucien Burleigh）。而光是貝利和弗勒這兩人就繪製1千多幅遍及加拿大和美國20多州的城市及鄉鎮全景地圖。即便到了1920年代中期，全景地圖仍然盛行。直到1930年時，全景地圖的商機才真正告一段落。

弗勒是擁有55年資歷的全景地圖製圖師。1932年，剛好是他退休的第5年，他說道：

> 該商業領域已經幾乎沒有競爭力，幾乎很少有人可以耐著性子，用細心的技巧去繪製 。如今飛機影像可以在紙張上涵蓋更多城鎮範圍，而這只需花一天時間即可完成，但若是以之前手繪製圖的話則要花上數個月才行。

許多全景地圖繪製出當下美國城市生動和極其精準的圖像紀錄。對於許多社區來說，只有這些地圖仍被保留下來。這些地圖必然已超出了藝術價值，而描繪美國生活的圖像也成了證明歷史重要意義的文件。

▶前頁與右圖：這些是柯里爾和艾夫斯（Currier and Ives）發行的紐奧良（1885年）、紐約（1876年）、舊金山（1878年）的鳥瞰地圖。著名建築和地標皆列在地圖底部。此全景地圖在製圖上的突破並非是俯瞰角度，而是石版畫技術。

THE CITY OF NEW YORK.

THE CITY OF SAN FRANCISCO.
BIRDS EYE VIEW FROM THE BAY LOOKING SOUTH-WEST.

貧民區分布圖

Booth's Poverty Map

「統計」是因應時代產生的新分析工具，倫敦甚至還成立了英國皇家統計學會（Royal Statistical Society）。1892～94年期間，英國皇家統計學會的主席是一名英國社會改革家查爾斯·布思（Charles Booth）。

布思誕生於英國利物浦的馬其塞特郡。他和哥哥阿爾弗雷德在家鄉一同創立「布思輪船公司」（Booth Steamship Company），並另外成立一家專門製作生產皮革及皮製品的「阿爾弗雷德布斯公司」（Alfred Booth & Company）。年輕時的查爾斯·布思是思想狂熱激進的人物。1875年，他至倫敦定居，看見倫敦懸殊的社會階級感到不安，促使他調查城市的社會情況，而該模式也成為日後類似調查的參考範本。在接下來18年內，他走遍大街小巷，訪問市民並親眼觀察他們的生活條件。1902年時，終於發表了一份長達十七卷的研究報告——《倫敦人民的生活與勞動》（*Life and Labour of the People in London*）。

恰巧與他同姓的威廉·布思（William Booth，1829～1912），也就是救世軍（The Salvation Army）的創始人，人人稱之為「布思將軍」，曾於1890年出版《黑暗英格蘭的出路》（*In Darkest England and the Way Out*）一書。布思將軍觀察到一些生活在城市貧民區的窮困者，因此結合志同道合之士，共同組成救世軍志願隊來幫助這些人改善生活。同樣的，統計學家查爾斯·布思也很想讓相關部門重視這群人的存在。他的做法是以統計圖表來引起重視，而書中也以前所未有的形式呈現細節和圖例。他在街道圖上以7種顏色分類建築物，該地圖稱之《倫敦貧民區分布圖》（*Descriptive Map of London Poverty*）；圖中分布範圍從「富裕、上層階級、中上層階級」到「最底層階級、墮落、半犯罪」都有。

從布思的角度來看，貧困與野蠻相互交織，居住隔離與社會剝奪息息相關。正巧1841年的愛爾蘭人口普查組織也得到相似的結論，也就是他們發現在都柏林所謂的「第三級街道」（third-class streets）的居民都是「工匠、小販和貧民」

布思試圖指出「貧困」可能是惡行來源，他暗示若要減少犯罪，唯一途徑是減少貧困。他甚至判斷貧困與失業有所相關，而且往往離不開年齡差異性。 人若是太年老或體弱多病而無法工作，終究會為了生存而走上犯罪不歸路。因為他傑出領先的國家退休金分析概念，讓他在1904年榮獲樞密院委員一職。4年後，因為他的影響力終於讓老人年金法案通過。隨著時間過去，這法案讓好幾百萬人提高生活條件。因此，布思地圖可視為有史以來重要的創舉之一。

1916年布思逝世時，第一次世界大戰結束後的一些社會隔閡的陰霾尚未在英國發生。而即便布思去世後100年，人口分布圖仍被視為財富或至少是信譽度的指標。通常投保車險，保險公司會依據居住者的郵遞區號提供不同的保費報價，像是市區絕對比鄉村地區的風險還來得高（或是保險公司自認的）。另外，申請信用卡、貸款和房貸也都以此類推。換言之，一個滿意的結果往往取決於幸運的郵遞區號。

▲此幅為查爾斯・布思繪製的倫敦地圖，以7種顏色區分住戶的社會階級。圖中可見圍繞市中心「攝政公園」（Regent's Park）附近的都是「富人」和「小康」住宅。

哈利・貝克地鐵圖

Harry Beck's Map

1933年，由哈利・貝克所繪製的倫敦地鐵圖是一幅簡單易懂的空間視覺圖表，並受到世界各地的爭相模仿。地鐵圖的實際距離資訊絕非必要，乘客所在意的是如何找到乘車與換車的地點。

哈利・貝克（1902～74）是繪製倫敦地鐵電路圖的工程繪圖師。工作上的訓練讓他學會製作線路、電阻器、二極體和接點的符號與技術方面的知識。他對於色碼識別駕馭就輕，更能毫不費力製作出簡潔有力的圖表。他利用閒暇時間，將自己的才華技能發揮在自製的第一幅地鐵圖上。不過，這幅大膽創新的倫敦地鐵系統圖，一開始並沒有順利獲得長官的賞識。

貝克的地鐵圖以各車站之間的往返資訊為主，因為並未按照實地比例製圖而產生爭議。貝克的工程繪圖背景，使他的圖表與傳統地圖迥異，反而像張電路圖。其地鐵路線安排呈垂直、水平和45度角延伸，擺脫了實際地理比例的侷限。而實際距離也並未在地圖上等比例出現，大部份車站站距幾乎是同等，並放大了中央版面（貝克為了清晰度而放大「比例」）。他的妙計是利用鮮豔色碼區分呈現8條地鐵路線。儘管現在這幅代表性地圖受世界認同，但1931年貝克將這幅地圖往上呈交時，卻因為設計太過創新極端而遭受拒絕。貝克沒有因此打退堂鼓，反而持續調整並修正各站之間的距離，終於在1933年出版。

貝克一次又一次地修改地鐵圖的設計，直到1950年才獲得倫敦交通局的設計同意。但在一場令人苦惱的官司之後（直到1965年才結束），貝克的名字從地圖上被移除。縱使今日地鐵圖持續發揚光大並擴展出新的路線圖，倫敦地鐵圖核心仍忠於貝克原創。如今倫敦交通局對於貝克的成就讚譽有加，並在圖上一角印上一行文字：「本圖衍生自哈利・貝克於1931年時構思出的原創設計。」

儘管這是仿製度極高的設計，貝克的示意圖設計並非總是適用。倫敦交通局以示意地圖取代一些公車街道圖，好處是若要轉公車的話，這張示意圖絕對很實用，但若是下車後要找路的話，示意圖就不怎麼適用了。

貝克花了許多年時間精進地鐵圖使之完美，而且地圖全部是手工繪製。他並未完全被上司認可或獎勵。倘若今日他仍在世的話，絕對會很驚訝得知除了倫敦交通局，其他公司行號每年複製他的地鐵圖在明信片或紙盤上幾百萬次。這不僅僅是另一幅地圖而已，貝克的地鐵圖儼然已成為倫敦的象徵，並且被公認為20世紀的經典設計。

▲哈利・貝克最初繪製的地鐵圖，有8條色彩分明的路線。

▶現今地鐵圖仍重視各站之間的連結關係，而非注重實地比例。貝克離開倫敦交通局後成為一名設計老師，並且繼續不斷更新他的地圖設計。直到了1960年代左右，倫敦交通局對於他的地圖設計，逐漸鬆管掌控。

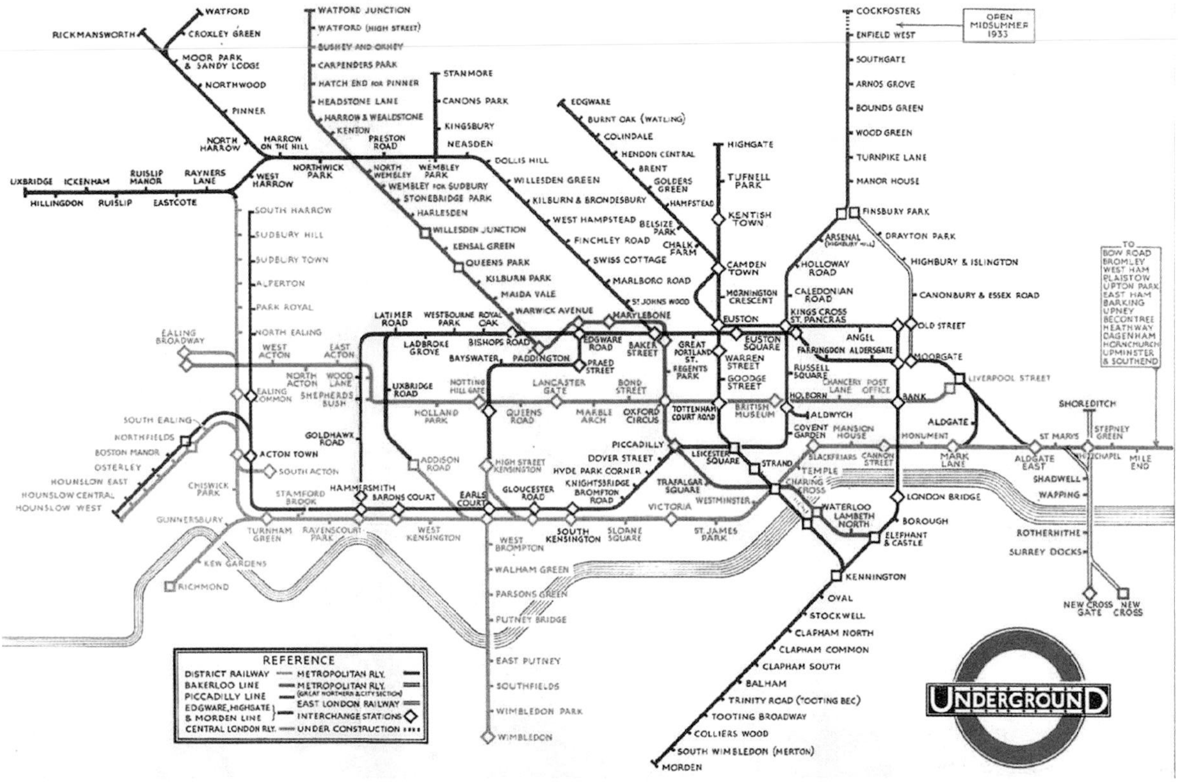
WATFORD
RICKMANSWORTH
CROXLEY GREEN
MOOR PARK & SANDY LODGE
NORTHWOOD
PINNER
NORTH HARROW
HARROW ON THE HILL
WATFORD JUNCTION
WATFORD (HIGH STREET)
BUSHEY AND OXHEY
CARPENDERS PARK
HATCH END FOR PINNER
HEADSTONE LANE
HARROW & WEALDSTONE
KENTON
PRESTON ROAD
STANMORE
CANONS PARK
KINGSBURY
NEASDEN
DOLLIS HILL
WILLESDEN GREEN
KILBURN & BRONDESBURY
WEST HAMPSTEAD
FINCHLEY ROAD
SWISS COTTAGE
MARLBORO ROAD
ST JOHNS WOOD
EDGWARE
BURNT OAK (WATLING)
COLINDALE
HENDON CENTRAL
BRENT
GOLDERS GREEN
HAMPSTEAD
BELSIZE PARK
CHALK FARM
HIGHGATE
TUFNELL PARK
KENTISH TOWN
CAMDEN TOWN
MORNINGTON CRESCENT
EUSTON
COCKFOSTERS
ENFIELD WEST
OPEN MIDSUMMER 1933
SOUTHGATE
ARNOS GROVE
BOUNDS GREEN
WOOD GREEN
TURNPIKE LANE
MANOR HOUSE
FINSBURY PARK
ARSENAL (HIGHBURY HILL)
DRAYTON PARK
HOLLOWAY ROAD
CALEDONIAN ROAD
HIGHBURY & ISLINGTON
CANONBURY & ESSEX ROAD
KINGS CROSS ST. PANCRAS
OLD STREET
ANGEL
TO BOW ROAD BROMLEY WEST HAM PLAISTOW UPTON PARK EAST HAM BARKING UPNEY BECONTREE HEATHWAY DAGENHAM HORNCHURCH UPMINSTER & SOUTHEND
UXBRIDGE
ICKENHAM
RUISLIP MANOR
RAYNERS LANE
HILLINGDON
RUISLIP
EASTCOTE
WEST HARROW
NORTHWICK PARK
NORTH WEMBLEY
WEMBLEY PARK
WEMBLEY FOR SUDBURY
STONEBRIDGE PARK
HARLESDEN
WILLESDEN JUNCTION
KENSAL GREEN
QUEENS PARK
KILBURN PARK
MAIDA VALE
WARWICK AVENUE
SOUTH HARROW
SUDBURY HILL
SUDBURY TOWN
ALPERTON
PARK ROYAL
NORTH EALING
EALING BROADWAY
WEST ACTON
EAST ACTON
NORTH ACTON
WOOD LANE
SHEPHERDS BUSH
EALING COMMON
LATIMER ROAD
WESTBOURNE PARK
ROYAL OAK
LADBROKE GROVE
BISHOPS ROAD
BAYSWATER
PADDINGTON
EDGWARE ROAD
PRAED STREET
BAKER STREET
MARYLEBONE
GREAT PORTLAND ST.
REGENTS PARK
WARREN STREET
EUSTON SQUARE
GOODGE STREET
RUSSELL SQUARE
FARRINGDON
ALDERSGATE
MOORGATE
LIVERPOOL STREET
UXBRIDGE ROAD
NOTTING HILL GATE
LANCASTER GATE
BOND STREET
CHANCERY LANE
POST OFFICE
BANK
HOLBORN
BRITISH MUSEUM
TOTTENHAM COURT ROAD
HOLLAND PARK
QUEENS ROAD
MARBLE ARCH
OXFORD CIRCUS
ALDWYCH
COVENT GARDEN
MANSION HOUSE
ALDGATE
SHOREDITCH
SOUTH EALING
NORTHFIELDS
BOSTON MANOR
OSTERLEY
HOUNSLOW EAST
HOUNSLOW CENTRAL
HOUNSLOW WEST
GOLDHAWK ROAD
ACTON TOWN
SOUTH ACTON
CHISWICK PARK
ADDISON ROAD
HIGH STREET KENSINGTON
PICCADILLY
DOVER STREET
HYDE PARK CORNER
KNIGHTSBRIDGE
BROMPTON ROAD
LEICESTER SQUARE
STRAND
TRAFALGAR SQUARE
BLACKFRIARS
CANNON STREET
TEMPLE
CHARING CROSS
MONUMENT
MARK LANE
ALDGATE EAST
ST MARYS
WHITECHAPEL
STEPNEY GREEN
MILE END
SHADWELL
WAPPING
HAMMERSMITH
BARONS COURT
STAMFORD BROOK
EARLS COURT
GLOUCESTER ROAD
SOUTH KENSINGTON
SLOANE SQUARE
VICTORIA
WESTMINSTER
ST JAMES PARK
WATERLOO
LAMBETH NORTH
LONDON BRIDGE
BOROUGH
ELEPHANT & CASTLE
ROTHERHITHE
SURREY DOCKS
GUNNERSBURY
TURNHAM GREEN
RAVENSCOURT PARK
WEST KENSINGTON
WEST BROMPTON
KEW GARDENS
RICHMOND
WALHAM GREEN
PARSONS GREEN
PUTNEY BRIDGE
EAST PUTNEY
SOUTHFIELDS
WIMBLEDON PARK
WIMBLEDON
KENNINGTON
OVAL
STOCKWELL
CLAPHAM NORTH
CLAPHAM COMMON
CLAPHAM SOUTH
BALHAM
TRINITY ROAD (TOOTING BEC)
TOOTING BROADWAY
COLLIERS WOOD
SOUTH WIMBLEDON (MERTON)
MORDEN
NEW CROSS GATE
NEW CROSS
REFERENCE
DISTRICT RAILWAY
BAKERLOO LINE
PICCADILLY LINE
EDGWARE, HIGHGATE & MORDEN LINE
CENTRAL LONDON RLY.
METROPOLITAN RLY.
METROPOLITAN RLY. (GREAT NORTHERN & CITY SECTION)
EAST LONDON RAILWAY
INTERCHANGE STATIONS
UNDER CONSTRUCTION
UNDERGROUND

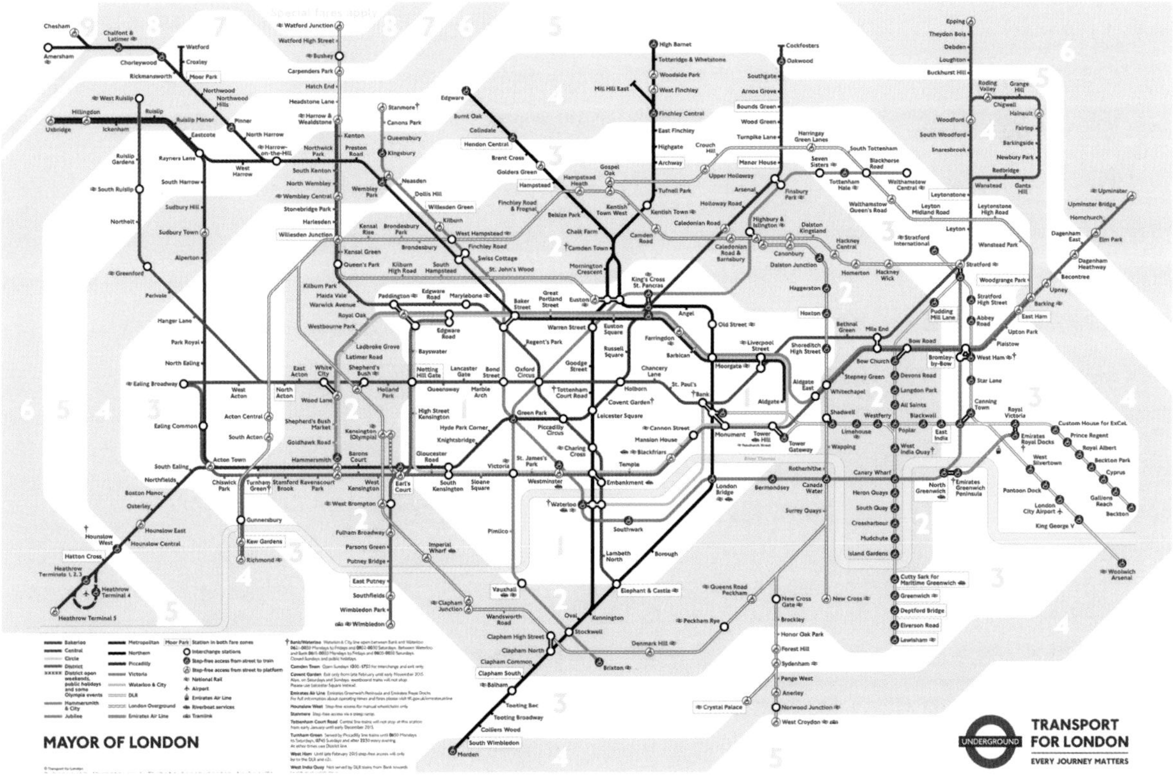
MAYOR OF LONDON
UNDERGROUND
TRANSPORT FOR LONDON
EVERY JOURNEY MATTERS

扭曲成型的城市圖

Distorting to Reveal the City

為了呈現海洋和陸地，製圖師們試著繪製出各種具深度、高度和地形細節的地圖規模。街道計劃圖是為了幫助人們知道自己在城鎮和市區的座落位置；但按平面投影的慣例，無論那種高度描述的比例和方法，都免不了街道視覺的扭曲變形。

所有常規地圖都會預設使用者知道自己的所在位置。舉例來說，道路地圖的使用者，可以參考地名或道路編號獲知所在地點。然而，在市區裡問路的話，通常得到答案會是：「往那邊走3個街口，然後在克萊斯勒大廈左轉。」1962年，德國製圖師赫爾曼．波爾曼（Hermann Bollmann）就是利用這種遊客問路方式，繪製出曼哈頓中城的地圖。此圖呈現的角度特色，就如同一隻正在翱翔的鳥兒，或搭乘直升機的乘客，從空中俯瞰下去的畫面。其所描繪的獨棟築體，棟棟相連，甚至建築高度也可從相鄰築體一較高下。這並非是完整由上往下的鳥瞰圖，因為透視畸變是刻意設計的一部分。這是軸側（立體）概念（平行投影）呈現下的城市地圖結果。

波爾曼是名德國視覺藝術家，他製作的第一幅地圖，描繪出第二次世界大戰後那些被轟炸過的毀容城市，而這幅地圖從此徹底改變大家觀看城市的角度。後來，他運用同樣的方式，繪製了阿爾卑斯山滑雪場，這幅地圖很快地成了吸引冬季遊客的磁鐵。波爾曼和他的同事利用空拍照及地面照來製作地圖。例如，1962年所繪製的曼哈頓地圖，他使用一台客製相機拍攝出17,000張左右的空拍照，加上5萬多張的地面照作為輔佐。他以「1：4800」的比例繪製出每棟建築物，並且對每扇窗戶加以描繪，甚至連路燈及雕像的細節也都畫得很逼真。泛美大廈（今已消失不在）、帝國大廈和洛克菲勒中心等著名地標，則特別處理呈現。此外，更超出比例加寬街道，避免圖面看起來擁擠，建築高度也略有拉長。

1964年，為了因應世界博覽會，波爾曼更擴大紐約城市的地圖範圍。10年後，柯特．安德森（Curt Anderson）出版了局部城市的類似等角立體圖，而波爾曼則繪製幾個世界各地的主要城市的立體圖。

波爾曼的原創地圖特色是使用「立體正投影法」（axonometric projection），亦稱「平行透視」。無論地圖哪個位置，只要用此方式投影繪製都會取得相同角度。遠近物體的尺寸大小都是一樣的（換句話說，物體沒有因為比較遠就變得比較小）。不管方向如何，所有平行線都保持平行，這完全跟標準透視的消失點無關。此作法的結果是，任何的距離（或三度空間地圖的高度）都可被測量並在固定不變的地圖坐標軸轉換成立體效果，故名軸側（立體）。此概念已從街道地圖設計逐漸變成啟發電腦平面設計師（尤其是創造高速動作的遊戲設計師）的靈感來源。

▶此幅芝加哥市中心地圖，一眼就能看出是赫爾曼．波爾曼的風格。為了讓建築物之間有間隔，製圖者把實際比例的街道再加寬。鮮藍色的芝加哥河則大方凸顯地理位置的視覺線索，既簡單又有效。

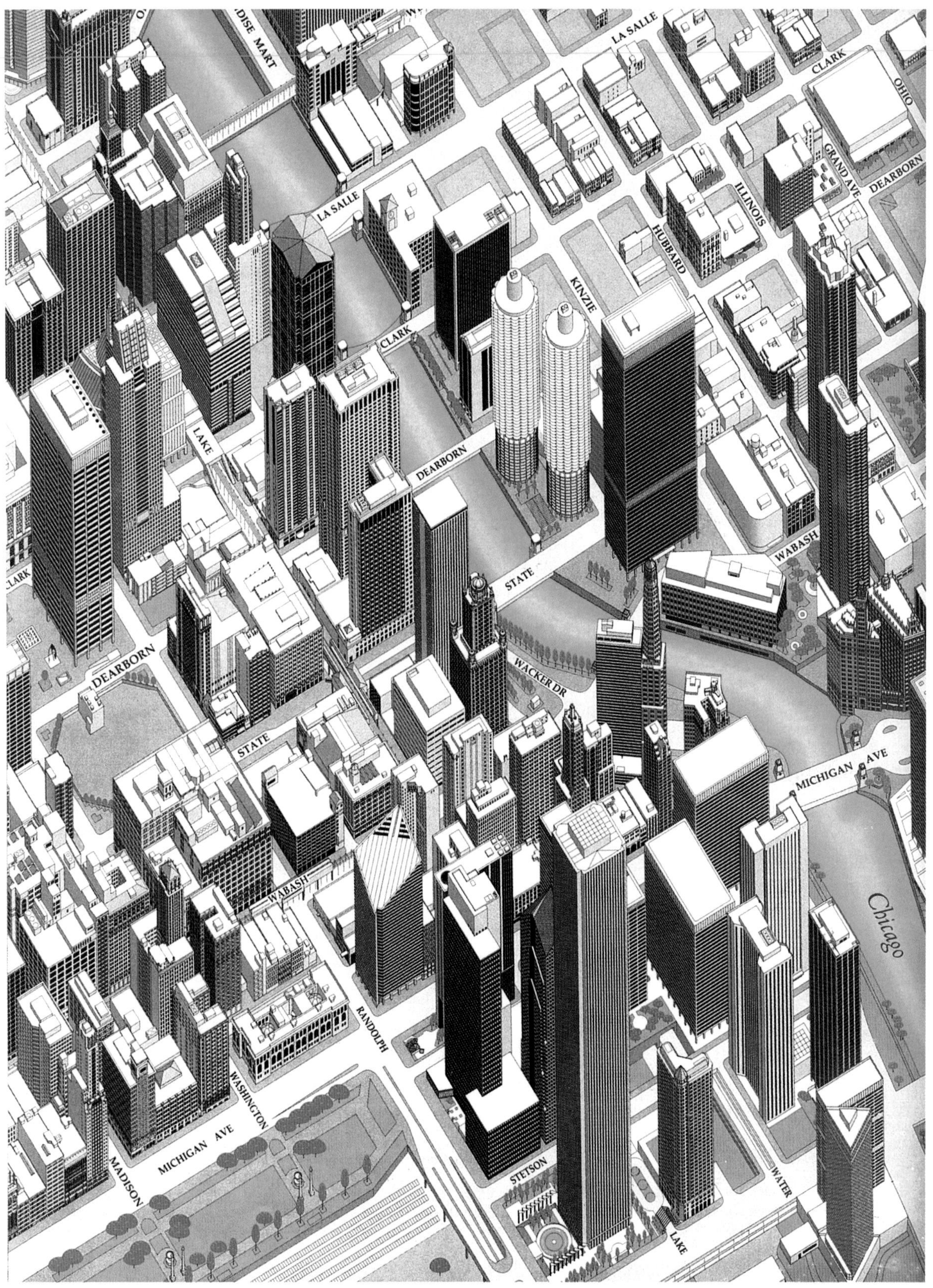
LA SALLE
CLARK
OHIO
GRAND AVE
DEARBORN
ILLINOIS
HUBBARD
KINZIE
LA SALLE
CLARK
LAKE
DEARBORN
WABASH
STATE
CLARK
DEARBORN
WACKER DR
STATE
MICHIGAN AVE
WABASH
Chicago
RANDOLPH
WASHINGTON
MICHIGAN AVE
MADISON
STETSON
WATER
LAKE

金星探測圖

Surveying Venus

20世紀最後25年之中，測量師和地質學家終於制定出一套精準記錄與繪製地球永恆不變的自然特徵的方法。至於那些隨著時間變化特徵該怎麼辦呢？此外，除了地球，其它行星表面又是什麼模樣？

1972年，美國航空暨太空總署（NASA）發射第一枚號稱地球資源衛星。不久之後，這枚衛星更名為「大地衛星」（Landsat），這些衛星圍繞地球運行，以低軌道衛星高度偵測土壤、森林、農作物等類的地表細節。關於偵測感測器，一般可歸類為兩種：其一是以偵測地球反射或散射的光與紅外線輻射的「被動式感測器」（passive sensor）；其二是「主動式感測器」（active sensor），其本身會發射檢測地表的微波無線電波，再經由衛星接收地表反射的信號，最後藉由電腦分析反射信號進而轉換成一張詳細地圖。

至於利用微波和回波這項技術則屬雷達探測。倘若，雷達能針對陸地進行探測的話，那麼是否也能探測海洋呢？答案就是利用「海洋衛星」（Seasat）發射到預定的太空軌道，藉此測量海底的山丘、峽谷或山脈等地形。如果這項作法可行於地球，那麼另一個行星，如「金星」也可以嗎？科學家們其實已經發射過繞行或甚至進入金星軌道的太空探測器，但所看到的是約100公里之深的淺黃色濃密雲層，這些大氣成雲成份主要是二氧化碳及硫酸液滴。那雲層底下的景觀面貌又是如何？是否如一些科學家所預言，是類似地球的地形呢？

1980年左右，蘇聯太空探測器「金星號」（Venera）降落在金星表面，捕捉到礫質荒漠的影像畫面。由於科學家仍想看到金星的整體地形，該想法最終在1990年由NASA發射的「麥哲倫號」（Magellan）太空探測器所實現。這枚探測器於1989年5月，藉由美國太空梭「亞特蘭提斯號」（Atlantis）所發射，於隔年8月抵達金星，進入橢圓軌道，近距金星地表300公里處。環繞金星一圈相當於243天地球日，而麥哲倫號於1990年9月至1992年9月期間，共環繞金星3次，並藉此測繪出金星表面的雷達圖。而在環繞3圈之後，共測繪了百分之八十的金星表面，所捕捉到的圖像能詳細呈現到最小約100公尺寬的地表情況。

該地圖顯示了超過四分之三的金星表面覆蓋著古代火山岩；而起伏的平原上另有風成沙丘、蜿蜒山谷和渠道，還有高度變形的高山帶。「麥哲倫號」探測到佈滿千餘個早期受到隕石撞擊所造成的隕石坑。地上散落著在撞擊時從隕石火山口噴濺出來物質，有些則可能來自火山爆發的物質。該隕石坑面積達25公里，而火山塔最高達4公里直入酸性雲層。有些火山可能仍處於活躍狀態。

3年後，「麥哲倫號」降低公轉軌道，以便繪製金星附近的重力場。但仍無法探測出磁場。地球具有巨大鎳鐵地核，但金星卻缺乏磁場，可能是因為自轉緩慢所導致。（地球磁場是從快速運轉地核的發電機效應導致的結果）。「麥哲倫號」最終在1994年10月與NASA失聯，在4年內的運作中，「麥哲倫號」揭示了古希臘的暮星（金星）是一處荒涼平淡的地方。倘若羅馬人知道，肯定不會以愛神之名命名金星。

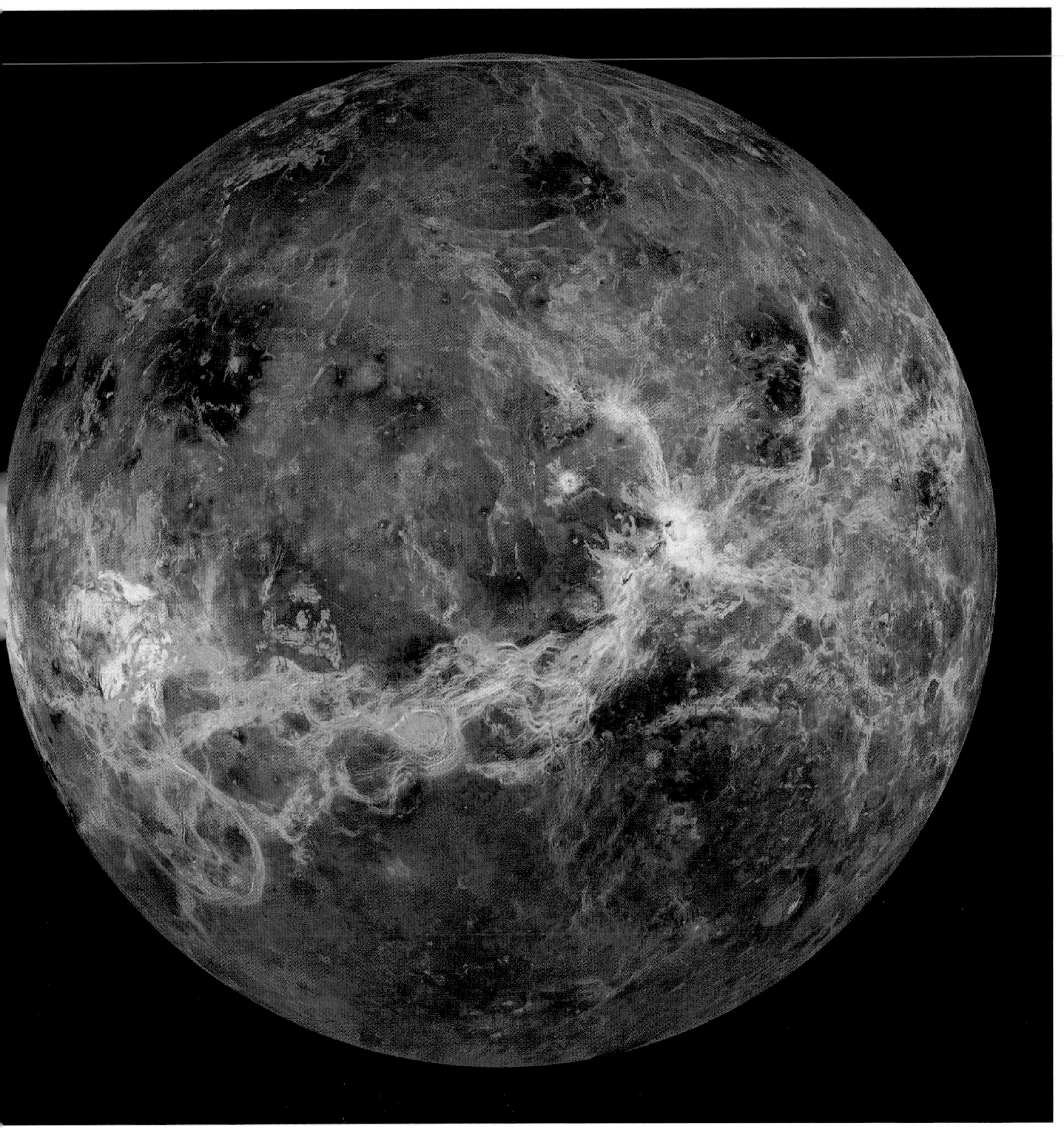

▲NASA科學家將「麥哲倫號」合成孔徑雷達拍攝的馬賽克，輸入電腦模擬成像揭開了金星地表樣貌。不足之處，則由早期「金星先鋒軌道者號」（Pioneer Venus Orbiter）任務探測到的數據補足。

海嘯圖

Mapping the Tsunami

2004年12月26日，當地時間上午7點58分53秒，印尼蘇門答臘發生了一場芮氏規模達到9.0級強烈地震（最後實際規模估計有9.1級甚至達至9.3級）。震央位於北緯3.32度，東經95.85度之處，靠近蘇門答臘北端的班達亞齊。究竟在這些數字背後，人類承載多沈重的苦難？

此次強震發生在印度和緬甸板塊的交界處，主要因素是印度板塊潛入緬甸板塊下方形成擠壓而釋放出能量。印度板塊在爪哇海溝附近開始陷入地函，直到震央以西處，而這道海溝是西南方的印澳板塊、東北方的緬甸和巽他板塊之間的交接處。

2005年5月，一篇在《科學》（*Science*）發表的研究文章提到，過往發生最強地震所引起的海嘯紀錄大約持續10秒左右，但是這次強震併發而來的致命性海浪持續將近10分鐘，並且引發有史以來最驚人的波浪長度（約1,300公里）。美國賓州州立大學地質科學系副教授查爾斯．阿蒙（Charles Ammon）說道：「從全球觀點來看，這次強震大到足以讓整個地球產生多達1公分的震動。世界各地只要有儀器測量的地方，都能偵測到運動狀態。」

海嘯以時速高達800公里前進，威力甚至遠及距離震央4,830公里之外的非洲東海岸。死亡人數估計超過23萬人，但隨著屍體被海浪捲走，精準數字也無從得知。經過兩個月之後，印尼海岸每天都沖上來500具屍體左右。高達30公尺高的海嘯摧毀了印尼、斯里蘭卡、印度南部、泰國等國家的海岸線。因海嘯驚人的速度和與眾不同的波長（海嘯不只是單一海浪，而是由一連串海浪所組成）使得海面浮標可偵測到海嘯。地震觀測網系統雖然監測到巨大強震，但卻因為海嘯在印度洋地區十分罕見，而無設置波浪感測器的考量，以至於錯失預知海嘯警告。只有震央南方的波浪偵測站記錄到不足61公分高的海嘯活動，並向南朝澳洲前進。1964年一場9.2級強震所帶來的海嘯襲擊阿拉斯加，隔年美國國家海洋暨大氣總署（NOAA）所管理的太平洋國際海嘯預警系統正式運作，成員國包括來自北美州、亞洲、南美洲，以及太平洋島嶼、澳洲和紐西蘭等主要的環太平洋國家。假如當時印度和斯里蘭卡是成員國之一，絕對有數小時緊急撤離沿海地區的先機。但話說回來，由於印尼蘇門答臘離震央太近了，就算有最先進昂貴的海嘯警報系統可能也於事無補。

這場重大災難之後，湧入大批捐款，同時在聯合國教科文組織的海洋學委員會支持下，也啟動相當大規模的科學調查研究。其中包括，由俄羅斯科學研究院西伯利亞分院的計算數學和地球物理數學學院代表記錄蘇門答臘島實武亞港口的牆壁水痕高度。英國皇家海軍探測船「史卡特號」（HMS Scott）載著英國地質調查局的成員，在印尼海域主要斷層破裂地區，進行海底地形測繪。

大部分的調查研究皆以電腦形式運算，藉以改善提升有效的預警系統設計。但2004年12月26日的地震提醒了大家，就算我們已能精準測繪地球上的板塊，依然無法永遠掌控它們。

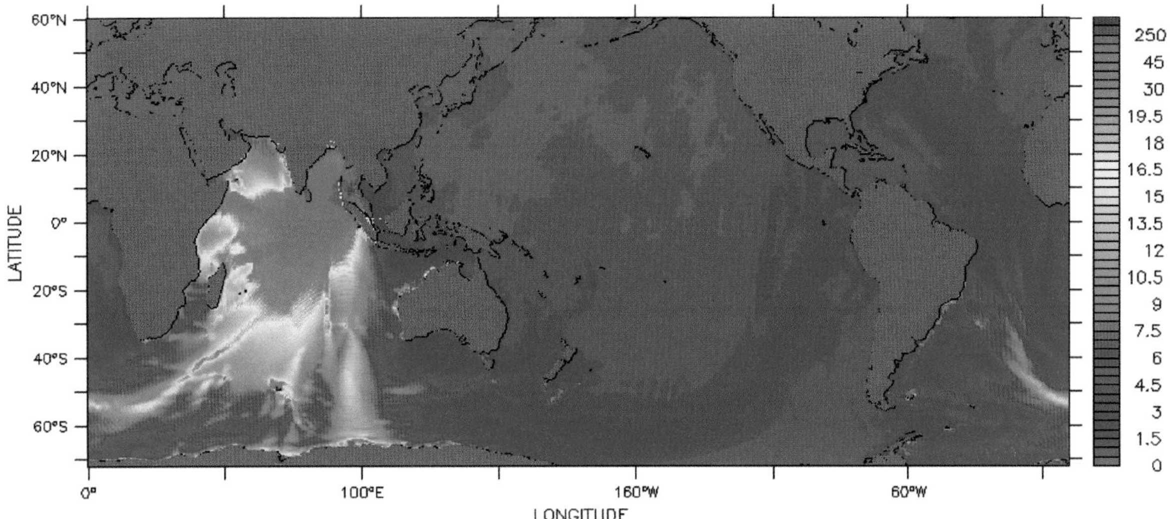

▲地圖顯示的波幅以「公分」計算。此幅算是許多專題地圖常見的表現方式，如：紅色代表危險警訊。雖然這些地圖皆透過電腦軟體製作，但顏色可以自選。海嘯進入淺水海域時，威力非常驚人。在印度洋海嘯發生後幾天，在馬里蘭州銀泉市的美國國家海洋暨大氣總署衛星測高實驗室的科學家，開始著手分析4顆衛星的紀錄數據。其分別為NASA與法國國家太空研究中心（CNES）共同合作的兩顆衛星，歐洲太空總署發射的資源衛星（Envisat）和美國海軍發射的後繼衛星（Geosat Follow-On）。巧合的是，這4顆衛星同時在災難發生這天裡，在對的位置上測量到海平面變化。而這些數據可作為測試海嘯的電腦運算模型。

▶首波巨浪抵達時間，以小時為計算單位。透過研究地震發生後，主波與次波抵達地震觀測站的時間，來預測海嘯抵達的時間是有可能的。但因海底形狀關係，仍存在複雜的變數。

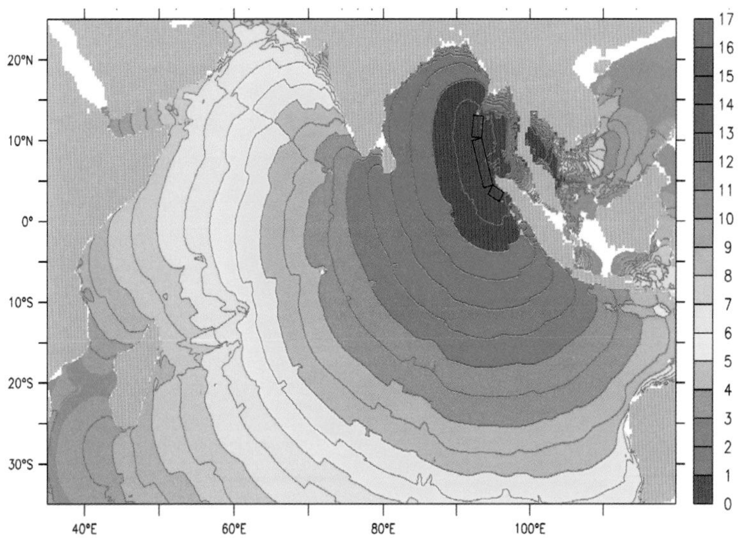

貧困統計圖

Invisible Values, Invisible Lives

衛星測量系統已能夠精確繪製出詳盡驚人的地球自然地理的細節。衛星地圖曾用於追蹤颶風和龍捲風，也是監測沙漠擴散、海岸侵蝕、冰川消退所帶來的地理微妙變化的工具一種。如今透過地理與統計結合創造出來的地圖，提高了世人對於世界更深入的理解。

人文地理學的發展造就了學科間的整合，最顯著的例子就是藉由地圖凸顯世界各地人們健康與財富之間的關聯。聯合國一直是測繪及使用以人文地理學為基礎的地圖先鋒。他們所繪製的地圖，總以視覺形式同時呈現抽象概念和統計數據。聯合國許多地圖皆試著掀開那些對人類生存有著重大意義，但在「衛星眼」面前卻又無法呈現的地方：人類生活的品質。多年來，聯合國必須對世界各地做出資源分配的優先順序，因此會利用統計圖表獲知最需要醫療救助的地區，以便防止霍亂疫情蔓延；或者劃分出農作物減產的地區，藉以評估緩解飢荒所需糧食援助數量。

對於聯合國而言，要估算出第三世界的貧窮水準或程度是非常棘手的問題。聯合國發現因貧困地區散布在世界各地的關係，其實是非常需要制定系統來比較不同國家之間的貧困狀態。顯然，對於第三世界貧困的理解，是無法拿來放在歐洲及北美的貨幣體制的平台上一起進行有意義的比較。不同發展中國家的年薪或財務概算互相比較時，所得到的結果意義也較小。一個大多數為自耕農人口的國家靠著以物易物的系統維生和繁榮社會；從貨幣角度來看，他們似乎可以不需要任何收入就可生存。其他被迫生活在城市貧民窟的第三世界窮人，卻得要有金錢才能換得食物、房屋、水電、瓦斯和衣服等等生活所需一切。以年薪來說，這些城市貧民在經濟方面可能表現得比農民好，但在健康、房屋和衛生條件，卻遠遠落後許多。

因此，聯合國開始尋找一個能夠真實反映出人類生存條件的衡量系統。1993年，他們採用巴基斯坦籍經濟學家赫布卜・哈格（Mahbub ul Haq，1934～98年）所發明的「人類發展指數」（Human Development Index，簡稱HDI）。在過去不同時期中，這位經濟學家曾擔任過世界銀行執行長、巴基斯坦的財政部、公共工程部和商務部的部長，以及聯合國開發計劃署（UNDP）特別顧問。「人類發展指數」更是一套公認評估國家「健康福祉」的最準確系統。

「人類發展指數」不只是看每個國家的財務狀況，並積極從中找到評估生活品質的統計方法。該評估系統是綜合統計財務、健康和教育的相關數據基礎。「財務評等」是基於每人平均生產總值，並依當地購買力進行調整；「健康評等」是根據出生時預期壽命來衡量；「教育評等」是基於學生入學人數和成人識字比例共同衡量。

每個國家的比例得分都是介於指數值0至1之間（算到小數點後3位）。2001年的聯合國分析報告指出，基於1999年的調查數據，人類發展指數排名第1的是挪威（0.939）；而澳洲、加拿大和瑞典分別以0.936指數值共享第2名。緊隨其後的是比利時、美國、冰島、荷蘭、日本和芬蘭，各別以0.935到0.925之間的分數成為排名前10的國家。每

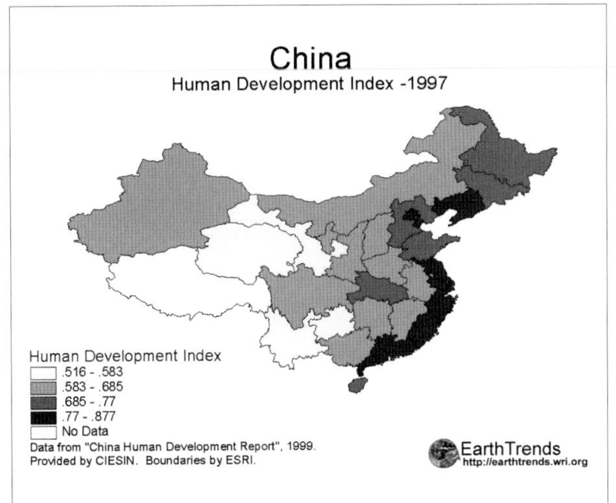

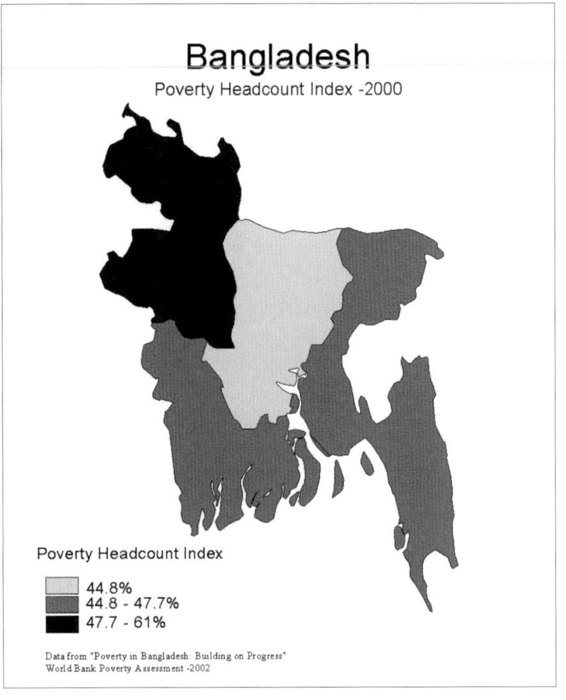

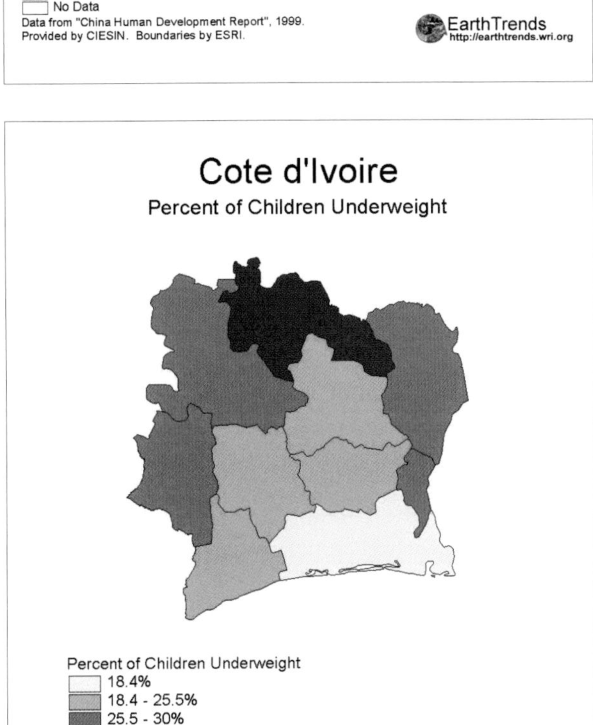

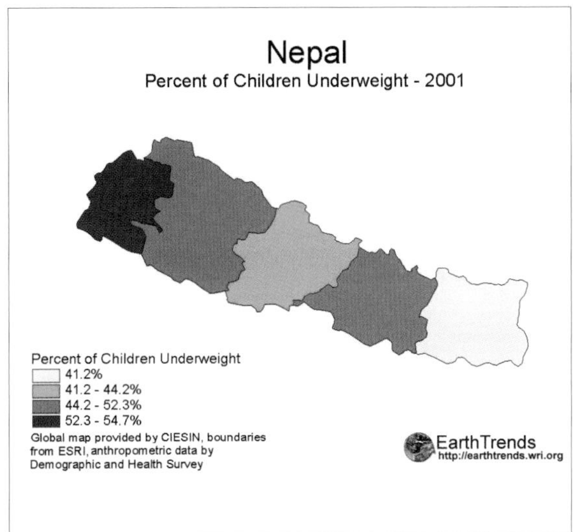

▲很少資訊能夠從單一中國地圖（左上）裡獲得，必須與其它國家進行比較，並與其它資訊一起使用才行。同樣地，若沒有類似圖表比較之下，孟加拉國貧窮地圖（右上）告訴我們什麼？要了解的話，我們得先知道人口密度的差異：孟加拉國每平方公里954人，亞洲每平方公里136人（不包括中東地區），世界每平方公里45人。而兩幅兒童體重不足的地圖（下）雖可彼此直接進行比較，但數據仍要仔細閱讀才行。

年統計的數據有所不同，某一年法國被評等與加拿大並列第 1 名。總之，模式是一致的，但排名前面的工業化國家在每年生活品質上差異卻是難以察覺的。

2001年，分數最低的塞拉利昂（0.258）成為世界上最貧窮的國家，倒數第2是尼日（0.274）。列入名單最後10名之內的國家分別為蒲隆地、布吉納法索、衣索比亞、莫三比克、幾內亞比索、查德、中非共和國和馬利（分數範圍從0.309到0.378）。同樣地，從這10個最貧窮的國家中，看得出一個可預期和統一的模式。這些國家都是內戰分裂而來的貧窮非洲前殖民地，除了自然資源貧乏，也都正處於可怕的環境災難，將他們往貧窮更推進一步。聯合國的「人類發展指數」已成為國際間各國衡量國家富裕的普遍工具。然而，即使這套系統獲得許多國家的認證許可，但同時也出現了一些問題。在指數之中，美國從未名列前5。一直以來，美國總是落在第6名和第12 名之間。這個排名有什麼不對勁的地方嗎？

不知道國家評等系統與現實世界的關聯性如何？從某個層面來看，其實這個指標系統是有點荒唐可笑。以美國來說，毫無疑問是世界上最富有強大的國家，其軍事和經濟力量以實質來看，比起世界上所有其它國家加起來的力量還要強大好幾倍。有人可能因此會合理期望美國得到更好的排名。畢竟，如果把美國的財富均分，每一位美國公民都是千萬富翁。不過，話說回來，大多數國家的財富是集中在不到百分之二人口的人手中。事實上，美國許多真正窮人是居住在城市的貧民窟地區，並且有超過3千萬以上的美國人甚至沒有基本的醫療保險。

因此，這些少數貧窮族群容易被忽略不計入系統衡量，這也是利用全國平均值方式計算的難處。此外，很多美國財富精英的巨富資產往往膨脹了公民「平均收入」的估計。另外，關於貧困少數民族的例子之中，最離譜的是美國原住民。許多人住在偏遠落後的地區，而美國原住民的嬰兒死亡率是全國平均值的4倍；失業率超過百分之五十；每位原住民的平均年收入是全國平均值的三分之一；原住民平均預期壽命為44歲。

從全球規模來看，其實聯合國的「人類發展指數」圖表具備十足功能。只不過，對於個人或貧窮少數民族的關聯性則有限（儘管圖表有顯示國家內部地區的差異）。所以，美國也不是唯一的特例，每個國家都可能發生類似情況。儘管聯合國和人類發展指數盡了最大努力，但仍然沒有找出能夠精準衡量出人類貧窮的單位或統計工具。

然而，總部位於華盛頓的世界資源研究的「地球趨勢」（Earth Trends）計畫所制定的人文地理地圖指標，則提出一套具有說服力和激勵的單元。這些地圖指標的用意在於凸顯世界各國兒童體重不足的人口比例與地理分布。雖然經濟學家和政治家可以無眠無休地爭論「相對貧窮」的性質，但在人文地理地圖中以「營養不良的孩童」作為一個衡量「單元」，終究最能估算出準確的規模。不過，製圖資訊就如同所有資訊一樣，力量仍有限。並非更精確地了解痛苦來自何處，就能獲得解脫。

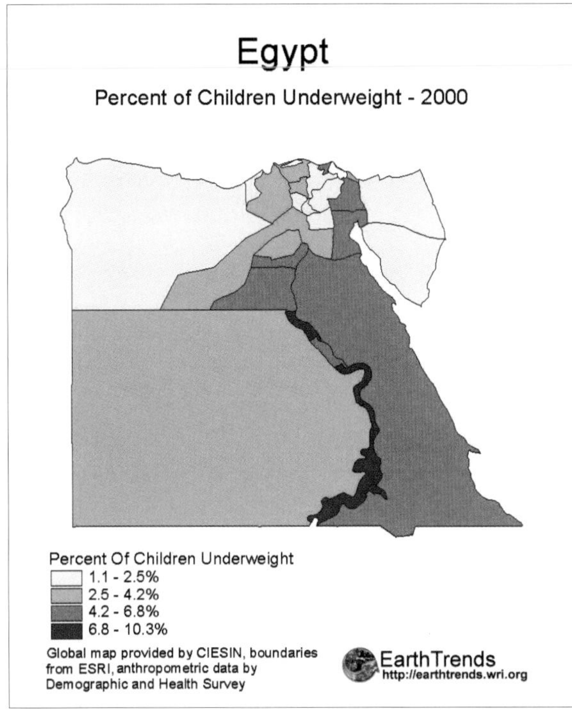

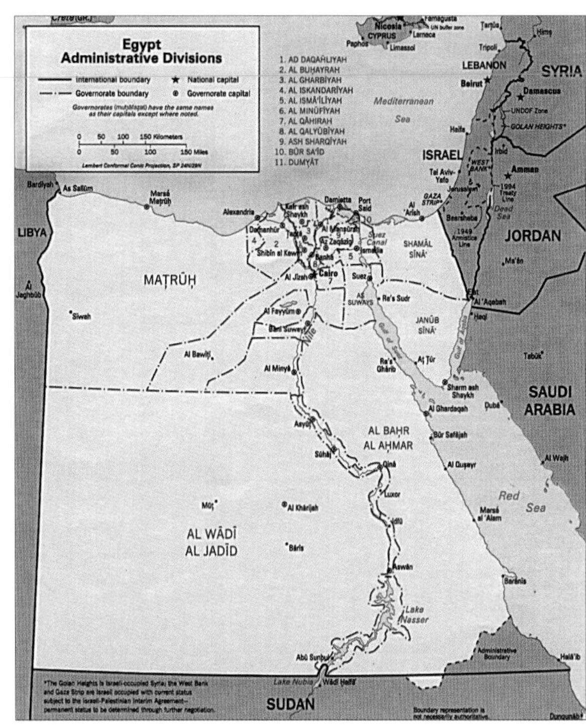

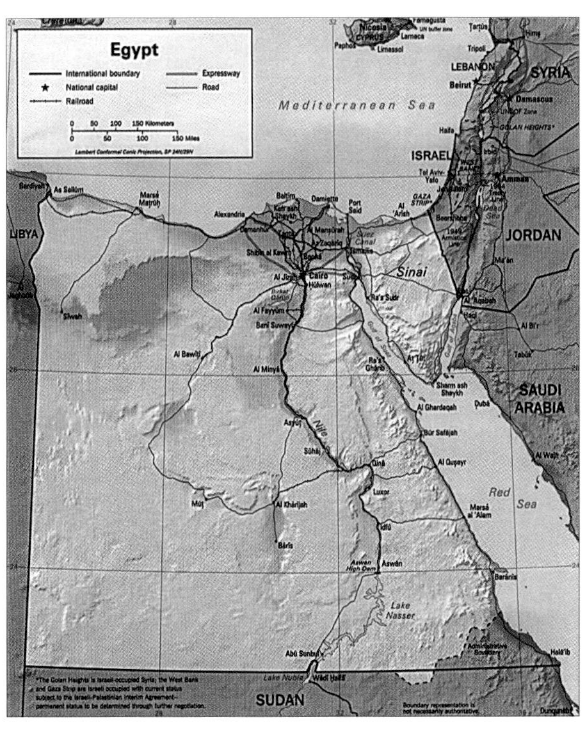

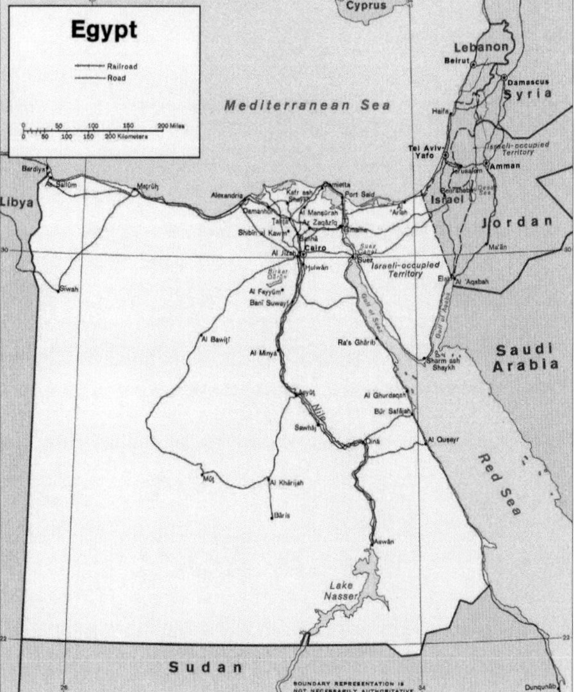

▲4張埃及統計圖表。左上：體重不足的兒童；右上：行政區劃分；左下：地形；右下：政治。政治圖表是於1972年繪製，當時阿拉伯國家在埃及和敘利亞的帶領之下，正準備在西奈半島襲擊以色列人。這些地圖隨著時間起落照亮彼此。所有地圖，甚至是地形圖都以「主題」為主。

VIRGINIA
POWHATAN
Held this state & fashion when Capt. Smith was deliuered to him prisoner 1607
MONACANS
MANNAHOACKS
POWHATAN
CHESAPEACK BAY
KUSKARAWAOKS
TOCKWOGHS
MANGOAGS
CHAWONS
Iamestowne
Cape Henry
Cape Charles
Poynt comfort
Smyths Iles
Scale of Leagues
Leagues
and halfe
THE VIRGINIAN SEA
Discouered and Discribed by Captayn John Smith 1606
Grauen by William Hole

Chaper3 | 第三章

探險時代

The Age of Exploration

圖中為約翰・史密斯上尉發現的「維吉尼亞」。他繪製了此幅地圖，並於1606年交給威廉・侯雕版印刷。該地圖於1624年在倫敦首次出版；地圖右側為北方。左上角則記載了一段刺激冒險的故事，呈現史密斯被波瓦坦族俘虜的著名事件。但此幅並非為了史密斯探險記而繪製；製作緣由大多得歸功於一幅早期地圖和一位早期探險家（參見第124頁）。該地圖出版時，史密斯早已返回英格蘭定居15年，並自此再也沒回到新大陸。

波特蘭型海圖

Portolan Sea-Charts

1270年，法國國王聖路易率領第8次十字軍東征，船隊從法國南部艾格莫特啟航。在前往突尼斯途中因一場暴雨，被迫停靠薩丁尼亞島的卡利亞里海灣避難。國王下令艦隊回報確切位置時，水手們捎給國王一張圖指示所在位置，這幅地圖遂成為西方最早期的「海圖」。

中世紀海圖最值得注意的地方，在於其資訊已詳盡精準至極。海圖是搭配航海羅盤使用，而歐洲人的羅盤直到12世紀晚期才發明。

眾所周知的「波特蘭型海圖」，前身是《海港嚮導圖》（*portolani*），匯集各式港口和文字紀錄的航線表。海圖上清楚的圖解航線，通常以彩色墨水繪製於綿羊皮或山羊皮製作的犢皮紙，這些皮有些會被裁切成方形，多數情況下，頸部皮的形狀會被保留下來。海圖的基本原則是畫出航行方向或「恆向線」（rhumbs）。製圖者會以中心點畫出放射狀的直線，形成一圈「神祕圓」，然後，在圓周上標記16個等距點以平分圓形空間。而附屬的圓圈也以同樣方式劃分。製圖者以恆向線來標示海岸線，水手則藉此規劃航行方向；加上利用不同線條顏色來區分不同方向。

具有重要導航功能的海岬、島嶼和河口，佔據海圖大部份空間。為了避免與海岸名稱混淆，地名都標註在陸地面，並與海岸成直角，以順時針方向繞著地中海排列。

圖上的比例尺通常純粹以虛線或實線方式呈現，但亦可運用來美化裝飾，例如繪製得精美鮮豔，加上金箔點綴的羅經花（Compass roses）。皇室常常以盾牌或君主繪像作為識別區分，城市則以制式化形式表現。海圖的裝飾圖案，也包括宗教符號、動物和船舶圖像。不過，這種裝飾性海圖，不知是否刻意用於航海，還是為了商人、政治家和宗教官員於岸上進行磋商（和展示）之用，這部分還有待商確。

迄今現存最古老的海圖可追溯至13世紀晚期繪製的《比薩海圖》（Carte Pisane）。此幅海圖起初發現於義大利比薩，但不代表地圖是在那裡製作的，如今被收藏於巴黎國家圖書館。

海圖上繪製的兩個恆向線圈範圍擴及義大利南部海域。8個風向標示於圓圈輪廓。恆向圈之外的區域也出現直線格柵。而靠近地圖中心點較狹窄區塊，則呈

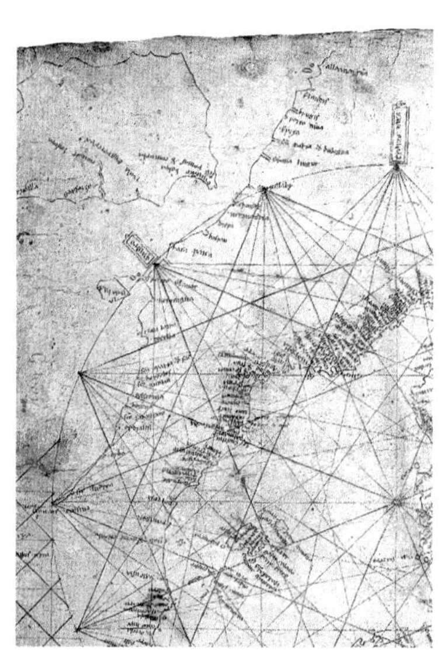

◀該幅為13世紀《比薩海圖》細節。地圖幾乎很難辨識出大不列顛領土，左上方不規則矩形中間標示的是倫敦。

▶在這幅馬特歐．普魯奈斯於1559年繪製的《地中海世界海圖》的西北方位置，同時出現真實島嶼與以假亂真的神祕島嶼。真實存在的島嶼包括Fixlanda（冰島）和Isola Verde （格陵蘭島）。神祕島嶼之中則有巴西島（Isola de Brazil）和馬蒂島（Isola de Maydi），後者可能源自阿拉伯地區。

AFRICA
EVROPA
ASIA

現相對應規模的方網格範圍。

這種具有強烈幾何基礎的海圖風格，令人推測該圖可能是基於古羅馬艦隊與陸軍所執行的測量調查資料所繪製，他們藉著划槳和行軍步伐的次數來計算距離，並利用天文觀測來確認方位。眾所皆知古羅馬凱撒大帝曾下令執行過此類調查工作，並交由奧古斯都大帝接續完成。「波特蘭型海圖」的出現，將古代製圖的成果保留在中世紀的世界地圖裡。也許因為羅盤的發明，讓古代製圖的實用性才被看見。或者中世紀的威尼斯貿易昌盛，致使有足夠組織、資源和動機來執行一項從無到有的計畫。

《比薩海圖》不僅將地中海沿岸、歐洲島嶼、黎凡特，和北非海岸至的黎波里以西之處，通通描繪得頗為詳盡，同時也標註出密密麻麻的地名。相形之下，歐洲大西洋沿岸卻僅草草帶過。雖然不列顛（英格蘭島嶼）特色顯著，但卻以難以辨識的形式呈現。而通往倫敦的河流被標示於康瓦耳和多佛中間，可能是與南安普敦港口（當時與威尼斯有密切貿易往來）混淆所導致。

中世紀時期繪製的「波特蘭型海圖」，涵蓋範圍皆僅限於歐洲和北非海岸。之後製作的海圖，例如：巴蒂斯塔・阿格尼斯（Battista Agnese）於1544年繪製的《波特蘭型海圖集》，記載了歐洲探險的發展過程。其中包括瓦斯科・達伽馬（Vasco da Gama）繞過好望角開闢通往印度的新航路（約1498年），以及斐迪南・麥哲倫（Ferdinand Magellan）完成航行地球一圈的壯舉（約1521年）。阿格尼斯是位產量豐富的熱那亞製圖師[1]，他的地圖顯示了哥倫布橫跨大西洋後的半世紀以來，美洲沿海如何快速地被測繪成圖。像是被描繪的十分詳細的加勒比地區，而尤加敦（Yucatan）則標記為島嶼而非半島。再往北邊一點，有個綠色區塊代表水手曾遇到墨西哥灣流現象（Gulf Stream），以及漂浮馬尾藻海的水雜草。南美洲內陸，其中高聳突兀的安地斯山脈，以及龐大的亞馬遜雨林則令人嘖嘖稱奇。

雖然增加新的地理知識，但舊的錯誤仍在。東北大西洋仍標示著聖布倫丹（St Brendan）發現且認定的神話島嶼。從15世紀起，「波特蘭型海圖」加入緯度比例尺，作為確定南北赤道位置的方式。航海家利用觀察地平線以上的恆星高度，找到其緯度位置。該幅16世紀的海圖也標示著經度，其採用托勒密設定於加那利群島的本初子午線為始。終於在200年多之後，航海家能夠在海上判定經度。

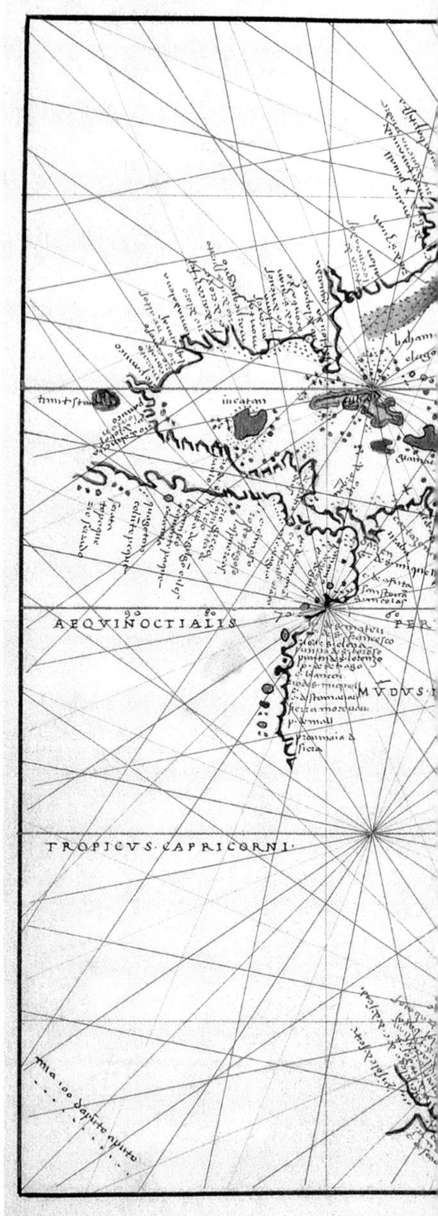

馬特歐・普魯奈斯（Mateo Prunes）1559年在馬略卡島繪製的《地中海和歐洲大西洋及北非海岸之海圖》，雖然晚《比薩航海圖》3個世紀才出版，但其基本製圖風格非常相似。主要區別在於早期波特蘭型海圖功能簡

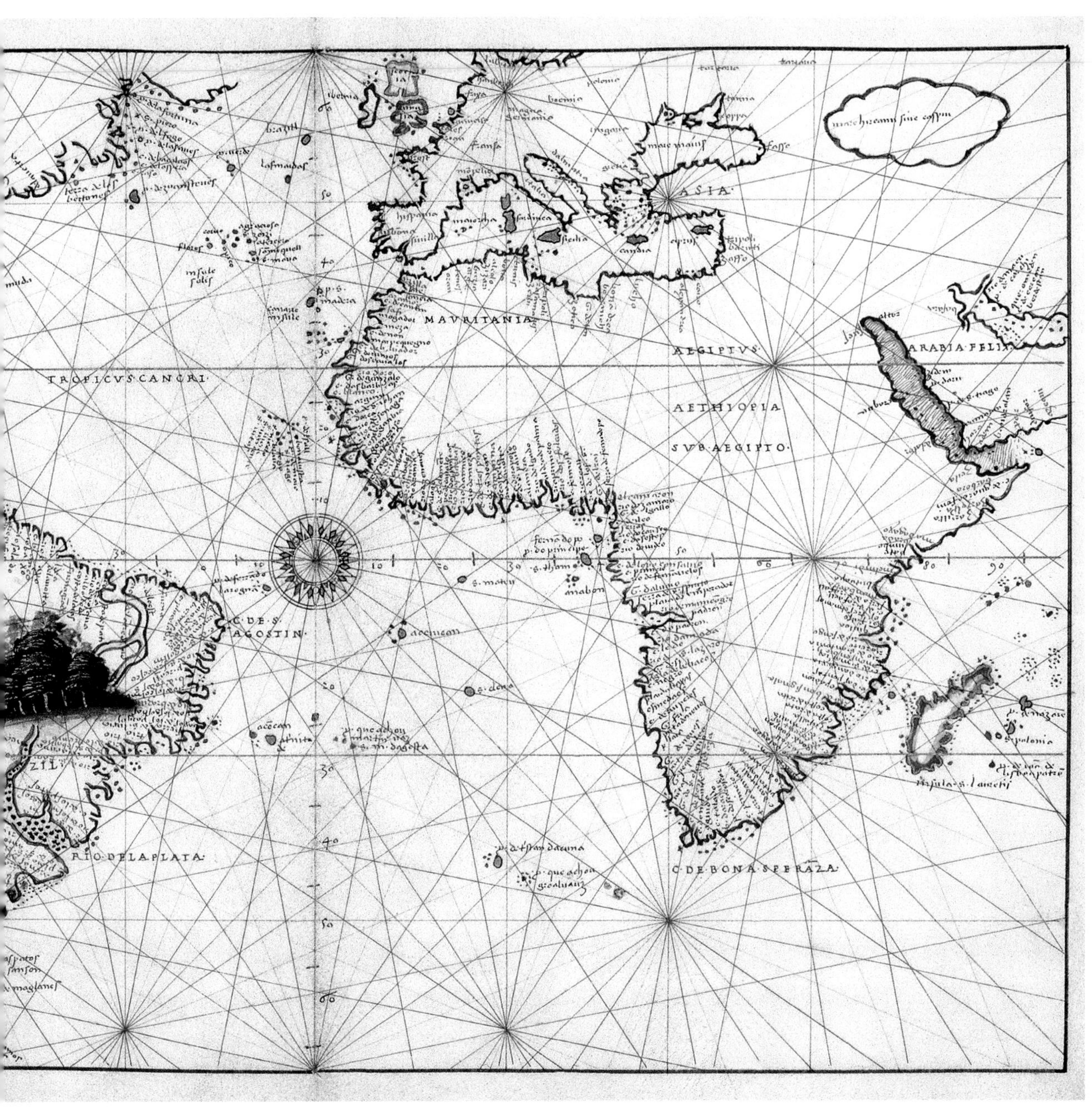

▲此幅出自巴蒂斯塔．阿格尼斯於1544年出版的《波特蘭型海圖集》，這是當時最準確的航海距離參考圖；同時也是貿易商特愛買來彰顯地位的收藏品。地圖集收錄了9張海圖和一幅世界地圖。地圖集中的加州海灣，是由西班牙人歐約阿（Francisco de Ulloa）於1539年發現。

1. 「熱那亞」曾是中世紀時期的獨立城邦，現今為義大利港口城市。

單，但地圖裝飾非常華麗。在普魯奈斯的海圖（參見93頁）上方代表著西邊，上面還呈現3位宗教人物的繪像。最上方一張小天使臉蛋，以鼓鼓的臉頰象徵基本風向（8顆風頭之一）。海圖是以第勒尼安海為中心繪製放射狀的恆向線，並在16個等距點上的其中5點繪製羅經花。羅經花劃分成32點。比例尺呈現在海圖左右兩側，修飾成緞帶樣。地名以地中海北部沿海線最密集。旗幟作為大城市的識別，而帳篷內代表各國登基統治者。海圖也描繪著西奈山，而沿著附近流動的紅海則很自然地繪成紅色。非洲因原住民和神祕野生動物顯得活潑生動。

▶該幅為15世紀阿拉伯出產的波特蘭型海圖，圖中呈現範圍是義大利與希臘。早期波特蘭型海圖特色是比例統一：若不是涵蓋整個地中海區域，也會是呈現大部份的地中海。雖然有呈現愛琴海個別島嶼的《島叢書》（*Island Books*），但這些圖卻缺少清楚的恆向線格網。波特蘭型海圖是羅盤發明後才出現的。領航員根據羅盤指引方向，而海圖也累積了不少他們的知識經驗。

史上最偉大的航海誤導

The Greatest Navigation Error in History

船員們恐懼與憤怒交織，正醞釀著叛亂的情緒，克里斯多福·哥倫布（Christopher Columbus）的船在離未知海岸50英里之處漸漸腐爛，他在小屋裡寫信向資助航行的西班牙國王費迪南和皇后伊莎貝拉說：「我們快接近了，再過10天就會抵達恆河。」

1502年9月是哥倫布第4次也是最後一次的航行。腐爛船隻停靠在洪都拉斯海岸。從這裡鑽個洞穿過地心，幾乎可直達恆河地帶。哥倫布10年的新大陸探索，其中包括在西印度群島擔任好幾年的總督，但這些絲毫沒有動搖他相信往西航行是抵達富庶東方捷徑的錯覺。哥倫布的遠航歷程勝利與災難交織，哥倫布的執著與傲慢也近乎瘋狂。

故事前提很簡單。從陸路通往富饒東方的線路既遙遠又艱鉅，貿易通道中間還牽涉一連串關稅徵收。歐洲西部邊緣實際上不是更接近黎凡特，而是契丹（Cathay）。勇敢橫渡大西洋向西航行，世界就會屬於你；而且那裡肯定有塊等待獎賞的新大陸等著被宣示主權。為了這份雄心壯志，哥倫布四處尋求航海資金，首先向葡萄牙國王尋求支持卻遭受拒絕，最後西班牙國王同意資助他。哥倫布前後投入將近10年狂熱遊說他人這項航海計畫，到底是什麼原因讓他意志如此堅定呢？

事後看來，第一個也是唯一完全合理的動機可回溯至1492年，擁有豐富水手及航海經驗的前海盜船長哥倫布率領聖瑪利亞號（Santa Maria）、平塔號（Pinta）、尼那號（Nina）等3艘船艦準備啟航。他航行到已知世界最南端的葡萄牙黃金海岸貿易據點米納（Mina）。在那裡，他親眼望見西方的陸地，也在南大西洋海上看到漂浮的蘆葦、松木樹幹、雕刻過的碎木，這些顯然是從西邊漂流來的。第二個動機來自於13世紀的錯誤資訊，也就是哥倫布研究的那幅擴及亞洲，並包含未知美洲和太平洋地區的「托勒密古代世界地圖」。

讓哥倫布對自己的理論堅信不移，最重要的一個憑證，則可從一封書信中看出端倪。在1502年那趟最後險峻之旅中，哥倫布寫給西班牙國王的信中提及：「我不靠理智，也不憑數理，甚至地圖也於我無用，只有先知以

◀此圖描繪範圍為當今「海地」和「多明尼加共和國」的海岸，這是現存最早歐洲無人爭議的地圖。這幅地圖是哥倫布於1492年11月底第一次航行中所繪製。哥倫布發現該島如此美麗，因此給予榮耀之名：西班牙之島，後改稱伊斯帕尼奧拉島（Hispaniola）。

賽亞的話才得以貫徹前往印度的冒險精神。」哥倫布的信念基石實際上來自次經《以斯拉二書》的片段，內容使他相信地球是圓的，以及從歐洲西航到亞洲（或印度）的距離很短；他甚至誤信經度1度相當於57英里的距離。而當時測量尺寸並非採用阿拉伯單位，而是義大利單位，因而使得計畫路線距離顯得更短。這位在文藝復興時期誕生，發現新世界的人，居然只靠航海日誌等測量技術就航行了數千英里的距離。實際回頭一看，哥倫布對於古老預言的迷信依賴，散發出濃烈黑暗時代的原始想法。

最終，命運捉弄了這位獨裁的上將。他的誤判令他相信西班牙與往西的亞洲之間距離為78經度，相當於從加那利群島往西航行3,900英里的距離。3艘船從加那利群島啟航3天之後不見陸地，36天日夜不停地往西航行橫渡3,900英里的未知海洋。

哥倫布傲慢自信和狡猾機變的古怪個性，讓這趟航行成為驚恐之旅。在航行2,400英里之後，他認為陸地就在附近，因此下令船員不能在夜間航行。夜深人靜的時候，口糧和水逐漸消耗殆盡，只剩下用來與印第安人交換的廉價飾品。10月12日，終於看見了可愛的巴哈馬群島中的瓜納哈尼小島；而這裡就是命運捉弄他的所在地。從加那利群島到首登新大陸的距離一共是3,900英里。哥倫布自認精準計算到亞洲位置，而且分秒都沒浪費抵達計劃中的「日本」，光憑這點就讓他感到相當自豪。但此地是巴哈馬當地人口中的古巴島，島上還有偶爾出來吃人的食人族，而哥倫布以為食人族就是成吉思汗。因為個性使然，令這位偉大探險家忽視了不合理之處。

馬丁·瓦爾德澤米勒（Martin Waldseemüller）的世界地圖於1507年出版（大概在德國萊茵發行），描述了極為長條的北美洲和南美洲，這個錯誤是可理解的。不同於美洲的「發現者」，至少他虛心「接受」了第4個大陸的存在[2]。

2. 哥倫布當時以為自己成功抵達日本外島，但其實是美洲，可說是意外發現了「新大陸」。但哥倫布直到逝世前仍堅持自己遠航所到之處為亞洲，拒絕承認自己是發現美洲的人。

哥倫布的誤判

哥倫布的世界觀是基於古代世界地圖、計算失誤和次經真理之下而形成的，但基本上這是個嚴重誤判。圖中簡單的極地投影（底部）總結了誤判範圍，亞洲根本比他想像中遠遠浩大許多。在1492年聖誕節那天，正好午夜之時，哥倫布的船觸礁擱淺在海地北部海岸附近，造成出航全盤損失。他不可否認地認為這應該是神給予的另一道指示？於是決定自己應獨自離開這座特別島。他留下35名船員和1年份的儲備糧食（和彈藥，使當地人屈服於愛與恐懼之下）駐守當地，自己返航回西班牙。1493年11月，他再次帶著更龐大的遠航規模（16艘船和1,500人）返回據點，但卻發現沒有任何倖存的船員。

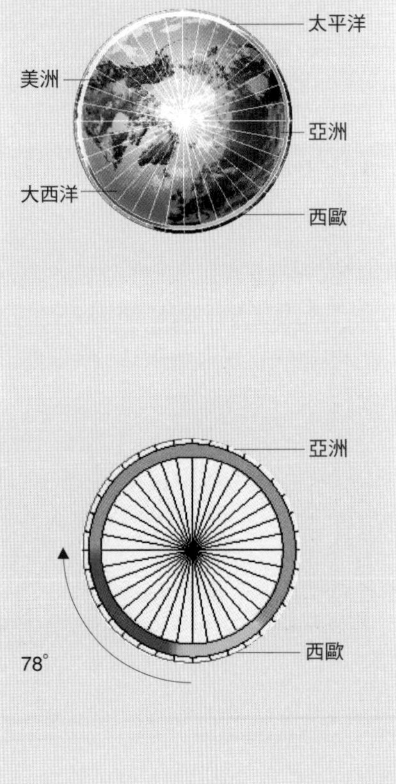

CLAVDII PTHOLOMEI ALLEX
ANDRINII COSMOGRAPHI
CHOR
ZEPHIR
OCCEANVS OCCIDENTALIS
PARIAS
ASIA
MARE GLACIALE SIVE CONGELA
TOTA ISTA PROVINCIA INVENTA EST PER MANDATVM REGIS CASTELLE
TERRA VLTRA INCOGNITA
AMERICA
AFFRICA
LIBIA INTERIOR
ETHIOPIA INTERIOR
APRICVS
LYBONOTH
NOTVS
VNIVERSALIS COSMOGRAPHIA SECVNDVM PTHOLOMÆI TRA DITIONEM

▲瓦爾德澤米勒於1507年繪製的世界地圖，首次以亞美利哥．韋斯普奇（Amerigo Vespucci）之名命名「美洲」（南美洲）的地圖。該幅地圖極力讚揚韋斯普奇的新大陸發現。地圖頂端描繪兩位製圖師，分別為舊大陸的托勒密與新大陸的維斯普奇。

阿皮亞努斯的宇宙圖

Apian's Cosmographia

從以哈伯太空望遠鏡作為高科技觀測儀器的宇宙學角度來看，我們可能會覺得早期天文學帶有迷信色彩。其實早期的宇宙模型，如：德國天文學家彼得魯斯．阿皮亞努斯（Petrus Apianus，1495～1552年）[3]所繪製的宇宙圖，構圖精確，且基於一套悠久的思想基礎之下完成。

阿皮亞努斯曾在萊比錫和維也納求學。1527年時，於英歌斯丹大學（University of Ingolstadt）擔任數學系教授一職，當時他已是著名的時代學者，《宇宙誌》（*Cosmographia, or a Description of the Whole World*，1524年）一書是促使他聲名大噪的研究著作。宇宙學中多元面向的科學研究，旨在透過數學來解釋宇宙形成原理，並囊括廣泛的理論和應用學科領域，比如：天文學、地理學、製圖學、測量和航海，以及製圖儀器的設計和建構。

在《宇宙誌》一書中，繪有不少關於天體現象的插圖，例如：月球和日食以及其地理方位圖，除此之外，也包含一幅重要的宇宙地心結構圖解。該「地心說」是古希臘哲學家兼科學家亞里斯多德在《天文與物理》著作中所提出的論述，而西元2世紀天文學家托勒密更延伸研究出一個精巧的地心模型，並沿用到16世紀初。該「地心說」也試圖解釋各種運動形式的存在，及掌管天體和類地行星（terrestrial plant）[4]的不同定律。相形之下，地球（陸地區）是由「火、水、土、空氣」等四元素所組成，故地球上運動是直線進行；宇宙物質則由完全不同的第五元素「乙太」（aether）組成，並且運動是繞圓旋轉。這種觀念是以同心基礎成形，乙醚的球體殼層層緊緊相鄰，並以平面剖面圖方式呈現在阿皮亞努斯的圖表上。其中間呈現地球與四大元素，圍繞著地球的反而是月亮、水星、金星、太陽、火星、木星、土星等天體，這些是固定恆星、天空和水晶天。而最外層是帶動所有天體運動，但本身不為所動的「原動力」（第10層天）[5]。宇宙中所有運動都終來自這股原動力。最後，宇宙10個天體之外是阿皮亞努斯所描述的「帝國與神所和所有神學」的地區。亞里斯多德所構思的該區域是最崇高的「不動的推動者」（Unmoved Mover）居所，後來基督教將它解釋為神的天堂。亞里斯多德主張的宇宙原則是：地球易變並墮落和腐敗；宇宙永恆不變且完美。這個概念看得出來很容易被基督教神學的中世紀經院學者採用。

阿皮亞努斯的《宇宙誌》和後期的《御用天文學》（*Astronomicum Caesareum*，1540年）的研究是牢牢根植於當代科學知識的準則。兩本著作強調測量是作為精確計算的基礎，並闡述重要的新思維，如：利用日食來確定經度。阿皮亞努斯的嚴謹治學使他一生榮耀；他的資助人神聖羅馬帝國大帝查理五世，任命他為宮廷數學家。但是因哥白尼在1543年發表的《天體運行論》中大膽提出以太陽為宇宙中心，該「日心說」理論改變了他苦心計算的天體面貌。

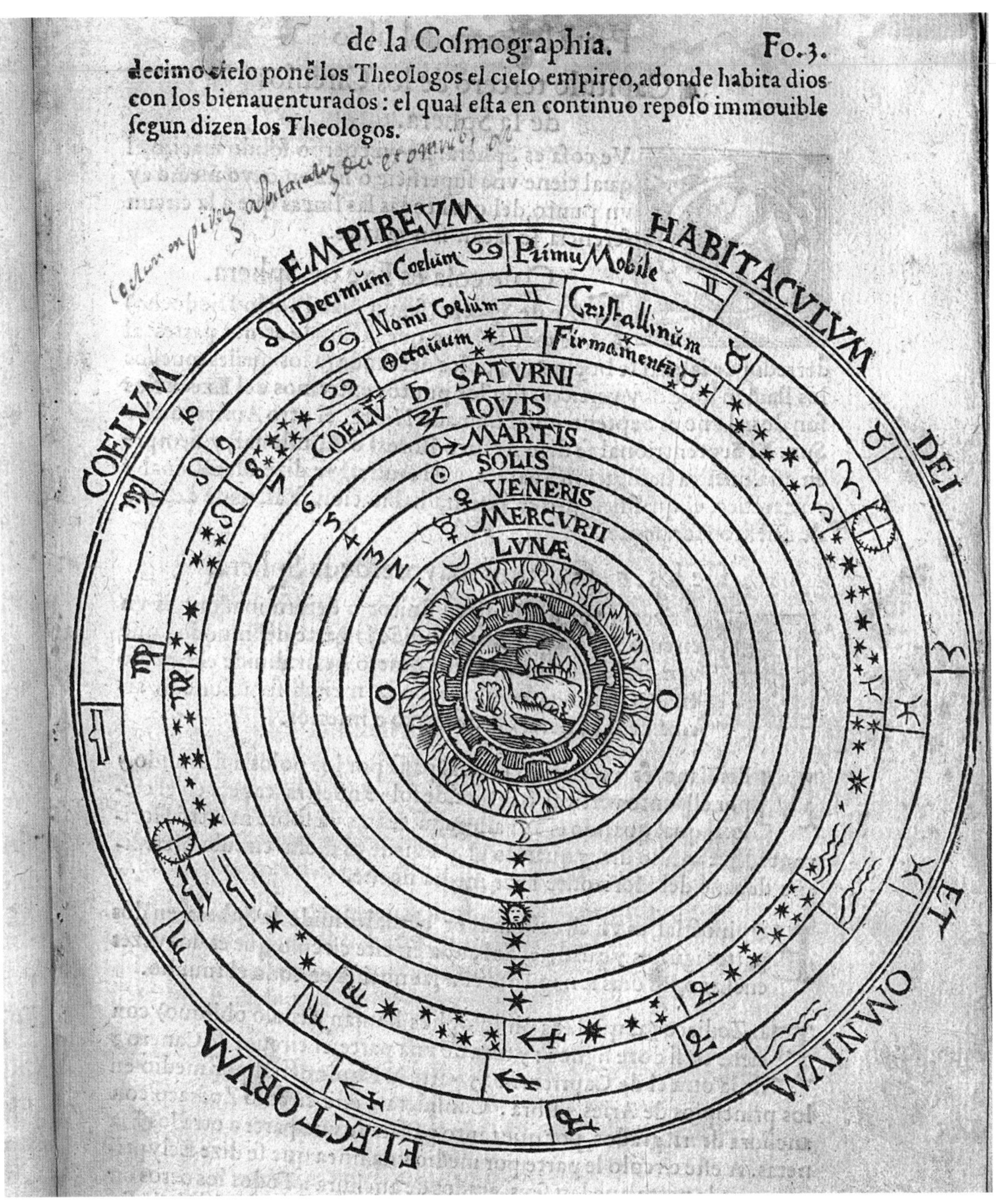

▲此圖為阿皮亞努斯1524年發表的《宇宙誌》所提到的宇宙地心說。圖中顯示圍繞地球的月亮、水星、金星、太陽、火星、木星、土星等等固定恆星和水晶天。

3. 又名Peter Apian；出生時的拉丁名為Peter Bennewitz。
4. 又稱「地球型行星」，意指以硅酸鹽岩石為主要成分的行星。
5. 古希臘天文學中最外層天體。

世界第四塊大陸

The Fourth Part of the World

16世紀後半期，法國、葡萄牙和西班牙，同時主張自己事發現富饒美洲的國家，並各自宣稱合法擁有該領土。1562年，西班牙製圖家狄亞哥．古鐵雷斯（Diego Gutiérrez）繪製了一幅解決3國爭議的地圖。

1554年，古鐵雷斯繼承父親在西班牙貿易館的製圖工作。他的家族企業是提供飛行員和航海員應用地圖和導航儀器，其中有些是大膽橫跨大西洋未知海域的冒險家。由於狄亞哥少年時期從父親那裡學到不少知識，西班牙國王菲利普二世支付他6,000枚「馬拉維地幣」（Maravedis）的厚薪。其兄桑丘（Sancho）也在貿易局工作。

西班牙王室因急於鞏固世界大國的地位，委託貿易館製作大比例的美洲地圖，或其所稱的「世界的第四部分」。這幅地圖由古鐵雷斯於1562年負責繪製，範圍涵蓋了中美洲和南美洲，北美東海岸，歐洲與非洲西部海岸。地圖送去比利時安特衛普製版，並且印製足夠數量以便西班牙分發，藉此向歐洲鄰國主張領土範圍。該地圖是當時規模最大的一幅美洲地圖。

地圖上沒有緯線，赤道、北回歸線和南回歸線則以粗線清楚標明。這些標示線的選擇是有含義的，只要是北回歸線以南區域皆為西班牙宣稱的領土，而餘下土地則由法國和葡萄牙共同瓜分。裝飾於地圖各角的盾形紋章代表各國持有領土。例如：阿根廷的大西洋東部沿岸繪有葡萄牙紋章，北美洲西南部邊緣則有西班牙哈布斯堡帝國紋章，東南部則呈現法國王室紋章。「三十年戰爭」之後，1559年法西簽署的《卡托－康布雷齊和約》（Peace of Cateau-Cambrésis），北回歸線以南和本初子午線以西的領土歸西班牙。法國掌控熱帶地區以北，南北美洲則是葡萄牙屬地。古鐵雷斯繪製的地圖上頭不僅呈現了海怪、美人魚和巴塔哥尼亞巨人等古怪的圖像，還有墨西哥中部的火山爆發，以及亞馬遜河如巨蟒盤伏蜿蜒流經南美洲。另外，的的喀喀湖、墨西哥城和佛羅里達州也出現在地圖上。許多海角山脈都有其地名，並由猴子和鸚鵡圖像圍繞著。下加利福尼亞州，（Baja Californina，今屬墨西哥領土）的南端刻有「C. California」的字樣，被視為最早印有「加州」的記載來源之一。「美洲」（America）是根據亞美利哥．韋斯普奇的名字命名，因他是第一位認定美洲大陸為「世界第四塊大陸」的人。這幅美洲地圖有兩幅摹本，分別由大英圖書館與美國國會圖書館典藏。

地圖中純粹作為裝飾部分，是由雕版師希洛尼曼．科克（Hieronymus Cock，1510～70年）負責製作。他是16世紀重要版畫家之一，其弟馬蒂斯（Mathias）同為著名畫家，而1548年在安特衛普創業之前，他曾在羅馬讀書。1550年初，他雕製羅馬廢墟圖；1559年，完成一幅描繪國王菲利普二世的父親在布魯塞爾舉辦的葬禮圖，稱之《出殯》（Pompa Funebris）。1555年時，刻繪菲利普二世和奧地利國王馬克斯米蘭二世的肖像；而自1563年，也就是古鐵雷斯完成美洲地圖的隔年起，科克刻繪了12幅歌頌神聖羅馬大帝查理五世的勝利圖。

▲該幅截取自狄亞哥．古鐵雷斯於1562年繪製的《中美洲和南美洲地圖》。圖中說明從巴西到非洲西部海岸只需幾天航行時間。南美洲合恩角最南端寫著「麥哲倫之地」，意味著南極洲未知大陸的邊緣。

奧特柳斯世界地圖集

Ortelius Brings the World to Book

1590年，佛萊明製圖家傑拉杜斯．麥卡托（Gerardus Mercator）出版一本地圖集，為了找出適合的封面圖，他選擇一張描繪希臘泰坦神一腳跪地肩挑世界的插圖。這位泰坦神就是「阿特拉斯」（Atlas），接下來幾乎全書地圖都以他的名字命名。雖然麥卡托是首位以「atlas」（地圖集）一詞為名的人，但他製作的地圖集並非史上第一本。

在麥卡托地圖集出現的前20年，雕版師兼製圖師亞伯拉罕．奧特柳斯（Abraham Oertel，亦稱Ortelius）早因出版一本世界地圖集而聞名。1527年，誕生於比利時安特衛普的他，父母是來自奧德斯堡的德國人。因此，他自稱是比利時－德國人（Belgio－Germanus）。他求學時研讀希臘文、拉丁文和數學；20歲時靠著繪製地圖維生；他加入了相關公會，並獲得製圖資格，專門為高名氣城市製圖師繪製的黑白地圖稿上色。這些地圖大多來自貿易商人預定，其中有些商人經常遠赴東南亞的香料群島（摩鹿加群島）進行交易，當時那兒有不少島嶼是荷蘭屬地。後來1554年左右，奧特柳斯轉職為一名專門買賣稀奇古董、書籍和硬幣的商人。大約再過10年之後，他因受到麥卡托的製圖啟發，而開始投入製造地圖的工作。他曾繪製心形古世界地圖（1564年）、埃及地圖（1565年）、完整亞洲地圖（1567年），以及一幅全新8頁的世界地圖（1569年）。這些地圖邊框裝飾華麗，繪有精緻盾牌和紋章盾作為畫面點綴，並以單張羊皮紙捲軸的形式呈現。雖然地圖相當美觀，卻因為開卷和收卷的方式產生使用不便的問題。

為了解決這個難題，奧特柳斯於1566年起，便開始製作一本地圖集，稱之《寰宇概觀》（*Theatrum Orbis Terrarum*；原文直譯為「世界舞台」）。

更精確來說，雖然早在14世紀的葡萄牙地理大發現時代，已有人將手稿地圖裝幀成卷；然而到了1560年代，許多義大利的「拉弗雷利冊」（Lafreri atlas）[6]是採用印刷成冊的方式。不過，上述方法並未將文字與地圖真正整合出一套理想適用的地圖集。就像是義大利「拉弗雷利冊」是依據客製化地圖需求而彙集成冊，並非以「地圖集」為製作時的出發點。

總而言之，奧特柳斯善用其才，聘用其他製圖師協力繪製地圖集。首部地圖集是於1570年出版，交由佛朗茲．哈根伯格（Frans Hogenberg）負責雕版；其中收錄了70幅手工上色的地圖，並列出87位製圖師之名，這種「創作者目錄」本身就是非常寶貴的紀錄；倘若沒有這些人名記載，很多製圖師的貢獻可能隨著時間流逝而湮沒於歷史中。另外，該地圖集出版的第1年內就重印了4次。接著，1603年發表

6. 「拉弗雷利冊」以地圖出版商安東尼奧．拉弗雷利（Antonio Lafreri）之名命名的。

▶該幅世界地圖來自奧特柳斯於1570年首次出版的《寰宇概觀》地圖集，其中收錄了美洲地圖，只不過美洲面積大小和形狀明顯與事實出入。而涵蓋澳大利亞的那片廣闊未知的南方大陸，是一處非比尋常的神祕地帶。

▶奧特柳斯根據希臘古典理論，在此幅古地圖中利用南北極圈和南北回歸線，將世界分成不同氣候區。溫帶氣候區適宜居住，熱帶氣候區勉強可居，南北極寒帶區則無法居住。

TYPVS ORBIS TERRARVM
SEPTENTRIO.
MERIDIES.
TERRA AVSTRALIS NONDVM COGNITA.
QVID EI POTEST VIDERI MAGNVM IN REBVS HVMANIS, CVI AETERNITAS OMNIS, TOTIVSQVE MVNDI NOTA SIT MAGNITVDO. CICERO.

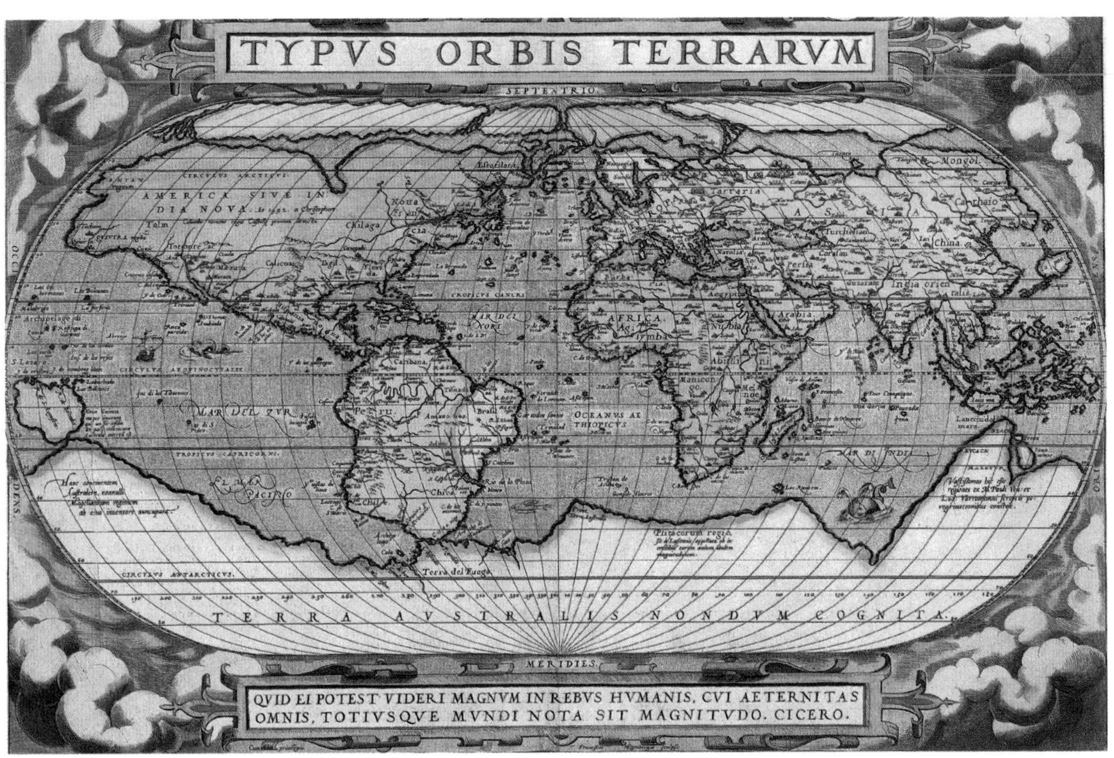

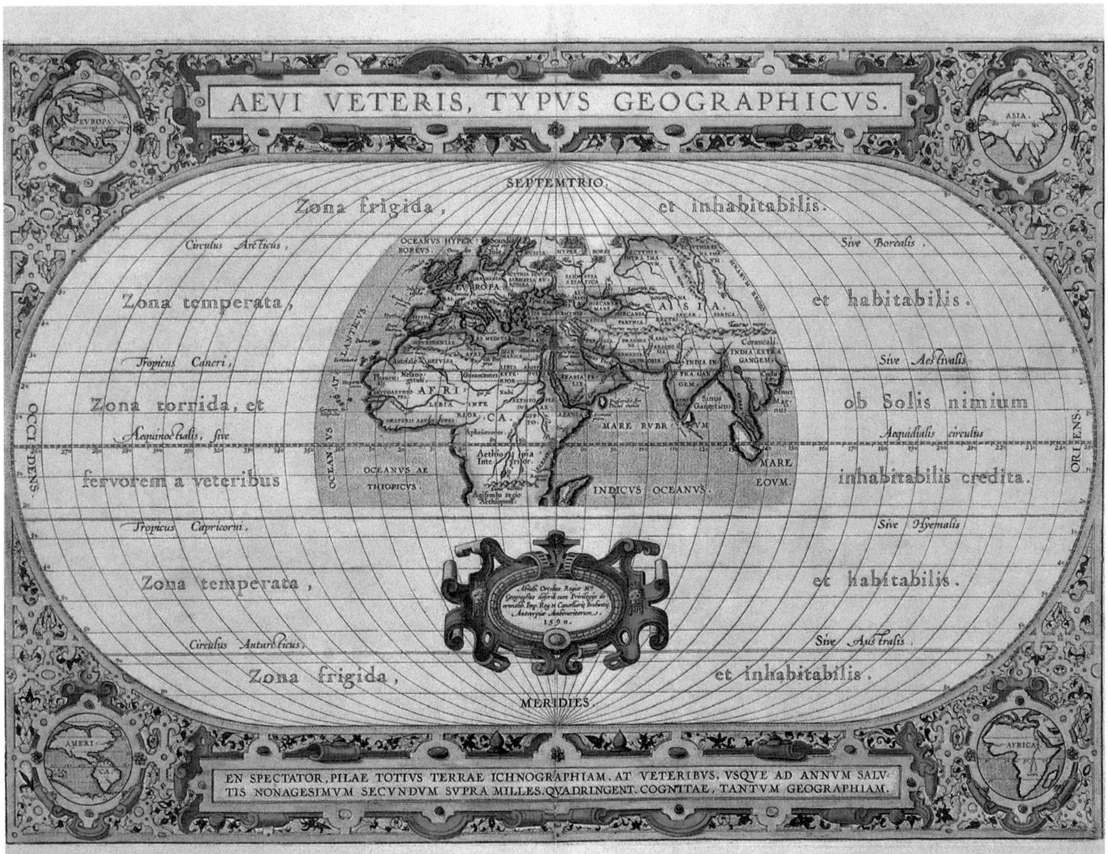

AEVI VETERIS, TYPVS GEOGRAPHICVS.
SEPTEMTRIO.
Zona frigida, et inhabitabilis.
Zona temperata, et habitabilis.
Zona torrida, et ob Solis nimium fervorem a veteribus inhabitabilis credita.
Zona temperata, et habitabilis.
Zona frigida, et inhabitabilis.
MERIDIES.
OCCIDENS.
ORIENS.
EN SPECTATOR, PILAE TOTIVS TERRAE ICHNOGRAPHIAM, AT VETERIBVS, VSQVE AD ANNVM SALVTIS NONAGESIMVM SECVNDVM SVPRA MILLES. QVADRINGENT. COGNITAE, TANTVM GEOGRAPHIAM.

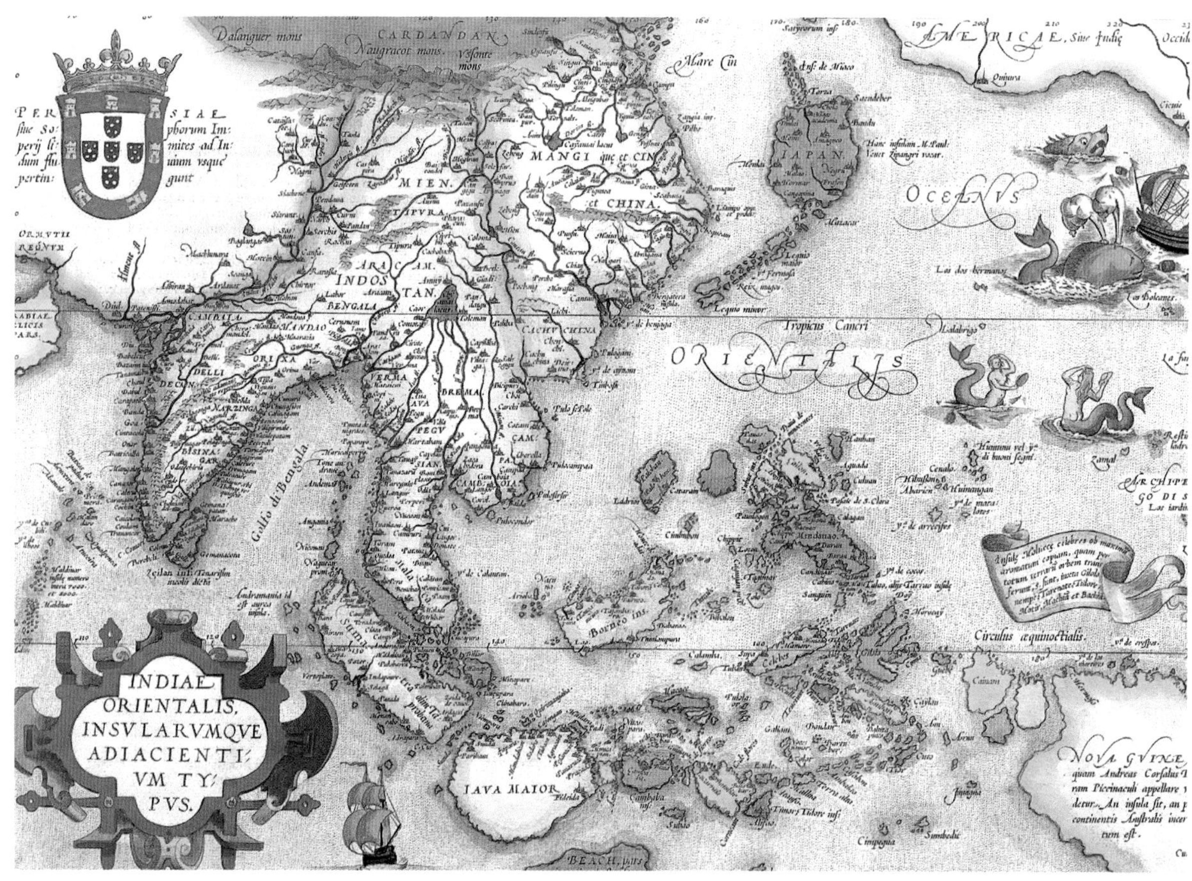

▲此圖所呈現的印度和其鄰近島嶼，像是香料群島（摩鹿加群島）、蘇門答臘島、爪哇島和婆羅洲島等，因這些島嶼面積比現實誇大許多（全部加起來甚至比印度次大陸面積還大），反而凸顯該地域對於16世紀歐洲商人來說極為重要。另外，美洲也很接近日本，而新幾內亞則消失在未知澳大利亞地帶。

的版本規模更大，根據文獻確定有182位製圖師貢獻其中；其中44人獨自負責世界地圖的繪製。最初的《寰宇概觀》是拉丁文，接著很快地依序翻譯成荷蘭文、法文、德文、義大利文、西班牙文和英文。到了1598年為止，奧特柳斯已經販售出2,200本地圖集，這數字對於今日要價不菲的典藏圖鑑書來說，可是不得了的銷售數量；在17世紀，更是巨大的成功。該地圖集從57張雙對開頁（1570年出版），增加到129頁（1612年義大利版本），共涵蓋166幅地圖。隨著1724年的印刷出產量，版本總數已達到89版，販售數量超過7,200本。其中四分之一的地圖集，至今仍存在著不同版本，並且被珍藏在世界各地的圖書館和收藏家手上。1598年奧特柳斯逝世之後，瑞恩斯（Jan Baptiste Vrients）從奧特柳斯的繼承人手中買斷版權，接續再版這本地圖集。

《寰宇概觀》地圖集的卷首畫，以4位具有寓意的女性圖像代表世界四大洲。首先代表歐洲的是一手拿著權杖，一手舵操縱世界事務的權勢人物（在那年代歐洲理所當然是強權）；代表亞洲的是手捧香爐的東方公主；代表非洲的是身上散發熱帶光芒的黑人少女；而代表美洲的是亞

▲1595年，歐洲強權眼中的韓國（以島嶼形式呈現）和日本。地圖文本（在地圖背面）介紹了這兩個國家全年下雪，百姓以米製作人工釀酒，他們也很喜歡用滾燙的水來泡香葉，即稱之「茶」。

馬遜女戰士。地圖集中，向西班牙國王菲利普二世致敬的獻辭後，下頁接著麥卡托和奧特柳斯的建言，再來才是作者目錄。該地圖集以一幅世界地圖正式展開，其次依序是新大陸、亞洲、非洲、歐洲，以及各大洲內的國家地域圖。在後來的版本中，更分別收錄地中海內主要獨立島嶼圖。這本地圖集可說是記載了古今中外各地區的「地理辭典」，後人將此封之為「地名錄」（gazetteer）。

有些地圖畫有經緯網格；有些沿著地圖邊框和赤道標示坐標（天球赤道）。地圖的描述變化方式，大概取決於製圖師想表現的概念。原始拉丁版本中央邊界的大面積區塊標記著Septentrio（北）、Oriens（東）、Meridies（南）、Occidens（西）。大多數海洋似乎都繪有鯨魚和美人魚圖案，以及許多「葡式三桅輕帆船」（caravel）；而後來的地圖則是出現「西班牙大帆船」（galleons）。至於內陸，通常繪有許多山脈、森林、城鎮等符號，而每城鎮都會加附一座尖頂教堂，甚至連印度和蘇門答臘地區都有。不管地圖大小，這類型的「城鎮」符號使用早已行之有年，維持了數百年之久。另外，地圖有時也會出現動物符號，例如：俄羅斯北部會出現熊，裏海南部出現駱駝。雖然地圖上沒有道路指示，但主要河流和湖泊都有清楚標示。地圖上的文字如此稀少，奧特柳斯說畫面會自己講話：「攤在眼前的地圖，我們可以瞧見已現形的事物和地域。」

將《寰宇概觀》地圖集和現代版的世界地圖做比較的話，可以發現一些地域規模大到不成比例。這種失真可能代表跟某些地方連結的重要性，例如：爪哇、蘇門答臘和日本，但也可能是因為對該區地理狀況無從所知。

像是北美洲以西那片未知祕境範圍非常廣大，而合恩角南端和好望角的那一大塊廣闊南方大陸，則描繪出其北海岸形狀，但同時也涵蓋澳大利亞。

1575年，西班牙國王菲利普二世任命奧特柳斯擔任陛下專屬的皇室宇宙學家，據說國王隨身都攜帶一本《寰宇概觀》摹本；也許是想從中找出新的征服點吧。北回歸線和赤道之間的美洲面積清楚標示新西班牙，可能菲利普對北方的新法蘭西領土虎視眈眈。

奧特柳斯名氣早已不小，而這份官職更加閃耀其光環，很多人讚揚他是另一位時代才子托勒密，而這份名譽某部分也得歸功於他精明的商業頭腦。每本地圖集，他都親自購買紙張和花錢聘請雕版師製作銅版畫，並直接販售地圖集給出版商和零售代理商，由他們來賣書給大眾。他的地圖集不斷更新內容，只要有新版本出爐，必定調高售價。

奧特柳斯單單靠著這本地圖集的發行致富，在安特衛普過著舒適優渥的單身生活。此外，他經常歷遊各地、收集考古標本、出版旅行書，以及研究《地理百科》（*Thesaurus Geographicus*，1592年）這類的古代地理學。

在紙張貿易採用公制化之前，製作「地圖集」的紙張標準尺寸為長86公分，寬66公分。然而，奧特柳斯的《寰宇概觀》地圖集的雙對開尺寸為長86公分，寬58公分，此創舉也算是奧特柳斯和麥卡托的另項創作遺產。

團隊合作

我們不應該忘記的是，荷蘭黃金時代的製圖創作算是一種精緻和講求實際的生意，並且是團隊合作的產品。身兼多職的法國出版商（同為書籍裝幀、活字技工、印刷商）的克里斯托夫．普朗坦（Christophe Plantin）委託奧特柳斯為《寰宇概觀》製作一幅肖像。普朗坦對於字體、版畫和印刷製作過程的知識，無庸置疑是這本地圖集成功的重要因素。介於1569年至1573年間，普朗坦準備出版《多語種聖經》（*Biblia Polyglotta*），這是一本以科學基礎去修正舊約和新約的編寫文本。西班牙國王菲利普二世支持他這項工作來對抗反對派的神職人員，並賜予他一個封號「御用印刷家」，在國王統治權下負責印製所有禮儀書籍。國王若知道普朗坦是異端教派新教徒的支持者的話，也許就不會那麼賞識這位出版商的成就了。

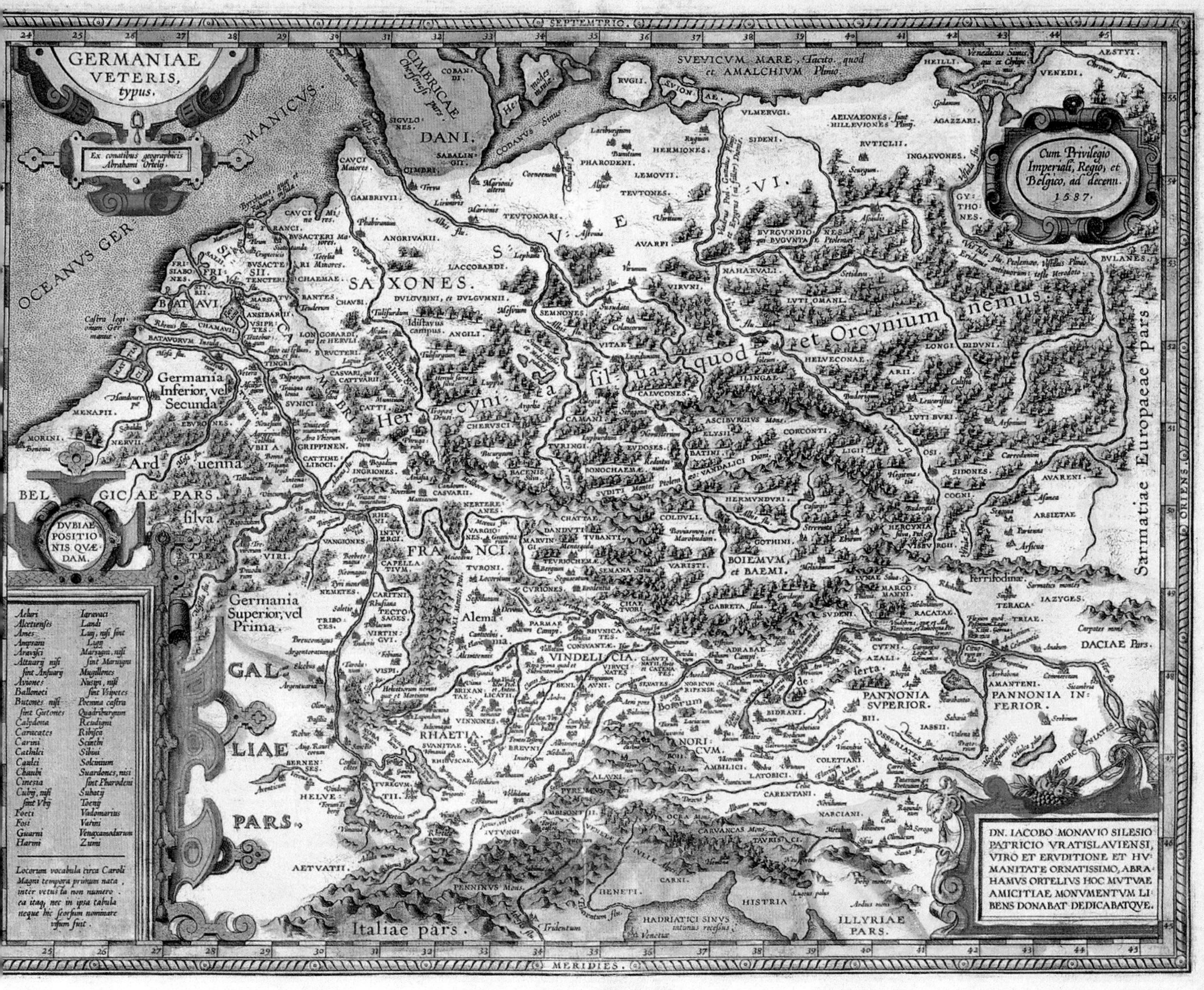

▲關於奧特柳斯地圖集的歐洲國家地理詳述，是到了晚期版本中才出現。此幅古老德國地圖年份可追溯至1587年，是3,300幅手工上色摹本其中一幅，而至今仍有200～300幅摹本收藏於世界各地的圖書館和收藏家手上。地圖中很明顯看得出來，所有城鎮即便非處山區，也幾乎皆沿著河岸座落。

基爾圖

Kaerius

彼得・基爾（Pieter van den Keere，1571～1646年）是一位極具天賦的荷蘭雕版師兼製圖家。他的作品受到當時政治和社會動盪影響，並呈現了家族與荷蘭製圖產業緊密結合的縮影。

來自新教徒家庭的基爾誕生於根特。1584年期間，反抗西班牙統治的荷蘭叛亂達到最高峰，當年帶領荷蘭人民反抗的奧蘭治親王威廉一世遭到暗殺，而基爾和妹妹柯蕾為了躲避宗教迫害而逃到英國。他們在那裡遇到同樣來自荷蘭的約道庫斯・洪第烏斯（Jodocus Hondius），他比基爾年長8歲，是位訓練年輕學徒製圖和雕版技術的製圖師。1587年，洪第烏斯與柯蕾互訂終身，之後他們的女兒嫁給著名製圖家兄弟約翰・強森（Jan Janson）和亨利・強森（Henry Jansson）。

基爾本人靠著支援當時重量級製圖師雕版而闖出名堂，例如：1592年，義大利藝術家巴蒂斯塔・波伊斯歐（Baptista Boazio）請他雕刻一幅《最新愛爾蘭地圖》（*Hibernia novissima description*），在這之後他定居於倫敦。接下來一年，因低地國家[7]情勢大大改善的關係，基爾順利返回荷蘭，定居於阿姆斯特丹，並繼續他的製圖行業。當時，除了經營自己的製圖生意，也與妹夫洪第烏斯（他也重返荷蘭）搭配合作。到了1599年左右，基爾雕刻了44幅有關英格蘭和威爾斯的郡縣，以及蘇格蘭和愛爾蘭省份的地圖版畫系列。這些地圖依據來自以下：英格蘭地圖參考1570年代柯里斯佛・薩克斯頓繪製的《英格蘭與威爾斯之郡級地圖集》，蘇格蘭則參考奧特柳斯的地圖，愛爾蘭則以巴普蒂斯塔於1599年繪製的地圖為參考範本。

儘管出生於最動盪的時代，基爾仍樂於享受工作帶來的成就。他最知名的出版品是一本荷蘭地圖集《下日耳曼省》（*Germania Inferior*，1617～22年；今區分為荷蘭、比利時），而文字編撰則來自洪第烏斯的妹夫彼得・孟塔努斯（Peter Montanus）。地圖集的卷首圖以直立猛烈的獅子形象代表低地國家；該插圖是備受荷蘭製圖師青睞的「黃金時代」主題，彰顯民族的韌性與自豪。

另一項基爾參與的製圖工作是製圖師約翰・強森於1628年出版的《迷你地圖集》（*Atlas Minor*），此地圖集定期改版。原本出版商摩西・皮特（Moses Pitt，1654～96年）預定在1680年發行一套12幅地圖集修訂版，但卻因資金短缺而泡湯。（克里斯多佛・雷恩爵士和科學家羅伯特・虎克都有金援此項失敗計畫）。

然而，基爾的雕刻技術和出版專業並非只侷限於地圖製作。1620年，他出版寬幅形式的《柯蘭多斯報》（*corantos*）可算是今日報紙的先驅。該報以英文為主，阿姆斯特丹是主要出口地。他還製作過著名時代人物波希米亞女王伊麗莎白・斯圖爾特（英格蘭國王詹姆斯一世的女兒）的版畫肖像，目前收藏於倫敦國家肖像畫廊。

基爾也參與過製作約翰・史畢德知名的地圖集《大不列顛帝國全覽》（*The Theatre of the Empire of Great Britaine*）。1627年，史畢德的出版商喬治・漢伯（George Humble）正打算發行一套全新改編著名地圖集的袖珍

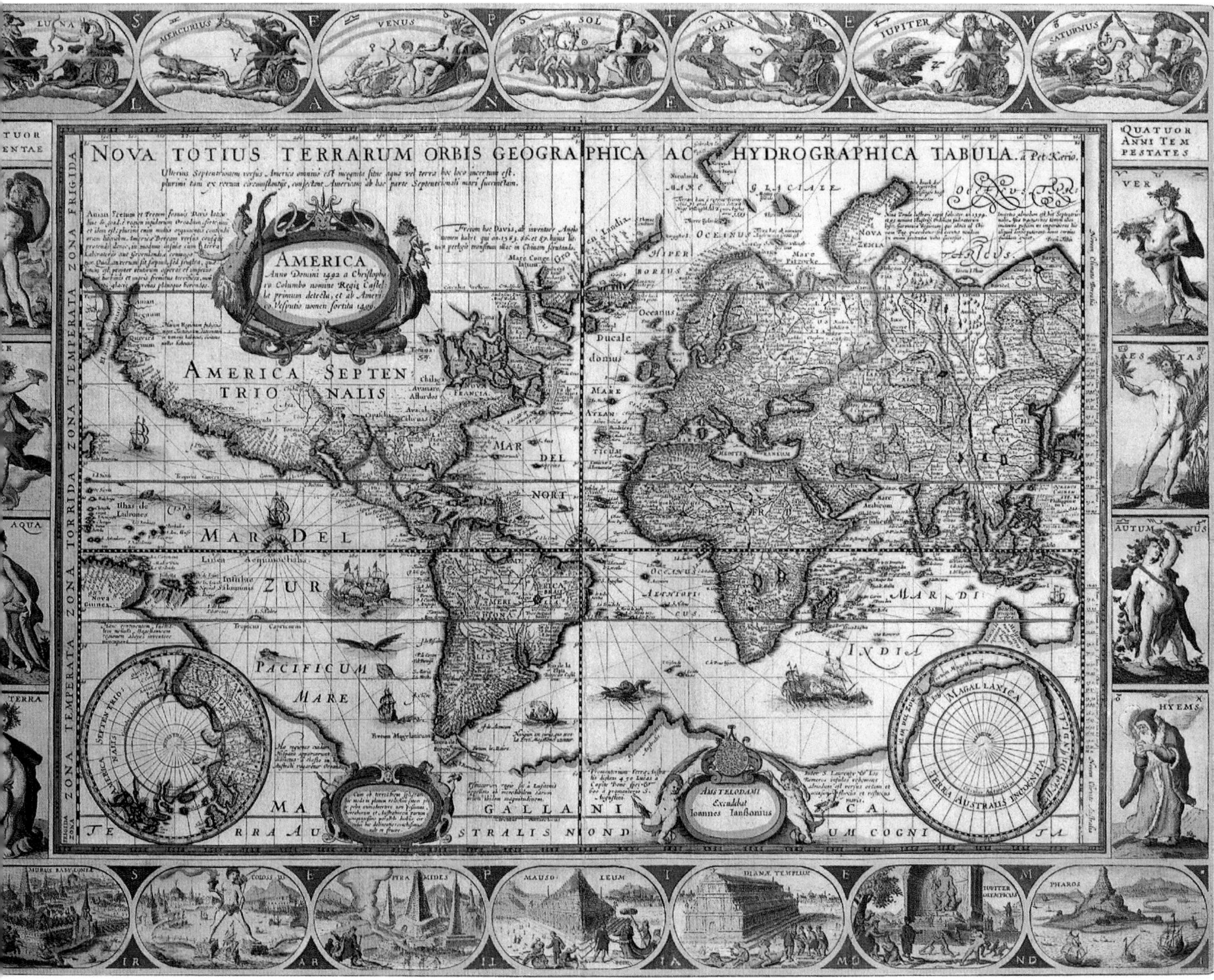

版。因此，他將基爾於1599年繪製的大不列顛地圖放在正面，背面則採用史畢德的相關地圖文本敘述。這個混合系列的成功贏得了一個稱號：「袖珍史畢德版」。在袖珍版本的地圖中，大多製圖貢獻來自基爾，這點更應證了他高超的製圖能力。1646年，基爾逝世，享年75歲。

2003年，基爾在羅馬尼亞獲頒一項特殊榮耀。由於基爾曾在1625年時，在阿姆斯特丹出版一幅銅版地圖《羅馬尼亞古地圖》（*Vetus Descriptio Daciarum Nec non Moesiarium*），範圍涵蓋多瑙河以北的達基亞，以及多瑙河以南的默西亞區域。於此，2003年為慶祝布加勒斯特「國家地圖與典籍博物館」的正式開張，發行復刻版地圖郵票以茲紀念。

▲基爾繪製的世界地圖《大西洋主要附錄》（*Atlantis Maioris Appendix*），1628年由洪第烏斯和強森在阿姆斯特丹發行第一版本。這幅手工彩繪的地圖，在左上角和右上角，以文字描述東北和西北的水道。另外，上面橢圓型框旁有一段文字，懷疑阿尼安海峽（straits of Anian）和戴維斯海峽（straits of Davis）是否相連成為一條誘人的西北航道。

7. 中世紀對於荷蘭、比利時與盧森堡的統稱。

▶這是誰繪製的地圖呢？此幅來自基爾於1607年出版的世界地圖。但是，若真要追根究底找出製圖者，答案並非顯而易見。也許是跟托勒密有關，雖然這幅世界地圖以托勒密觀點為主，但我們可以透過洪第烏斯再追溯至麥卡托。在麥卡托1594年去世後，洪第烏斯接收了他的地圖刻板。由此繼續往下追溯此圖：1628年強森基於同幅地圖繪製了《迷你地圖集》，其中有些印版還是基爾刻製的。該版本集結奧特柳斯在1578年改良南美洲的地圖。再進一步探究，1630年時，荷蘭東印度公司的製圖家彼得勒斯．普朗修斯（Petrus Plancius）製作一幅同名地圖。不過，他的地圖更精確顯示日本是由一小三大的島嶼組成。此幅地圖（及大多荷蘭黃金時代的地圖）為（經刮去原文重寫的）羊皮紙文獻；知識的附加物。有時，連裝飾花紋也是臨摹來的。這種特殊地圖之所以聞名，來自其充滿豐富寓意的裝飾。

GRO MULTIS IN LOCIS EMENDATUS auctore Petro Kærio anno 1607
EUROPA
Polus 90 Arcticus
OCEANUS TARTARICUS
Aequinoctialis
Aequator
MARE LANTCHIDOL
NOVA GUINEA
De Iaua minori
MAGALLANICA
TERRA AUSTRALIS
Circulus Antarcticus
Polus Antarcticus
PERUANA
MEXICANA
Petrus Kerius Excud Amsterodami
Iosua vanden Ende sculp

布勞家族

The Blaeu Family

16世紀末至17世紀初，由於許多技術精練的製圖師繪製華麗精美的地圖，而引領人類邁入「地圖集的黃金時代」。荷蘭無可非議是製圖商機的天下，而奧特柳斯和麥卡托則是其中領銜先鋒，並與布勞家族共達巔峰。布勞家族出版的地圖，因其高超精湛的工藝水準而快速崛起，他們的印刷坊也成為歐洲最大型的一家出版商。

興盛100年左右的布勞地圖製造王國，其創辦人為荷蘭阿克馬的威廉．布勞（Willem Janszoon Blaeu，1571～1638年）。他曾為著名丹麥天文學家第谷．布拉赫的學生，之後於1596年，在阿姆斯特丹成立製造地球儀和科學儀器的公司。到了17世紀初，威廉收購印刷機和兼營印刷航海圖、地圖掛畫和書籍。「布勞地圖出版社」（The Blaeu）因為印製航海圖而持續打響名聲。1606年，首次印製的航海圖《航海之光》（*Licht Der Zeevaert*），範圍涵蓋了北海、低地國家和英格蘭南部；其次為1623年出版的航海圖《海鏡》（*Eeste deel der Zeespiegel*）。到了1630年左右，威廉的兒子瓊（正式原名為約翰內斯）加入出版社，他是威廉創辦出版社同年出生的，本身曾在萊頓大學研讀過法律。自1631年起，地圖開始出現父子倆的聯名。

出版社日益增長的聲譽和營業成績，促使他們將印刷坊擴遷到堡倫赫克（Bloemgracht）。在新的印刷坊中，共有9台印刷機在運作，而印刷坊營運全盛時期所聘雇的全職員工約達80名。

最令人津津樂道的地方是，這對父子團隊開始發行一系列令人驚豔連連的地圖集，無論是美感或規模都是前所未有的出色。該系列首幅地圖是1630年出版的《大西洋附錄》（*Atlantis Appendix*），此幅的銅版是威廉向製圖師前輩約道庫斯．洪第烏斯收購而來的。然而，布勞真正的第一幅傑作是收錄208幅的地圖集（1635年出版），他為此隆重特命為《世界概觀，或涵蓋所有區域的全新地圖集》（*Theatrum Orbis Terrarum, Sive Atlas Novus in quo Tabulae et Descriptiones Omnium Regionum*），該地圖集也有拉丁文、德文、荷蘭文和法文版本。

這套兩卷一體的精美地圖集一鳴驚人，因屢次修訂資訊再版，而廣受大眾歡迎，像是1645年的版本，已經擴展到四卷；到了1662年則擴增到十二卷。

1662年出版的地圖集《大世界地圖集》（*Atlas Maior*），收錄了593幅跨頁地圖和3,000頁的文字說明，該版本印製形式是17世紀當時尺寸最大且最豪華昂貴的圖鑑。與同樣來自布勞出版社發行的地圖集相比，這套書可是擁有高超精湛的工藝，尤其手工上色在精美紙張上所呈現出來的鮮豔色彩，以及精心排版和細

▶威廉．布勞於1633年被任命為荷蘭東印度公司的首席製圖員。此幅1640年出版的東南亞地圖（法文版），是在他逝世後兩年才發行。內容展現出運作權力的控制範圍，該幅是獻給位於巴達維亞（雅加達）的荷蘭東印度公司總部的總督勞倫斯．瑞爾（Laurens Real），他是引介奴工進入安汶島荳蔻種植園工作的人。

▶這幅所呈現的日本，是依據耶穌會傳教士衛匡國提供的資訊繪製而成，首次出現於瓊．布勞於1655年出版的《茶花地圖集》（*Atlas Sinensis*）。地圖右上方是北海道（古稱蝦夷島）一角。在該時期，無論是日本人（於1604年併吞北海道），中國人或歐洲人，都不清楚此地是否為島嶼，或有連接到亞洲大陸。

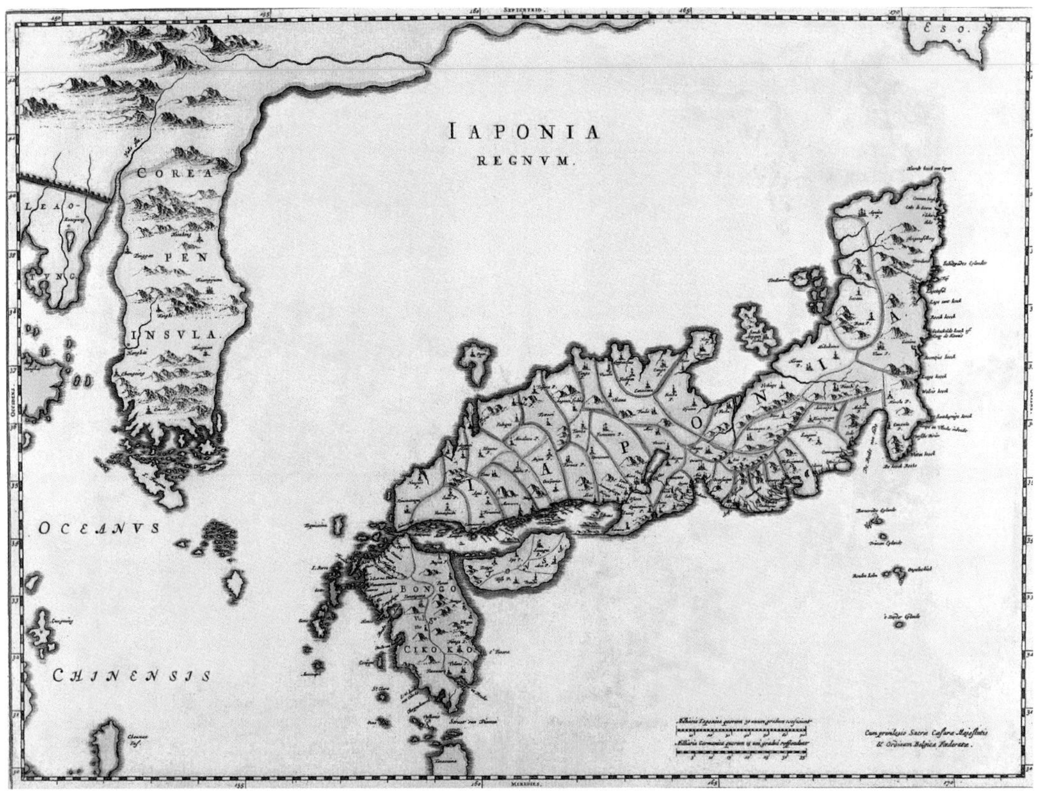

IAPONIA
REGNVM
COREA
PEN
INSVLA
OCEANVS
CHINENSIS
BONGO
ESO

INDIA
quæ
ORIENTALIS
dicitur,
ET
INSVLÆ
ADIACENTES.
PERSIÆ
PARS
OCEANVS
CHINENSIS
BORNEO
SIAM
MARE
INDICVM
Archipelago
de
S. Lazaro

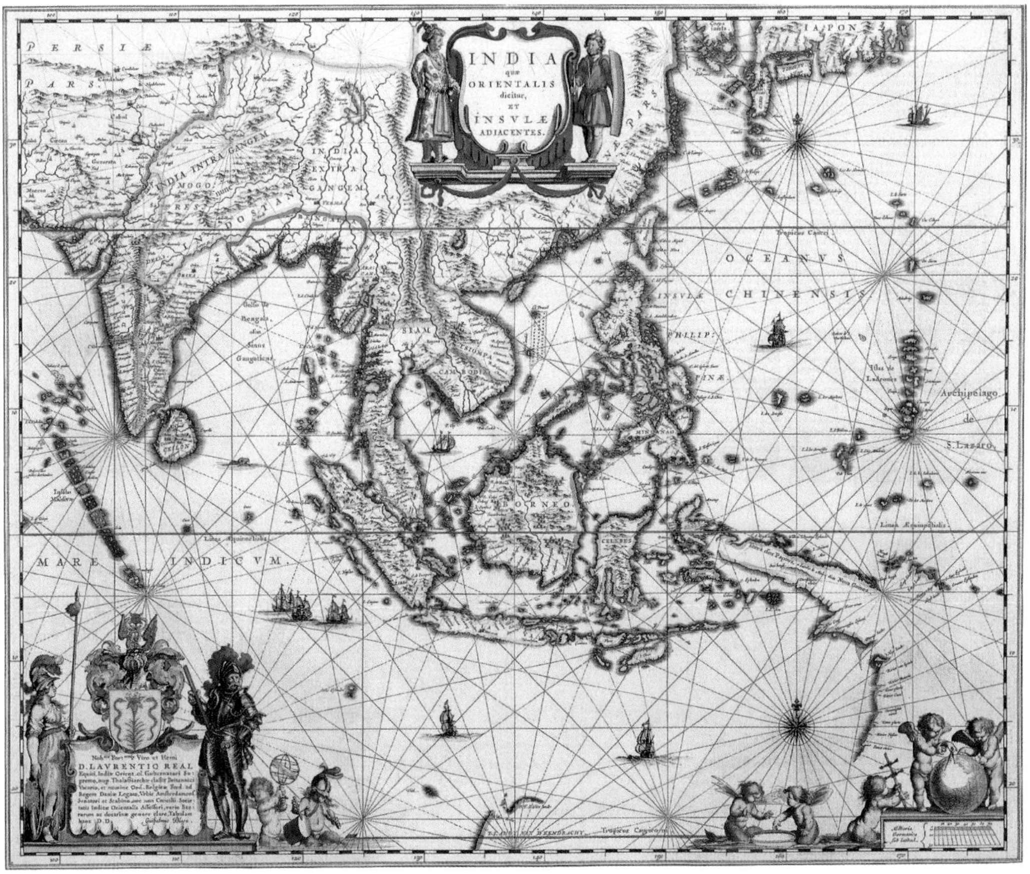

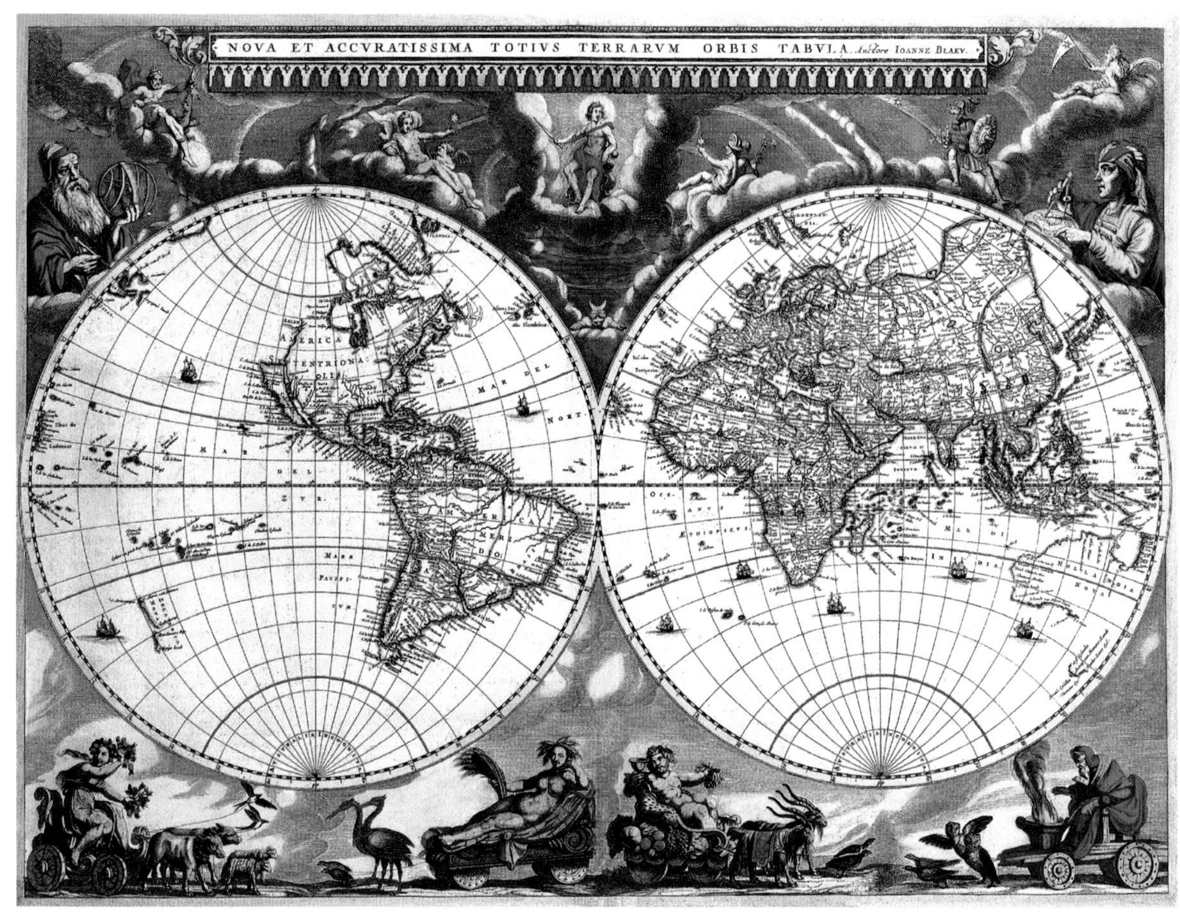

▲瓊．布勞繪製的雙半球世界地圖，其中介紹了他於1662年出版的《大世界地圖集》，反映當下地理知識範圍。加利福尼亞州仍顯示為一座島嶼，也看不見五大湖蹤影。地圖下方人物代表四季，而左上方人物是天文學家伽利略，右上方則為第谷．布拉赫（曾經指導過瓊的父親）。

緻華麗的裝幀。《大世界地圖集》裡的一幅世界地圖，以描繪四元素、四季、太陽系七大行星和世界七大奇觀作為邊框裝飾。該地圖集被一位荷蘭富人炒作成精緻珍貴的文物（售價45,000荷蘭盾，在當時可是一筆不小數目）。超大尺寸規模形式的地圖集，往往都有特別的展示櫃保護著，並成為珍貴的傳家之寶。荷蘭貿易代表團經常捐贈這件貴重的地圖藏品給其它國家，因此不少國家元首都擁有這件收藏品，其中一版則在1688年，進獻給鄂圖曼帝國的蘇丹蘇萊曼二世。

17世紀歐洲航海大發現中，居於主導地位的是1568年起長期與西班牙統治對抗，最後贏回一個活力自由貿易的荷蘭共和國。在荷蘭航海員征服葡萄牙帝國，取得重要的貿易路線和據點的掌控權的那一刻起，經濟快速起飛展現前所未有的鼎盛繁榮；其中最引人注目的是，荷蘭在1623年獨占了（儘管表面與英國東印度公司共享）傳說中生產搶手的荳蔻、丁香和蔻皮的香料群島——摩鹿加群島（屬印度尼西亞群島）。而原本一直是歐洲商業的中心的安特衛普很快地被阿姆斯特丹取代。在海運貿易帶來的經濟繁榮之下，地圖是極其重要的實用工具和作為世界貿易主導地

▲此幅法國東南部城市亞維農的鳥瞰圖，出自1663年發行的《義大利地圖集》，算是布勞城鎮系列中著名一幅地圖。自1348年起，亞維農屬於教皇領地，直到1791年才再次讓法國收回。左上角為著名的亞維農橋，昔日這幅地圖完成時，橋仍舊是完整的，但今日只剩下4座橋墩。

位的象徵。1633年，威廉．布勞被任命為荷蘭東印度公司（簡稱V.O.C）的首席製圖師，正式奠定他卓越專業的名聲。1638年在他逝世後，他的兒子瓊繼承了他的工作崗位。

威廉離世之後，瓊和他的弟弟科內利斯持續共同經營生意（可惜因為弟弟英年早逝，得年34歲，這段短暫的合作關係也因此在1644年落幕）。瓊．布勞除了出版華麗的地圖集之外，同時期內也製作一系列的城鎮地圖集。尤其是1640年出版的《比利時全新宏偉的皇家劇院》（*Novum ac Magnum Theatrum Urbium Belgicae Regiae*），收錄了220幅地圖，充滿著民族主義的風格，目地是要慶祝蓬勃發展的荷蘭共和國的城市；荷蘭共和國於1648年與西班牙簽署《威斯特伐利亞和約》（Peace of Westphalia）後正式成為獨立國家。

從英國國王查爾斯一世收藏《大地圖集》摹本來看，一眼便知是來自布勞地圖出版社的產品。學者們估計布勞地圖出版社在顛峰期時，可能在短短4年內製作了1,000塊銅版，印製了100萬幅以上的地圖。

1650年，隨著瓊被任命為公民警衛隊長，以及當選為阿姆斯特丹市議會議員（1651～72年）和其它職務，他的官方評價不斷成長。很顯然受到荷蘭年輕總督威廉二世青睞的他，對此事也是樂此不彼。1667年，他在格拉汶街（Gravenstraat）又開了一家擁有15台印刷機的新印刷坊。

然而，1672年是布勞家族的不幸之年。當年2月23日，一場大火燒毀了格拉汶街印刷坊的一切，所有製作好的地圖和銅版畫都付諸東流。同年9月，荷蘭新總督威廉三世上任，瓊的政治生涯也起了微妙變化，他失去了議會職位。接著，瓊的健康亮起了紅燈，最後於1673年底逝世，享年75歲。

儘管家族企業由他的兒子瓊二世和彼得共同經營，但成就仍無法超越當時威廉和兒子瓊一起創下的昔日巔峰，最終印刷坊於18世紀初結束營業。隨著瓊·布勞的離世，荷蘭地圖黃金時代也算是真正走到了盡頭。

▶1635年布勞出版的《世界概觀，或涵蓋所有區域的全新地圖集》，明顯可見，南美洲和中美洲在經過西班牙統治1個世紀後，地理範圍全面加以描繪，但北美洲內陸仍是未知地；當時歐洲人對於密西西比河的規模毫無頭緒，直到1673年由法國探險家若利耶（Jolliet）和馬凱特（Marquette）首度發現上游地區。

POTOSI
CUSCO
ISLA MOCHA in Chili
RIO IANEI RO
OLINDA in Pharnambucco
Peruviani.
Brasiliani.
Brasiliani milites.
Insulani de la Mocha in Chili.
Freti Magellanici accolæ.
EUROPÆ
HISPANIA
OCEANUS
ATLANTICUS
MAR DEL NORT
Açores insulæ
I. Canariæ olim Fortunatæ
I. de C. Verde
AFRICÆ PARS
TERRA CORTEREALIS
NOVA FRANCIA
Terra Nova
LA FLORIDA
SINUS MEXICANUS
GUIANA
AMERICA MERIDIONALIS
BRASIL
Fretum Magellanicum

費德列克・維特

Frederick de Wit

繼一連串荷蘭製圖大師之後，並在布勞和強森地圖出版社於1660年和1670年代沒落後，下一位荷蘭重要製圖師是費德列克・維特。他定居於當時世界出版和製圖中心的阿姆斯特丹。他的地圖作品不僅多元也廣受歡迎，代表荷蘭地圖黃金時代的最後繁榮身影。

維特的地圖作品最大特色是展現多元的題材。他在拍賣會上收購了大量的銅版地圖，皆出自前製圖大師之手（如大名鼎鼎的布勞和強森），類型包括世界地圖集、全景圖、海圖和大型掛圖等，這些包羅萬象的收購，目的是希望能涵蓋地圖的各式觀點。1620年誕生於豪達（Gouda）的維特，雖然他現存最早的地圖僅能追溯至1659年，但很可能在1650年初已在荷蘭首都一帶活動。不久之後，他所繪製的精美地圖，因十分搶手而促使製圖生意在短短時間內蒸蒸日上。

事實證明，儘管身為天主教徒的他，在這個對天主教不友善的國家裡，其製圖成就仍深獲大眾認同。17世紀末市政檔案中更形容他是位「傑出公民」。

維特並非只是從前人製圖技術中謀利，他十分用心謹慎檢視，務求精準呈現真實歷史，例如：18世紀發行的《大世界地圖集》（*Atlas Maior*，1660年），在新版本中的斯堪地那維亞和波羅海內陸的地圖上，清楚地揭示芬蘭灣頂端的聖彼得堡新城（只出現於1703年）。類似這種時事細節，可能連那些傑出前輩們忙於重新發行地圖時，都不一定會審慎留意到。

維特的知名地圖類型之一是城市平面圖，這些地圖通常與精美概要一同裝幀，1695年出版的《歐洲主要城市的劇院》（*Theatrum Praecipuorum Totius Europae Urbium*）就是個例子。這些地圖作品以鳥瞰城鎮的角度，描繪出各條街道和建築物，並標示出如比薩斜塔的著名地標（即使在過去也是熱門景點）。地圖細緻清晰的線條凸顯了維特的精細雕工，以及他獨特的色彩使用見解。

其它著名的作品是航海地圖集，例如：1675年的《世界航海圖》（*Orbis Maritimus*）。他精湛細膩的雕版技術運用在繪製像是挪威或南美洲的不規則海岸線，效果特別的好。即使在比例規模龐大的地圖上，精緻微小的裝飾也會提升整幅地圖的美感；例如：那不勒斯王國（當時為義大利整個南部範圍）地圖上精心雕刻描繪的蘇威火山爆發。同樣的，1680年繪製的地圖上，展現北美洲和南美洲範圍，以及印第安部落交戰的小插圖點綴巴西地區。（該地圖稱之《南大洋與加州島》，其標題揭示了當時對於地理的錯誤認知，但我們不能責怪維特呈現錯誤資訊，也不能減損他卓越的製圖）。

即便在1706年維特離世後，其地圖作品仍舊廣受歡迎，持續出版了很長一段時間。

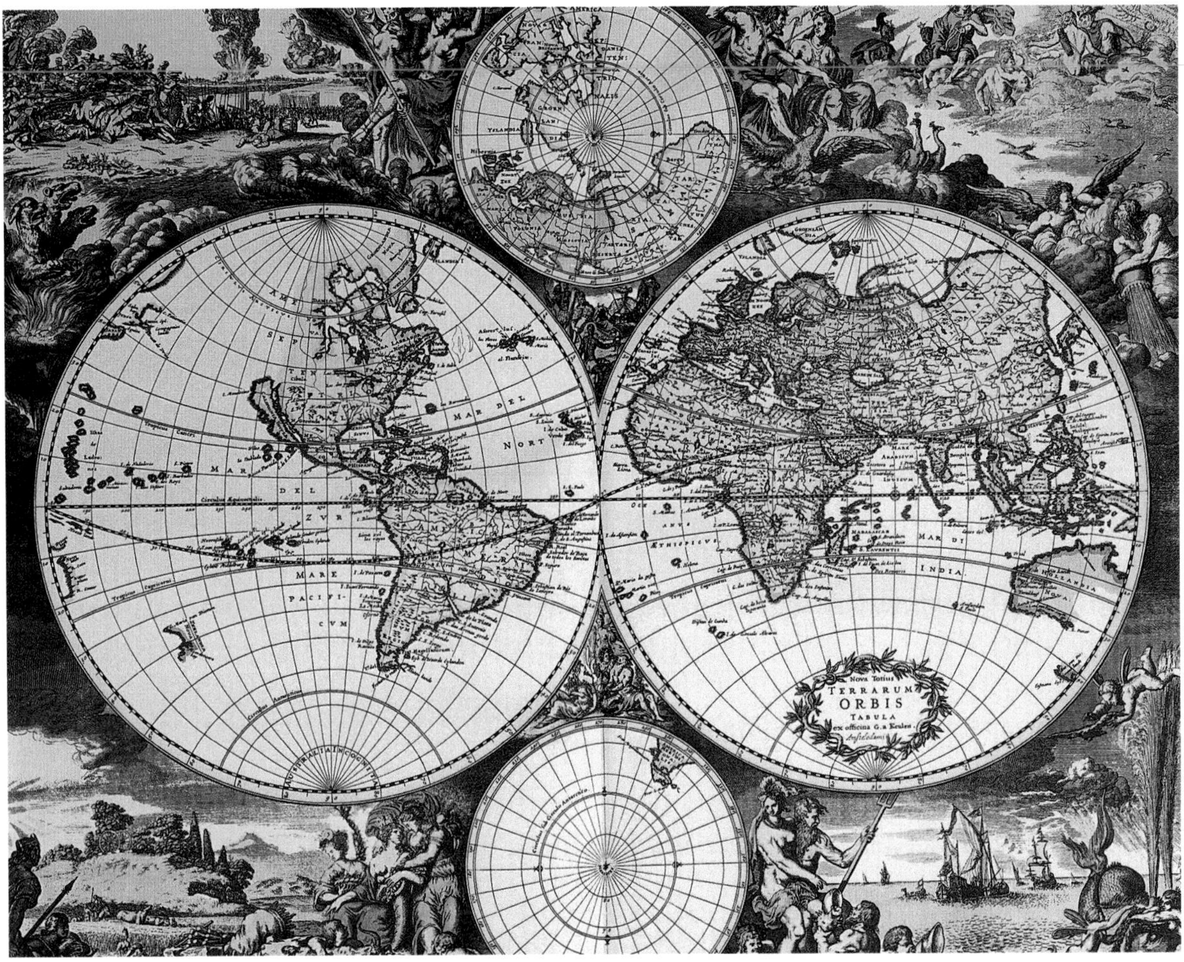

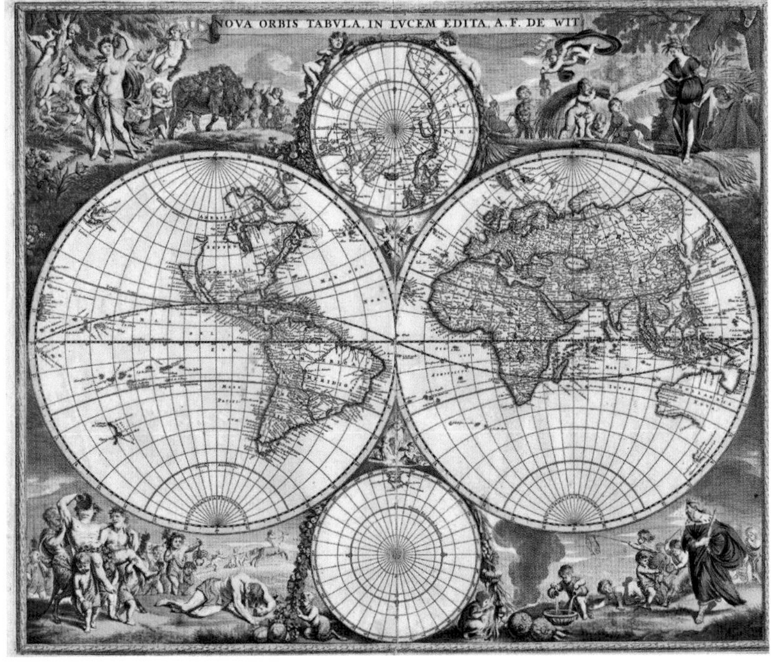

▶上幅為1680年維特出版的雙半球世界地圖，類似他在1660年和1670年發表的地圖，此幅更新版不僅增加更多細節，也提高準確度。下幅是1670年出版的《世界地圖》（Nova Orbis Tabula），地圖中的新幾內亞座落於北半球。該地理位置於1680年的地圖加以修正。維特以希臘女神寧芙、法翁和神祇點綴著邊框四角，展現出豐富絢麗的地圖裝飾。

約翰・史密斯&約翰・懷特

John Smith and John White

這位身為藝術探險家、宣傳地圖繪製師、拓荒者，同時也是最早抵達北美洲探勘的歐洲人，受到複雜政治和個人考量的綜合因素鼓舞之下，才有了繪製新發現地的念頭。

約翰・史密斯上尉因寶嘉康蒂（Pocahontas）而廣為人之，卻因此掩蓋了其製圖成就。現實中的史密斯，因為自負加上野心勃勃的個性，令他展現出無所畏懼的冒險精神，甚至還跟殖民同胞爭奪掌控他記載於地圖上的美國殖民地。今日音樂、詩歌和電影作品對於史密斯的描繪，都讓現代人把他想像成一位浪漫英雄、慈善家及和事佬。他督促詹姆斯敦鎮的新移民以務農生活的著名訓誡之言，更加深他身為殖民領袖堅毅不拔的形象。

早在17世紀時，史密斯就為自己開闢一條道路，離開同胞前往未知曠野拓荒勘測遠及乞沙比克灣（Chesapeake Bay）的廣闊大地。老實說，我們很難真正了解史密斯到底是何方人物，以及哪些因素促使他前往北美洲探險。根據當今文獻記載，他曾經與在地定居者有所糾紛；至於史密斯離去的原因，到底是因為要落實對於殖民同胞所承諾的另尋新土地的自我犧牲，或者僅僅是為了掌控屬於自己領土的權利呢？此幅發行於1612年的維吉尼亞地圖，來自史密斯測繪，並協同威廉・侯（William Hole）雕版。無論製作動機為何，該地圖內容直到18世紀才被正視成可靠訊息，並成為今日關於印第安殖民地來源的重要資料（參見第90頁）。

史密斯地圖出現印第安酋長波瓦坦（Powhatan）畫像，他是寶嘉康蒂的父親。頭戴羽毛頭飾的他，高高在上坐著，前方則聚集著部落族人。當史密斯被其中一名波瓦坦族人俘虜、進行審判時，酋長對於這位英國人不惜生命的勇氣精神感到敬佩，因此讓史密斯成為部落的小酋長。史密斯被審判期間，寶嘉康蒂只有11歲，也參與儀式其中：事後史密斯相信，她是拯救他生命的關鍵貴人，後來史密斯帶她一同回到英國，她在那裡學習英語，並榮獲國王詹姆士一世的接見。

話說回來，史密斯的維吉尼亞地圖並非歐洲史上第一幅，其地圖上的印第安人插圖，則是由另一位英國人約翰・懷特繪製。懷特首次航海到北美洲的年代，遠遠比史密斯早了27年。懷特和史密斯的地圖，均採用英文混合有趣美洲原住民語言地名和地圖訊息。倘若沒有這樣的地圖，今日很多美國原住民的地名和名字可能早就消失無蹤了。

1585年，華特・羅利爵士（Sir Walter Raleigh）首次探險遠征羅阿諾克島（Roanoke），那時候約翰・懷特負責將在北美發現的人種、動物、植物和地域等，以圖像方式記錄下來。他與作家湯瑪斯・哈里歐特（Thomas Harriot）一起四處旅行，一路上把對新大陸的所見所聞，化成筆記、素描及小幅繪畫。懷特和哈里歐特筆下的重點，是繪製北美洲宣傳圖來傳達正面的殖民地形象，以便奠定資助者的信心，並藉此招攬那些想遷居殖民地的英國人。許多英國人都是透過懷特的眼睛去想像北美地貌。對於大多數人來說，在隔著一片汪洋大海之下，看著懷特的地圖是他們抵達北美洲最快的方式。

雖然懷特的地圖在16世紀

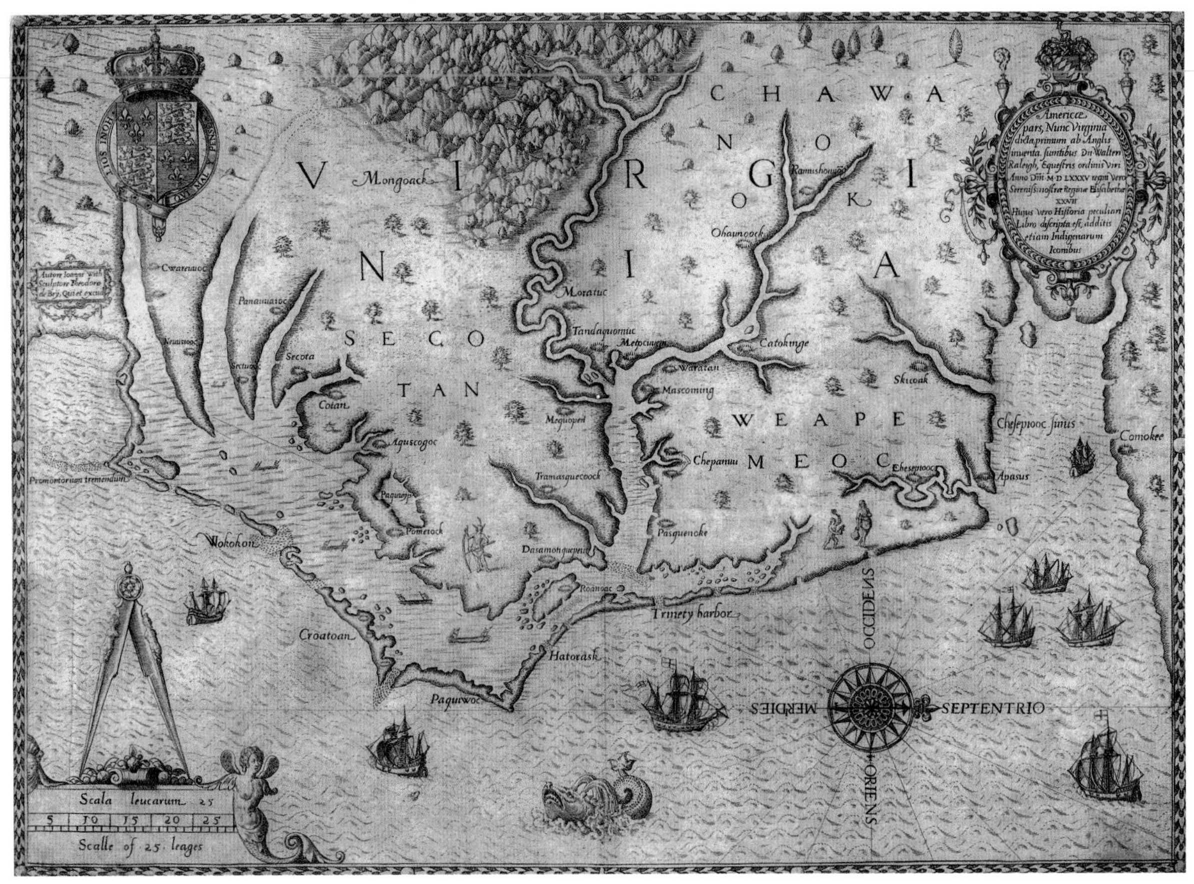

▲此幅為《美洲局部區域，今稱維吉尼亞》（Americae pars, nunc Virginia dicta）；由特奧多雷．德布里參考自約翰．懷特的兩幅水彩素描圖雕刻製圖，1590年出版於湯瑪斯．哈里歐特所撰的《維吉尼亞新發現地的書信和真實報導》（*A briefe and true report of the new found land of Virginia*），並重新收錄於德布里出版的《美洲第一部》（*Part I of his America*）。右邊代表北方，比例尺為1：1,700,000。尺寸單位為里格，1里格約4公里。該地圖涵蓋了費爾岬至乞沙比克灣沿海地區範圍。

末至17世紀初造成一股風潮，但有關他本人事蹟卻鮮為人知。16世紀的英國，「約翰．懷特」算是名聲響亮，但當他首次抵達羅阿諾克島時，很少人知道這位即將成名的製圖師。1585年，他從默默無聞小卒到跟隨羅利橫跨海洋探險。然而，當他在被稱為「失落的殖民地」羅阿諾克第二次殖民失敗後，幾乎瞬間從文獻記載中消失無跡，而顯示他存在世上的最後一個證據，是他在1593年從愛爾蘭家中親筆寄出的一封信。懷特是位才華洋溢的藝術家，在1570年左右，他很有可能是跟隨馬丁．法貝瑟（Martin Frobisher）到北極探險的藝術家；或許是他在遠征出航中的表現，導致幾年後被選中加入羅利團隊。他的女兒艾蓮娜（Eleanor）嫁給了一位名叫安拿亞．戴爾亞（Ananias Dare）的建築工人，但從女兒之名來追溯懷特祖先起源地也相對有限。然而，1587年他榮獲了一枚專屬徽章，這算是他社會地位提升的象徵。他的生卒年無人知曉，不過我們知道艾蓮娜在1587年生下懷特的孫女，取名為維吉尼亞．戴爾（Virginia Dare）。這位維吉尼亞女孩在她短暫的一生中，以身為第一位由英國父母在北美洲產下的小孩而聲名鵲起，但最後關於她的記載是在第二次前往羅阿諾克殖民時的殖民者不幸失蹤之後，這段期間就介於1586年懷特從羅阿諾克離開至1587年重返該島嶼之間。

今日看到的懷特地圖已非最初的原始草圖，而是雕刻師特奧多雷．德布里（Theodore de Bry）於1590年出版的懷特地圖對照圖。許多綜合懷特原始草圖和哈里特歐撰文的地圖，在第一次從羅阿諾克殖民地匆忙離去時遺失。

最知名的史密斯－德布里地圖，肯定是北美東海岸地圖，範圍北起乞沙比克灣低處，南至海角瞭望台。德布里的雕刻是根據幾個資料來源，包括：兩幅懷特的水彩速寫，一幅用於覆蓋跟雕刻相同的面積，另一幅則參考顯示部分北美洲和部分西印度群島；還有一幅可能來自雷夫．藍恩（Ralph Lane）概略繪製的墨筆地圖。若與懷特原始地圖版畫比較，可以看見隨著歐洲觀點中的北美地理變遷，有些地理位置也跟著變動、刪除、重新命名或增添新地點。其中有些改變完全正確；有些則與事實有所出入。地圖右上角以「位於北美洲一區」開始的文字，翻譯如下：

位於北美洲一區，今稱之「維吉尼亞」，由英國人首次發現。華特．羅利爵士於1585年佔領，在伊莉莎白女王一世統治的太平盛世第27年；關於這一切歷史，通通透過這本特殊之書及原住民圖像描述而記載下來。

這裡所提到的原住民圖像也暗示出自懷特之手，因為他正好負責編著羅阿諾克的視覺年史。而小插圖也用來裝飾在史密斯－德布里地圖之上，並且在標有塞肯恩（Secotan）和維比妙克（Weapemeoc）地區中一目了然，兩者都屬於維吉尼亞的阿岡昆原住民部落（Algonquin）。

維吉尼亞本身是少數出現在早期版畫的英文地名之一。該名是用於榮耀「童貞女王」伊莉莎白女王一世，並於1584年引入美洲的。在這之前，該地區被盎格魯－印度（Anglo－Indian）稱之Wingadacon，該名稱之意可能跟英國服裝或樹木有關，又或者指的是原住民之名Ossomocumuck。

▶繪製新大陸地圖的並非只有英國人。雅克．莫格（Jacques Le Moyne de Morgues，1533～88年）是首位繪製佛羅里達的歐洲人。羅利爵士說服這位法國人描述他的經歷，並且交由德布理於1591年出版。地圖中流入阿帕拉契山脈湖泊的瀑布，可能是在描述美國原住民提及的尼加拉瀑布。

FLORIDAE AMERICAE PROVINCIAE
Recens & exactissima descriptio
Auctore Iacobo le Moyne cui co-
gnomen de Morgues, Qui Laudo-
nierum, Altera Gallorum in eam
Provinciam Navigatione comitat⁹
est, Atque adhibitis aliquot militibus,
Ob pericula, Regionis illius interi-
ora & Maritima diligentissime
Lustravit, & Exactissime dimensus
est, Observata etiam singulorum
Fluminum inter se distantia, ut ipse-
met redux Carolo IX Galliarum
Regi, demonstravit.
Montes Apalatci, in quibus aurum argentum & aes inveniuntur
Apalatci
In hoc lacu Indigenae argenti grana inveniunt
AB INDIGENIS DICTA IAQVAZA
Adeo magnus est hic lacus ut ex una ripa conspici altera non possit. Distat a Charlefort 180 leucis.
Lacus Sarrope
Charlefort
Stalame
Chicola
Terra plana
Littus rectum
Prom: Cănaveral
Yocajoque sive maior Lucaya
Bahara
Zagareo
Bimini
Hæc maris pars plena est Insulis, scopulis, brevibus et pulvinis valde insidiosis.
SEPTENTRIO
ORIENS
OCCIDENS
MERIDIES
Pars Maris Antillarum.
Cuba insula.
Mons Christi
Isabella
Portus Patris
Cubanacan
Albayhamo
Portus absconsus
Scopuli dicti Martyres
Scala Leucarum.
Marinarum
Terrestrium

首幅精準的北美洲地圖

The First Accurate North American Maps

17世紀最準確的密西根和五大湖的地圖，一概出自法國製圖師之手。製作一幅高品質的地圖，必須依賴於拓荒者和探險家所帶回來的詳盡資訊，因此法國殖民者對於地域的拓殖興趣，是導致他們製作出卓越出色地圖的原因。

法國製圖師尼古拉·桑森（Nicolas Sanson）從山姆·尚普蘭（Samuel de Champlain）於1632年出版的地圖中，注意到不同水域的存在；1650年，成為首位正確測繪出五大湖地圖的人。

法國國王路易十三和十四對於皇室製圖師繪製的地圖深感興趣，在政治與經濟上全力支持製圖師。到了該世紀末，荷蘭強盛的航海霸權漸形衰退，而法國成為世界地理科學中心，專門製作生產當時最醒目絢麗和精準無比的地圖。

法國製圖工作往往是家族經營的事業，當時規模最龐大的製圖家族來自阿布維爾的「桑森家族」（Sansons of Abbeville）。尼古拉·桑森生於1600年，他和兒子、孫子，甚至女婿，共同成為製圖世界的先驅。然而，在桑森成名之前，法國航海家兼士兵山姆·尚普蘭則早已扮演繪製法國新版圖的重要角色。

生於1567年的尚普蘭，是名訓練有素的水手兼經驗老到的航海家，他於1599年首次遠征橫跨大西洋，最遠達至墨西哥。1635年逝世時，他已完成航行北美來回7趟左右。他的探險次數不計其數且豐富多變，其中包括探勘測繪廣大遼闊之地（以他名字命名的「尚普蘭湖」就是他發現的）。此外，他還和蒙塔納（Montagnais）印第安人結為盟友，共同對抗來犯的易洛魁（Iroquois，北美原住民聯盟）和不列顛；1629～32年間，他被俘虜到不列顛3年；也許他一生最重要的豐功偉業就是建立整頓了法國殖民地魁北克。

1633年的《聖日耳曼昂萊和約》（Treaty of St Germain-en-Lye），讓加拿大、阿卡迪亞（Acadia）和布里敦角島（Cape Breton）再度歸屬法國，而尚普蘭也因此重返魁北克，最終安息此地。

尚普蘭繪製了一系列「新法蘭西」地圖，而隨著了解更多殖民地的地理環境，他也陸續更新或修正地圖細節。尚普蘭最早是在1603年被派往加拿大探勘潛在發展的新殖民地，因而逐步加深對該地區的了解。他的探勘情資對於居住巴黎的地圖繪製者來說是很重要的製圖基礎。

尚普蘭繪製的首幅大尺寸地圖《新法蘭西街道圖》（*Carte Géographique de la Nouvelle France*）絢麗無比。其發表於1612年，是他早期探索聖羅倫斯河谷時繪製的，並收錄新英格蘭相關地理訊息。這幅地圖裝飾著華麗原生植物的彩色插圖、北美洲印第安人、船舶和海洋生物，這些點綴元素流露出尚普蘭一人分飾製圖

▶此幅《加拿大》（*La Canada*，1677年）出自山姆·尚普蘭原創，皮耶·瓦爾微調，而在尚普蘭離世的十幾年之後才正式出版，該幅地圖是基於尚普蘭老早於1616年繪製的作品。尚普蘭於1603年首次登陸「新法蘭西」，他當時被派往調查探險家卡地亞（Jacques Cartier）於1534～41年間發現的地區。這是首次顯示五大湖的地圖，除了密西根湖之外。

▶尼古拉·桑森繪製的地圖《墨西哥，或新西班牙》（*Mexique, ou Nouvelle Espagne*，1656）

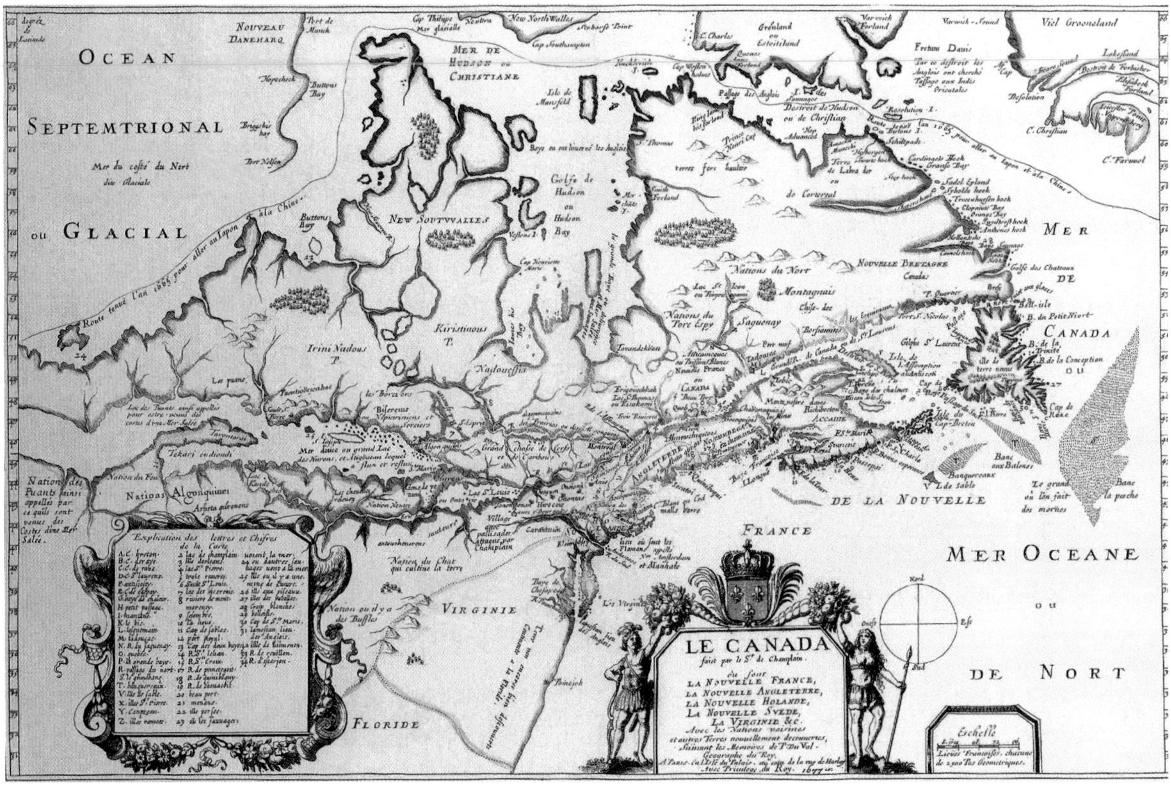
OCEAN
SEPTEMTRIONAL
ou GLACIAL
NOUVEAU DANEMARQ
MER DE HUDSON ou CHRISTIANE
NEW SOUTVVALLES
Golfe de Hudson ou Hudson Bay
Nations du Nord
NOUVELLE BRETAGNE
CANADA
MER DE
DE LA NOUVELLE
FRANCE
MER OCEANE
ou
DE NORT
VIRGINIE
FLORIDE
Nations Algonquines
Explication des lettres et Chifres de la Carte
LE CANADA
faict par le Sr de Champlain.
où sont
LA NOUVELLE FRANCE,
LA NOUVELLE ANGLETERRE,
LA NOUVELLE HOLANDE,
LA NOUVELLE SVEDE,
LA VIRGINIE &c.
Avec les Nations voisines
et autres Terres nouvellement decouvertes,
Suivant les Memoires de P. Du Val,
Geographe du Roy.
Eschelle

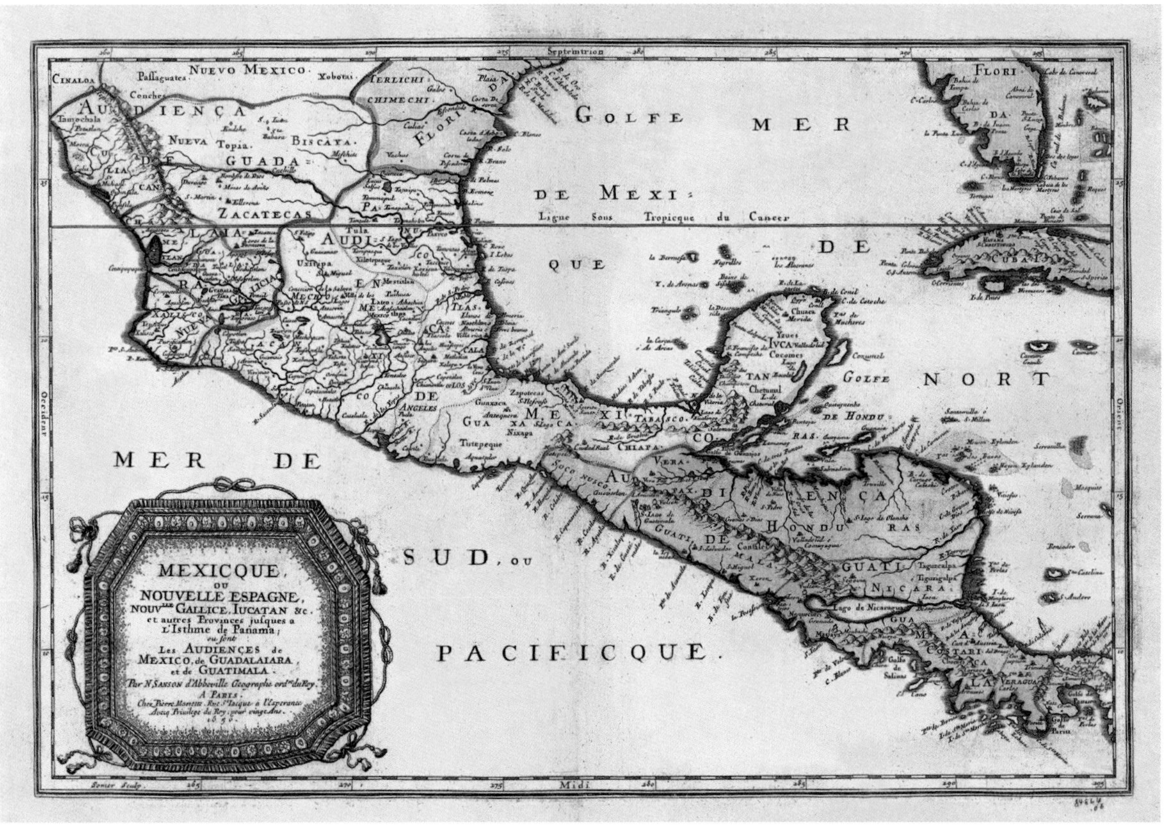
NUEVO MEXICO
AUDIENÇA DE GUADA
ZACATECAS
AUDIENÇA DE MEXICO
GOLFE DE MEXIQUE
MER DE NORT
Ligne Sous Tropique du Cancer
IUCATAN
CUBA
FLORIDA
AUDIENÇA DE GUATIMALA
HONDURAS
MER DE SUD, ou PACIFICQUE.
Septemtrion
Midi
Occident
Orient
MEXICQUE,
OU
NOUVELLE ESPAGNE,
NOUVle GALLICE, IUCATAN &c.
et autres Provinces jusques a
L'Isthme de Panama;
ou sont
Les AUDIENÇES de
MEXICO, de GUADALAIARA,
et de GUATIMALA.
Par N. SANSON d'Abbeville Geographe ordre du Roy.
A PARIS,

師、藝術家和拓荒探險家的多元身份。

1632年，他出版另一幅同地域的大尺寸地圖。此時，法國皮毛貿易規模明顯擴大，促使尚普蘭也成立了一家貿易公司。如此一來，他與當地的原住民休倫族（Hurons）有了更頻繁的互動，剛好也給了桑森機會，汲取原住民的知識，並且加深對北美地理的認識。

1600年生於法國阿布維爾的尼古拉·桑森，被視為「法國製圖學之父」。他確實是法國17世紀中葉製圖學鼎盛期的奠基者，其作品也頗有著深刻的影響力。

桑森對於地圖繪製的熱愛，源於他喜愛研究古代歷史的興趣。因此，他最初著手繪製第一幅地圖的用意，就是為了史實研究的插圖說明而製作。然而，他所繪製的地圖質感和美感很快地引起了法國國王路易十三的賞識，且國王也相當喜歡與桑森相處，每當他參訪阿布維爾時，都指名要桑森全程陪伴。他被任命為「國王御用地圖家」，其職責是傳授地理學知識給國王路易十三和路易十四。國王路易十三更進一步任命他為國務顧問的榮位。他的兒子吉永（Guillaume）和阿德里安（Adrien）也相繼接承同樣職位。

尼古拉·桑森地圖產量豐富，一生中約莫製作了300幅地圖。1667年他逝世後，他的兒子和孫子與海洛（A. H. Jaillot）共同合作繼續經營他的事業。他的女婿皮耶·瓦爾（Pierre du Val）也在他離世後，重新精選幾幅地圖，再次雕刻印刷出版，以此保存他的地圖記憶。

桑森的地圖跨越世界各地，從英國到非洲，從北美洲到他的家鄉法國。在他所有作品中，最具影響力的代表作是《北美洲地圖》（*Amerique Septentrionale*）。這是首幅地圖汲取《耶穌會年刊》（*Jesuit Relations*）的地理資訊，並承認新法蘭西的耶穌會傳教士製作的詳細報告極具價值。這幅地圖前所未有的精準，並且帶給北美地圖學諸多的「第一」，例如：第一次把五大湖全部繪製出來；第一幅發現西北航道的可能性；第一幅呈現傳說中基維拉（Quivira，位於加州）到新墨西哥州東部範圍。聖達菲（Santa Fe）也首次出現在桑森的地圖上，以及格蘭德河（亦稱「北方大河」），注入加利福尼亞灣。

儘管桑森的地圖品質非常優秀，但仍有不完美之處。五大湖雖然被繪製出來，但形狀並不準確。比方說，「安大略湖」和「伊利湖」特別扭曲，「蘇必略湖」和「密西根湖」則以開放水

域樣貌延伸到地圖邊框。另外，地圖的西北部範圍呈現一片空白的未知大陸；而地圖最嚴重的缺陷是把加利福尼亞誤認為島嶼，這是由牧師安東尼·誒生動（Father Antoine Ascension）在其1602年繪製的地圖中開始的謬誤。直到1774年，西班牙國王斐

▲尼古拉．桑森繪製的《北美洲地圖》，是首幅使用「正弦投影法」測繪北美洲的地圖，地圖上每一部分均與地球儀上相應部分之面積相等。緯圈和本初子午線皆以直線呈現，其它經線曲線則越往外越彎曲。桑森對於科學精準度的要求，使他成為聲望遠播的地圖先鋒。

迪南頒發命令，指出加利福尼亞（今為「美國加州」）不是一座孤島，這個長期被誤解的事實，終於正式更正。《北美洲地圖》於1650年首次出版，並在桑森修改加利福尼亞灣的描述及海洋命名後，分別在1656年和1699年修訂再版。

契卡索古地圖

The Chickasaw Map

最早定居於密西西比河以東（今日地理位置約莫位於田納西州以南和阿拉巴馬州以北地區）的是印第安「契卡索族」，他們是歐洲殖民者口中南方部落族群的「五大文明部落」之一。有一幅契卡索人於18世紀初測繪的地圖，顯示原住民與殖民者之間的聯盟發展關係。

契卡索人在密西西比河中游佔據了重要的戰略地位。殖民者認為此地點不僅能「控制紐奧良和加拿大之間的水道」，剛好他們的家園也座落在東西南北的傳統貿易路線的交叉路口。不可否認，該關鍵位置佔了很大優勢，但只要殖民者和印第安盟友一旦為了爭奪土地和貿易路線的控制主權，優勢也會變成險境。相較而言，契卡索人是屬於小型部落（跟鄰近南方約21,000名喬克托人的敵對部落相比，他們只有6,000人）。因此，為了捍衛自己的家園和保存文化的完整性，契卡索人不僅締造頑強的拼搏精神，也以嫻熟外交和貿易與聯盟建立關係。

從17世紀末起，越來越多英國和法國殖民者開始遷居北美洲東南部，並且很快與原住民建立貿易關係。由於英法之間的競爭，使得衝突慢慢白熱化，因而導致貿易利益的連結成為戰略的聯盟。不久之後，槍械顯然是供不應求的貿易商品。然而，就在法國殖民地路易斯安那提供槍枝給喬克托盟友，契卡索人則於1721年，與東部沿海地區的英國殖民地達成結盟共識，並很快收到來自喬治亞和南卡羅萊納的彈藥供給。他們也很謹慎地加強與同為英國盟友的切諾基人（Cherokee；規模較大的原住民）保持良好關係，以增加戰爭時期潛在的聯盟夥伴。

1723或1724年左右，契卡索人獻上一幅鹿皮地圖給當時統治英國殖民地馬里蘭、南卡羅萊納和維吉尼亞的法蘭西斯．尼科爾森（Francis Nicholson）。此幅地圖由一名印第安酋長親手繪製，他是西班牙殖民過的其中一支原住民部落的酋長，可惜原版地圖今已不復存在，現存地圖是一名英國殖民者流傳下來的摹本（及其它類似地圖）。該幅地圖展現出不同部落族群，以及利用大小圓圈來凸顯部落規模的大小，而圓圈之間的連結線條代表的不是貿易通道，就是出征路線。地圖東南方從德克薩斯州到紐約州的那一塊佔地面積，大約有1,813,000平方公里。此幅地圖的主要目的是希望藉由圖像表現出契卡索人被敵人包圍的無力感，企圖讓南卡羅萊納州提供軍事支援。雖然地圖並非完全到位，但揭示了複雜的政治宏觀，展現務實和微妙的現實政治的佈局。後來於1737年再度出現的鹿皮地圖則是針對法國，內容顯示契卡索人向親法的喬克托人和阿拉巴馬人呼籲和平與聯盟。但此舉顯然無效，1739年，法國自蒙特婁和密西根州派遣軍隊攻擊契卡索人。外交上雖然挫敗，但契卡索人仍靠著優異的作戰能力，殲滅了法國軍隊。

儘管契卡索人的外交機敏並具有軍事實力，但可悲之處是接受「文明化」的契卡索人，在時任總統安德魯．傑克遜（Andrew Jackson）於1830年簽訂的《印第安人搬遷法》（Indian Removal Act）之下成為犧牲者，被迫搬遷至密西西比河以西地區。然而，至今居住奧克拉荷馬州的契

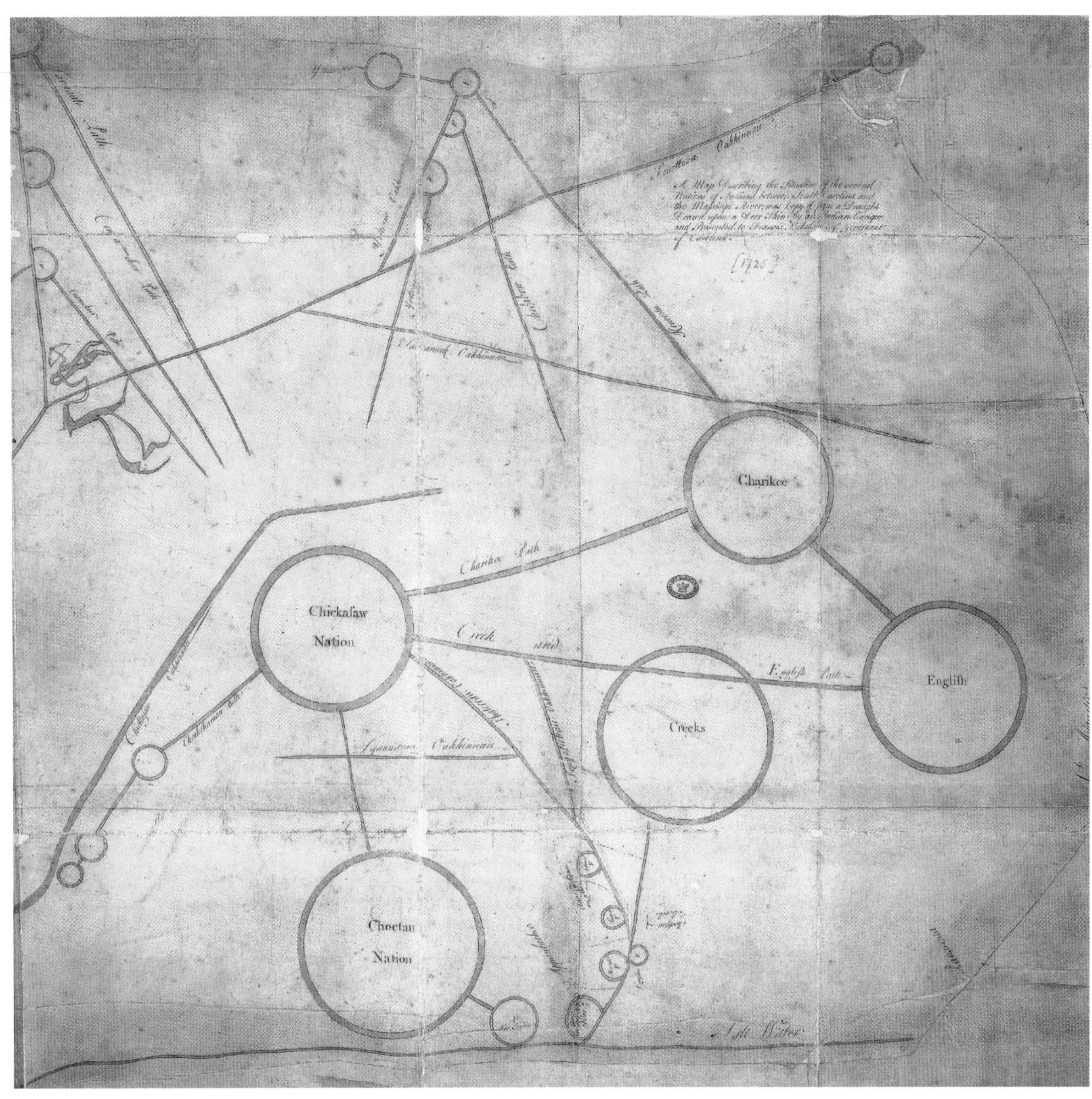

卡索人仍認為，所有契卡索族的靈魂會再度回到密西西比，與那些戰死族人的精神永恆共存。

▲此幅為1723～24年間面世的地圖，顯示印第安人分支在南卡羅萊納州和密西西比河之間的分佈圖。從1720～25年間，契卡索人同時對抗著法國及其作戰盟友喬克托人。法國相當厭惡卡羅萊納州的英國人和契卡索人，因為英法競爭之際，契卡索人攻擊了法國在密西西比河的航運作業，擾亂了法國路易斯安那州和加拿大殖民地之間的連結。

背面：該幅地圖當時是提供給統治者法蘭西斯．尼科爾森參考。該版本範圍包括查爾斯頓地域圖及一艘停泊港口的船隻，並且也涵蓋了北卡羅萊納州和南卡羅萊納州，以及南方阿巴拉契山脈。

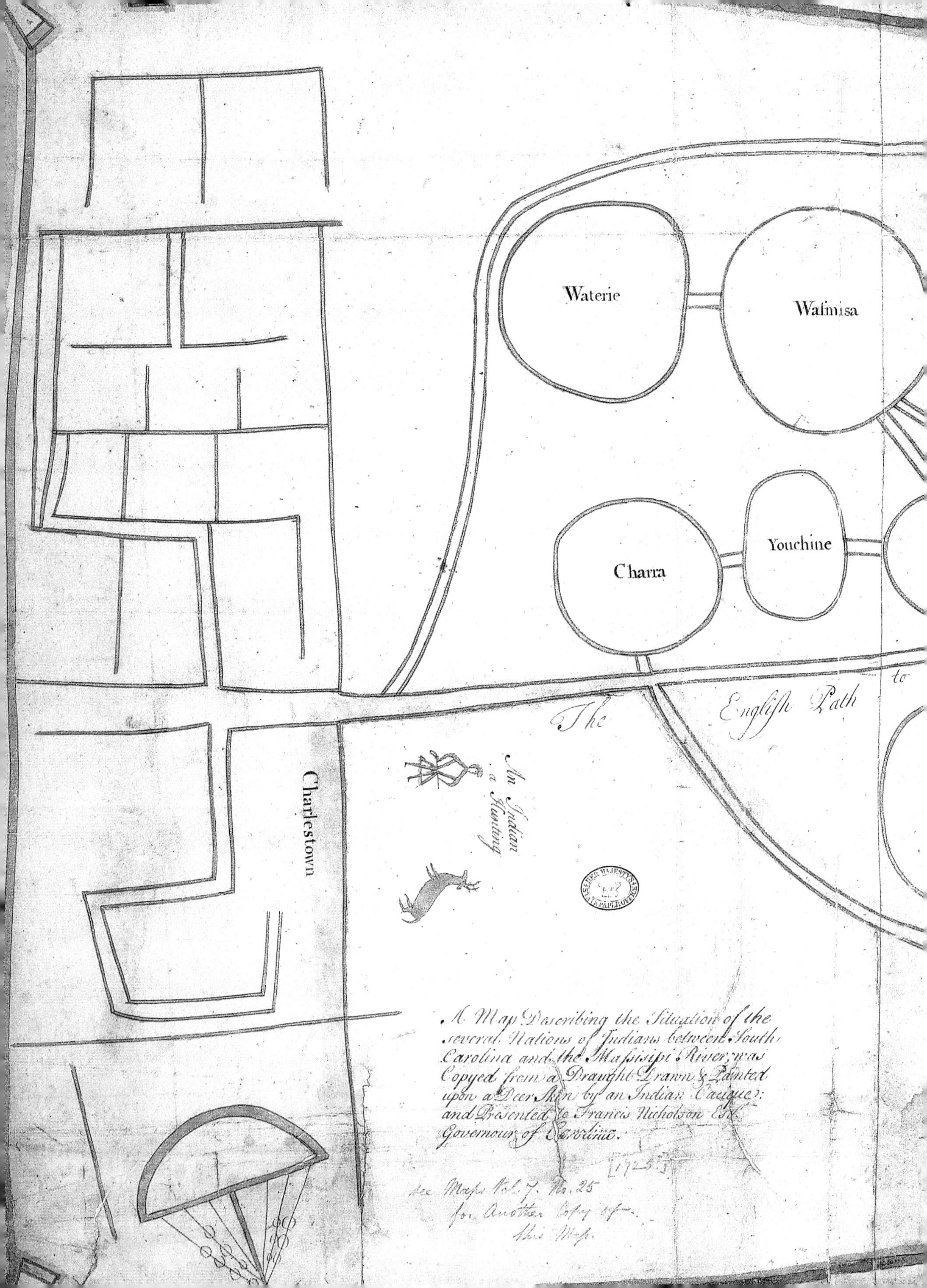

Waterie

Waſmisa

Youchine

Charra

The English Path to

Charlestown

An Indian a Hunting

A Map Describing the Situation of the several Nations of Indians between South Carolina and the Maſsisipi River; was Copyed from a Draught Drawn & Painted upon a Deer Skin by an Indian Cacique: and Presented to Francis Nicholson Esqr. Governour of Carolina.

[1723]

see Maps Vol. 7. No. 25 for Another Copy of this Map.

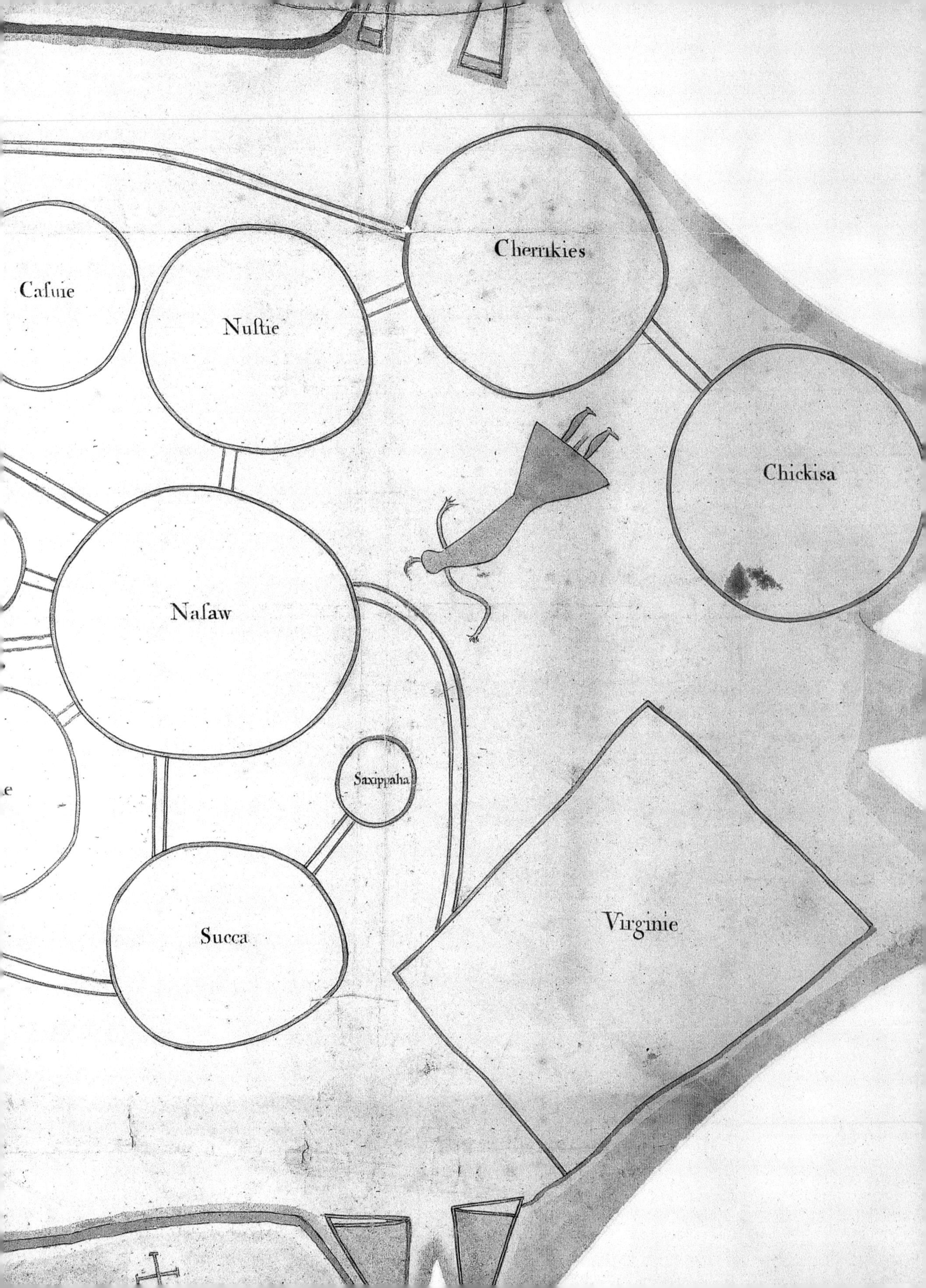

Cherrikies
Cafuie
Nuftie
Chickisa
Nafaw
Saxippaha
Succa
Virginie

日本鎖國時代

Japanese Isolation

日本第一次真正受到西方影響是發生於16世紀中葉。1542年，兩名葡萄牙人隨船從中國漂流至九州南端的種子島（當時中國是日本長期的貿易合作夥伴）。起初，日本謹慎歡迎歐洲商人帶動商業成長，但不到1個世紀的時間內，日本統治者幾乎完全禁止與歐洲通商。

出於擔心基督教傳教士的滲透威脅，日本有一段長達兩世紀的鎖國時代。但在封閉之前，1570年長崎對外開放貿易港口，葡萄牙人開始與日本進行自由貿易，荷蘭和英格蘭等航海霸權國家也都參與其中。1600年，一名英格蘭探險家威廉．亞當斯（Will Adams）[8]因船難漂流至日本後，從此定居下來且協助日本發展貿易船隻。那時日本主要進口商品是中國生絲和紡織品，以及改變日本戰爭型態的新型歐式火槍，同時開發國內礦山的金、銀、銅等作為貴金屬交易。

隨著貿易逐漸繁榮，其所帶來的不僅是商品交易，還有思想交流。來自西班牙和葡萄牙耶穌會士，是推動數學、天文、工程和採礦等實用科目的主要知識傳遞者。這些傳教士是在第一波歐洲商人抵達後才踏上日本；1548～51年間，聖方濟沙勿略（Francis Xavier）前往當時的首都京都和鹿兒島，他特別想針對那些有影響力的「大名」[9]傳教。然而，因為耶穌會傳教熱忱破壞了傳統社會的制度而引起深怨，在幾次禁教迫害皆未能壓制基督教之下，緊張情勢來到了臨界點。

1637年，在長崎附近爆發、由基督教徒起義的「島原之亂」成了最後一根稻草，促使德川家光下令驅逐所有的外國人，而日本人也被禁止遠渡海外。從此，只有荷蘭是唯一與日本進行貿易的西方國家，並且任何對外貿易行為都得受到嚴格管控。荷蘭東印度公司的商館，也從平戶遷往長崎港口的「出島」，該據點是德川將軍於1634年下令建造的小型人工島，起初是作為葡萄牙人的收容地。

在發生驅逐之前，耶穌會士引進的其中一項知識是「西方地圖學」。傳統日本的世界地理概念，僅涵蓋三大佛教文化地域的日本、中國和印度。然而，日本人接觸到西方地圖後，才發現原來世界那麼浩大，很快地當地的藝術家開始將歐洲地圖複製到屏風上，以便滿足貴族的需求。

學者們確定，這些早期日本製圖師是受到荷蘭製圖師彼得．基爾（Petrus Kaerius）於1607年繪製的巨幅世界地圖所影響（見第112頁）；而他繪於地圖邊框的10位世界統治者的圖像，也重現在這時期的日本繪畫藝術裡。

即便1640年之後，日本人吸取製圖訣竅，有關西方地圖知識仍舊引起廣大迴響。1645年，印刷的進步讓首幅真正「現代」日本地圖的製作與流傳得以實現，即《通用世界地圖》，這是翻刻利瑪竇（Matteo Ricci，1552～1610年）1602年繪製於北京的《坤輿萬國全圖》。利瑪竇是引進西方地圖學知識到中國的義大利耶穌會傳教士，他讓中國人首次了解到經緯度以及世界海洋與陸地的分佈情況，也讓中國人漸漸地減少以「中國本位」的觀點來看全世界。

利瑪竇的地圖大量汲取奧特柳斯和麥卡托的製圖特色，他在德川幕府於1603年開始統治之

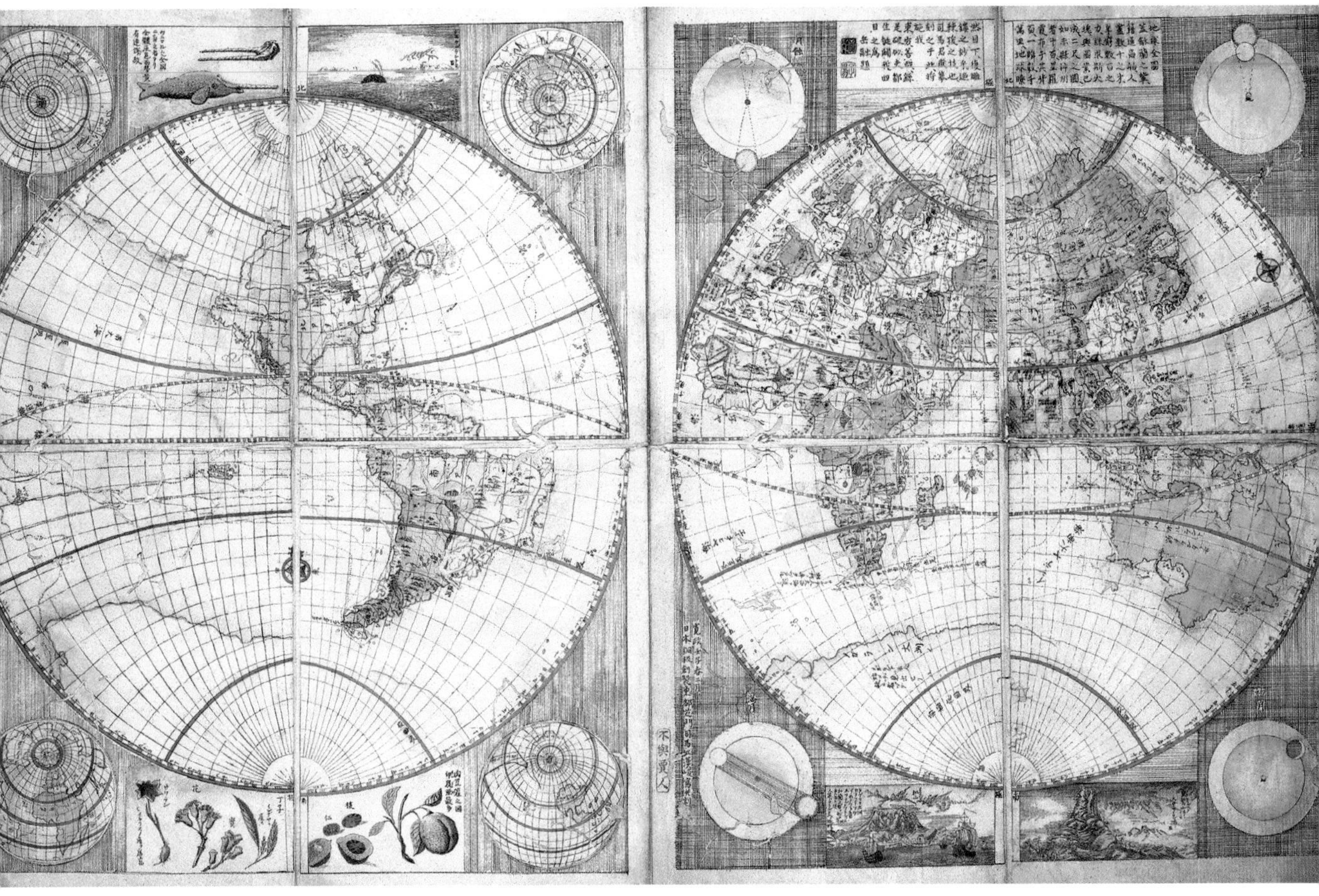

後抵達日本。這幅《坤輿萬國全圖》不僅被大量複製再版，有很長一段時間也被當作是日本的標準世界地圖。即使在18世紀末，日本製圖師長久保赤水的《萬國全圖修訂》在日本也蔚為風潮。

1702年，德川吉宗解除禁書，放寬與基督教無關的西方書籍輸入，藉此更豐富了科學與技術的學習內容，同時對於外國商品進口的限制也鬆綁一些。荷蘭地圖集抵達了「出島」，確保提供日本藝術家最新地理知識。在日本鎖國時期裡，最知名的地圖是來自司馬江漢於1792年發行的《萬國全圖》。司馬江漢（1747～1818年）是名醉心於荷蘭文化的藝術家兼學者，也是「蘭學」思潮追隨者[10]。

就算在海外旅行的禁令之下，司馬江漢仍參照阿姆斯特丹版畫家約翰·路肯（Jan Luiken）的地圖，繪製一系列充滿濃厚荷蘭風味的山水畫。為了取得精準的透視角度，他甚至自製暗箱作為繪畫輔助工具。此外，他還開創日本第一幅銅版畫，主題同樣參照荷蘭百科全書插圖。

▲此幅為《萬國全圖》，是長崎學者司馬江漢在江戶時代末期繪製完成。該幅綜合荷蘭與其他西方探險家的最新地理知識，是日本首次出現涵蓋新幾內亞和澳洲的銅版地圖。

8. 威廉·亞當斯之日本名為「三浦按針」，德川家康所賜。
9. 「大名」是日本封建時代的大領主。
10. 「蘭學」是以長崎出島為中心，其意指日本人透過與荷蘭人交流所形成的西方知識統稱。

《萬國全圖》是一幅忠於阿姆斯特丹出版社於17世紀初發行的世界地圖的摹本，並且加附司馬江漢撰寫的《完整世界地圖說明》。雖然這種地理圖誌型態在歐洲早已司空見慣許久，但對1645年代的日本，代表的是重大地圖發展。該幅地圖也首次出現新幾內亞和澳大利亞，雖然這塊「未知的南方大陸」（這是自古以來對於遼闊南方的假想之地，並曾出現於奧特柳斯，普朗修斯等人的地圖裡）至今仍然存在，只不過地圖面積比起之前的來說遠遠小了許多。另一個怪異之處，就是把加州畫成一座島嶼的奇怪北美洲地貌。

司馬江漢是位好奇博學之人，多虧有他極力突破文化框架的決心，才得以讓日本的地圖學在1867年明治維新放棄孤立主義之前，持續於19世紀中向上發展。學者們也因他的地圖而有所啟發，開始要求研究更多精確的近代出版物。1810年，出自高橋景保的《新訂萬國全圖》出爐，這是一幅完全符合時下最新地理發現的日本世界地圖新修版。

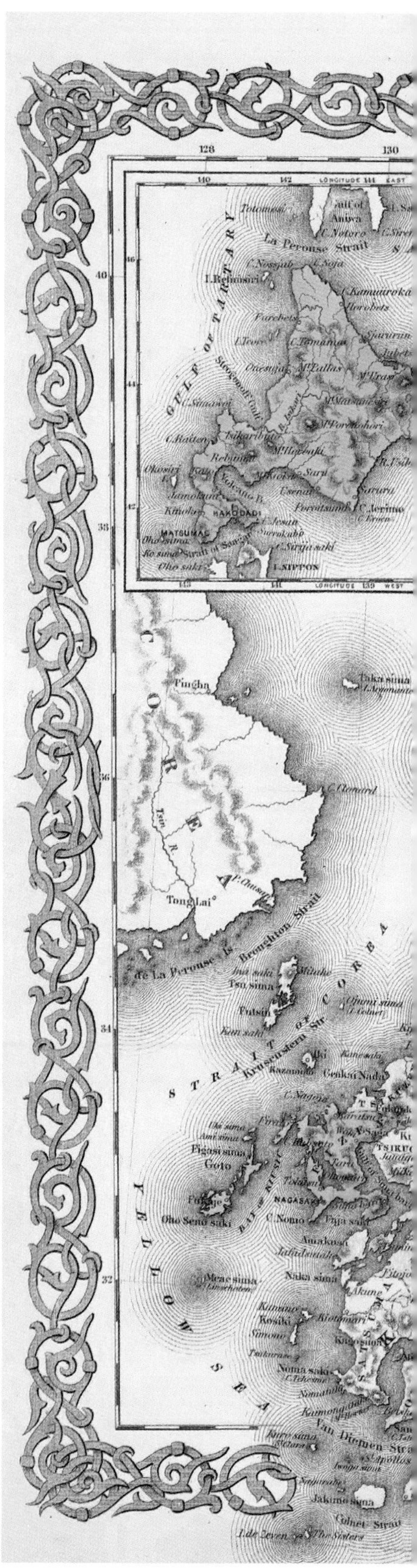

▶就在美國海軍隊長馬修．培里（Matthew Perry）要求日本開國通商，與西方恢長達兩個世紀鎖國外交的隔年，也就是1855年，紐約科爾頓公司（G. W. Colton & Co.）製作一幅展現美國對日本的認知地圖。圖例證明了繪圖者對於「調查和遠征美日航行」的情意。恰巧地圖以手工粉彩上色的版畫技術，令人勾起上世紀司馬江漢的精緻地圖。也許這並非巧合：科爾頓地圖風格包羅萬象，可能是受到東方傳統水彩畫的影響。

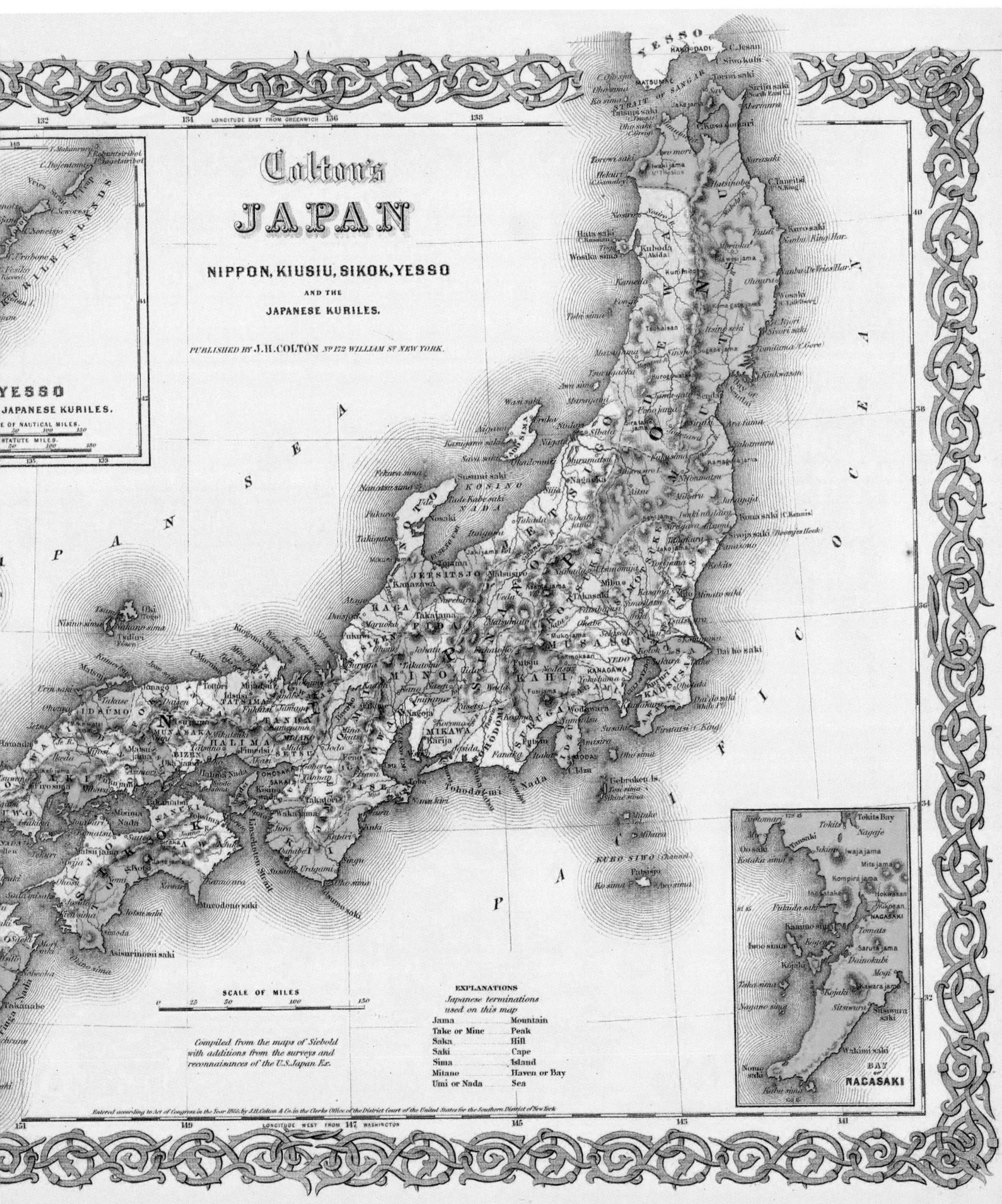

Colton's
JAPAN
NIPPON, KIUSIU, SIKOK, YESSO
AND THE
JAPANESE KURILES.
PUBLISHED BY J.H. COLTON Nº 172 WILLIAM Sᵀ NEW YORK.
LONGITUDE EAST FROM GREENWICH
YESSO
JAPANESE KURILES.
SCALE OF MILES
EXPLANATIONS
Japanese terminations
used on this map
Jama ... Mountain
Take or Mine ... Peak
Saka ... Hill
Saki ... Cape
Sima ... Island
Mitano ... Haven or Bay
Umi or Nada ... Sea
Compiled from the maps of Siebold
with additions from the surveys and
reconnaisances of the U.S. Japan Ex.
LONGITUDE WEST FROM 147 WASHINGTON
BAY OF NAGASAKI
STRAIT OF SANGAR
KANAGAWA
YEDO
NAGASAKI

終成島嶼大陸的澳大利亞

Australia Becomes an Island Continent

2002年，澳大利亞人歡慶建國200週年，多虧馬修．福林達斯（Matthew Flinders）完成繞航澳大利亞一圈的壯舉，才能將澳大利亞如實收錄到世界地圖中。兩個世紀之前，福林達斯被作為戰俘在法國監禁了近7年，終於回到了英國，但不列顛卻對此事冷冷略過。

英國大眾初次耳聞澳大利亞，可從1771年說起，當時詹姆斯．庫克船長（James Cook，1728～79年）剛結束首次遠征太平洋（1768年啟航）。庫克登陸大溪地之後，航行環繞紐西蘭附近島嶼，並與好戰的原住民毛利人交朋友。接著，他登陸澳大利亞，當時同行搭乘「奮進號」（HMS Endeavour）的科學家兼植物學家約瑟夫．班克斯（Joseph Banks，1743～1820年）上岸採集標本，並將所看到的動物和植物繪製成圖。（後來班克斯協助英國將新南威爾斯州變成流放犯人殖民地。）庫克則將這次登陸地點，命名為「植物灣」（Botany Bay）。

庫克後來航行到澳大利亞東海岸，但航駛的「奮進號」不幸撞上了大礁堡，只好擱淺上岸將船身觸礁破損處修好，他同時也代表不列顛國王喬治三世宣示這塊領土的主權。至少庫克賦予了「未知南方大陸」（歐洲人眼中的觀點）一個新亮點。他繼續往北航行至澳大利亞最北端的約克角，然後橫跨印度洋，繞過好望角往北進入大西洋回到不列顛。

庫克第二次遠征航行（1772～75年間）的目的，是為了探索「未知南方大陸」的存在，這次他率領兩艘船出發——「決心號」（HMS Resolution）和「冒險號」（HMS Adventure）。但此次航行只在探索名單上新增「新喀里多尼亞」和「南喬治亞島」兩地，並無澳大利亞。

在庫克最後一趟航程中（1776～79年間），他率領「決心號」和「發現號」（HMS Discovery）北上溯至白令海峽，完成北美太平洋沿岸的測繪，並沿途探索加拿大西北航道（但不幸失敗）。接著，他到訪三明治群島（今稱「夏威夷群島」），但因一起偷船事件與當地島民起衝突，最後不幸被玻里尼西亞人打死在基亞拉凱庫亞的海灘上。

許多評論家認為，庫克是有史以來最偉大的探險家；會這麼說的原因是基於他繪製的地圖精準出色。但他並非獨自一人製圖；一位受僱於庫克的玻里尼西亞領航家圖帕伊亞（Tupaia）是其中關鍵之人。也許庫克最偉大的製圖成就，應來自這幅測繪澳大利亞西南沿岸的《新南威爾斯》，算是歐洲首幅繪製此範圍的地圖。

儘管庫克的成就非凡，但仍尚未有人可以證實澳大利亞實際上是座島嶼。這項重任落到了馬修．福林達斯身上。1774年，生於林肯郡多寧頓的福林達斯，在1789年正值熱血青年期，加入了皇家海軍接受航海實習訓練。在1791～93年間，他隨同聲名狼籍的威廉．布萊船長（William Bligh）搭乘「先見號」（HMS Providence）航行到澳大利亞，負責測繪范迪門斯地（Van Diemen's Land，今稱「塔斯馬尼亞」）的水域地圖。1795年，他隨同「信心號」（HMS Reliance）再度返回澳大利亞。當時船醫是喬治．巴斯（George

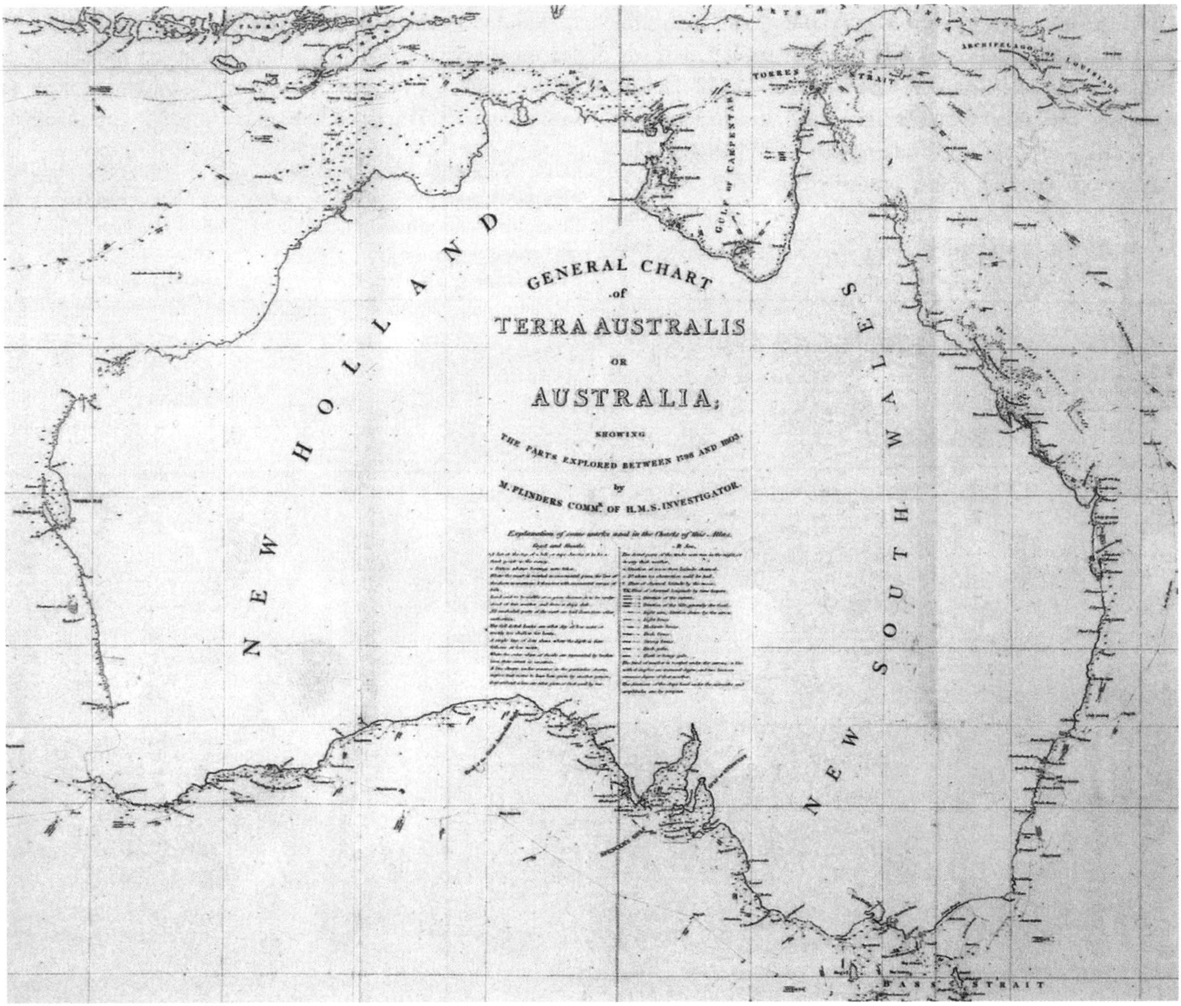

GENERAL CHART
of
TERRA AUSTRALIS
OR
AUSTRALIA;
SHOWING
THE PARTS EXPLORED BETWEEN 1798 AND 1803.
by
M. FLINDERS COMMR. OF H.M.S. INVESTIGATOR.
NEW HOLLAND
NEW SOUTH WALES
TORRES STRAIT
GULF of CARPENTARIA
BASS STRAIT

▲此幅測繪範圍是基於馬修．福林達斯的環航情報（1801～03年），圖中確認了新南威爾斯和新荷蘭實屬澳大利亞大陸。詹姆斯．庫克船長首次遠航時，已繪製不少東海岸地圖，而福林達斯則延續調查周圍的新大陸。

A CHART of NEWZELAND
or the ISLANDS of
AEHEINOMOUWE and TOVYPOENAMMU
Lying in the SOUTH SEA.

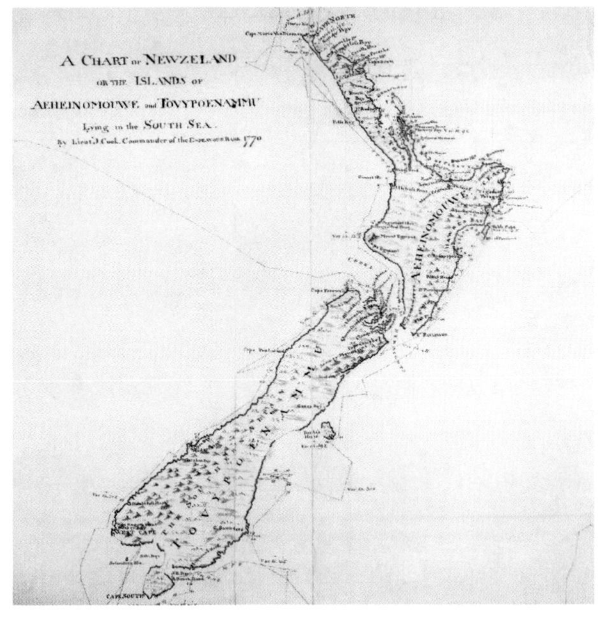

▶此幅為庫克精準到位的紐西蘭地圖（他稱「新西蘭」），此地超過100年以上都無人發現過。他描述當地毛利人的好戰個性，並謹慎不與他們發生衝突。他第3次遠航太平洋群島時運氣不佳，因一起偷船事件與島上的玻里西尼亞人起衝突，最後不幸被打死。

Bass，1771～1803年），他也誕生於林肯郡的小鎮，這因素促成兩人成了知己。

1796年，福林達斯與巴斯和名叫「馬丁」的僕人男孩，搭乘只有250公尺長的小艇（船名為Tom Thumb）出發前往探索雪梨南海岸，他們在那兒划過了喬治斯河，並宣示這是一塊適合殖民的土地。接下來這1年內，巴斯帶領6名船員共乘1艘較大且堅固的捕鯨船出發探索。他從南海岸的傑克森港[11]到西港的航程中，遇上了7名逃犯，並答應他們兩個禮拜後回航時會去接他們。當他沿著這條480公里長的未知沿海岸線航行時，推測在范迪門斯地（Van Diemen's Land）和澳大利亞大陸之間必定有條海峽。

福林達斯也抱持相同結論，1798年，這兩名水手說服州長杭特贊助一艘大船「諾福克號」（Norfolk），並派遣其他人共組一支小規模的海道測量遠征團隊。這艘船由殖民地諾福克島上的流犯打造而成，當他們航行到塔斯馬尼亞島（Tasmania）時，先發現了塔瑪河谷，並沿著西海岸航行到德溫特河（此處今為首都「荷伯特」的所在地），然後往右環繞島嶼回到雪梨。這條水道允許船舶直接沿著大陸海岸航行，不必像以前那樣迂迴繞道塔斯馬尼亞南方，而福林達斯更以朋友之名，將水道名為「巴斯海峽」。他們所繪製的《塔斯馬尼亞地圖》於1800年出版。巴斯於1803年離開了雪梨，跑到南美洲做買賣貨物的生意。有人認為他死於當地礦山，再也沒有人聽過他的消息。

1800年，福林達斯再次回到英格蘭，當時約瑟夫．班克斯代表不列顛政府，要求他重啟環航，甚至特別希望他環繞澳大利亞一圈。因此，1801年，他率領80名船員搭乘「調查者號」（HMS Investigator）再度遠征澳大利亞。船艦上的一級上尉是福林達斯的弟弟撒姆耳（Samuel），同船的還有班克斯指派的著名蘇格蘭植物學家羅伯特．布朗（Robert Brown，1773～1858年）。他們首先登陸澳大利亞最南端的「陸文角」。福林達斯開始從南岸測繪「斯賓塞灣」，並發現了「袋鼠島」，接著航行到「英康特灣」，而在啟程到雪梨之前，他遇見了前法國探險家尼古拉．博丹（Nicolas Baudin）。1802年，他持續從傑克森港（雪梨港）一路沿著庫克的路線，從東海岸到卡奔塔利亞海灣沿途測繪。然後，繼續航行西部和南部，搭著那艘破舊之船環繞澳大利亞一圈，再次回到傑克森港已是1年後（1803年）。此時「調查者號」已破爛到無法修復只能廢棄。而在航行期間，布朗則採集了近4,000種的新植物標本。

福林達斯在那年底時，原本想順搭「海豚號」（HMS Porpoise）返回英格蘭，卻在出發不久立刻撞上礁石。只好搭乘小艇返回雪梨，再次率領「坎伯蘭號」（HMS Cumberland）出航，但這艘也沒有比「調查者號」好到哪裡去。航行到西印度洋時，他被迫停靠法蘭西島（今稱「模里西斯」）修船，但法國當局指控他是間諜，沒收了他的地圖和文件，並且拘禁他和船員以及他的愛貓修修（Trime）將近7年之久。直到1810年，不列顛宣稱該島主權後，他才被釋放重返英格蘭，但此時他的健康以大不如以往，甚至失憶。他在《完成探索未知南方大陸》（*Voyage to Terra Australis Undertaken for the Purpose of Completing the Discovery of that Vast Country*）一書中談到過去相關經驗。該書於1814年他逝世的前一天出版，書籍共兩卷，並收錄一幅福林達斯首次提到「澳大利亞」名稱的對開地圖，而該名稱於1824年正式被採用。

澳大利亞人紀念這位偉人的方式遍佈澳大利亞各角落，像是福林達斯鎮（位於南墨爾本）、福林達斯灣（位於陸文角）、福

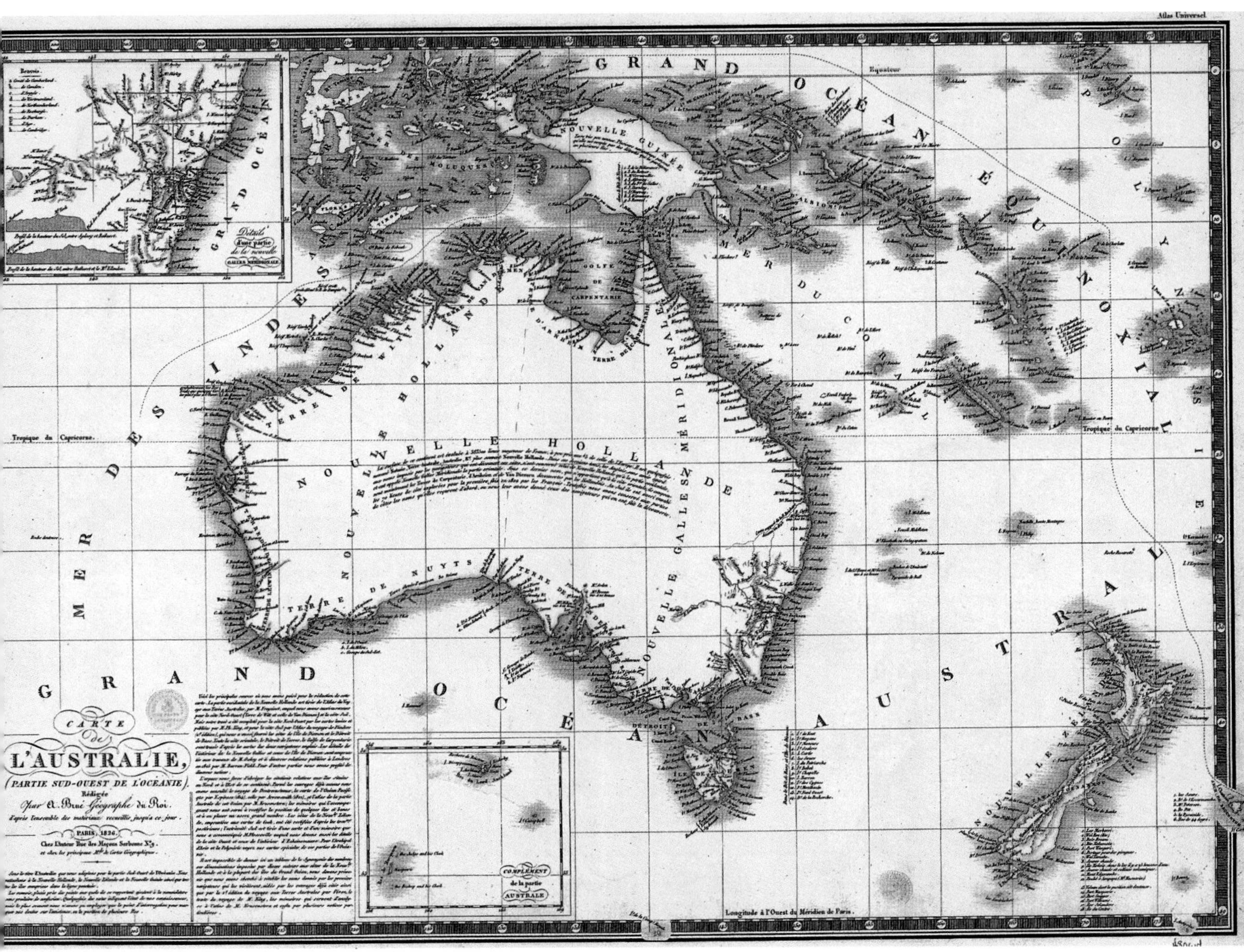

林達斯群島（位於約克角半島旁）、福林達斯島（位於巴斯海峽以南）、福林達斯山脈（位於南澳州）、福林達斯礁堡（位於珊瑚海）等。

11. Port Jackson，今「雪梨港」。

▲對於發現新大陸（如澳大利亞）的早期探險家來說，他們似乎都很享受取特色地名的樂趣。1803年法國人尼古拉．博丹以船艦其中一位隊友之名，命名「布魯礁」（Brué Reef）。這個人就是阿德里安．布魯（Adrien Brué，1786～1832年），博丹形容他是位「脾氣好又對地理充滿熱忱的年輕人」。19世紀初左右，布魯成為專出高質感的地圖發行商。此幅澳大利亞地圖可追溯至1826年。

路易斯與克拉克遠征

Lewis and Clark

自從脫離不列顛的殖民統治，贏得夢寐以求的自由，並建立了美利堅合眾國，美國重心逐步往西進，也就是擴張人口密集的東部沿岸與太平洋之間的領土。這是一條漫長又艱難的道路。

1803年，美國總統湯瑪斯·傑佛遜（Thomas Jefferson）向法國購買路易斯安那州。該地域原先是於1762年割讓給西班牙，但1800年時，拿破崙·波拿巴（Napoleon Bonaparte）在一條密約下協助法國要回殖民地，同時他對於這塊龐大領土，也有著擴張法國勢力版圖的計畫。可惜在1803年，拿破崙為了歐洲戰爭籌款，最終以6千萬法郎（約1,500萬美元）賣掉路易斯安那洲。

當時路易斯安那的領地面積，遠遠比起今日的路易斯安那州大上許多倍；從密西西比河綿延到洛磯山脈（面積約2,140,500平方公里）。因為購地一舉，傑佛遜使美國領土擴大將近一倍，算是他任內的卓越政績之一。

由於新領土幾乎處於未開發狀態，因此傑佛遜立即著手整頓。他親自策劃一支「探索隊」，下令他們同時進行開拓和勘查新地域，希望從中考察到傳說中的「西北航道」（橫跨美國大陸的實用水道）。這次遠征是由路易斯和克拉克兩人率領。

1774年誕生於維吉尼亞州的梅里韋瑟·路易斯（Meriwether Lewis），在1794年加入了軍隊。大多時間他都待在西北領地對抗美國原住民，十分熟悉原住民的文化和語言。1801年，總統傑佛遜任命路易斯為私人秘書，並順勢任命他率領遠征部隊。

路易斯選擇了軍中老友威廉·克拉克（William Clark）作為副手。克拉克也是維吉尼亞州人（1770～1838年），在入伍陸軍之前，曾在俄亥俄河谷對抗美國原住民。為了這趟遠征之旅，負責執行地圖測繪任務的克拉克還特地學習了天文學和製圖學。

這兩位率領約40名士兵，共同組成一支完整的「探索隊」。他們在1804年5月14日從聖路易出發，沿著密蘇里河向西航行。這趟遠征之旅所搭乘的是一艘特別量身定做的船舶（船身約16.8公尺），能裝載12噸的貨物。

遠征的第一階段是先抵達密蘇里州，然後穿越大平原，在那裡他們遇上了各種美國原住民部落：密蘇里族（Missouris）、奧馬哈族（Omahas）、楊克盾蘇族（Yankton Sioux）、鐵盾蘇族（Teton Sioux）、阿利卡拉族（Arikaras）。所有部落之中，只有鐵盾蘇族對他們有敵意。

同年10月，他們抵達今日的北達科他州，決定待在友善的曼丹族（Mandan）部落地區建立堡壘過冬。在這個冬季裡，他們雇用法國毛皮貿易商夏博諾（Toussaint Charbonneau）和他的妻子莎卡嘉薇亞（Sacagawea，休休尼族人）擔任嚮導和翻譯。

春天來臨，他們重新踏上征途，從密蘇里河啟航，往上游航行到河川源頭。由於他們將裝滿動植物標本的船舶運回聖路易斯，因此這次搭乘的是獨木舟。

穿越了現今的蒙大拿州之後，終於來到了密蘇里河的源頭，並且幸運地遇上休休尼族部落，而部落酋長竟然是莎卡嘉薇亞的兄弟。因此，他們向休休尼人買了馬匹，啟程前往穿越眼前雄偉的山脈。

探索隊很快明白這裡根本不如湯瑪斯·傑佛遜所描述的是

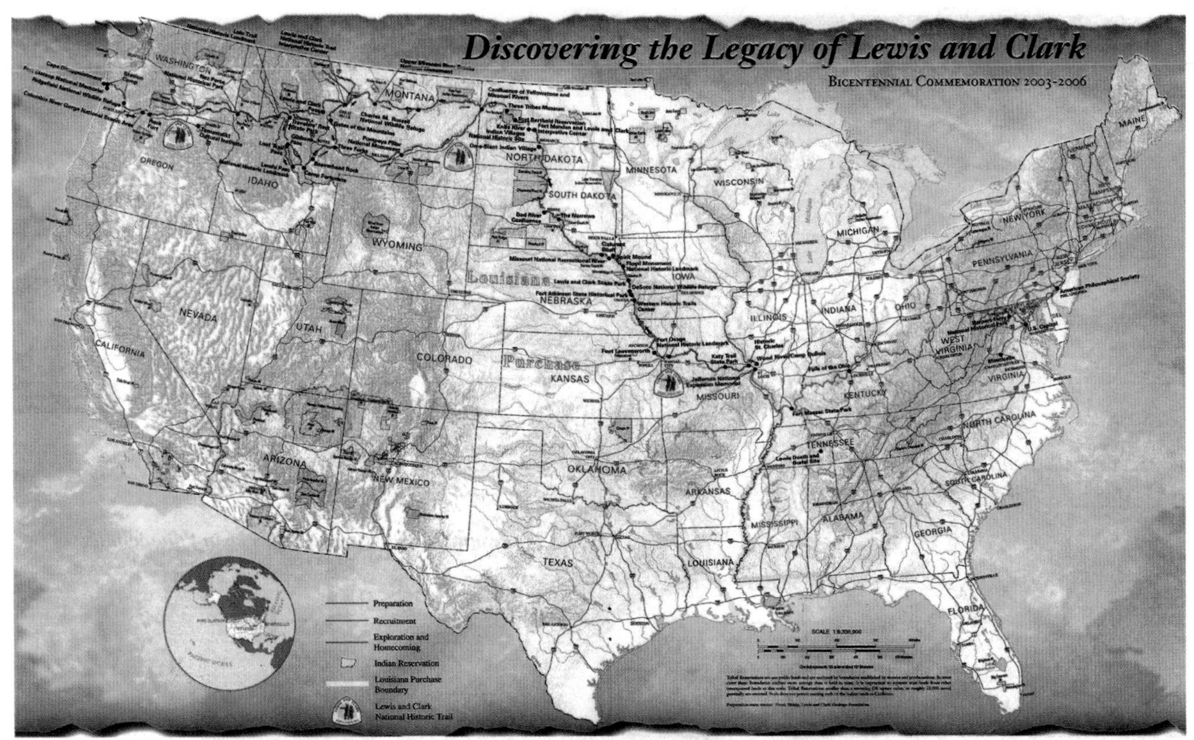

▲該地圖一開始就玩起視覺把戲，令人一看像是幅古地圖。該幅重建路線圖是為了200週年紀念出版（2003～2006年）。除了呈現準備、探索和衣錦還鄉的過程之外，也收錄了印第安保留地和購買路易斯安那的細節。

座小型河流山脈，展現在眼前的是氣勢宏偉的洛磯山脈，從北到南形成一道障礙。路易斯和克拉克花了11天翻山越嶺來到另一頭時，糧食已所剩不多。所幸他們遇上了內茲佩爾塞部落（Nez Percé）的友善招待，才能以良好的狀態再次出征。

然而，從這裡出發到太平洋的遠征路線，相對來說簡單許多。探索隊一路渡過了清水河、斯內克河和哥倫比亞河，最終在1805年11月，抵達了終點太平洋海岸。他們預計1806年3月回歸東岸，並希望能順搭路過船舶，可惜事與願違，只好在回程前先在太平洋海岸過冬。

他們終於踏上歸途，過程平順，在穿越艱困的洛磯山脈，沿著密蘇里河順流而下之後，於1806年11月抵達最終目的地聖路易斯，讓那些以為他們早已喪生的居民驚喜不已。

路易斯和克拉克遠征的主要目的，就是測繪新領土範圍。傑佛遜的要求十分明確：

> 請從密蘇里河口啟程，必得觀測河域經緯度，及沿途記載地理特色。務必以用心力求精確的態度執行考察；並且鉅細靡遺詳述與具體說明所見所聞。

雖然接受命令的人是路易斯，但克拉克才是負責測繪遠征地圖和製作其它紀錄的人。他們配備了地圖，包括一幅尼古拉．金（Nicolas King）為遠征繪製的地圖（既糟糕又不準確）。而在整趟遠征中，克拉克持續調查周圍的區域，而路易斯負責編目採集來的各類植物和動物，以及記錄所有遇到的印第安部落。

事實上，許多部落幫助他們測繪製圖，猶如路易斯在日記中

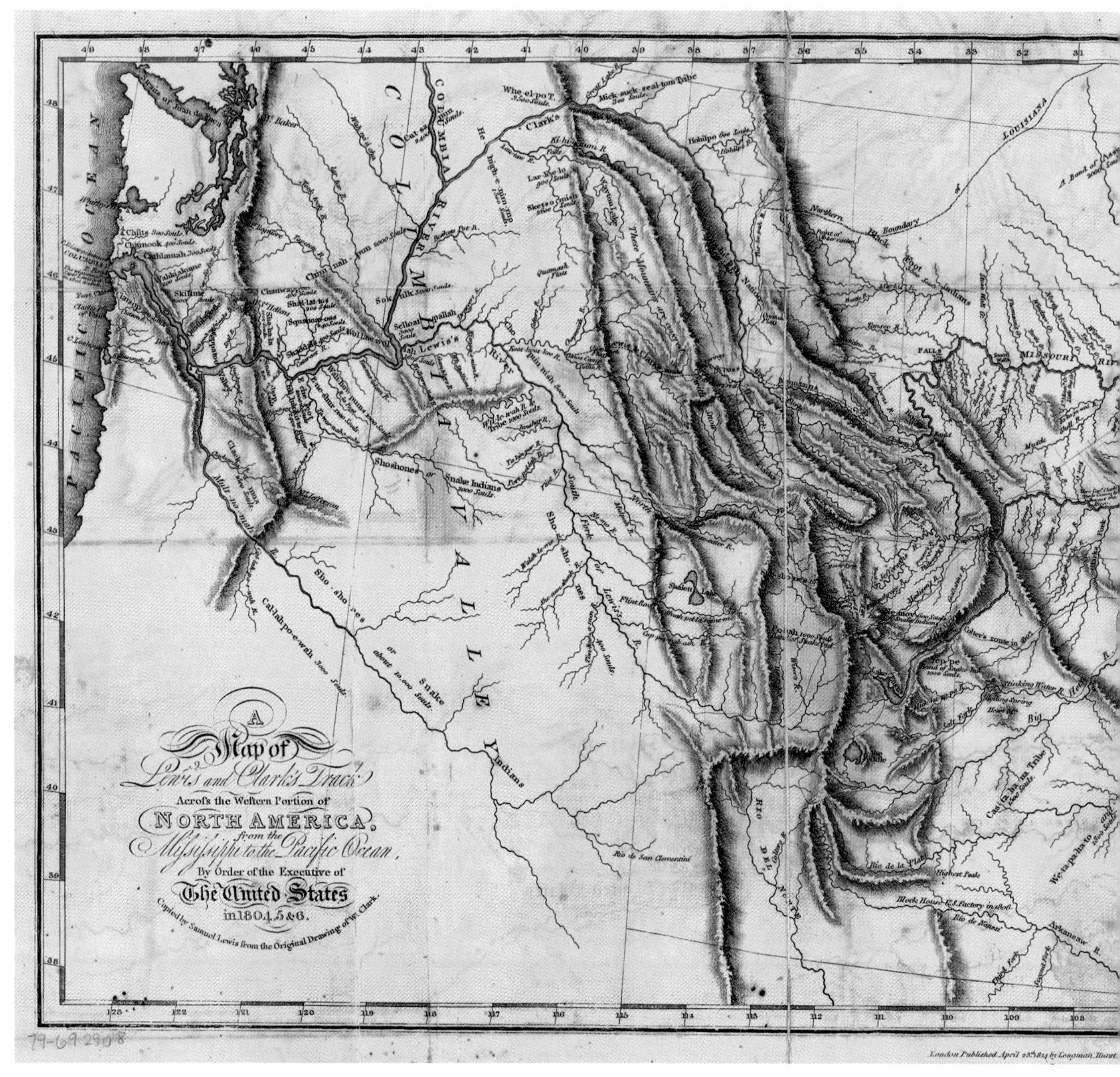

記載：「我現在就很幸運有酋長指導我關於部落的地理位置；酋長對於描述地面河流細節更是樂在其中。」

任務完成後，克拉克整理所有資訊，繪製一幅美國西部地區的新地圖，並納入後續遠征探索的資訊，範圍包括威廉·登巴（William Dunbar）考察的奧曲塔河、沃希托河；弗里曼（Thomas Freeman）勘查的紅河；以及詹姆斯·威金森（James Wilkinson）下探的阿肯色河。1810年，克拉克終於完成了地圖，並於1814年在費城出版。事實上，首次穿越美國大陸的白人並非路易斯和克拉克，而是早在他們1個世紀前已創下壯舉的亞歷山大·麥肯錫（Alexander Mackenzie，1764～1820年），雖然克拉克的地圖仍存有不少錯誤，但是當時測繪美國新領土最佳的一幅。縱使探索橫貫美國大陸的西北航道希望已斷，但卻激發了新一代的探險家和殖民者起身往西尋找土地和繁榮之景。

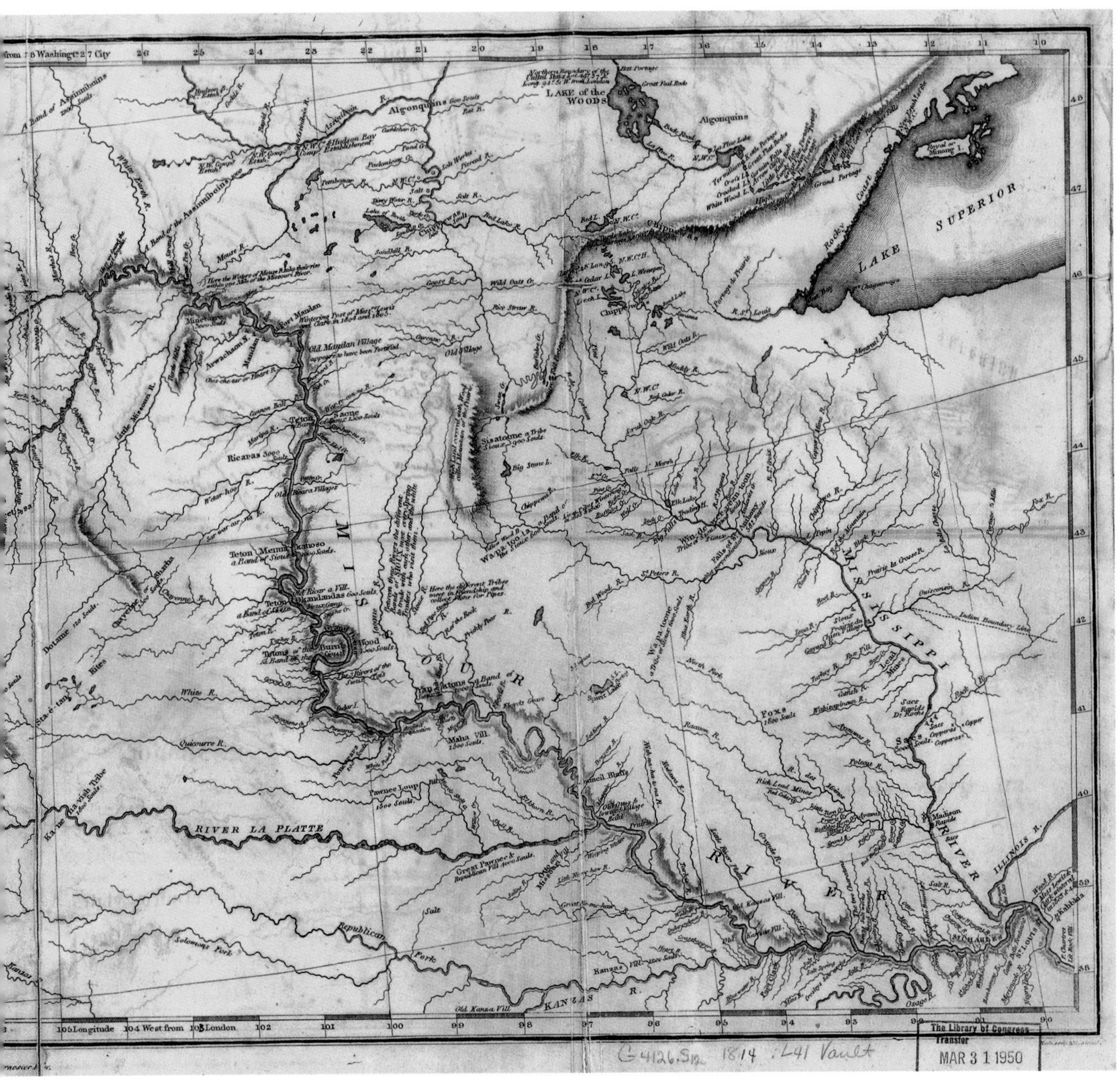

▲此幅為撒姆耳．路易斯複製威廉．克拉克原畫的地圖，其標題為：《路易斯和克拉克的足跡，從密西西比河跨越北美西部地區到太平洋沿岸：1804年奉美國總統之令》。地圖顯示密蘇里河曲折路線的來源，橫跨大分水嶺的旅程，最後一站沿著哥倫比亞河來到太平洋。整段旅途包括乘船、獨木舟和騎馬，前後花了17個月（1804年5月至1805年11月）。回程也走相同路線，因為是往密蘇里河下游的關係，比去程快速很多，只花了9個月（1806年3月至1806年11月）。

皇家海軍「征服」南極洲

The Royall Navy 'Conquers' Antarctica

大英帝國會議（The British Imperial Conference）在1926年底解決英屬南極地區的主權問題。由於被英國直轄屬地官員發現的南極區域屬部分自治區，所以理應列為領土掌管範圍。因此，英國需要昭告天下，正式宣布南極領土主權。為了向世界宣示英國即將接管的地帶，解決英國南極政策的委員需要一幅地圖。

英國海道測量局出版的《南極圖》是迄今為止最好的一幅概述圖。然而，該幅地圖剛發表時並非十分完整。首版《南極圖》是於1839年，根據當時掌握的資料所繪製，並隨著後來新的地理發現屢次更新。因此該地圖也記載了詹姆斯·庫克（James Cook）和詹姆斯·羅斯（James Ross）的探索路徑，以及外國海軍遠征隊的大發現，例如：杜維爾（d'Urville）率領的法國隊、別林斯高晉（Bellinghausen）率領的俄羅斯隊、威爾克斯（Wilkes）率領的美國隊。然而，1927年英國海道測量局所製作的地圖再製版本，上頭大方印著「英國海軍探險家」的粗體字，以慶祝英國海軍150年來的壯舉成就。隨著越來越多貿易商船和捕鯨者所提供的各式訊息，圖表底部也附有更正註解。

庫克於1772～75年間環南極航行一周，目的是為了尋找那一片廣闊的南方大陸，有些學者認為該目標是合理科學推論，有些船員更聲稱已親眼見過南方大陸。他環航南極，往南航行到未曾有人去過的遙遠南方，並表明倘若真有南方大陸，它必定會比預期的面積小很多，並且不宜作為殖民地。最終，他發現了「南喬治亞島」（取自英國國王之名）以及「南雪特蘭群島」。

羅斯是發現北磁極的人，他曾率領探險隊前往南極考察3年。他以自身之名來命名「羅斯海」和「羅斯冰棚」，並以維多利亞女王之名來命名「維多利亞地」，更用他的船名來取名「埃里伯斯火山」和「特羅爾山」。探索路徑名單上還出現兩位來自19世紀的海軍軍官之名，但他們的知名度較小。另外，亨利·福斯特（Henry Foster）於1828～31年間，率領航隊前往測繪南雪特蘭群島的「迪塞普遜島」（Deception Island；亦稱「奇幻島」），進行磁性和重力的測量。湯馬斯·莫爾（Thomas Moore）與羅斯曾一起航行，並於1844年被委派進行磁力觀測。「恩德比地」（Enderby Land）的東北區域是他發現的，該島嶼名稱是一名英國捕鯨者所命名。喬治·奈爾斯（George Nares）則率領首支英國世界海洋考察隊進行4年遠征，使「挑戰號者」（HMS Challenger）成為穿越南極圈的第一艘船艦，並進入2,255公里的南極範圍。考察隊在那發現了一片外海，即美國探險家報告中所勘察到廣闊大陸。

1895年的國際地理聯合會（International Geographical Congress）結束之後，其它國家也陸續派探險隊到南極附近考察，但只有英國長期以來以「南極」為主要目標，英國皇家地理學會會長克萊門茲·馬克姆爵士（Sir Clements Markham）也一直對探索南極充滿野心抱負。羅伯特·史考特（Robert Scott）前後考察南極3次。1901年，在他第一次考察之旅中，發現並

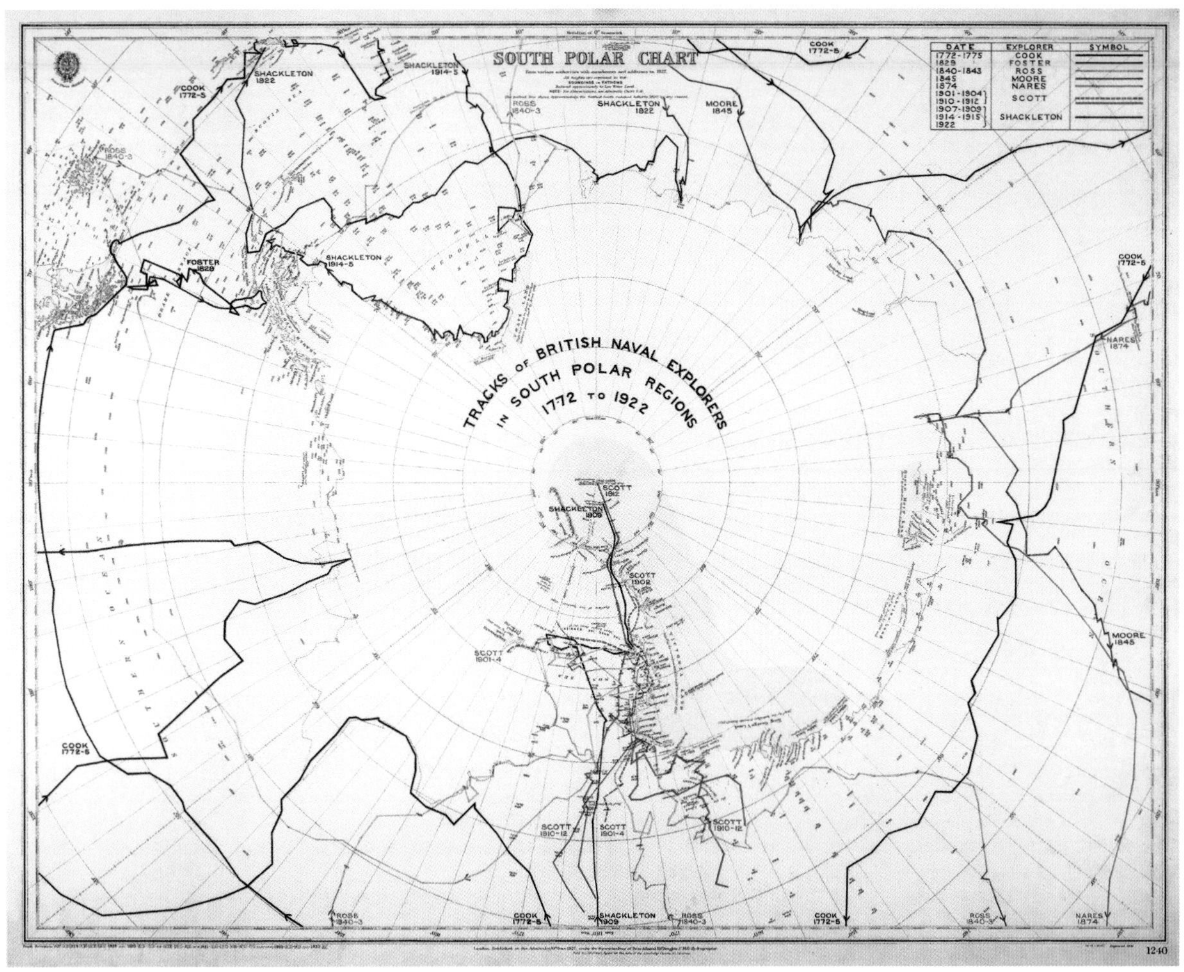

命名了「愛德華七世半島」。而1909年1月，歐內斯特．沙克爾頓（Ernest Shackleton）率領的「獵人號」（Nimord）探險隊發現了南磁極，但地理極點（南緯90度）仍無人抵達。史考特的第3次遠征，因他和同伴們不幸命喪極地，於1912年1月以悲劇告終。縱使他們成功地將國旗帶到南極，但抵達時才發現阿蒙森（Roald Amundsen）率領的挪威探險隊早已捷足先登。

▲1927年《南極圖》，英國海軍海道測量局所製，套印南極地區英國海軍於1772～1922年的探險航道。這些南極大陸界線只是初步繪製，不連續的海岸，淡淡線條勾勒地貌，虛線表示冰層邊緣。高深莫測的水深點（水深測量）稀疏分散。極地投影呈現的圖表如同標靶圖，而南極如靶心。雖然地圖中心印有「Scott 1912」（史考特1912），但套印航道的標題卻透露出真相：「阿蒙森1911年12月14日至17日；史考特1912年1月13日」。

PLAN OF THE BATTLE OF WATERLOO FOU
CONVENTIONAL SIGNS
First positions at mid-day
Colours
English and Hanoverian
Vermillion
Prussian
Dark Green
Dutch
Orange
Brunswick
Black
Contingent Nassau
Green
French
Blue
Second and Third positions
The sign of distinction of kind of Troop has its colour lighter
The same for the Troops formed in Squares
General Signs
Attack à skirmishers
March in advance
March in Retreat
Batteries of 6 or 8 Guns
Principle Charges of Cavalry
Park of Reserve
Head Quarters
ABREVIATIONS
Ch Chemin
Hau Hameau
Fme Ferme
Bois du Chantelet
Bois du Callois
Chantelet
Maison du Roi
Rossomme
Plancenois
Bois d'Hubermont
Bois de Virere
Lanes
Bois du Rasson
Belle Alliance
Hubermont
Frichermont
Papelotte
La Haye
Haye Sainte
Mont St. Jean
Merbe Braine
Bois d'Ohain
Vera Cousin
Ter la Haye Fme
Livraimont
Chaussée
Forêt de Soigne
An English Mile
Yards
INTELL DIV W.O. MAP ROOM

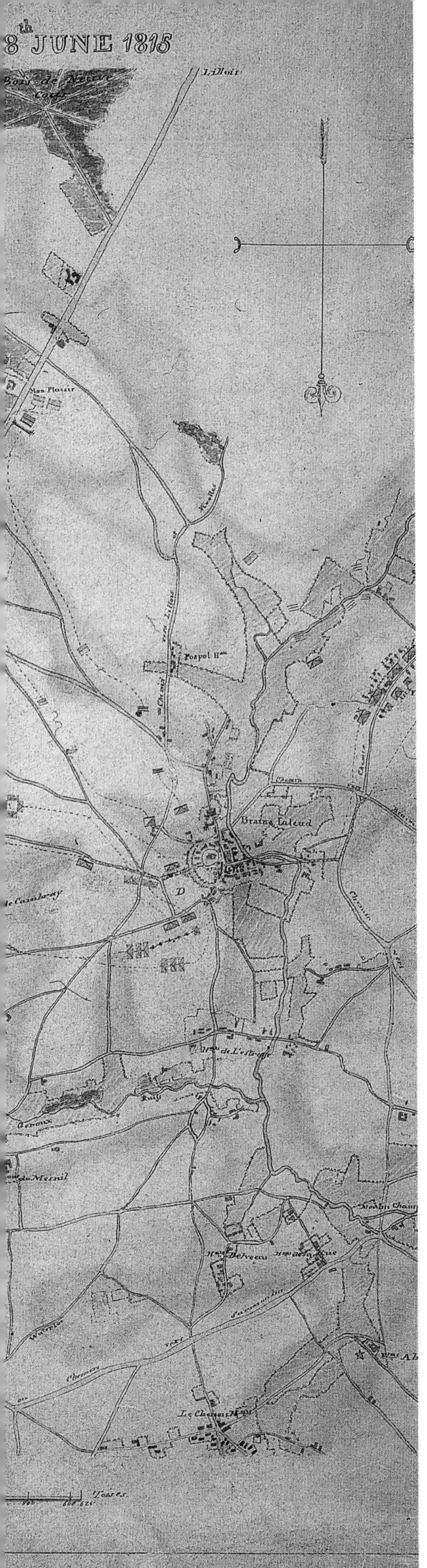

Chaper4 | 第四章

軍事地圖

Military Maps

此幅為史上著名的戰役地圖：《滑鐵盧戰役》（1815年6月18日）。由約翰・桑頓上尉繪製，包括法國的部署作戰階段參照表。圖例顯示了英國、漢諾威、普魯士、荷蘭、布倫瑞克、納索（即荷蘭－比利時）和法國軍隊的符號。地圖比例尺為6英寸長等於實地距離1英里。

達文西的城鎮規畫圖

Da Vinci's New Viewpoint

達文西（1452～1519年）是文藝復興時期最偉大的藝術家、科學家及發明家。其《最後的晚餐》和《蒙娜麗莎》，至今仍吸引成千上萬遊客慕名而來。達文西也是位才華洋溢的製圖師，《伊莫拉城鎮計畫圖》即出自他手。事實上這並非一般城鎮地圖，而是一幅軍事地圖。

達文西誕生於佛羅倫斯附近的小鎮。15歲時跟隨畫家韋羅基奧（Andrea del Verrocchio）當學徒。10年後才自立門戶（1477年）。1482年時，他受邀到米蘭為公爵盧多維科．司佛札（Ludovico Sforza）效勞。公爵委託他創作繪畫和雕塑作品，同時還請他設計武器、建築物和機械等工程工事。這段時期，正好也是他埋頭研究解剖學的日子。1499年，法國征服米蘭並與司佛扎家族對抗，失去資助者的達文西重返佛羅倫斯。1502年，達文西擔任波爾扎的軍事工程師。

切薩．波爾扎（Cesare Borgia，1476～1507年）是教皇亞歷山大六世最小的兒子。1493年，其父任命他為瓦倫西亞大主教和紅衣主教。到了1502年，切薩辭去神職[1]，接受法國國王路易十二冊封他為「瓦倫提諾公爵」（Duke of Valence），該封位是用來回報切薩之前協助法國國王離婚。後來，切薩的父親派他去征服義大利中部羅馬涅區的領土，該區只是名義上聽命於教皇而已。1499年12月，切薩攻佔了伊莫拉鎮（Imola）。

史料記載達文西於1502年12月前往伊莫拉鎮，而撰寫《王子》（*The Prince*）一書的作者兼名政治家馬基維利（Niccolò Machiavelli）也同在此地。當時整個伊莫拉鎮是切薩軍營駐紮地，達文西依照委託，展開測繪堡壘的工作，並額外提出改善防禦工事的建議。

此幅《伊莫拉城鎮計畫圖》引起了一些爭議，有人認為這是出自達文西的原創，但也有人覺得這是米蘭公爵早期在伊莫拉鎮聘僱的工程師丹尼希．麥年（Danesio Manieri）親手繪製的。不過，大多數歷史學家傾向支持達文西為真正的地圖原創者，並認為這是首幅歐洲城鎮計劃的測繪圖例。當時，多半城市地圖皆以「俯視」地理位置角度繪製。但達文西發展出一套全新風格，他在地圖上畫了一個圓圈，分成八等份，依次詳述記載個別街道、區域、堡壘，甚至連桑泰爾諾河（Senterno River）都仔細標註出來。切薩．波爾扎之前就是襲擊防禦力量較弱的東邊駐守牆。達文西的筆記本記錄了伊莫拉與周圍地區的距離：

伊莫拉有4個據點，以7英里距離由西往西北望，可看見聖皮耶羅城堡。法恩扎座落在伊莫拉東方和東南方之間10英里之處。

1502年10月，切薩因叛亂被困於城，有些歷史學家直接將地圖與該事件，還有達文西的筆記連結一起。達文西在創作《伊莫拉城鎮計畫圖》之後，還曾協助切薩進行阿雷佐（Arezzo）軍事行動。然而，1503年8月教皇亞歷山大六世逝世，重挫切薩的政治權力，再也回不去昔日征服羅馬涅地區的風光。而達文西也再度返回佛羅倫斯，開始創作舉世聞名的《蒙娜麗莎》（La Gioconda）。

▲1502年，達文西以筆墨、水彩和粉筆繪製的《伊莫拉城鎮計畫圖》。達文西是參照建築師阿爾柏迪（Leon Battista Alberti，1404～72年）以極坐標測量羅馬的技術方式製作。此圖顯示該城市具系統性規畫，並非只是重要結構的總和。

1. 切薩是教廷史上第一位主動請辭的神職人員。

河谷攻略圖

'Make Me a Map of the Valley'

1862年3月26日，美國南北戰爭才剛從雪倫多亞河谷（Shenandoah Valley）開打不久。號稱「石牆」的少將湯瑪斯．傑克遜（Thomas Jackson）發覺手邊沒有任何該地域相關地圖，因此委派34歲的教師兼自學成才的製圖師傑迪代亞．哈奇基斯（Jedediah Hotchkiss）測繪地圖。「我要你幫我繪製一幅範圍從哈珀斯渡口（Harpers Ferry）到萊辛頓（Lexington）的河谷地圖，並標示出有利攻防的據點。」

出生在紐約州溫莎的傑迪代亞．哈奇基斯，畢業時選擇攀爬阿巴拉契亞山脈作為慶祝方式。此趟長途跋涉之旅引領他到雪倫多亞河谷的莫西河（Mossy Creek），在那裡他認識了丹尼爾．凡恩（Daniel Forrer），受僱為家庭教師。哈奇基斯利用閒餘時間，自己土法煉鋼學會那些只有軍事學校才會教的製圖與工程原理。1853年他移居賓州，娶了一位受過良好教育的妻子，並再次回到雪倫多亞河谷區，最終選在秋吉維歐（Churchville）定居。1859年，他開設了柳湖學院（Loch Willow Academy），並於1860～61年間招收了54名學生，展開第一年度的教學。

由於平時忙碌於新學校的事務，哈奇基斯一直很少關心國家大事，直到1861年4月17日，他才注意到維吉尼亞州已脫離聯邦的消息。當時有位助教組織了當地步兵營，幾位學生也一同參加營隊。幾個星期後，更多的學生加入騎兵營。最後因為學生人數太少，哈奇基斯只好解散學生關閉學校。他主動以平民身份服役南方聯軍，但一開始軍隊並未派遣他執行任務，直到有天政府開始搜尋地圖資料時，才發現手邊地圖既老舊又不準確，因而指派哈奇基斯到維吉尼亞州西部縱深地區，調查座落里奇山區（Rich Moutain）的「加內特營區」（Camp Garnett）。1個星期後，北方聯軍部隊襲擊了營地，促使防禦隊進入山區。那天晚上，只有跟隨哈奇基斯穿山越嶺逃亡的人避過一劫。當將軍羅伯特．李（Robert E. Lee）趕到現場時，發現哈奇基斯的地理方位才能，而重用他繪製第一幅南方聯軍的軍事地圖。隨著歲月的流逝，哈奇基斯也以北維吉尼亞軍隊最重要的地圖工程師身份，被編錄到南北戰爭年史的一環。

1862年3月26日，在傑克遜將軍下令繪製河谷地圖之後，哈奇基斯在日記中寫道：「我幫自己預留派遣的馬車、兩匹馬以及馬伕⋯⋯一路上持續效勞直到擊敗耳力上將為止。1865年3月2日，朱爾．耳力（Jubal Early）在韋恩斯伯勒（Waynesboro）慘敗。」這天，哈奇基斯收拾了幾百幅附有編號的地圖跟隨李將軍（General Lee）。結果1個月後，他們就在阿波馬托克斯縣城（Appomattox Court House）投降了。哈奇基斯並未將地圖全部繳交給政府，私下暗藏了一些，並於接下來的33年內進一步改良地圖。如今，源自南北戰爭時期的最佳南方聯軍地圖製作，肯定是出於哈奇基斯之手。

無論傑克遜到哪裡征戰，他

▶1862年春天，「石牆」傑克遜打輸了雪倫多亞河谷之役的開幕戰後，轉向請求傑迪代亞．哈奇基斯繪製地圖。哈奇基斯重製克恩斯鎮戰役地圖，呈現給傑克遜首幅河谷地圖。

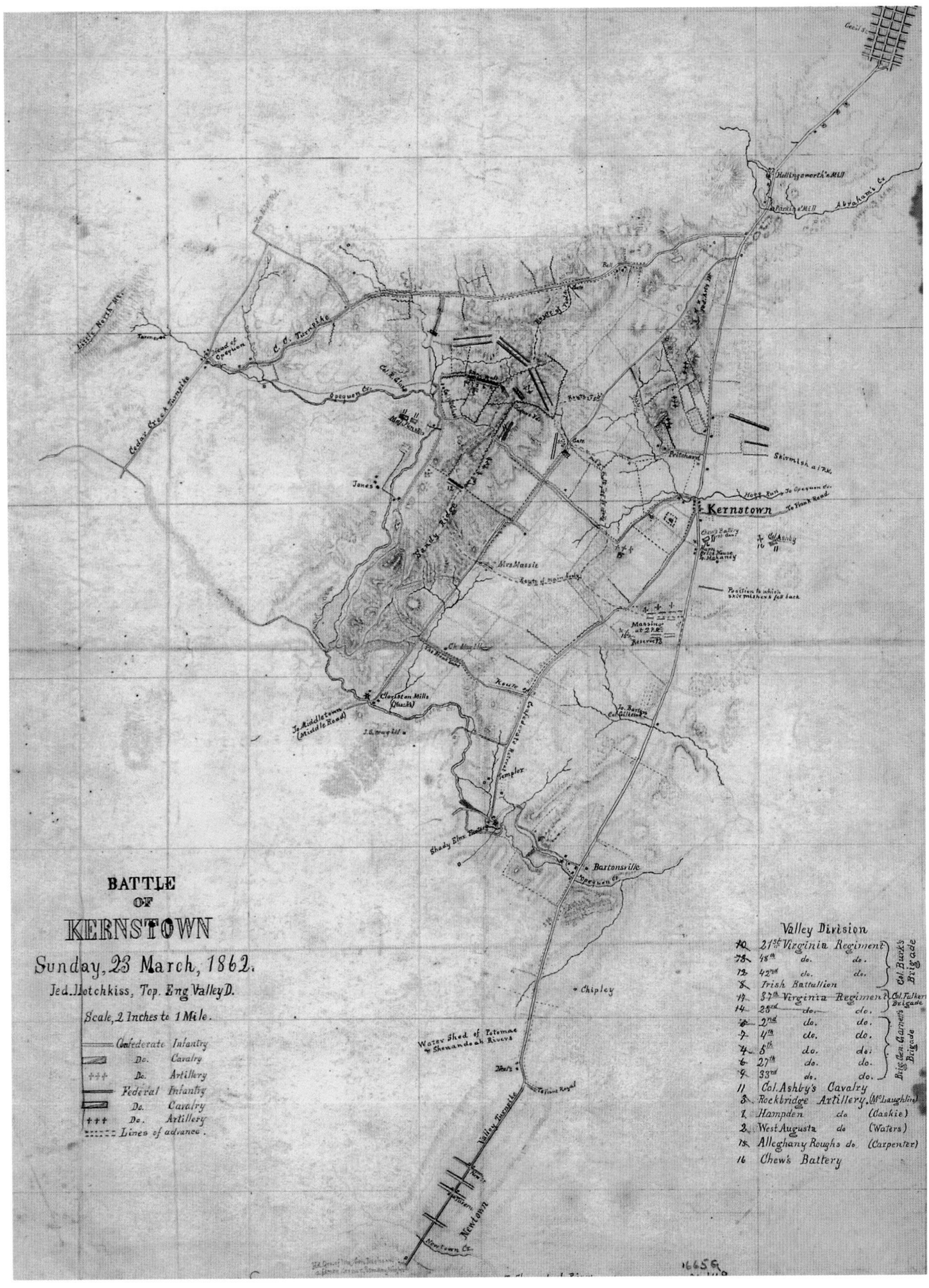

BATTLE
OF
KERNSTOWN
Sunday, 23 March, 1862.
Jed. Hotchkiss, Top. Eng Valley D.
Scale, 2 Inches to 1 Mile.
Confederate Infantry
Do. Cavalry
Do. Artillery
Federal Infantry
Do. Cavalry
Do. Artillery
Lines of advance.
Valley Division
21st Virginia Regiment
48th do. do.
42nd do. do.
8 Irish Battallion
37th Virginia Regiment
14 23rd do. do.
2nd do. do.
7 4th do. do.
4 5th do. do.
6 27th do. do.
9 33rd do. do.
Col. Burk's Brigade
Col. Fulkerson's Brigade
Brig. Gen. Garnett's Brigade
11 Col. Ashby's Cavalry
3 Rockbridge Artillery. (McLaughlin)
1 Hampden do (Caskie)
2 West Augusta do (Waters)
15 Alleghany Roughs do (Carpenter)
16 Chew's Battery
Kernstown
Bartonsville
Chipley
Pritchard
Hollingsworth's Mill
Abraham's Cr.
C. O. Turnpike
Cedar Creek Turnpike
Opequon Cr.
Sandy Ridge
Mrs Massie
Jones
Templer
Shady Elm
Col. Ashby
Hoge Run To Opequon Cr.
To Front Road
Position to which skirmishers fell back
Massing at 2 P.M.
To Middletown (Middle Road)
Water Shed of Potomac & Shenandoah Rivers
Valley Turnpike
Newtown

都帶著哈奇基斯作為部隊副官和地形測量師。1862年3月23日，傑克遜於首次開戰的克恩斯鎮之役中敗退，當時哈奇基斯才剛加入軍隊，尚未繪製任何一幅地圖。3天後，傑克遜立刻要求繪製克恩斯鎮戰役地圖。因親眼目睹南北兩方聯盟軍隊部署狀況，他準確詳述地形以及戰役路線方向。傑克遜在收到多幅描繪雪倫多亞河谷的交錯山脈、缺口和河床等地形的地圖後，接下來10週內，他游刃進退山谷，時而躲避卓越北方聯軍戰力，有時穿插山區以分散北方聯軍的注意力。哈奇基斯通常身著便衣定期徘徊河谷間，並遠離傑克遜的陣營。有時在他測繪記錄山坡地形、附近小溪和隱匿山道的時候，敵人就近在眼前。他畫下未知的田間小路，追蹤小溪流向到山的盡頭，並觀察分流匯入更深的水道，最後流入雪倫多亞河谷。他向在地農民請教他們常走的小路捷徑，有時派遣傑克遜將軍的騎兵到偏遠地區，以便驗證他的地理觀察結果。任何事情都逃不過他的眼睛。因為哈奇基斯的關係，傑克遜從未漏掉敵人的存在，而敵人也經常未察覺他們的出沒。有時哈奇基斯會回到營地提醒將軍：「在我偵察結果下，建議您不要往西邊前進，因為（您目前位置）很容易遇上棘手危機……不好迅速從那裡撤退」幾天後，他會回報說，已經發現敵軍處於弱勢狀態，可以從之前未標示出的路徑展開攻擊。

「雪倫多亞河谷之役」始於3月23日，而傑克遜率領的南方聯軍則於6月8日至9日之間，在十字鑰鎮與共和港打下一場精彩勝仗。哈奇基斯準備了詳細的區域地圖，傑克遜也觀察好河流交會處，以及橋樑的地理位置。6月7日，雖然剛逃過北方聯軍發動的鉗形攻勢，但傑克遜也意識到他的部隊卡在北方聯軍的東西分隊之間[2]。6月8日，傑克遜的其中一分隊在十字鑰鎮與西分隊交戰，而另一分隊則在共和港與東分隊對抗，傑克遜燒毀共和港的橋樑，將北軍西分隊困在河的對岸，接著帶領整團部隊迎戰北軍東分隊，最終將敵軍趕出河谷。

哈奇基斯脫下了便服，成為傑克遜第二軍團的少校，並繪製許多李將軍著名的戰役。1863年5月2日，傑克遜在切斯勞維爾（Chancellorsville）遭受致命傷之後，哈奇基斯仍留在北維吉尼亞軍隊。1864年夏天，他統籌策劃陸軍上將厄立（Early）於第二次雪倫多亞河谷之役的戰事路線，因此引導南方聯軍進入賓州和華盛頓的邊緣。

戰爭結束後，哈奇基斯收拾所有地圖，回到了河谷地區，開設一間新學校。數個月以後，一位聯邦探員到哈奇基斯家拜訪，要求他把地圖交出來。哈奇基斯拒絕了，但同意與陸軍上將尤利西斯．格蘭特（Ulysses S. Grant）見面會談。就在哈奇基斯心中惦記著地圖的歷史價值時，格蘭特卻只看見利用價值，只想挑那些有利於他的地圖。哈奇基斯同意複製地圖，但表明原圖得歸屬於他。

至今美國歷史仍銘記哈奇基斯的貢獻。在《美國內戰軍事地圖集》（*The Official Military Atlas*

▲在進行河谷考察測繪之時，哈奇基斯與身負危險間諜任務的女性穿越山路。北方聯軍不太知道怎麼處理這位女性嫌疑犯。類似際遇在戰爭後常被描述成浪漫故事。

2. 少將約翰．弗里蒙特（John C. Frémont）率領西分隊；少將詹姆士．席爾斯（James Shields）則率領東分隊。

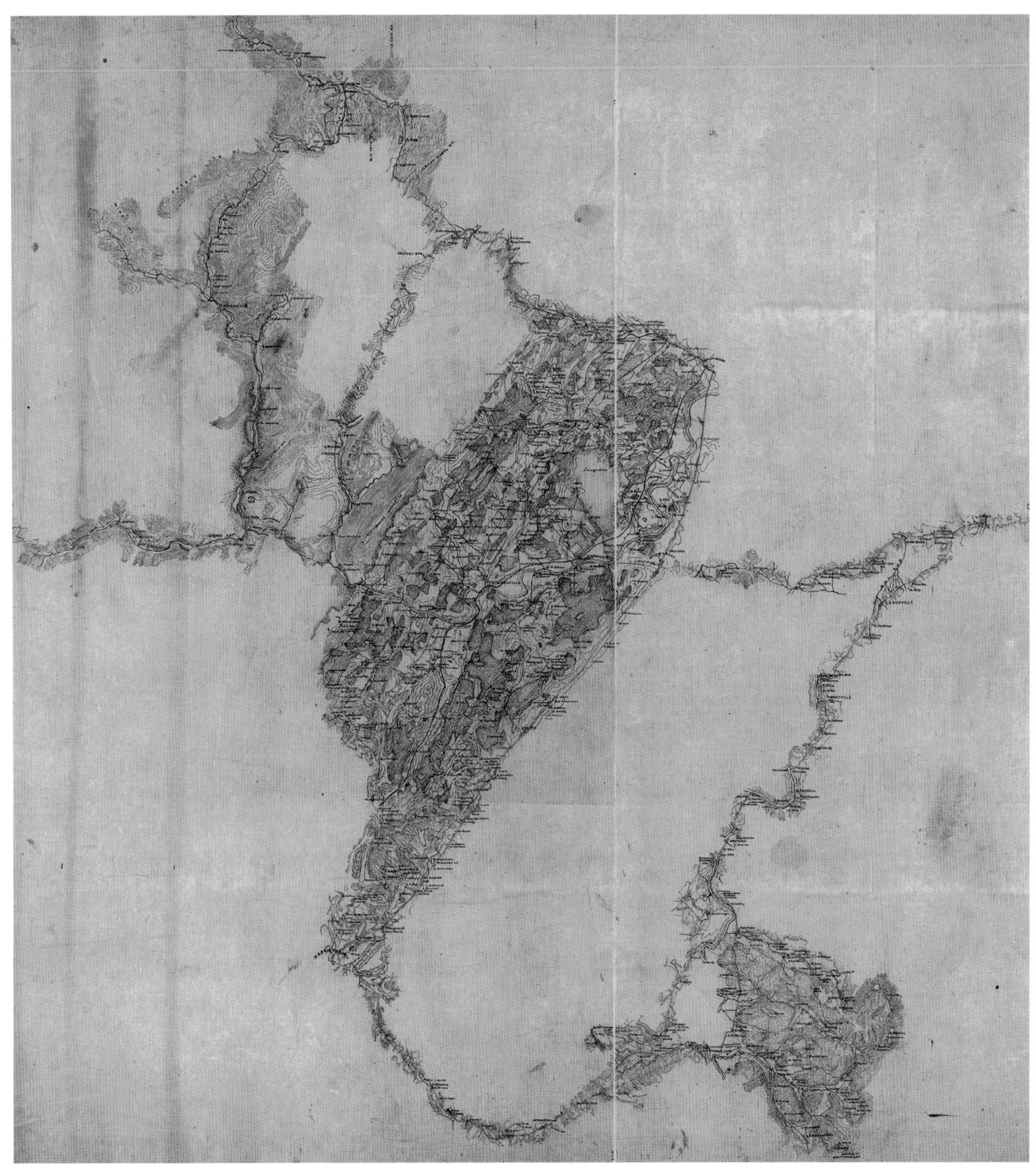

of the Civil War）一書中，他提供了一半以上的南方聯軍地圖，與那些曾為南方聯軍出征的所有關鍵人名，並撰寫回憶錄以自繪草圖方式填滿紀念這些人的章節。

▲很多哈奇基斯繪製的地圖，一開始只是草稿階段，通常等他回到營區後才再重新複製精緻化。此幅為1860年細緻描繪的《雪倫多亞河谷圖》。

莫德河戰役

The Battle of the Modder River

在第二次波耳戰爭（Boer War）[3]爆發之前，1888年10月皇家工程師歐米拉上尉（W.A.J. O'Meara）針對開普敦的鑽石城慶伯利進行了一項以眼觀測的祕密調查。錯綜複雜的河川重要性顯而易見，而他特別注意到莫德河上面的那座鐵橋。

1899年10月14日慶伯利（Kimberley）正好被圍攻，而歐米拉剛好往北走到此地被困住。當時也被困於此地的英國礦業大亨和殖民主義者羅德斯（Cecil Rhodes），則由英國指派指揮第一步兵師的中將梅休因（Lord Methuen）前往解圍。梅休因帶領英軍分別於11月23日在貝爾蒙（Belmont），11月25日在格瑞斯邊（Graspan）與波耳人開戰，雖然兩場戰役擊敗了波耳人，卻未能遏止他們再戰之心，並選擇莫德河成為下一個戰場。

莫德河的站長幫了很大的忙，他通報英國有關波耳人炸掉鐵橋並霸佔北岸一事。第9槍騎兵團派出數千人加上400名的瑞明頓偵察軍（Rimington's Scouts）進行地形偵察。這也導致梅休因放棄環軍包圍攻擊東部的計畫；莫德（Modder）必須先鞏固下來才行。

不過，偵察隊表明需要相關地圖參考。梅休因手邊有幅標題為《莫德河鐵路大橋》的地圖，來自歐米拉上尉於1899年10月19日繪製的手稿。該日期是攻城發生後的某一天，由此可見地圖應是在慶伯利裡繪製好後被人偷運出來的。此幅地圖顯然是單憑記憶繪製，並沒有顯示出英軍右翼南向的里特河（Riet River），或座落左翼的羅斯密水壩（Rosemead）。猶如標題所示，此地圖重點放在「橋樑」，但製圖者待在該處時正好是雨季，洪水氾濫淹沒了許多橋面。因此，英軍未能從這幅地圖察覺敵方雷伊將軍（Koos De la Rey）制定的計劃。

波耳人因兩場戰敗而感到沮喪，以丘陵為作戰位置證明是不太理想的，因為從小丘陵往下射擊，無法充分發揮毛瑟槍平射的功能；事實上，從小丘陵發射出的槍彈的確對英國海軍造成嚴重的損傷。此外，以往發射火藥時產生的煙霧，可同時掩護陣地，改為無煙火藥後，反而讓陣地很容易曝光。雷伊說服他的上級克龍耶副指揮將軍（Piet Cronje）和普林斯魯將軍（Marthinus Prinsloo），鞏固河流南岸，以北岸作為退路。火砲安排並無特別巧思，只有在橋樑西北方安置4把口徑75毫米槍械，其餘的人待在特威德河（Twee River）或南方渡口，也就是橫渡自由邦邊界的里特河淺灘。

梅休因計畫正面攻擊，並依此排列部署。11月28日星期二，凌晨4點43分，英國兵分兩路突襲。左翼是少將波卡魯（R. Pole-Carew）率領的第9隊與皇家北蘭卡夏郡第1隊（1st Loyal North Lancashires），以及國王嫡系約克郡輕步兵第2隊（2nd Kings Own Yorkshire Light Infantry）和諾森伯蘭燧發槍第1隊（1st

3. 英國與南非波耳人建立的共和國之間的戰爭。歷史上總共有兩次，第一次在1880～81年間，第二次則在1899～1902年間，為英國與川斯瓦共和國和奧蘭治自由邦之間的戰爭。

▶歐米拉所繪地圖與手寫筆記，以及梅休因隨後的註解。歐米拉測繪的交錯鐵道路是精準的。梅休因在橋樑右方再加註一處淺灘，這是原圖所欠缺的資訊，不然他早就可以翼側攻擊波耳軍隊。

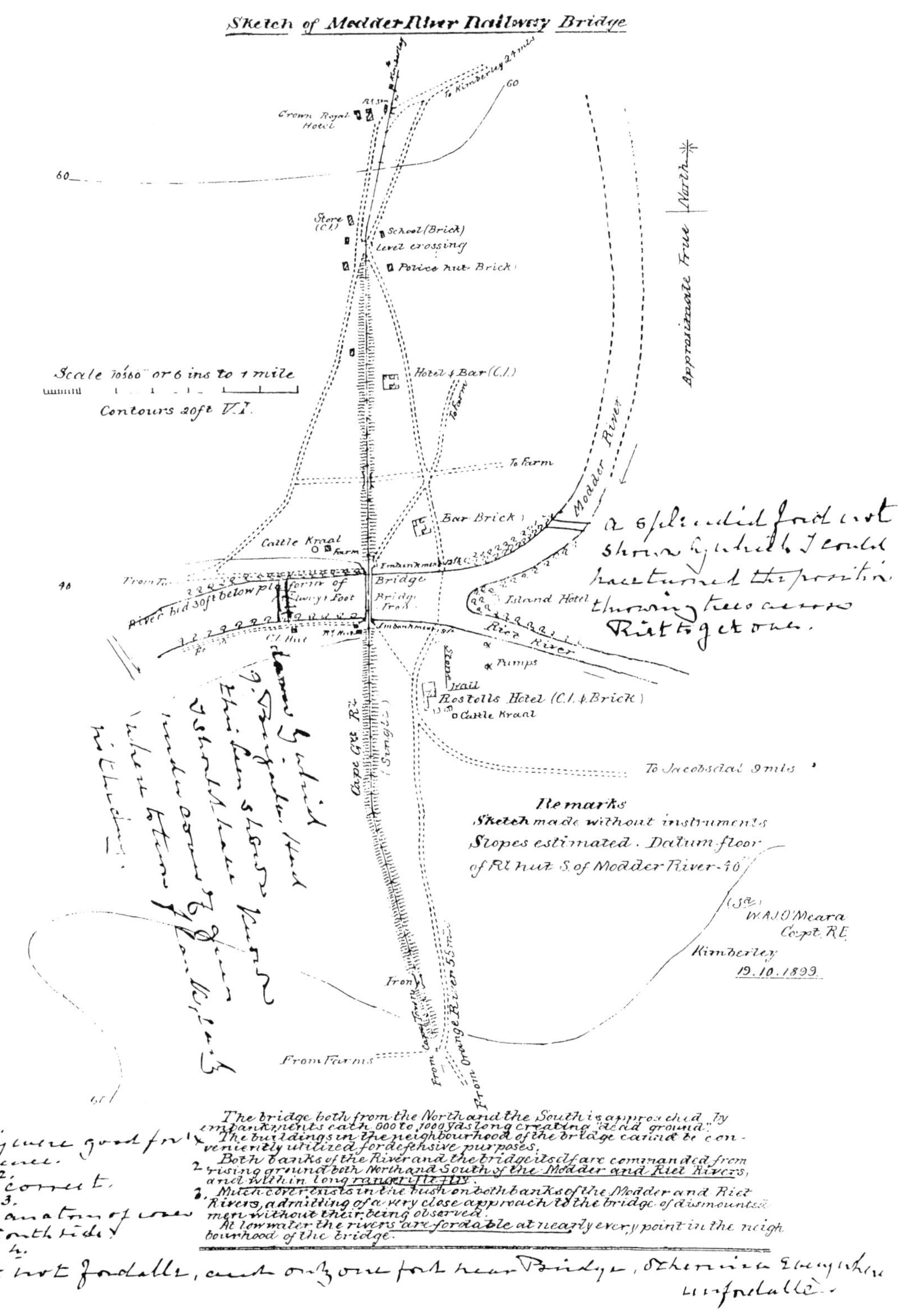
Sketch of Modder River Railway Bridge
To Kimberley 24 mls
Crown Royal Hotel
Store (C.I.)
School (Brick)
Level crossing
Police hut Brick
Scale 1/10560 or 6 ins to 1 mile
Contours 20ft V.I.
Hotel & Bar (C.I.)
To Farm
Approximate True North
Modder River
Bar Brick
Cattle Kraal
Farm
Embankment
Bridge
Island Hotel
Riet River
Pumps
Rostolls Hotel (C.I. & Brick)
Cattle Kraal
To Jacobsdal 9 mls
Cape Gt. Ry.
(Single)
Remarks
Sketch made without instruments
Slopes estimated. Datum floor of Ry hut S. of Modder River - 40
(Sd.) W.A.J. O'Meara Capt. R.E.
Kimberley 19.10.1899.
From Farms
From Orange River 55 mls
The bridge both from the North and the South is approached by embankments each 800 to 1000 yds long creating "dead ground".
The buildings in the neighbourhood of the bridge cannot be conveniently utilized for defensive purposes.
Both banks of the River and the bridge itself are commanded from rising ground both North and South of the Modder and Riet Rivers, and within long range rifle fire.
Much cover exists in the bush on both banks of the Modder and Riet Rivers, admitting of a very close approach to the bridge of dismounted men without their being observed.
At low water the rivers are fordable at nearly every point in the neighbourhood of the bridge.

Northumberland Fusiliers），與新來的亞吉爾和薩瑟蘭高地第1隊（1st Argyll and Sutherland Highlanders）。右翼是冷溪親衛隊第2隊（2nd Coldstream）、擲彈兵第3隊（3rd Grenadiers）、蘇格蘭第1隊（1st Scots），和冷溪親衛隊後備第1隊。支援第9隊的海軍12磅炮，從莫德河發射的射程約4.4公里。戰地砲兵第18隊（18th Field Battery）則鎮守鐵路據點，戰地砲兵第75隊（75th Field Battery）與親衛隊一起。開戰後1個小時，步兵一度逼近莫德河，且敵方並未察覺。

梅休因與軍隊來到面向河岸的緩坡處，提醒親衛隊總司令柯維爾少將（Sir Henry Colvile）說波耳人並沒有在此地。柯維爾少將回應，如果他們在的話，應該會在距離莫德河約910公尺處緊守著。果不其然，波耳人開火攻擊，英軍迅速臥倒應戰。柯維爾試過讓冷溪親衛隊從右側圍攻，但他們步履蹣跚不知如何應付突然出現的里特河，只好沿著左岸走了一段路，卻仍找不到出路而不得不停留在那裡，被炎日曬到口乾舌燥還被螞蟻咬傷，且一起身就會遭到射擊。話說回來，在河對岸以堅固壕溝防守的波耳人，也受到同樣的牽制，因此在戰事變得白熱化需要撤退時，也無法肆意移動。砲兵企圖引起波耳軍隊交戰但成效不大，自由邦砲兵司令官阿耳布瑞特少校（F. W. R. Albrecht）已準備好用來擾亂敵軍的替代作戰位置策略。

左翼第9隊也同樣受困於地，但可以看到敵方躲在河岸附近羅斯密（Rosmead）小村莊前的一排農場建物那邊。午後，亞吉爾部隊設法巧妙進入深溝斷絕波耳人的前線，迫使自由邦因擔心而放緩射擊。然後，國王嫡系約克郡輕步兵隊（KOYLI）進攻農場並驅逐自由邦軍團，他們以漂流過河和橫渡羅斯密水壩的方式撤退。波卡魯隨後派皇家北蘭卡夏郡部隊和亞吉爾部隊增援，但人數不多。砲兵連第62隊（62nd Battery）大老遠從奧蘭治河（Orange River）前來支援海軍炮隊，一路上不得不犧牲馬匹以免被追蹤行經。但梅休因受傷，轉由柯維爾指揮作戰。波卡魯因通訊中斷停留原地，羅斯密地區雖在他的掌控中，但雷伊將軍手下的德蘭士瓦人（Transvaalers）卻阻礙了前方道路。

隨著夜幕低垂，自由邦人姍姍離去。雷伊將軍願意繼續堅守，但他的上級長官匡耶（Cronje）卻想撤離。星期三破曉之時，波耳人都不見了，對面的莫德河已聽不見任何槍聲炮響。這一場戰爭梅休因損失了70名士兵，造成400多人受傷。波耳人50人陣亡，受傷人數不詳，暫時退到慶伯利以南10英里處就位，準備再戰。

梅休因後來說明地圖是從歐米拉手中取得，此圖也在他之後撰寫的論文中出現，但並非是刻意出版，或者用它來保護自己免遭批評。他在地圖上的莫德河大橋右側，註記了一處淺灘，如果他早知道這一處的話，也許就能擊退波耳人的側翼。他也在地圖左邊標示出在槍聲掩護下可利用的據點。乾燥季節時，會出現更多類似據點，這或許說明了為何這些據點並未出現在歐米拉的地圖上。事實上，地形測量師曾在精確的手稿中指出，河流幾乎可以涉水而過，而兩個月前確實如此。其對於雨水覆蓋量也有些評論，但總歸還是得因應季節變化的不同。誤解的產生並非來自錯誤數據，而是梅休因欠缺在地知識，不然他就可預測降雨所帶來的地勢變化了。

▲戰爭後期，英國建立了一座碉堡作為渡河後盾。當波耳人開始掃射時，那裡幾乎沒有可以掩護的地方。如果幸運的話，士兵可以臥倒灌木叢或借躲在蟻丘後方。一連串的「機關砲」轟炸摧毀了整團蘇格蘭親衛隊的馬克沁機關槍。如今，這座碉堡仍原封不動保存在平原上。

▼莫德河上方的現代鐵橋，在9月份正值低水位時所拍攝的照片。新橋（下方為舊橋）可以看出比一個世紀前的舊結構更高。想在毫無掩蔽的平原土地上很難展開偵察行動。

科倫索戰役

Colenso

1899年11月2日，末班車剛從南非納塔爾省（Natal）拉迪史密斯鎮駛離。中將法蘭西爵士（Sir John French）和上校黑格（Douglas Haig）也是乘客之一。該據點被波耳人圍攻，而另一地開普敦殖民地慶伯利也遭到包圍，英國總司令布勒爵士（Sir Redvers Buller）不得不兵分兩路，率軍解救拉迪史密斯之圍，並指派中將梅休因前往慶伯利救援。

梅休因於12月11日在馬格斯方丹（Magersfontein）先行停留，屆時布勒可以佈局兵攻圖蓋拉河分界（Tugela line），該區河流彎曲流經高聳群山之下，形成天然的護城河牆，該地勢剛好被波耳人拿來抵擋前來拉迪史密斯解圍的軍隊。布勒的最初戰略計劃是進軍科倫索（Colenso）北方山區，從左側包抄波耳軍隊，而從南方前往河域必得經過一大片平原。當他抵達時，手邊除了一幅學校地圖外（比例為5英寸等於實地1英里），沒有其它更詳細的地圖。他打算讓第6步兵隊（6th Brigade）提早前進將波耳人困在科倫索，他則帶領夜間行軍到西北的斯皮溫山（Spioenkop）下方的帕卡特渡口（Potgieter's drift），那裡是一處離上游29公里的淺灘。但當梅休因戰敗的消息傳來時，他評估此行動冒險性過高而取消，改從正面攻擊。

一旦軍隊抵達前方位置，製圖難題便可迎刃而解。艾略特少校（G. S. Elliot）和埃爾頓上校（Elton）以及兩名皇家野戰砲兵，在敵兵四伏的狀況下，盡可能進行地形測繪工作。當年英國陸軍部曾出版《拉迪史密斯近郊地草圖》（Sketch Map of the Country Around Ladysmith），來替換另一幅欠缺註明圖蓋拉河對岸有「渡口」或淺灘的版本。沒人知道艾略特少校是否看過該版本，但有趣的是，艾略特繪製的新版地圖和英國陸軍部出版的地圖皆出現同樣的錯誤。難道他只看到心中預定會出現的部分嗎？

前往解圍軍隊的基地離弗里爾（Frere）以南約13公里之遠，而地形測量師則花了兩天時間在不同視察點之間移動；前後共勘查了11個據點，沿途分別以字母作為識別記號，並用圓點代表據點在地圖上互相連線。他們定位的據點，則以一個圈圈中間畫上一點作為表示。地圖上也有些文字敘述，像是「據說在科倫索以西的羅賓遜馬車渡口（Robinson's Wagon Drift）是21/2英尺深。」地圖上的註釋具有提供訊息和名稱的輔助功能。介於E和F兩據點之間的路線，以不斷延伸的實線代表河流，但一旦往北走，方向開始變得不確定，而實線也變成虛線，這段還特別在地圖註解上註明「有待商榷」，認為有可能是流入圖蓋拉河以東的布萊多渡口（Bridle Drift）和以西被稱為「環狀溪」（The Loop）的河灣。以英國陸軍部出版的那幅地圖來說，這條溪流被稱之為「杜文寇波分流」（Doornkop Spruit）。

波耳防衛指揮官博塔（Louis Botha）希望布勒會在此處發動攻擊。儘管這裡對他們來說的確很危險，但他還是說服朱伯特（Joshua Joubert）率領的瓦克斯特魯姆突擊隊（Wakkerstroom）佔領朗銳利里（Nhlangwini）。而克魯格斯多普（Krugersdorp）、

▲布勒（左）和他的部屬正在觀察戰爭情勢。

▼英國陸軍部情報處的1449號地圖《拉迪史密斯近郊地草圖》，戰爭之前沒多久才出版；地圖比例尺為1英寸等於實地距離2英里。該圖蓋拉河渡口或淺灘有標註但無地名，容易造成混淆。

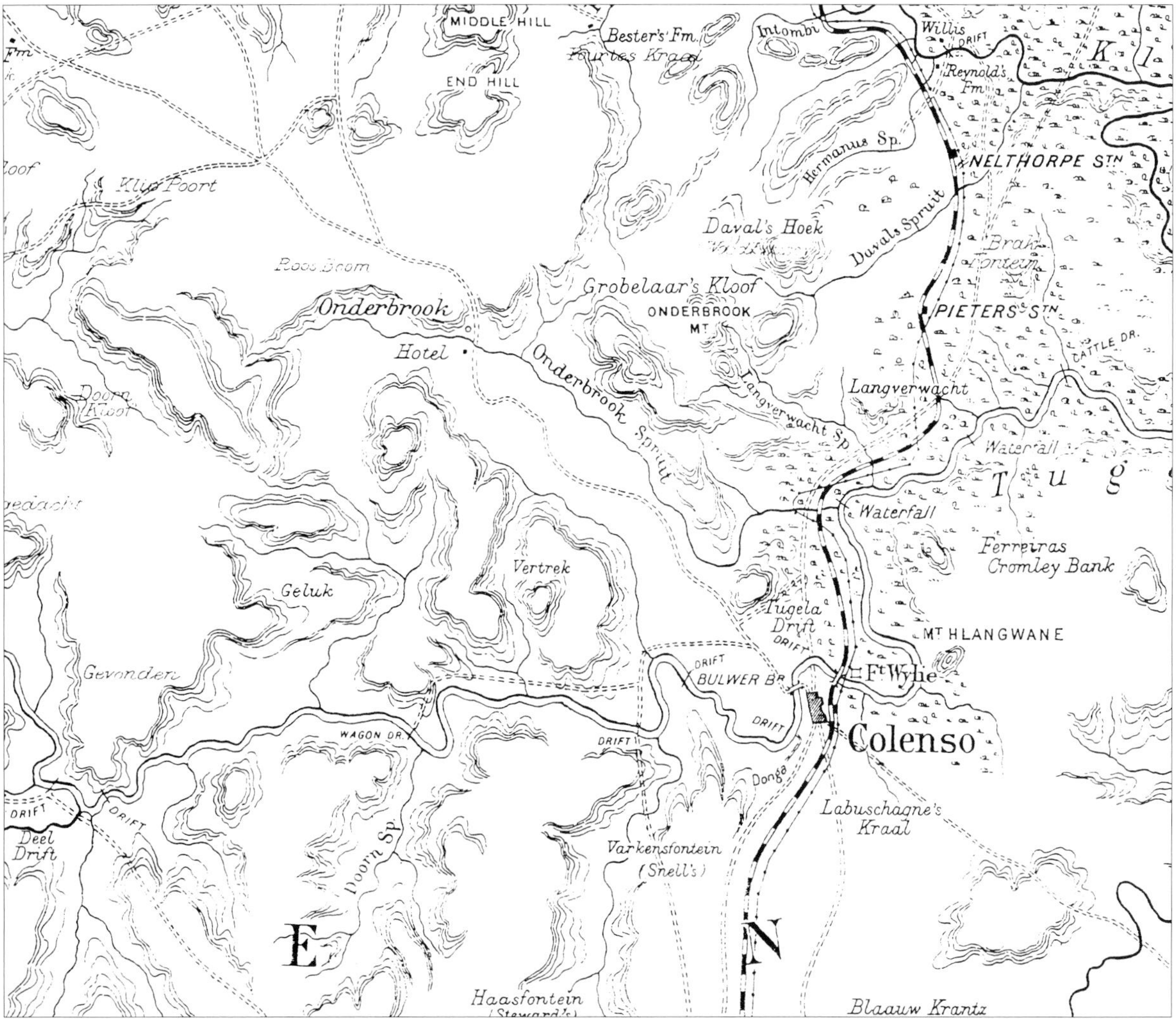

夫里海德（Vryheid）和海德堡（Heidelberg）的突擊隊堅守科倫索以北和懷利堡壘（Fort Wylie），而斯威士蘭警察（Swaziland Police）和埃爾默洛（Ermelo）與米多伯格（Middleberg）的突擊隊堅守分特鐵（Vertrek）整個西部領土。他們有10個口徑75公厘機砲，1個5吋榴彈砲和隱蔽在山上良好位置的機關砲；並沿著河邊挖好戰壕。

12月14日晚上10點命令才發出，因此來不及偵察地面。少將哈特（A. F. Hart）的第5軍隊（愛爾蘭）往左前進西部，跨越圖蓋拉河的布萊多渡口，前進到西部巨大蜿蜒曲折的「環狀溪」，並向東折回抵達波耳防線。少將希伊達（H. J. T. Hildyard）率領的第2個軍隊（英國）的任務是征服科倫索村，然後經由兩個渡河，通過布爾沃大橋（Bulwer Bridge）的拉迪史密斯路抵達最遠河岸，以便攻擊科倫索小丘。同時，上校登唐納德（Lord Dundonald）率領的右翼軍隊（Mounted Brigade）攻擊朗銳利里（Nhlangwini）。上校隆恩（C. J. Long）率領的第14和第66野戰砲兵隊（14th and 66th Field Batteries），以及中尉歐格威的艦炮隊則在右翼；上校帕森（Parson）的第63和64野戰砲兵隊（63rd and 64th Field Batteries）則安排在左翼，並由少將利特爾頓（N. Lyttleton）的第4部隊（4th Brigade）支援。少將巴頓（G. Barton）則負責指揮右翼的第6支援部隊（6th Brigade）。

少將哈特的命令攸關接下來的發展。他隨身跟著一名嚮導（非洲人）和一名納塔爾在地的口譯員協助他定位如何「從布萊多渡口立刻前進杜文寇波分流和圖蓋拉河交界處西部的位置。」從艾略特的地圖可一目了然。在「環狀溪」有條溪流匯入河流最西端，而在西端處就是布萊多渡口。但問題是艾略特可能因為根本看不清楚地面，同時又要避開波耳人步槍的射程，因此無法製作一幅準確地圖。在他地圖上的「杜文寇波分流」會流過「溪岸小懸崖」（Little Cliff on Bank of Stream），並與另條西溪流匯流一起成為圖蓋拉河上單一水道。但事實上，這些溪流並不會匯流；「環狀溪」西側夾帶另條小溪，而另一條今稱之為「杜崙分流」（Doringspruit）的小溪，則流入「環狀溪」最東端。不僅兩條溪流名稱混淆，兩個渡口也是。預期中的交界處布萊多渡口是西邊一條無名溪流的入口點，但「環狀溪」內的龐特渡口（Punt Drift）則位於「杜文寇波分流」向西急彎處。這混亂的場面可說是一場災難。

哈特的部隊大約凌晨4時出發前進行演習。少將希伊達並沒這麼快擺脫防守，而上校隆恩率領的砲兵被下令在凌晨3點半開始行動，很快就遙遙領先步兵。5點半時總司令林普斯（A. H. Limpus）下令以4.7吋榴彈炮和4個12磅砲，45分鐘持續不斷地轟炸，但波耳人因躲藏得當安然無恙。在哈特左翼的皇家龍騎兵第1隊（1st Royal Dragoons）看見波耳人過了河，馬上通報上將，並下令除非波耳人主動攻擊，否則不予理會。哈特走近圖蓋拉河，盡量讓杜文寇波分流維持在他右邊（東方），但很明顯往西行走的距離並非如地圖上所標示的那麼遙遠。他詢問非洲嚮導渡口在哪裡，並假設上將是依計畫路線前進，該嚮導很自然地往「環狀溪」中的龐特渡口方向指去，但卻有其他人警告他正進入敵軍陣地。他留下蘇格蘭步兵第1隊（Scottish Borderers）鎮守西河岸，然後帶領福特諾步兵第1隊（1st Connaught Rangers）、都柏林皇家燧發槍第2隊（2nd Royal Dublin Fusiliers）和皇家音尼史基林燧發槍第1隊（1st Royal Inniskillin Fusiliers）走向淺灘。霎時，波耳人砲擊開響，3發砲彈立即造成33名傷亡。哈特偏好緊迫掌控部隊，以大規模四縱隊行軍，事後證明這種編隊導致傷亡慘重。嚮導則趁機逃跑。

哈特與其率領的愛爾蘭軍隊遭受著毛瑟步槍和克魯伯野戰大炮的轟擊。顯然，上將只求不死，也順利逃過一劫，但卻讓他的士兵陷入困境，甚至阻礙龍騎兵（Inniskillings）從左翼偷偷出沒試圖接近河流的正確之處。騎兵蘇利文（T. Sullivan）是昆士蘭人（Queenslander），那天是跟著愛爾蘭軍隊：

我們發現波耳人在圖蓋拉河岸築了一條壕溝。一旦我們走近，他們馬上向我們部隊開槍，所以我們被命令跳進河川泳渡河岸。我留下馬匹，跳進急流。但是波耳人用鐵絲網圍住壕溝，只好開始著手剪開洞口。當波耳大砲對準我們時，幾乎所有人快要通過了，但我們被下令撤退。就在我剪下最後一刀的當下，1顆砲彈飛過我右側鐵絲網，擊中1名福特諾步兵第1隊士兵。然後，我想可能下次就輪到我，因此我就這樣返回河岸了。

波耳人從分特鐵，從拉迪史密斯路砲台，從北岸壕溝，不停地向愛爾蘭人無情開火。

總司令布勒下令少將利特爾頓把哈特從陷境中救出來，並與輕鬆拿下科倫索村的少將希伊達聯手出擊，同時支援被孤立右翼的隆恩軍隊。上午8時，整個行動取消，上將也下令撤退。英軍很難在白天及沒有明顯火力掩護下，從作戰據點中抽身。有些人在3個小時內脫逃，有些則花上一整天，還有其他人到了晚上被偷偷渡河的波耳人俘虜。布勒損失了7名軍官和138名士兵，43名軍官和719名士兵受傷，另有220人失蹤或被俘虜；也許跟之後的戰爭或美國內戰來比微不足道，但足以說服遠在家鄉的英國人，這是一場大規模災難的「黑暗週」（Black Week）。

哈特表示在行動中，沒有看到任何波耳人，但攻擊行動卻慘敗。此外，顯然他並沒有為了自己手下遭受不幸而感到一絲絲愧疚。反觀布勒，他擔下責任，並持續指揮命令。為了獲得一幅準確地圖，布勒失去了總司令一職，由羅伯茨（Lord Roberts）取代。幫波耳人打戰的上校布雷克（J. Y. F. Blake），在戰爭結束後寫道：

波耳人大都承認布勒上將是野戰中最具能力的英國指揮官。確實如此，雖然他在圖蓋拉河犯錯過，但……（他）一直都是最高指揮官，我堅信6個月內拉迪史密斯會獲得解圍，而戰爭將因此而結束。

▲波耳人砲彈位置，靠近拉迪史密斯路口及行徑到格羅貝拉（Grobbelaarskloof）的旁道；圖片遠處深綠色彎曲河灣是「環狀溪」。

蒂耶普瓦勒的無名英雄

Thiepval Sacrifice, 1916

英國前線是在1914年9月法國人抵達時所建立的，範圍從最北端的博蒙阿梅爾（Beaumont Hamel）到中部的拉波薩爾（La Boiselle）之間。在通往河川的西部斜坡上覆蓋著一大片蒂耶普瓦勒伍德森林（Thiepval Wood），英國前線則沿著森林東側邊緣佈設，藉此獲得庇護。1916年7月1日，來自阿爾斯特第36分隊（Ulster Division）的10支部隊，快速進入森林並落入可怕的陷阱。

不管英軍位於哪一側，都躲避不了德國機關槍和火砲的攻擊。北邊的蜿蜒河川往東流向聖皮埃爾－迪維永（St Pierre-Divion）附近。在南方稱之「萊比錫壁壘」（Leipzig Redoubt）的淺谷要塞則往北切入較高地勢，面朝牧葵農場（Mouquet Farm），背對波濟耶爾－蒂耶普瓦勒道路（Pozières-Thiepval road）的奧維爾（Orvillers）。牧葵農場本身已被改造成一處要塞，而介於蒂耶普瓦勒和聖皮埃爾－迪維永之間的巨大「施瓦堡壘」（Schwaben Redoubt，參見地圖方格19）也已建造完工，這三處加上一連串戰壕即整個德國前線。

在蒂耶普瓦勒前面原本是座城堡（參見地圖方格25），如今是一片公墓（紀念失蹤而被視為戰死的英軍），索福德帕爾斯第1部隊（1st Salford Pals）和紐卡索商隊（Newcastle Commercials）發動最初攻擊。6批軍隊中根本沒有一人抵達德國防禦線。最後一批還好理智撤退，沒有進入壕溝再次跟敵人開戰，不然又要成為徒勞無功的犧牲者。而南部的坎貝爾大道（Campbell Avenue），第32分隊的人在轟炸取消前已衝破突圍前進到萊比錫壁壘。他們試圖支援英軍但卻被德國機槍掃射阻礙，但英軍卻罕見地使用靈活火砲戰略，以兩顆榴彈砲鞏固了基地。

然而在森林中，阿爾斯特分隊（Ulster Division）的人充滿著鬥志。舊日曆的7月1日是博因河戰役（Battle of Boyne）的紀念日。決戰之前，他們悄悄地朝德國前線方向前進，於號角響起時，前仆後繼地衝上前去，並在德國士兵從壁壘處起身反抗之前掃除第一道防線，接著前往施瓦堡壘。在這裡受到頑強抵抗，躲在壕溝的防禦者並未被捕獲。同時，在蒂耶普瓦勒的德軍甚至還打敗阿爾斯特的側翼。下一波的戰事中，4個貝爾法斯特部隊（Belfast battalions）在縱射砲轟之下都挺了過來。西貝爾法斯特部隊（West Belfasts）的少校嘉菲基（George Gaffikin）揮舞著橙色肩帶，並哭喊著：「大夥們，衝吧！不能投降！」，而士兵們也大喊勇往直前。

施瓦堡壘的這一戰既冗長又兇殘。整捆手榴彈被擲入壕溝，企圖轟炸那些防守者。從庇護所突出的煙囪，原本是用來把手榴彈擲入住宅裡。但率領泰隆志願兵（Tyrone Volunteers）的貝爾上尉（Eric Bell），本身也是名迫擊砲士官，竟向敵人使出擲迫擊炮這一招。當天稍晚他在率領特殊步兵方陣攻擊時喪命，並被授與維多利亞十字勳章。到了上半午已攻下戰略位置，且約有500名俘虜落在英軍手中。該部隊此時群龍無首，並與其他分隊指揮官脫節。在一次短暫突襲中，他

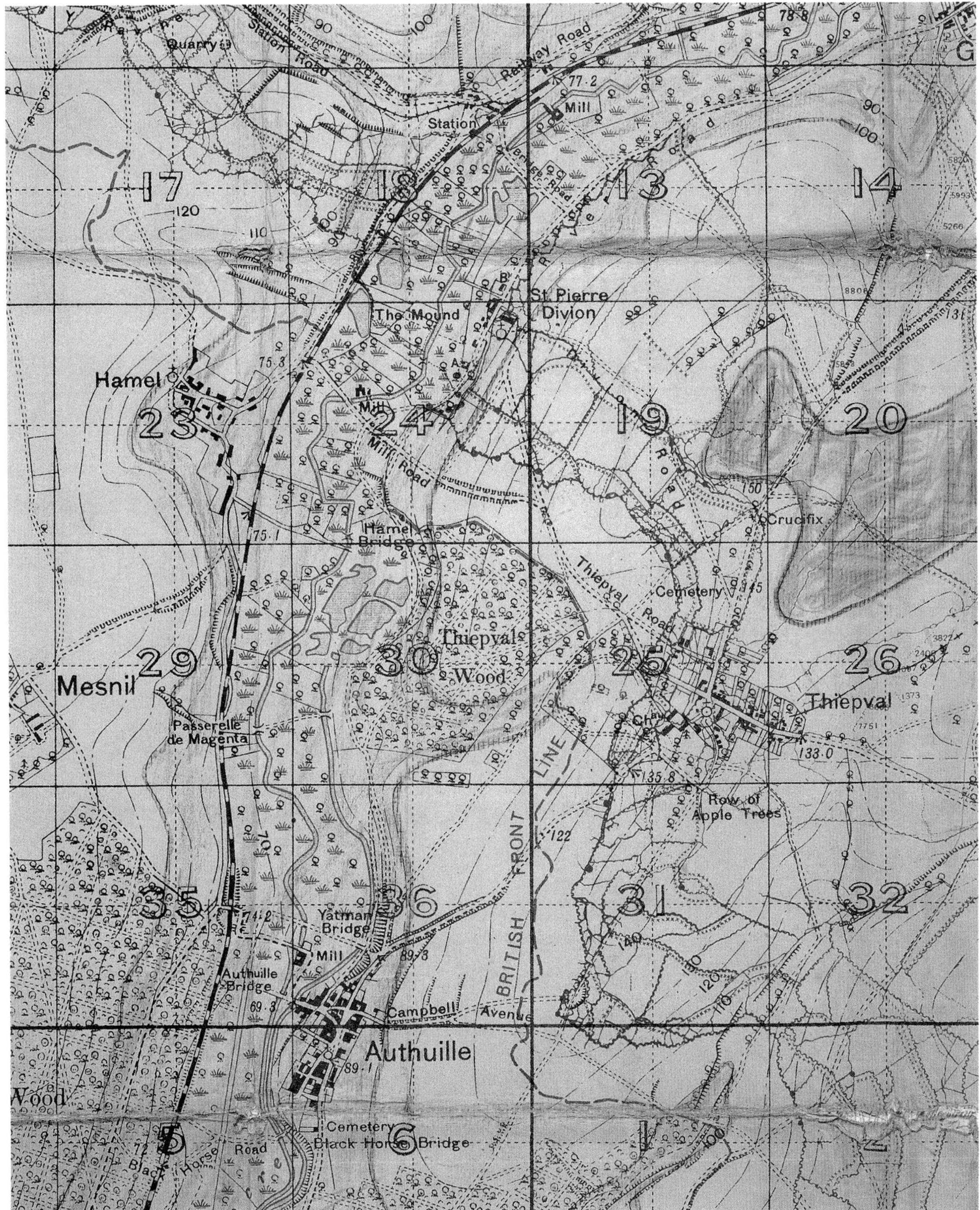

▲英國前線以藍色虛線標記，德國壕溝以紅色為主；這是英國人所知的《蒂耶普瓦勒之役》（1916年5月16日）。從地圖可以理解蒂耶普瓦勒森林成為攻擊據點的原因。此幅地圖相較德國所繪製的地圖（169頁），顯示英國確實對於敵方戰壕系統只有部分理解。

們發現一個靠近蒂耶普瓦勒的無人壕溝，可用於從後方攻擊，但他們欠缺一道命令和指揮官。

貝爾法斯特部隊被指派任務，假如他們沒有捲入施瓦堡壘的交戰，就從葛倫寇特（Grandcourt）向南跑向第二線，同菲斯史道分堡壘（Feste Staufen）守住施瓦堡壘前線。他們急速向前，但不幸提前抵達。德國野戰砲兵第26隊（26th Field Artillery）的基歇爾（Felix Kircher）在那裡遇見他們：

上午9點鐘，我在菲斯史道分堡壘的壕溝聽到有人從上面往下大聲喊，「英軍來了」。我衝了上去，看到10到20名戴著鋼盔的英國士兵站在鐵絲網外頭。我們沒有步槍，沒有左輪手槍，連手榴彈都沒有……我們純粹是砲兵觀察員。我們不得不投降，但隨後英國砲兵卻開始往壕溝裡射擊；但砲彈射程太短，反彈打到英國步兵，因此他們開始撤退。

當時德軍無法對抗貝爾法斯特部隊，反而是他們的炮火自己阻礙進攻。有幾名生存者看到德軍已聚集在葛倫寇特準備反擊，趕緊返回戰友身邊。在新防禦據點，阿爾斯特部隊（Ulsters）發現自己孤立無援，所有側翼攻擊均告失敗，這些士兵是滲透到第二德國前線的唯一部隊，但並無抗敵的力量。

反擊開始後，預備軍被派遣前往替阿爾斯特部隊解圍。最後，蒂耶普瓦勒落入德國人手中，任何企圖從森林穿越無人之地注定是失敗的。西約克郡第6部隊之分隊1（1/6th West Yorkshires）的二等兵威爾森（J. Wilson）描述了自己的經驗：

我們排成縱隊前進，穿越曾是樹籬的缺口；每次僅供1人穿越。德國在該缺口設有訓練有素的機關槍手，而輪到我的時候剛好停下腳步。而機關槍正好停止，應該是彈夾已經用完了或是卡住。我趕緊穿過缺口，但來到了另一頭，眼前所看到的景象可是震懾人心。那裡的壕溝與樹籬平行，而上面疊了一小座山的人，全都是比我先到的人，他們不是早已喪命就是在垂死之中。

德國人不停地攻擊施瓦堡壘。隨著每次的擊退，傷亡人數增加，彈藥也隨之減少。到了晚上，阿爾斯特部隊被迫撤退到舊的德國前線，最終在那裡獲得西約克郡部隊的救援。接下來敵軍佔據了同個位置3個月。阿爾斯特部隊失去了約2,000條生命，2,700人受傷，165人被俘虜。

許多新軍的軍團，都是來自同一單位的士兵所組成的阿爾斯特分隊（Ulster Division）；一起並肩作戰的多為鄰居和兄弟。而在巨人堤道（Giants Causeway）附近的布什米爾（Bushmills）的一個小鎮，那裡有許多人加入了皇家愛爾蘭步槍隊第12營（Royal Irish Rifles－12th Battalion）。

◀蒂耶普瓦勒附近的城堡和教堂鐘塔，攝於1915年。如今蒂耶普瓦勒是英國最大的紀念碑之地。

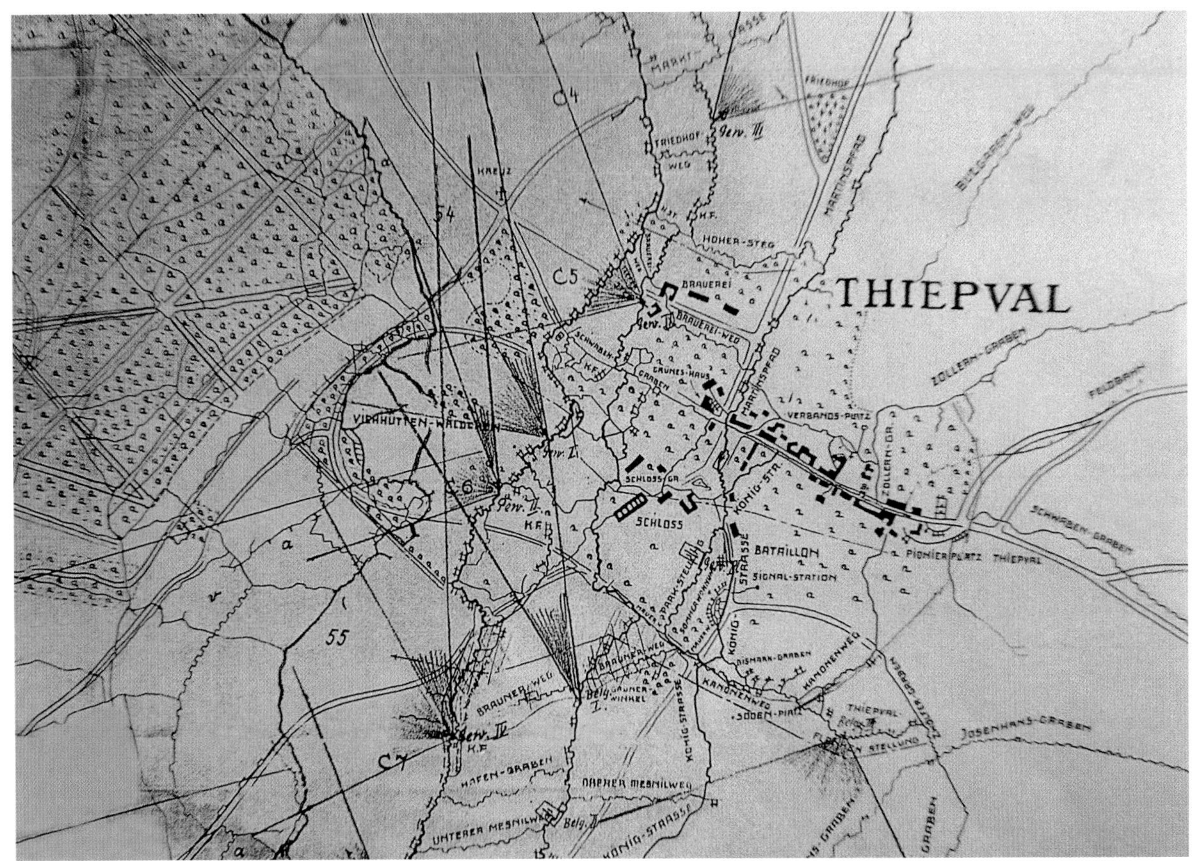

另一位布什米爾人麥樂端少尉（Edward MacNaughten，亦稱巴特），被借調到黑衛士兵團（Black Watch）。7月1日，他們作為阿爾斯特的左翼河川戰線，當天有23名布什米爾人戰死，其中只有6名找到屍體。克雷格（Alex Craig）當時27歲，他的弟弟薩穆爾20歲；麥高恩（John McGowan）19歲，他的弟弟詹姆斯18歲；他們互相支援並雙雙身亡。布什米爾人口只有2,500多人，但這一天卻損失了將近總人口的四分之一。二等兵奎格（Robert Quigg）於7月1日獲贈維多利亞十字勳章。其他於1918年獲贈勳章的布什米爾人，依序是2名軍功十字勳章（Military Crosses）、7名軍功勳章（Military Medals）、2名傑出忠勇勳章（Distinguished Conduct Medals），以及1名英勇十字勳章（Croix de Guerre）。縱觀英國的城鎮和村莊皆遭受到類似悲劇。村裡的足球隊隊員全陣亡，而學校孩子不是死亡就是受傷。這個衝擊實在是太大了。

▲這幅罕見地圖難以理解，甚至不好閱讀，但顯示了德國機關槍掃射範圍。這幅應作為英國人為國捐軀的文獻。也許有了這幅地圖，就能少頒幾個軍事十字勳章給布什米爾人，甚至減少損傷。在蒂耶普瓦勒前面就是城堡，蘭卡郡第15隊（15th Lancashire）和諾森伯蘭燧發槍第16隊（16th Northumberland Fusiliers）發動第1次進攻。6批軍隊中，沒有1人順利抵達德國防禦線。

帕斯尚爾戰役

Passchendaele

1917年夏天，英國陸軍元帥道格拉斯·黑格（Douglas Haig）在佛蘭德斯（Flanders）發動一場大規模戰役。在法國境內，德國人撤退到英國人口中難以突破的防禦工事——「興登堡防線」（Hindenburg Line）。4月份協約國英國和加拿大準備趁法國進攻仕女路高地（Chemin des Dames）之時，以鉗形大攻勢夾擊維米嶺（Vimy Ridge）和阿拉斯（Arras）敵營陣線。目前來看，只剩下英國獨自面對與德國的棘手交戰。

在伊普爾（Ypres）前方是高低起伏的山脊，約莫50公尺之高，雖然並非特別高聳，但這樣的高度座落在平地鄉間中，已足以讓人站在上面觀察來路敵軍的概略蹤影。大約20多年以前，比利時人勘測到地質層是黏土阻水層，約35公尺深。而在此層之下是含水沙岩層，這促使工程師往下鑿井取水。在黏土層之上形成一條從南到北包圍伊普爾古鎮的山脊線，沈積的砂層和黏土層上面覆蓋一層排水良好的土壤。耕地所依賴的土壤將從山脊流下來的水排入溪流河域，這套排水系統沿用至今。但是，一旦排水系統被破壞，即使在乾燥天氣，土地也會積水不退，而如果泥土層被破壞的話，地下水也會湧出。

第3次伊普爾戰役始於7月31日，大雨也開始下個不停。到了8月下旬，英軍仍未抵達帕斯尚爾村（Passchendaele）。德軍非常依賴複合碉堡、小型混凝土堡壘，但壕溝挖掘受限於地勢狀態，且部隊必須鎮守砲彈坑。所以，德軍轉換成更靈活的防守方式，搶在英軍以砲彈和機槍火摧毀他們之前，先將英軍誘導到其它地方去。英軍對應的方式則是重組整頓軍隊步兵——步槍兵、手榴彈兵、路易斯機槍手，並引入新戰術來牽制和包抄德軍的抵抗。英軍還運用最新炮火射擊方式；在敵軍反彈幕炮擊回攻瞄準他們之前，以徐進彈幕方式密集進攻到敵軍之間。可想而知，炮火連天讓整個村莊化身成沼澤泥地。

加拿大軍隊在新指揮官中將柯里（Arthur Gurrie）帶領之下，於10月18日返回伊普爾敵軍陣營。據說他們當時幾乎認不出地勢，所知的村莊已不見蹤影，樹林也消失了，而原本的溪流已成一片廣闊大沼澤。只有從佐內貝克（Zonnebeke）到荷拉史搭佛（Gravenstafel）的道路依稀可辨，只能勉強作為殘缺地形中的參考點。他們從佐內貝克南方道路，橫跨到荷拉史搭佛－摩塞馬特之路（Gravenstafel-Mosselmarkt），此區也是最後紐澳聯軍（ANZAC）大攻擊的地域。這次加拿大軍隊出征的任務，就是確保鞏固渴望已久的目標：帕斯尚爾村和周圍山脊。

他們全力搶修道路和小徑，以便槍支和物資能夠順利運行。但因不斷遭受砲轟，以及受到德國引進的新毒氣手法——藍十字毒氣（Blue Cross）攻擊，它能滲透防毒面具，造成無法控制的打噴嚏和嘔吐現象，阻礙任務進行。德軍也重新思考他們的防守戰術。英軍則以「跳蛙戰略」（leapfrogging）進攻，目標是一處接一處的鞏固陣地，並在徐進彈幕掩護下，讓德軍任

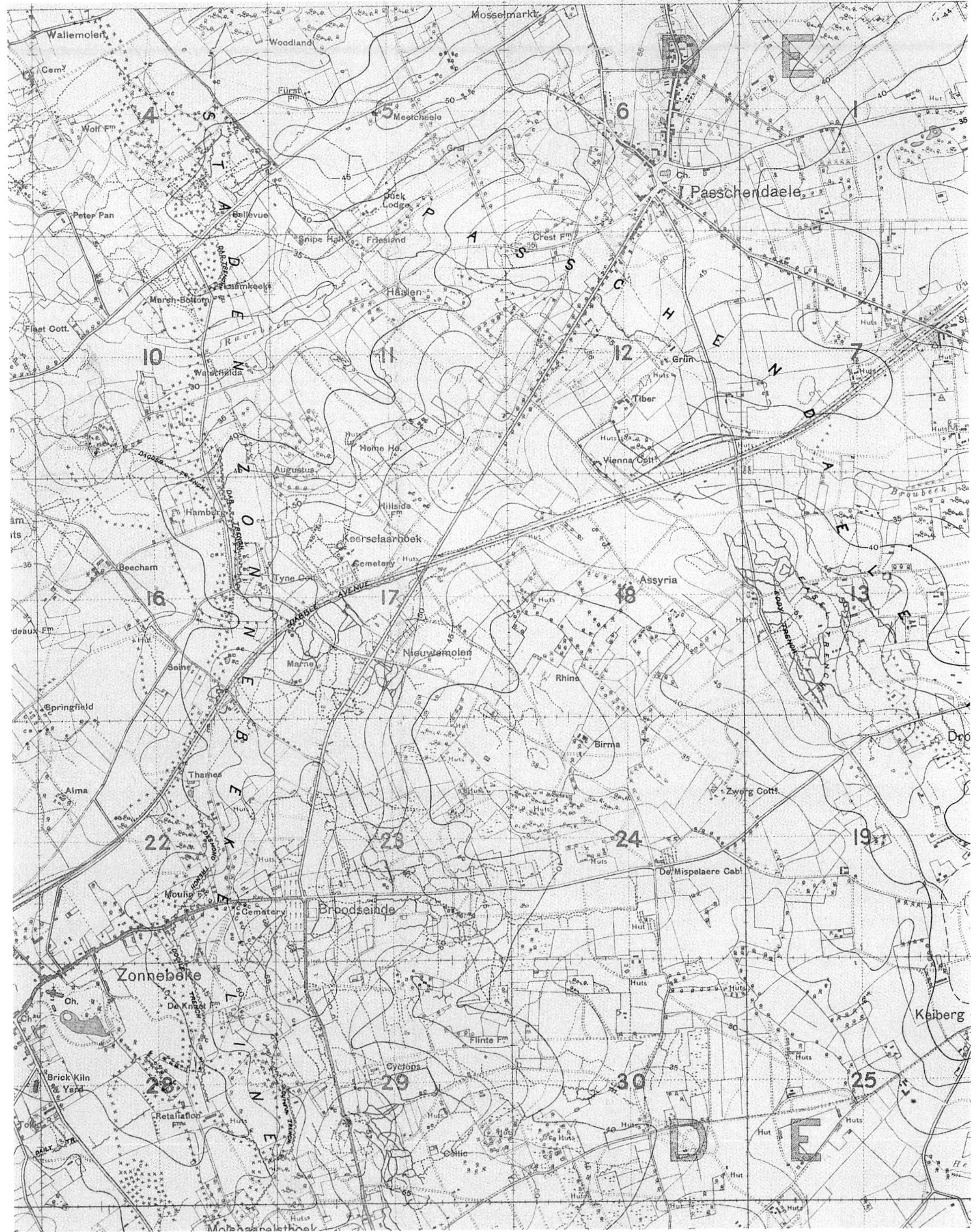

▲1917年9月8日英國繪製的地圖，紅色X表示鐵絲網或障礙物。紅色線條表示德國戰壕；虛線處則為舊式或廢棄的。門寧路橫跨懷切特－帕斯尚爾（Wijtschate-Passchendaele）山脊頂峰，這裡是最棘手的攻堅據點。

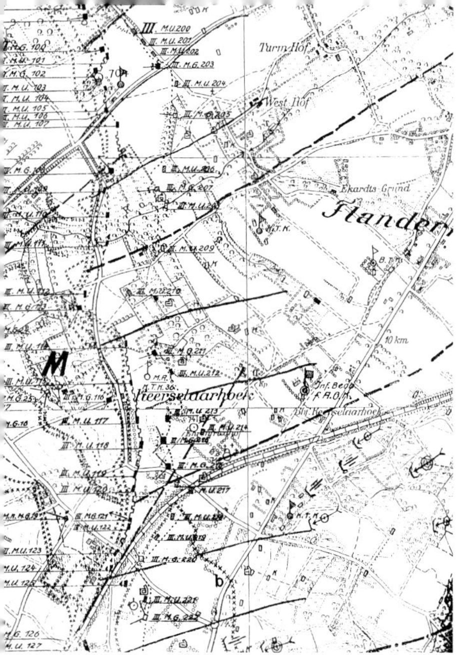

▲德國在帕斯尚爾西側山脊的機槍分布圖。

何的反擊都得付出極高代價，此戰略在門寧路嶺（Menin Road Ridge）和多邊森林（Polygon Wood）的德軍簡易防守前線發揮得相當成功。接著布魯珊姆（Broodseinde）重兵防守前線也失守。於是出現了「視域」（forefield）的概念：簡易防守前線距離主要防禦陣地，必須達915公尺之遠，中間緩衝地帶一旦在前哨退守後將佈滿炮火。在帕斯尚爾山脊的巴伐利亞第11分隊（11th Bavarian Division）的三聯軍團，都有各自主要防守的位置，其中兩聯接續在後方就緒，等待加拿大的到來。

德軍前線炮火轟炸整整4天，目的是為了摧毀具防禦功能的碉堡和炮樓。指揮官柯里決定留下獨自解決羅浮畢沼澤（Ravebeek bog）的問題，顯然是為了防止無謂傷亡所做的決定。

10月26凌晨5時40分，第2次帕斯尚爾戰役開始。無論在門寧路的任何一側，英國第7和第5分隊皆陷在戈路維鎮（Gheluvelt）的沼澤區。隨著天色越來越黑，轉向綿綿細雨，加拿大第46大隊與澳大利亞第18大隊作為右翼攻擊，沿著山脊和跨越荷拉史搭佛－摩挲馬特之路（Broodseinde-Passchendaele），在薄霧中前進。雖然他們拿下目標，但加拿大卻有百分之七十人員傷亡。在同地區兵分兩隊形根本是個錯誤，因為導致混淆。有人回報加拿大人和澳大利亞人已佔據跨越鐵路的矮叢林（Decline Copse），導致加拿大和澳大利亞各自以為對方會留守而雙雙撤退，因此留給了德軍前進佔據矮叢林的機會。但24小時後，加拿大第44營（Candadian 44th Battalion）進行夜襲驅離德軍。

加拿大第9軍隊第43營在進攻貝爾維尤嶺（Bellevue Ridge）時進展良好，以手榴彈轟炸清除了碉堡，但他們的右翼第58營卻牽制於朗科克（Laamkeek）碉堡。因為德軍從山丘上指揮炮火攻擊，迫使他們撤退，但有些人繼續奮戰。第43營的中尉森蘭（Robert Shankland）由機槍第9連（9th Machine Gun Company）的士兵支援著，一起牢牢佔據德國之前在貝爾維尤支脈（Bellevue Spur）的陣地。到了午時，第52營前來支援前哨整合軍隊。他們一一突破每個碉堡，以槍榴彈作為掩護，並從洞口投擲手榴彈。這是個艱苦骯髒的工作，到了晚上終於成功擊退德軍。 在黑暗中，尋找受傷的人和照料傷者的工作繼續進行。加拿大野戰救援隊第11營的二等兵霍奇森（F. Hodson）在泰恩卡特（Tyne Cot）寫道：

我們有兩座碉堡……醫生和他的助手一組，而身為抬擔架人員的我們，位於約莫100英尺遠之處……我們一共有3小隊。每小隊8人，因為要把擔架從泥巴裡扛起來需要6人協力合作。那天我們抽籤，看看誰應該先走。我的小隊抽到最後一個……我們抬著傷者離開，花很大的力氣走過泥地。走了幾百碼距離之後，我們陷入了攻勢。我們把躺在擔架上的傷者放到地面上的窪地。這位受傷的孩子害怕不已……來不及將他抬到急救站前就走了。在回來的路上，我們看到第1小隊的遺體，只剩下四肢散布滿地。那天，我們失去了10位擔架人員。

加拿大首次發動3天的帕斯尚爾戰役時，共有2,481個人傷亡，其中585位陣亡。柯里拒絕急於再進一步攻擊，3天過去了，道路進行了修復，並重新整頓了備戰狀態。10月30日襲擊又開始了。德國的炮火8分鐘後才開始回擊，這段寶貴時間讓加拿大人有移動的機會。第85營的右翼進攻，拿下維也納村莊，並達到了終期目標，但卻也犧牲掉一半的人；至於第78營的左翼正俯瞰東坡嶺。第72營的人則分別前往波峰農場（Crest Farm），沿著山脊側面移動並往左側散開拿下。他們前面的偵查隊發現了德軍準備從帕斯尚爾村撤退。而下方的羅浮畢沼澤，限制他們建立一個安全的防線，而在他們前面，帕特里夏公主的加拿大輕步兵團（Princess Patricia's Canadian Light Infantry）則面臨艱難情況，所以只好將最後一道防線從波峰農場繞回來。第78營的二等兵皮卡德（J. Pickard）是信號員，但無情的炮火破壞通訊線，他只好轉為信使：

雖然下午開始下雨，但這天其實過得挺順利。我像名人工通訊線，來回跑來跑去的，但至少每跑一趟我們就離帕斯尚爾近一點。他們最後走到了道路底端的村口。可以看得出來這條道路毀了兩側村莊……這地方就是他們口中的「波峰農場」。他們可是努力奮戰才佔據了此地，這裡屍體遍布成堆。不過，我們還是接手作為鞏固防線之地。

帕特里夏公主的加拿大輕步兵團在晚上出奇制勝的突破鷸鳥廳（Snipe Hall）以及鴨屋（Duck Lodge）據點。只有這樣才能在砲火重轟下順利佔據密切勒（Meetcheele）十字路口，從那裡抵達貝爾維尤支脈（Bellevue Spur），形成對德國的重大威脅。但他們差點失敗。路邊的碉堡朝向他們砲轟，有兩名勇士前往應戰。中尉麥肯齊（Hugh Mackenzie）朝他們開火，並戰死其中，而警長穆林（George Mullin）獨自慢慢攻擊，用他的左輪手槍殺死兩名機槍手。這兩人都被授予維多利亞十字勳章。左翼加拿大第5火槍營（5th Canadian Mounted Rifles）掙扎地走過林地種植園，午後登上山脊。第3位被授予維多利亞十字勳章的人，少校皮爾克斯（George Pearkes）佔據瓦波農場（Vapour Farm）和原料農場（Source Farm）來對抗德軍的反擊。加拿大這1天的行動與之前3天攻擊的代價一樣高：總共884人死亡，1,429人受傷。

在接下來幾天裡，德軍反擊次數頻繁，但基本上都不成功。柯里休息7天才再次出動。11月6日，經過一番苦戰，到了上午8時45分，該座村莊終於被加拿大拿下。該行動迅速果斷，但代價也很高。傷亡人數高達2,238人，其中734人陣亡。

在暴雨連下4天之後，加拿大人與英國人並肩作戰，將防線推進到北方。最終陣地是位於帕斯尚爾上頭的脆弱敵區，雖然加拿大人成功地將德軍推擠到山脊東側加以鞏固據點，但德軍仍毫不留情地砲轟4天。11月15日，第3次伊普爾戰役宣布結束。

▲二等兵拉布倫（Reginald le Brun）與他的維克斯機槍，準備在加拿大進攻時發動掩護。

比利時 D計劃

Plan D in Belgium

1939年，英國遠征軍（British Expeditionary Force）與法國和比利時聯合同盟對抗德國攻擊。在法國東部，馬其諾防線（Maginot Line）的堡壘是入侵者難以逾越的界線。但比利時南部的亞耳丁森林（forests of the Ardennes）似乎能抵緩敵方進攻的速度，因此德軍決定採用第一次世界大戰中的「施里芬計劃」（Schlieffen Plan），以亞耳丁森林為主要攻擊路線[4]。

英國遠征軍戰鬥規模很小，9月只有5團陸軍師（division）可出動，另外5團隨後就到，所以抵抗能力將取決於法國配置的80多團陸軍師。

此刻的問題是「比利時」宣布中立，因此無法跟比利時討論或計劃任何戰場事宜。這個僵局在1940年1月，因一名迷航迫降馬斯垂克的德國軍官被虜獲後才緩解。原來這名德國人手中有份入侵比利時和荷蘭的計畫，致使盟軍設立布魯塞爾防線，該作戰計畫為「D計劃」。法國第7軍急著抵達北荷蘭邊境，第1軍部署整個比利時，英國遠征軍則部署比利時首都中心。所有具體作戰計畫的安排細節，都呈現在總司令戈特總部的那一幅巨大地圖上面。接下來，他們守株待兔。

5月10日上午6點45分，在德軍襲擊荷蘭和比利時邊界兩小時之後，比利時終於請求英法進入國家境內。法國騎兵部隊（French cavalry）快速到達同盟國的作戰陣地代拉河（Dyle）前設置防禦牆，法國第2和第3輕機械化步兵師（2nd and 3rd light mechanized divisions）則於隔天準時抵達列日（Liège）附近。9日，3個國家的空軍空擊東部橋樑，比利時第7步兵師（7th Infantry Division）卻被瓦解，讓德國第4裝甲師得以（4th Panzer Division）突破列日防線快速推進。

英國遠征軍則往東部布魯塞爾的陣地移動。第12皇家槍騎兵團的先鋒隊，與北部法國騎兵部隊形成了一道防線，部隊也受到比利時人的熱情接待。第1和第5女王皇家兵團（1st/5th The Queen's Royal Regiment）的少校賽森比（Lord Sysonby）在家書中寫道：

我們在半路中的某大城鎮停下來喝一杯咖啡時，被一群嘰嘰喳喳的人群熱情包圍，上下打量著我們的外表……標準問候語似乎是以濃厚英文口音說：「再見，蒂珀雷利」（Goodby Tipperary），而我們通常回答說：「晚安，萊斯特廣場」（Good night Leicester Square）。似乎沒有人理解為何這麼說，但也都欣然接受。

第2皇家騎馬炮兵團（2nd Regiment Royal Horse Artillery）的少尉希頓－華森（Christopher Seton－Watson）回報說：

比利時人把水果、餅乾和巧克力丟進卡車……迷人的農家姑娘送給車伕和我一大把白色丁香花，並摟住車伕脖子親吻他的雙頰。

4. 一戰時，德國元帥施里芬主張從比利時取道進入法國，因比利時兵力不足為懼，只要保持右翼強大即可。二戰時，德軍延用此計畫，意圖從亞耳丁森林向英吉利海峽推進，形成對盟軍的包圍。
5. 泛指隱藏在對方內部，尚未曝光的敵方間諜。

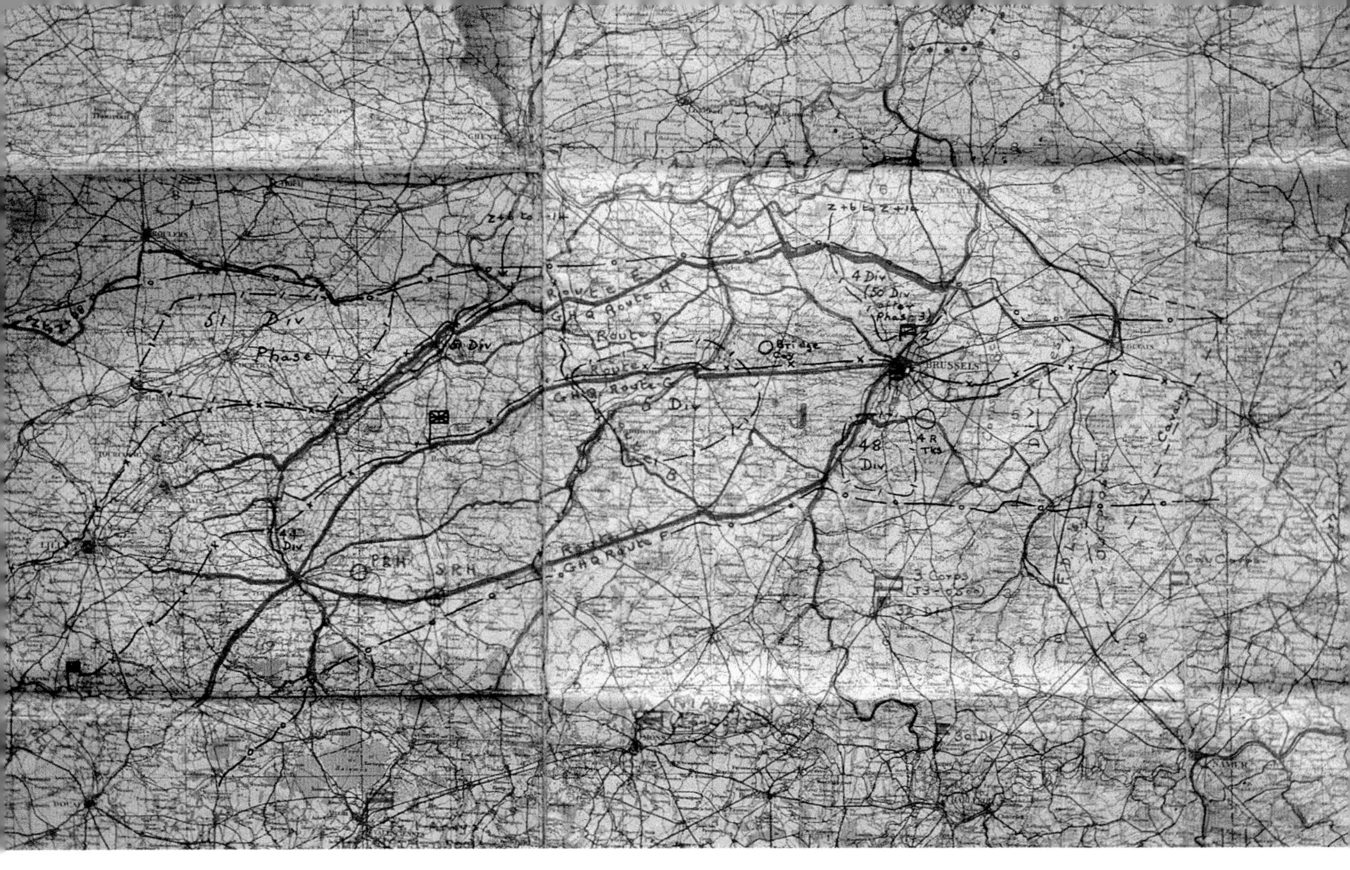

▲難能可貴的一張照片，這是戈特為「D計畫」製作的《HQ地圖》，此幅現為私人收藏。比利時陸軍退守代拉河（Dyle）和艾伯特運河下游，以鞏固安特衛普。法軍則捍衛戎布爐，是位於代拉河和座落馬斯（Meuse）之間的缺口。英軍則保衛代拉河上游。德國的裝甲武裝攻擊讓計畫支離破碎。

身為受人尊敬的已婚男士的他完全不感到害臊。

對於間諜和「第5縱隊」（fifth-columnists）[5]則充滿戒心。塞森比寫道：

世界上的間諜像蜂巢一樣密密麻麻，亨特（Basil Hunt）光追他們就忙了一天。西蒙（Corporal Simmonds）今早第一個看到的是一位在閣樓放鴿子的人。之後，有一群人以反常模式在割草或耕田，這顯然是向敵機傳送某種訊號。空氣一如往常充滿生動的謠言，最出色的一段是關於分區總部被震怒的德國傘兵包圍著。到目前為止，我們不知道他們為什麼憤怒！……今天（4月15日）我們一如往常受到傘兵恐嚇，並被警告說，德國可能採取任何類型偽裝，包括牧師之類。所以，當我們看見80名牧師在路上行進時，我相信我們一定可以抓住他們。我們從各種角度、以手上現有武器將他們圍住，然後尾隨他們走入森林。我一手拿著左輪手槍走進森林時，打賭在他們開槍打我之前，我能先射死多少人。我悄悄地跟隨在後，看見他們下跪感謝上帝讓他們從危險中僥倖生存。我慢慢轉向他們，像一位正在觀看毫無戒心的受害者的殺人犯。

法國第1軍的司令官布朗查德（Blanchard）和騎兵部隊的司令官普利尤（René Prioux）是在英國遠征軍南方，鎮守瓦韋爾（Warve）和馬斯河谷（Meuse）之間的防線。1940年，法國人認為此處平坦的地勢是一條讓德國裝甲師橫行無阻的完美路線，德軍第3和第4裝甲師戰車停在馬斯垂克（Maastricht）交叉口聚集備戰，也說明德軍對於此處的渴望，讓盟國確信這將成為德軍的主攻路線。

5月12日下午，法國第3輕機械化步兵師的中尉樂貝爾（Robert Le Bel）在軍漢（Jandrain）附近，從他的哈奇開斯H-39坦克（Hotchkiss H-39）的砲塔望去看到：

……3公里遠之處顯示一個特別的畫面：一個裝甲師軍團正在備戰中。這種裝甲部隊大規模集聚的景象真令人難忘，而透過望遠鏡所看到的畫面更是嚇人……有些人可能是軍官在坦克車面前來回比劃手勢指揮。應該是在下最後一道命令……突然，彷彿魔杖一揮而空，他們全都消失了……地平線上已是一陣塵土飛揚，敵人的行動已揭露，我馬上進入坦克車內，關閉艙門，並透過反射放映器觀望。

戰爭持續從下午延燒到晚上。夜幕降臨時，法國已損失24台「哈奇開斯H-39」和4台「索瑪S-35」的裝甲戰車。且德國在對戰過程中，同時讓第8空軍部隊從空中進行反擊，漢努鎮（Hannut）最後落入德國手中。隔天上午，斯圖卡（Stukas）祭出更大軍力，阻止德國佔領梅爾多普（Merdorp）。一整天下來，他們抵達漢努鎮以西10公里處的拉米伊（Ramillies），但損失了11台「索瑪S-35」和第2法國胸甲騎兵（2nd Cuirassiers）的4台「哈奇開斯H-39」。至於北方德軍第3裝甲師則將第1法國胸甲騎兵往後推到雅烏奇（Jauche），並摧毀其25台坦

▼英軍炸毀魯汶鎮（布魯塞爾西部）的橋樑。在德國第6軍團突破代拉河後，他們5月16日撤出小鎮。隔天布魯塞爾、魯汶和馬林都淪陷，接下來換安特衛普。《凡爾賽條約》（1919年）割讓給比利時的地區全已被重新納入德國。

克戰車。法國司令官普利尤被迫下令退守到瓦韋爾－那慕爾（Wavre-Namur）的東部防線。

目前的法國步兵算是鞏固得不錯，所以，當德國第3裝甲師越過防線，追緝法國第3輕機械化步兵師時，反而被第1摩洛哥部兵師（1st Moroccan Division）出手打擊。此場戰役於5月15日於戎布盧（Gembloux）和馬拜爾（Perbaix）之間再次交手，在艾那橘（Ernage）兩側的這場混戰雙方皆未佔上風，也讓盟國明白，決勝點另有他處。處於馬士河（Meuse）以南交叉處的第1軍（1st Army），揚言5月13日要在色當（Sedan）和5月14日在迪南特（Dinant），發動包抄盟軍。上將比洛德（Bilotte）下令撤退，先退到滑鐵盧（Waterloo）和查力瓦（Charleroi）的防線，然後在5月16日，退回到6天前出發的地點艾斯考特河（Escault）。

這道命令對於幾乎看不到什麼砲擊的英國遠征軍隊來說，簡直不可置信；比利時更是震驚不已。在奧丹納德（Audenarde）附近的艾斯考特河預備作戰的塞森比（Sysonby）在信中寫道：

> 前天（5月17日）下午5點45分，有人下令要我在8公里遠的十字路口處，開始實施交通管制……等我抵達時，部分軍隊已經開始通行，這個驚人場景簡直是筆墨難以形容。我們居住的祥和小村莊對於接納撤軍的準備根本是措手不及，而聽到我們不需再進攻或甚至不再鞏固陣地的消息，更是令人震驚不已……這些可憐的人不得不將所有家當裝進一只手提箱，拋下他們畢生工作和積蓄遠離家園。這一天、隔天，最後一晚，人潮通行曾不間斷過。

從代拉河到諧納河（Senne），再到登德爾河（Dendre），再到艾斯考特河，英軍一直在撤退。而當他們走到大橋時，橋被炸毀。砲兵在一個不斷重新部署的狀態，撤退又堅守崗位掩護同志撤退，再移動到後方。

到了5月21日，英國移到在圖爾奈和瓦朗謝訥（Valenciennes）的中間的艾斯考特河的陣地。他們與法國第1軍和比利時陸軍共同對抗德國人。其它人都低估此計劃，只有英國遠征軍司令戈特（Gort）非常清楚明白，德軍指揮官古德里安（Guderian）的裝甲部隊已經在英吉利海峽。幾天之內，盟軍將抵達敦克爾克（Dunkirk）海灘。

▲英國軍隊進入比利時受到熱情無比的接待。5月20日，第19裝甲軍團攻佔了阿布維爾和諾萊斯，順利前進到英吉利海峽，因此將英國遠征軍、法國第1軍團和比利時陸軍與法國剩餘軍力分開到索姆河以南。小漁船已開始在敦克爾克聚集。

敦克爾克大撤退

Dunkirk

「希特勒親自下達第2和第8軍團聯合左翼的B集軍團攻擊阿拉斯（Arras）東部，並持續往西北進攻的命令。另一方面，部隊朝阿拉斯西北部推進，但並未超越一般運河防線[6]。身為東翼的機動部隊，則負責引導敵軍到上述提及的優勢防線陣地交戰。」

1940年5月24日電訊發出的這道著名的「希特勒命令」（上述），一直以來備受爭議；這其中令人匪夷所思的關鍵是一幅地質圖。由於法國和英國蹣跚走過佛蘭德斯野地，而德國裝甲師從南方推進，看來勝券在握。不過，為什麼裝甲軍要引盟軍入海而非往前進攻？有人認為是戈林向希特勒施壓，讓德國空軍獲得摧毀英國的榮譽。也有人認為希特勒刻意給英軍脫逃的機會，是為了之後政治上有助於與英國議和。最後，據說希特勒否決了所有人，理由就是錯過良機。不過，所有解釋都不是造就敦克爾克「奇蹟」的答案。

法蘭克部隊（Frankforce）的攻勢，英國遠征軍在阿拉斯的反擊，都對希特勒本人造成了衝擊。倫德斯特（Rundstedt）和克萊斯特（Kleist）一直擔心他們的側翼暴露行蹤，希特勒也替他們擔憂。且英國接連取得的勝利，上週二德國第5分隊的挫敗，亦證實了他們隱憂。此外，德國第8空軍部隊承認英格蘭皇家空軍戰鬥機造成「斯圖卡」（Stuka；即俯衝轟炸機）損失慘重。德軍對於佛蘭德斯的作戰計劃尚未有結論。現在的情況是，德軍B集團軍開始從北面和東面進逼，而A集團軍組從南面和西面向剩下盟軍部隊施壓。誰應該是在最後階段掌控戰局的人？哪支軍團適合這次任務？是重裝甲的A集團軍，還是步兵充備的B集團軍？在這個情況下，博克（Bock）從倫德斯特那調來第4軍的步兵，納入自己率領的B集軍團。然後，重新編制一支整合步兵、砲兵和空軍的軍團。他們必須破除與A集團軍對抗的盟軍部隊，鞏固從卡夫令到聖奧馬爾的防線〔即沿著「阿河」（Aa）和從艾耳（Aire）和貝蒂納（Béthune）到郎斯（Lens，即運艾耳運河或拉巴塞防線）〕。德軍熟悉加萊（Calais）和新波特（Nieuport）之間的地形，前線的將領認為該區地形適合裝甲

◀希特勒唯一一次拜訪巴黎，1940年6月23日。

▶1939年2月製作的德國地圖，顯示適合裝甲戰車和機械化步兵前進到英吉利海峽的路線。從迪南（方格15）出發的隆美爾路線是在康布雷旁邊，左邊是阿拉斯，上面則是里耳（Lille，方格5）。該地區低於海平面。

6. 此防線是介於 Lens、Béthune、Aire、St Omer、Gravelines 之間的運河路線。

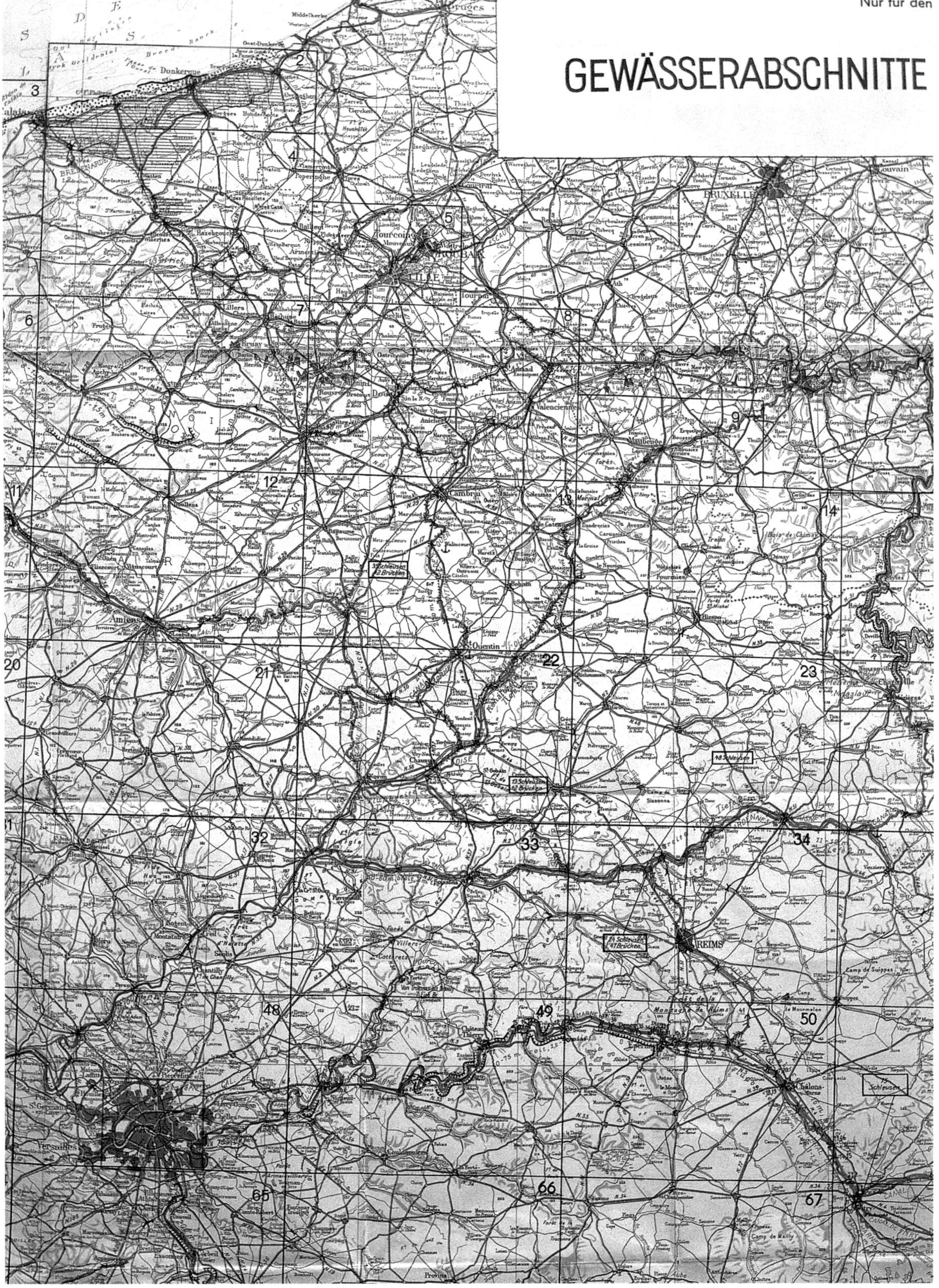
Nur für den
GEWÄSSERABSCHNITTE
Dunkerque
Bruges
Lille
Tourcoing
Amiens
Cambrai
Reims
Versailles
Épernay
Provins
Camp de Suippes
Camp de Mailly
Montagne de Reims
Schleusen

軍行動。但最終下達命令的人並不在該區附近，且必定會受到官方參考手冊的影響。

1940年2月29日，一系列的地圖和手冊在柏林出版，但僅供軍方使用。在《北法地質圖》（*Militärgeographische Beschreibung von Frankreich*）的第一卷陳述：

在潮濕的天氣下，一片廣大原野成為沼澤地帶，根本無法步行通過。而車輛一般只能在可行駛的道路上移動，其實道路非常多，而且大多堅固。這些道路和小鐵路穿越堤防；一般來說，像是水道、運河、溝渠都很狹窄，這樣的形式大量可見，適合密佈鐵網來防禦。

伴隨本手冊的地圖，也附註一些敦克爾克周邊的地形說明：

主要土壤類型：泥炭，地表附近的地下水。步行和交通工具：任何時候都差強人意難行；旱季有利步兵通行。障礙：軟土地面，許多縱橫交錯的溝渠、淺層地下水，可以挖出來形成水道障礙。砲兵射擊陣地：潮濕，地面不能夠負載重量……砲兵觀察優勢：平坦、地勢低窪、無上升地面。

而那些沒有顯示低於海平面的地形，也只佔到一點點優勢而已。對於曾見過土地被戰爭破壞的人來說，結論顯而易見：這片土地只要碰到一滴雨，對於坦克車來說絕對必死無疑。古德里安為此感到震驚。他寫道：

這一天（24日），最高統帥調停正在進行的軍事操作，這過程可能將嚴重影響未來戰爭走向。希特勒下令左翼在阿河停戰。這條河禁止穿越。

他接著下令，德國空軍要拿下敦克爾克，如果可以的話，順便連加萊也一起。

我們完全說不出話來。但由於我們不知道這道命令的原因，也很難反駁它。因此，裝甲師奉命：「鞏固運河防線。利用這段時間好好休息。」

阿道夫－希特勒武警衛騎隊（SS Division Leibstandarte Adolf Hitler）被分派給古德里安指揮，他下令進攻位於阿河的聖奧馬爾以北10公里處的沃滕（Watten）。星期六早上，他去檢查警衛騎隊，發現指揮官迪特里希（Sepp Dietrich）違令，他越過渠化河道，並以一座修道院廢墟作為陣地。但迪特里希解釋，從山頂上，敵人可以看到他那些在西岸的士兵，古德里安因而同意這個位置必須鞏固。

到了5月26日星期日，希特勒再次下達命令，布洛涅（Boulogne）已淪陷，最終第2裝甲軍以88毫米高射砲破壞了古城牆。第20警衛旅（20th Guards Brigade）被下令在5月23日星期四晚上6時30分撤離海邊城鎮。敦克爾克戰役，又稱「敦克爾克大撤退」[7]，是因該地形不適合坦克車而造成的挫敗，並非來自其它失誤使然，且事後來看，希特勒限制裝甲軍出發是正確的。

7. 少了德軍裝甲部隊，英法聯軍成功延遲德軍進攻，為部隊撤離敦克爾克贏得更多時間，保住了戰力。

▶這是制止裝甲軍的德國陸軍地質圖（1940）。藍色表面即地質學家所描述的伊普爾粘土。

▶照片明顯看得出伊普爾粘土的效果。這是防滲黏土，所以水不會往下滲透，但會四處流動，讓坦克特別難行駛。

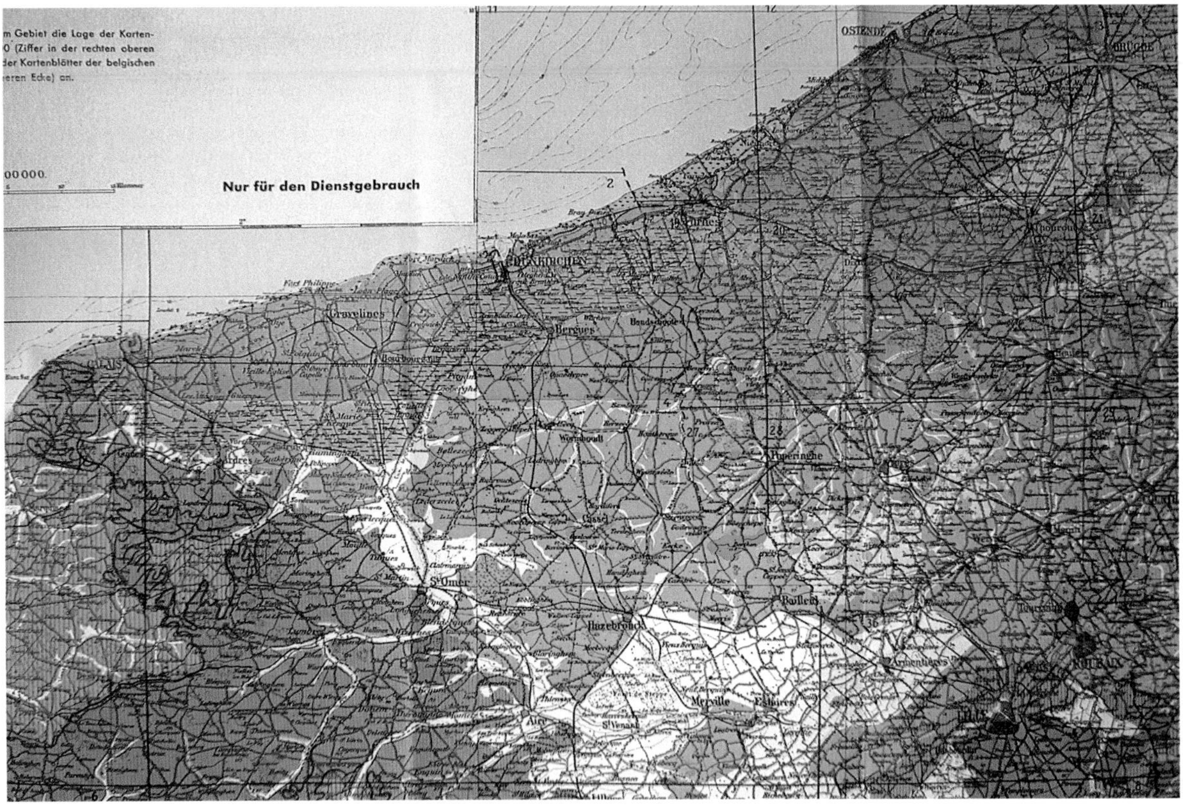
m Gebiet die Lage der Karten-
0 (Ziffer in der rechten oberen
der Kartenblätter der belgischen
eren Ecke) an.
Nur für den Dienstgebrauch
OSTENDE
BRÜGGE
DÜNKIRCHEN
Gravelines
Bergues
St Omer
Cassel
Poperinghe
Hazebrouck
Bailleul
Armentières
Merville
Estaires
St Venant
Aire
ROUBAIX

多佛的防禦

Defenses of Dover

1940年，德國輕而易舉地擊敗法國，順便將不列顛驅出歐洲大陸，德國對此勝利也感到十分意外。因為入侵英格蘭前德軍並無詳細的作戰計劃，只確定必須出其不意的進攻、迅速拿下目標。為達到這個目的，首先必須鞏固出征軍隊的補給港口，多佛港就是明顯目標。

空拍照片、風景照片、舊式明信片和英國地形測量局的地圖，這些物件在戰前幾乎能公開購買取得，當中蘊含大量資料，提供軍事位置和防禦性武器、無線電塔和不適合飛機降落地區，進而製作出良好的軍事地圖。為此，英國曾搜查垃圾回收場，並將廢棄車輛、卡車和公共汽車散落在開放空間。

德國第16軍發起代號「海獅作戰」（Operation Sealion）的行動，優先攻佔「多佛港」。具有特殊戰鬥隊形的「霍夫邁斯特」（Hoffmeister），由第7空降師與第17和第35步兵師所組成，用來支援降落在西部海岸的特種突擊部隊[8]，由中尉哈特曼（Dr. Hartmann）指揮，包括2名軍官、15名士官和114名士兵和50台軍事摩托車。

直攻多佛的計劃中包括霍普特曼．霍曼（Hauptmann Hollmann）指揮第4連，防止敵軍以沉船阻塞戰術封鎖港口，同時摧毀懸崖上的砲台。最初想法是以滑翔機降落進攻，但平坦之處都被封堵；若改以漁船拖駁船的方式接近英國海岸，從險峻的白色懸崖[9]入侵，不僅進攻緩慢，最終可能後繼無力。

學者彼得．申克博士（Dr. Peter Schenk）從德國海軍汽艇隊首長史圈佩歐（Korvettenkapitän Strempel）所下達的密令中發現一個可能性。史圈佩歐奉命在多德雷赫特（Dordrencht）集中來自警察和海關單位的25艘快艇，以便組織一支突擊隊與「海獅」聯擊。但因未接獲目標，因此入侵攻擊從未發動過。

德國國防地圖上的情報資訊也出現致命缺口。1935年2月26日，沃森－瓦特（Robert Watson－Watt）所領導的研究小組進行了一項實驗。一輛莫里斯汽車[10]拖著一台大篷車到A5公路以西原野靠近利奇布羅路（Lichborough）的地方。一架從範堡羅（Farnborough）出發的雙翼轟炸機則在預定路線上飛行，並透過達文特里（Doventry）的BBC廣播站反射出10千瓦廣播信號，然後有人在大篷車內觀察分析陰極射線示波管的信號，這也是雷達首次證實出世。到了1940年8月，51個固定雷達站沿著英國海岸設置。在預警雷達系統（Chain Home stations）的其中21個，可偵測195公里範圍內的飛機和岸防系統，而低空雷達系統（Chain Home Low）可偵測80公里範圍內低空飛行的飛機。

德國地圖上的確有出現這些雷達站，但被稱為「廣播電台」（Funkstion），德軍對於這些雷達裝置也從未起疑。《不列顛戰役》（Battle of Britain）之勝敗，將取決於這些雷達站，以及操作者。

8. 由第1連（1 Company）、第1勃蘭登堡軍（I Brandenburg）、水下坦克D隊（Underwater Tank Detachment D）所組成。
9. 又稱「多佛白牙」，位於英國英吉利海峽比奇角。
10. Morris Car，英國經典國民車之一。

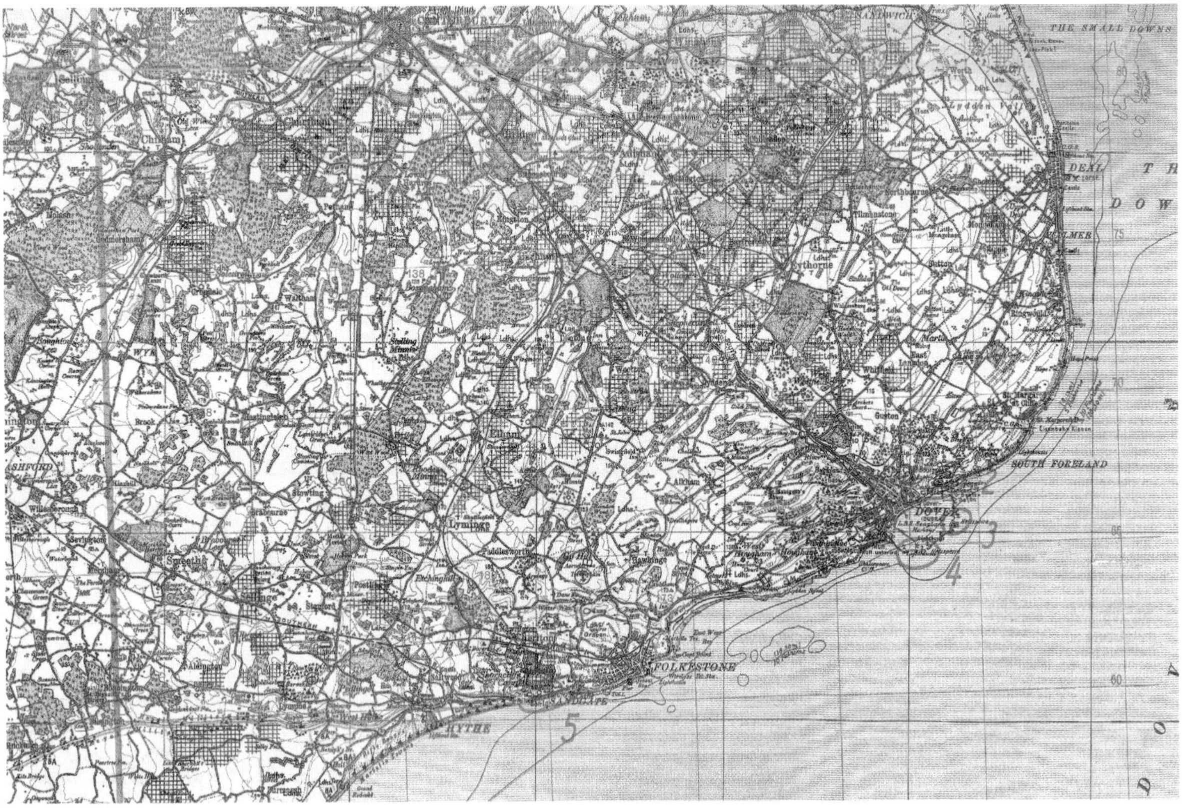

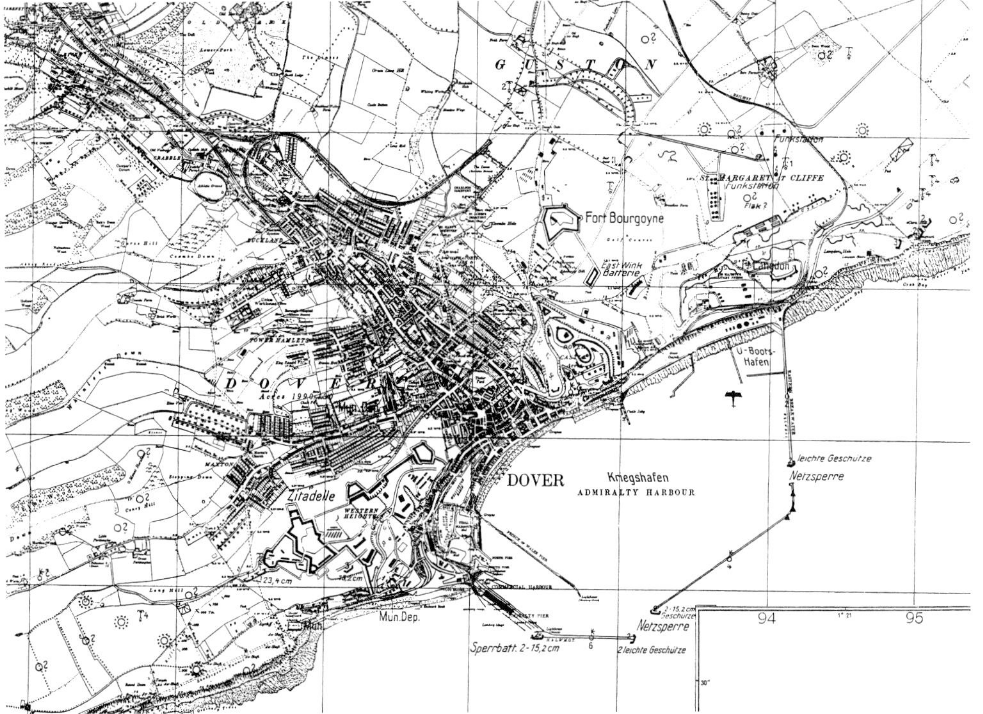

▲德國地圖的不列顛多佛，比例尺為1：50000（上圖），交叉陰影部分代表雷達阻斷區域，有被空襲的機會。定位圖比例尺1：25000（下圖），表示固定雷達站的位置。

奧馬哈海灘登陸戰

Omaha Beach

1944年6月6日盟軍入侵諾曼第。這支艦隊無敵巨大，是前所未有的龐大軍隊組織，同時為史上規模最大的一次海上登陸作戰。各部隊被分配至不同的攻擊點，有些部隊不反對走下海灘，但對於被分派到奧馬哈的部隊來說，就完全是另一回事了。

此次海上登陸任務由英美兩國指揮；英國從東部海灘登陸，美國從西部海灘登陸。美國的海上登陸地點的代號名稱，分別為「猶他」（座落科唐坦半島南部）和「奧馬哈」（巴約西北部）。早在1941年10月就已策劃入侵行動，更詳細的作戰計劃則在兩年後由中將摩根（Frederick Morgan）的指揮下啟動。當時已收集許多來自當地的資訊，再加上法國祕密空拍照片並著陸收集數據，記錄下德國陸軍元帥隆美爾（Erwin Rommel）所指揮建造的防禦工事，繪製成圖。地圖上到處可見遍佈著鋼條焊接而成的防禦據點；也顯示懸崖上的戰壕和鐵絲網，甚至標註了砲台。這些資訊為盟軍帶來不少信心，但此處的地形仍不利於盟軍，像濱海維耶維爾（Vierville-sur-Mer）西邊的高懸狹崖（美軍稱draws）是面對著狹窄沙灘。而在其最西端，則因海水沖刷懸崖而無任何海灘。因此，是否能從此處登陸成功，將取決於海軍炮火及使用的支援兵種，如DD坦克、水陸兩棲戰機和兩棲野戰車（DUKW）的野戰砲兵。

奧馬哈海灘的西端交由美軍第29步兵師的少將格哈特（Charles H. Gerhardt）率領進攻，該地區的代號為「Dog」。左翼則由被稱為「大紅一隊」（Big Red One）的美國第1步兵師在代號為「Easy」的地區進行助攻。

6月6日，凌晨6點30分，第16步兵團進攻「Dog」區，馬上受到連環炮火攻擊。他們早已在登陸艇待了兩個多小時，雖然風暴已經減弱許多，但海浪仍然不平靜。DD坦克在凌晨5點40分，從5,490公尺之遠的海上出發。海浪比起兩側高46公分乾舷還高。32台戰機，只有5台登陸岸邊，其餘的人全都沉入大海。野戰炮兵的水陸兩棲野戰車因頭重腳輕翻覆，所有貴重的作戰物品都泡水了，導致美國登陸灘地時欠缺輔助武器。

更誇張的是，海軍砲擊並沒有盡到責任，德國沿著懸崖東面以及淺灘上方山丘建造碉堡，並自懸崖處朝海上進行炮火攻擊，使得士兵很難搶灘。攝影師羅伯特．卡帕（Robert Capa）與第1步兵師登陸代號「Easy Red」的地區。他回憶起自己在離海灘100碼遠之處掉入海水的情景。

子彈猛攻打中我身旁的水面，我衝向離我最近的遮蔽物。剛好1名士兵也跟我同時抵達那裡，我們一起靠著遮蔽物作為掩護。他摘下步槍防水袋，開始沒有目標性的射擊。槍聲給予他勇氣繼續前進，然後他離開了，僅剩我1人躲在此處。此時多了1英尺的掩護空間，讓我覺得夠安全可以拍攝那些跟我一樣躲著戰火攻擊的人。

▶奧馬哈海灘東西範圍的地圖，包括「懸崖40－90度」符號以及那些碉堡、砲台、「刺猬據點」和地雷，是基於1944年5月22日所拍攝的空拍照片所繪製。但圖上並未標註位於面東懸崖處、俯瞰「Dog」區域具有致命槍砲的碉堡。

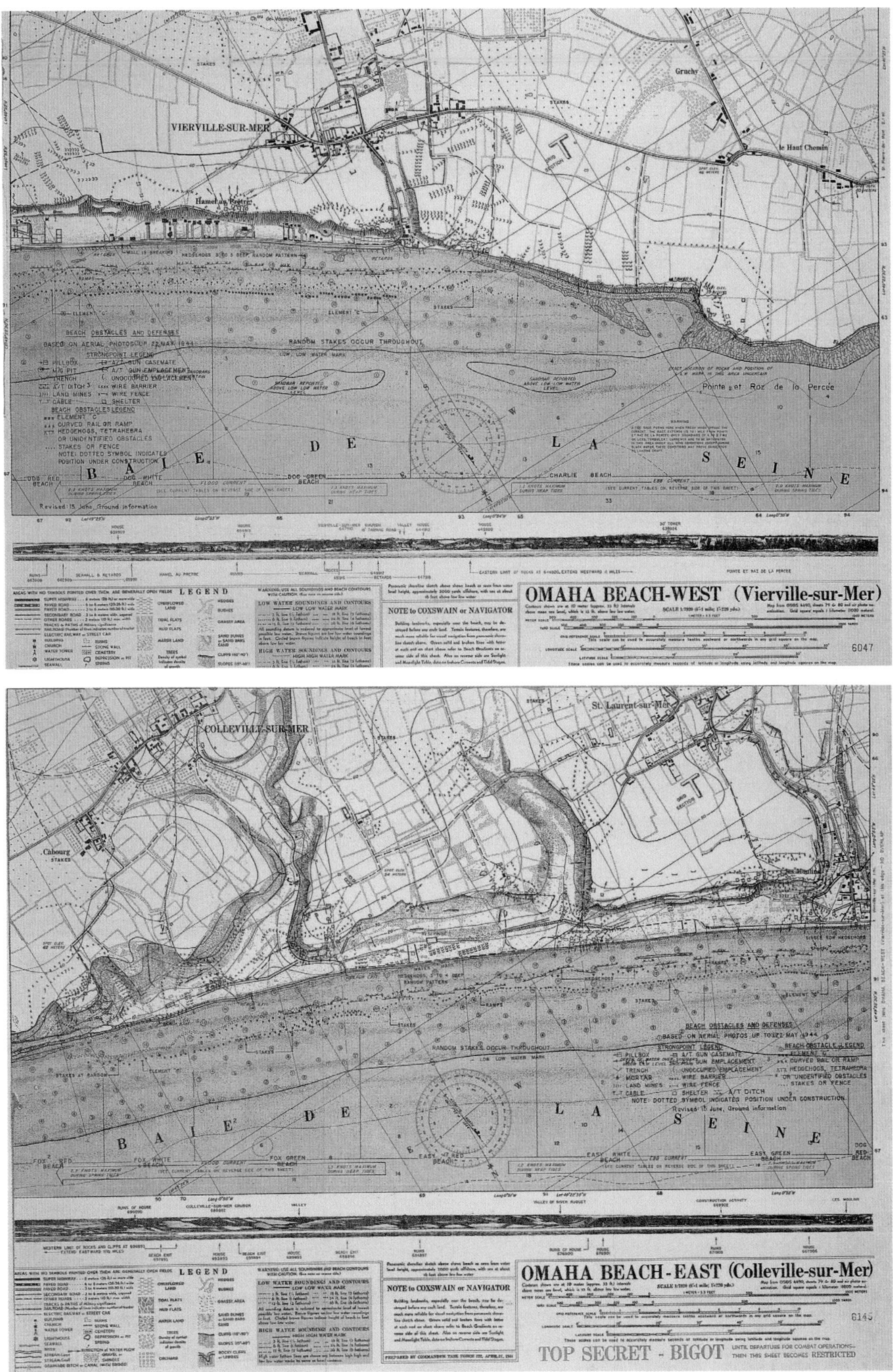

VIERVILLE-SUR-MER
Gruchy
le Haut Chemin
Hamel au Pretre
BEACH OBSTACLES AND DEFENSES
RANDOM STAKES OCCUR THROUGHOUT
Pointe et Raz de la Percée
B A I E D E L A S E I N E
DOG WHITE BEACH
DOG GREEN BEACH
CHARLIE BEACH
Revised 15 June, Ground information
LEGEND
LOW WATER SOUNDINGS AND CONTOURS
HIGH WATER SOUNDINGS AND CONTOURS
NOTE to COXSWAIN or NAVIGATOR
OMAHA BEACH-WEST (Vierville-sur-Mer)
6047
COLLEVILLE-SUR-MER
St. Laurent-sur-Mer
Cabourg
FOX GREEN BEACH
EASY RED BEACH
EASY WHITE BEACH
EASY GREEN BEACH
DOG RED BEACH
OMAHA BEACH-EAST (Colleville-sur-Mer)
6145
TOP SECRET - BIGOT
UNTIL DEPARTURE FOR COMBAT OPERATIONS— THEN THIS SHEET BECOMES RESTRICTED

▲美國游騎兵部隊在奧克角懸崖邊休息。他們攀登上設有餌雷的懸崖，但僅傷亡40人，並不間斷地受到海軍砲擊的支援。

美國游騎兵部隊停留在預定登陸的奧克角（Pointe du Hoc）西邊處，並設法在懸崖下安置備戰。更多登陸艇湧入，不少人因倉惶失措而淹死，但更多人成功登陸海灘。游騎兵部隊一個個攻下德軍碉堡，直到德軍耐不住抵抗為止。他們彈藥已經不足，也沒有援軍來支援他們。到了晚上美軍攻達懸崖頂部，但付出的代價是犧牲了3,000多名士兵，他們不是陣亡受傷就是失踪。如果地圖呈現的是全貌真相，是否會有不同的結果呢？早上9點，中尉布雷德利（Omar Bradley）曾請求艾森豪（Eisenhower）准許放棄灘頭陣地，但艾森豪直到當天很晚才收到消息，那時戰局形勢已經不同了。

▲濱海維耶維爾的高空偵察照片，說明美軍第1軍和第29軍在奧馬哈的作戰區域。

▼隱藏在奧馬哈海灘山崖的德國砲兵陣地，並未出現在地圖上。作家海明威如此描述：「第一，第二，第三，第四和第五道浪波打在他們摔下海的地方，平坦沙灘上遍布著一捆捆的重物，海面和第一道掩護處之間則遍佈卵石。」

安迪·沃荷的蘇聯導彈分布圖

Cold War Subversion

1986年，美國共和黨總統羅納德·雷根（Ronald Reagan）剛踏上第二任期；而蘇聯的新領袖戈巴契夫（Mikhail Gorbachev）秉持開放性（glasnost）和新思維（perestroika），進行改革政策，但冷戰仍處於不斷變化的危險狀態。在這樣的政治氛圍下，紐約普普藝術家安迪·沃荷（Andy Warhol，1926～87年）創作了一幅描繪蘇聯導彈基地的地圖。這其目的為何，又想傳達什麼（若有的話）？

沃荷這幅令人費解的蘇聯簡化地圖[11]，將製圖和藝術之間的傳統關係顛覆得淋漓盡致。麥卡托或布勞繪製的地圖（他們可是在地圖工藝上投入大量心血），的製作初衷以實用功能為主，並隨著時間推移漸漸成為珍貴的藝術作品。相比之下，沃荷的地圖一開始即以藝術創作為出發點。

不知這件創作背後是否帶有功利目的？地圖中的硬性訊息（地圖裡的某個標誌特徵）到底想要表達什麼呢？此幅以粗線條草草繪製的地圖，顯示位於烏拉以東，中國和日本以北的蘇聯領土，並標示出蘇聯核導彈的基地位置。基地（並非全部）的標記不完全統一，像是「SS4」、「SS11」、「SS17」或「SS20」，這些標記是用來區分蘇聯部署的各式類型導彈。

11. 作品素材：壓克力、絹印、畫布；目前收藏於匹茲堡安迪·沃荷博物館。

地圖上很少出現地理標記，唯一出現的是區別兩種武器的圖例，並以軍事策略家常用的縮寫字母表述，例如：位於堪察加半島的「ICBM」（洲際彈道導彈），「IRBM／MRBM」（遠程彈道導彈／中程彈道導彈）和「SLBM」（潛射彈道導彈）。

即使一目了然，但沃荷地圖中的資訊價值有待商榷。首先，地圖是單一黑色系，沒有色碼辨識，因此我們幾乎無法從圖例區分武器類型，更不用說粗略繪製的導彈基地，可以說圖例根本無任何作用。其次，衛星監控可以讓超級強國的戰略家獲知敵人主要的地下導彈發射井位置。但在如此專制獨裁的蘇聯國家或是美國，是不會輕易散播這些信息的，除非這樣做有助提升戰略優勢。因此，大眾或藝術家們是不可能得知核子導彈基地的精確位置。最後一點，1890年代的軍備競賽的關鍵點是「SS20s」，還有美國研發類似的導彈「巡弋」（Cruise）和「潘興」（Pershing），並設置在移動式發射器上以利躲過偵察。因為沒有固定發射位置，讓這些城市名稱〔例如：奧洛維安納雅（Olovyannaya）／斯沃波德尼（Svobodny）〕看起來就像是充滿異域風情的絲路古鎮之名。

我們所看到的是藝術家存心顛覆的行為，用意可能只是想打破墨守成規的藝術和地圖功能等觀點；或者，大膽假設他是在指出蘇聯軍事策劃大規模毀滅性武器（WMD）的行動。總而言之，沃荷慣用的藝術手段並非要跟政治評論或抗爭扯上邊，反而是著重探討短暫訊息和消費文化的平庸之道（他於1965年創作的版畫作品：《原子彈》也是類似同等理念）。他其實是要創造一種在報紙和新聞時事雜誌裡，以刊登聲稱武器部署和可能發生的戰爭策略的即時圖像。沃荷地圖

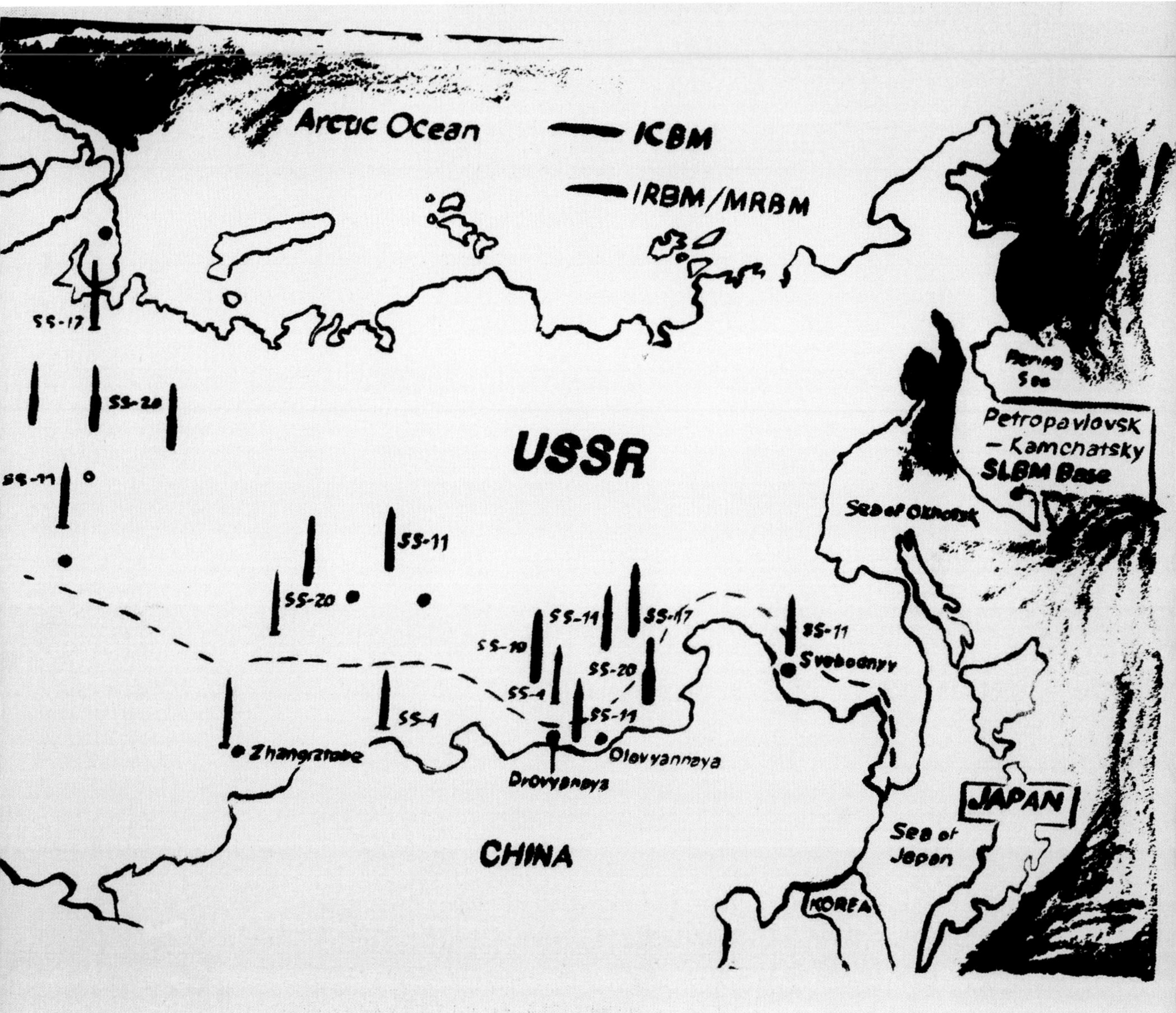

所散發出的權威氛圍，實際上只是一道鬼火，假想的鬼怪。沃荷的地圖的確帶點輕蔑諷刺和嬉戲的意味在內，這幅「反地圖」試圖諷刺大眾媒體所提供的那些似是而非的資訊。

▲安迪．沃荷繪製的精簡蘇聯地圖，其粗略雜散的數據，目的在於故意與觀者玩「瞎子摸象」的遊戲；類似同理，通常兩個超級大國的核子策略，也是不斷努力營造出難以捉摸的局面。

Longitude East from Washington.
REMARKS.
The Colony of Liberia extends from Gallinas river to the Territory of Kroo Settra: a distance of about 280 miles in length along the Coast.* & from 20 to 30 miles inland (in some places much more) it includes within its Jurisdiction the territories of several native tribes the names of which are as follows: the Feys or Veys occupy the country from Gallinas R. to Little Cape Mount, a distance of about 50 miles along the coast, and 25 to 30 miles inland: they are an active warlike and proud people. Population 12,000 to 15,000. The Dey Tribe extends from Little Cape Mount to Mesurado river about 30 miles in length, and 12 to 16 miles inland: an indolent & inoffensive people. Pop. 6,000 to 8,000
The Bassa Tribes extend from Mesurado River, southward: they are generally domestic, industrious and averse to war, and supposed to be in numbers about 125,000 souls. The country abounds in rice, oil and cattle, and rivals in fertility any part of the African coast.
At a distance of from 30 to 50 miles inland, a belt of dense and almost impassable forest occurs along the whole of this coast, of from one to two days journey in breadth, which nearly prevents all intercourse between the maritime and interior tribes, and is one of the principal causes why the inland parts of this section of Africa are so entirely unknown to the civilised world.
* The territory at present under the actual jurisdiction of the Colony, extends from Grand Cape Mount to Trade Town, a distance of about 150 miles.
PLAN OF TH
LIBERIA BAY
CAPE MESURADO
ATLANTIC
1 Fort Stockton.
2 Town landing and P
3 Town Court & Lanca
4 Market Square _ lan
5 New Agency house.
6 Smith shop.
Mayosa
Maburg
Kamaruma R.
Country of the Kittims
Gallinas R.
Country of the Feys or Veys
Pissou R.
The Pissou River has been traced 100 miles from the sea, and affords a safe navigation of 1½ days sail.
Bendo
Juning
Condima
Femne
Madima
Soulima
Gambia
C. Mount Landing
Mountain from 800 to 1000 f.t above the Sea
Grand Cape Mount
Little C. Mount
Poor R.
Country of the Deys
St. Pauls R.
The St. Pauls River is supposed to have a course of from 250 to 300 miles.
Millsburg
Caldwell
Stockton
Mesurado Ter.y
CAPE MESURADO
MONROVIA
Mesurado R.
False Cape
Junk River District
Junk Territory
Junk R.
Colonial Factory
Saddle Land
Little Bassa
Bob Gray Colonial Factory
Factory I.
St. Johns R.
Bullock Town
Colonial Factory
Grand Bassa
Bassa Cove
Tabocamee Ter.y
Tabocamee
Poor R.
Proposed Town
Young Sesters Ter.y
Colonial Factory
K. Wests old dom.n
Trade Town
Grand Colo
Country of the Bassa
GRAIN OR MALAGETTA
The Kings Village
Manna
Teembo
R. Sesters or Cestos
Rock Sesters
Sanguin R.
Sanguin
Buffoo
Tassoo
Little Botton
Grand Botton
Barbarra
Kroo Bah
Settra Kroo
Kroo Se
Kroo
LIBERIA
WINDWARD COAST
ATLANTIC OCEAN
GUINEA
OF AFRICA,
CAPE PALMAS;
e Colony
RIA:
chiefly
he
SERVATIONS
E
ASHMUN.
Scale of Miles.
5 10 20 30 40 50 60 70 80 90 100
Published by A. Finley Philad.a
1830
Longitude West from Greenwich.

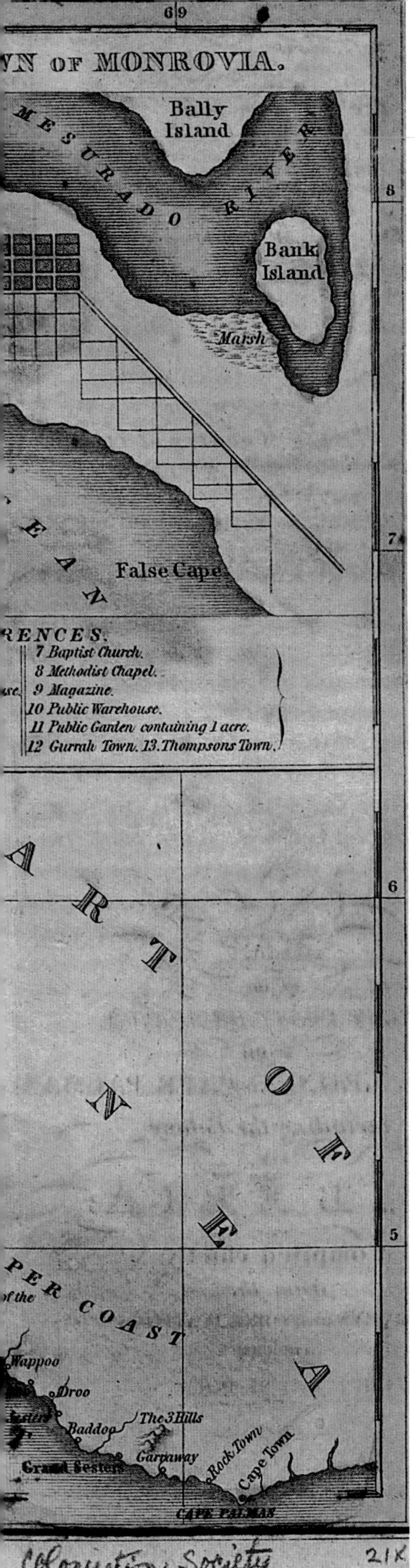

Chaper5 | 第五章

劃界

Drawing the Line

1830年於費城出版的《非洲西海岸地圖》。此圖繪出獅子山到帕爾馬斯角範圍；其中包括賴比瑞亞殖民地：主要是從已逝牧師艾緒馬（J. Ashmun）的觀測資料彙編而成。地圖上的文字描述當地部落是「好戰自豪」和「怠惰無害」。1816年，一群美國白人創辦了「美國殖民協會」，用意是要解決自由黑人日益增多的問題，而辦法就是將他們遣送到非洲；美國殖民協會向西非當地部落購入土地（可能是以強迫手段），就這樣一塊新領土誕生了；1847年，賴比瑞亞聯邦發表獨立宣言。美國直到1862年因擔心奴隸制問題會對國內造成影響，才正式承認賴比瑞亞是獨立國家。

英法地圖大戰

The Anglo–French Map Wars

17～18世紀間，「地圖」成為法國和英國的主要政治武器，展開了一場「地圖大戰」。與其使用武力爭奪領土，各國政治領袖紛紛轉向委託國內製圖師，繪製以利國家劃界北美洲的地圖，並刻意從中忽視敵國勢力範圍，向外擴張自己的領土疆界。

儘管這些不精準的美洲地理描述背後帶有政治動機，但卻仍是這段期間內最精準的北美地理圖。法國人紀堯姆．德利爾（Guillaume Delisle）是該時期首屈一指的製圖師。1718年，他繪製關於路易斯安那州和密西西比州的地圖，品質、準確度和地形細節皆不同凡響。但有一點不可否認的是，該地圖顯然故意壓縮東部沿海的英國殖民地，並誇大宣示法國在阿巴拉契山脈的主權地區。

英國製圖師亨利．波普羅（Henry Popple）受英國國璽專員委託製作一幅質疑德利爾的新地圖《美洲北方》（America Septentrionalis）。這是一幅20張拼湊而成的巨幅地圖，算是首幅大型的北美洲印刷地圖。1733年印製完成，但是波普羅的地圖也出現爭議。本身也是製圖師的喬治．華盛頓（George Washington）擁有此幅地圖摹本；而文獻記載指出，班傑明．富蘭克林（Benjamin Franklin）曾為賓州議會訂製兩幅摹本；美國第二任總統約翰．亞當斯（John Adams）宣稱「這是我見過最大幅暨獨特的地圖」。但是，英國國璽專員卻不這麼認為，理由是這幅地圖關於領土主張的企圖心不夠強烈。

或許在戰爭期間出現最極端的地圖是出自威廉．赫伯特（William Herbert）和羅伯特．薩耶（Robert Sayer）之手，他們在地圖上厚臉皮地聲稱英國擁有大片領土，並透過1755年他們自己成立的「反法國社會組織」（Society of Anti-Gallicans）發行地圖。爭議最終透過約翰．米切爾（John Mitchell）於1755年繪製的地圖獲得解套。這幅普世接受的地圖，剛好用來解決1763年英法邊界爭端，以及1783年與英國在北美洲邊界的爭議。後來，此圖也在巴黎條約期間，作為新獨立的美國和其鄰近國家之間的界線劃分參考。

德利爾是製圖師之子，巔峰時期製作了不少卓越精準的地圖，是製作超過100幅以上的多產型製圖師。此外，不少科學家、政治家和國王都向他請教，包括彼得大帝及路易十四都很崇拜他，並授與「御用首席地理學家」的稱號。

德利爾的《路易斯安那州和密西西比河方向圖：參考大量回憶錄》（Carte de la Louisiane et du Cours du Mississippi: Dressée sur un grand nombre de Memoires）為美國製圖領域帶來了諸多「第一次」。德利爾為了製作地圖，回頭檢視原始製圖版。同時代下所製作出來的地圖，很大程度上是互相衍生，並對已存在的地圖內容毫無質疑，也因此保留了不少原始錯誤。德利爾設法從中找出漏洞，他利用毛皮商人、探險家和牧師所帶回來的陳述說詞，試圖揭示北美領土的真實謊言。如果沒有依據，德利爾就乾脆在該區域處留白，此作法跟以往很不一樣，因為通常未知地域會被填上充滿假設性的地理特徵。

德利爾的地圖算是早期數一

數二專注繪製美洲內陸的地圖，他也是率先精準繪製出俄亥俄州、密蘇里州和密西西比河流域的人。不僅如此，德利爾還繪製出首幅加利福尼亞州並非是島嶼的地圖，更糾正北美洲的經度，還推出許多以前未曾記載過的地名，包括「德克薩斯州」。1718年的地圖版本，也揭示早期探險家行經路線的細節。

德利爾卓越精準的地形和地理測繪的地圖，成為美國製圖50年以來最佳參考指標，包括從荷蘭流亡到英國的赫爾曼．莫爾於1720年所繪製的地圖：《法國在北美宣示的主權領土，包括路易斯安那州、密西西比州、加拿大之新地圖》。不過，這幅地圖仍存有爭議，主要是他刻意縮小英格蘭在東部殖民地範圍，以及不承認西班牙擁有格蘭德河的主權。

1733年，亨利．波普羅繪製的地圖《北美的大英帝國》（Map of the British Empire in North America），此幅代表著繼

▲1718年，紀堯姆．德利爾繪製的《路易斯安那州和密西西比河方向圖：參考大量回憶錄》。此幅是根據法國毛皮商人、傳教士和探險家的口述內容繪製，影響歐洲美國地理學概念50多年。德利爾年輕時，跟隨父親研究地圖和地球儀，以及向天文學家卡西尼（Jean-Dominique Cassini）學習天文學。這些天文知識，使他成為經緯度的專家。

德利爾於1718年出版地圖後，第一次有人認真努力勘查美洲。波普羅任職位於美國的「英國貿易與種植局」（English Board of Trade and Plantations），其職責是解決如「新罕布夏州」和「麻薩諸塞灣」之間爆發的邊界爭端。因深刻體會到邊界實質爭議，以及公平解決糾紛的難度，讓波普羅清楚認知了不管是準確測繪或故意失準的地圖背後，皆有其政治意涵在內。

1727年，波普羅開始著手繪製第一幅北美地圖《美洲大陸的英法屬地》（A Map of the English and French Possessions on the Continent of North America），這年剛好是他至「貿易和種植局」任職的那一年。這幅保留至今的早期地圖，讓我們有機會看到波

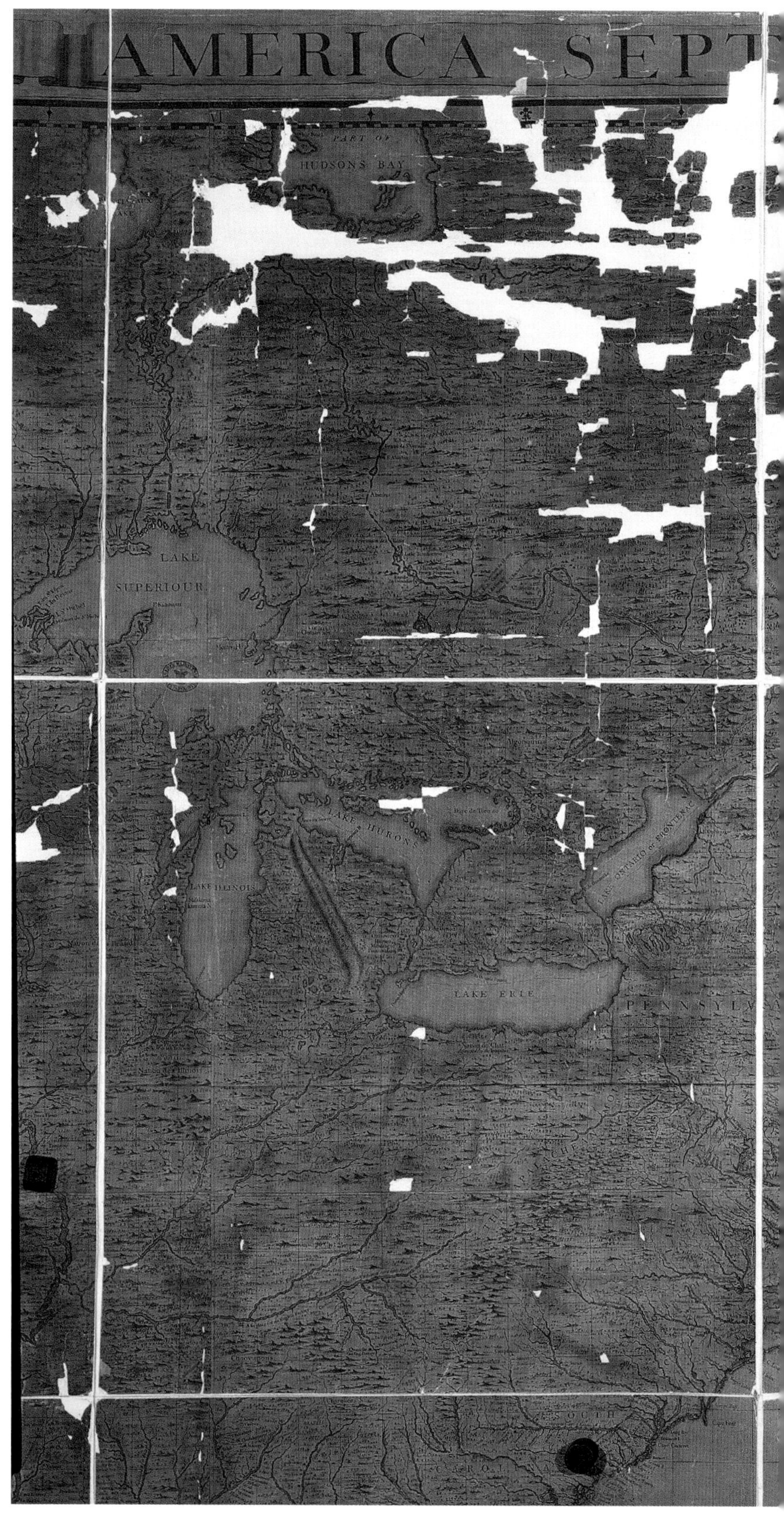

▶1733年，亨利．波普羅繪製的《美洲北方：美洲的大英帝國與法國和西班牙之相鄰殖民地》。這幅地圖由20張各自代表獨立區域的地圖所組成，再加上一幅索引圖，顯示整個大陸，包括加勒比海地區。整幅地圖拼湊起來的面積約長240公分，寬234公分。而從班傑明．富蘭克林為1746年賓州議會要求的訂單來看——「兩幅北美波普羅地圖結冊」——可知最初提供形式是以單張、結冊或活頁為主。此幅《美洲北方》是亨利．波普羅多年累積的成果，儘管有著影響力和顯著準確性，卻仍被最初委託製作的「貿易和種植局」的國璽專員否定。1746年，英國政府判定此幅地圖缺乏維護英國在北美領土的企圖心，因此在《紳士雜誌》（*The Gentleman' s Magazine*）上公布地圖的缺陷列表。

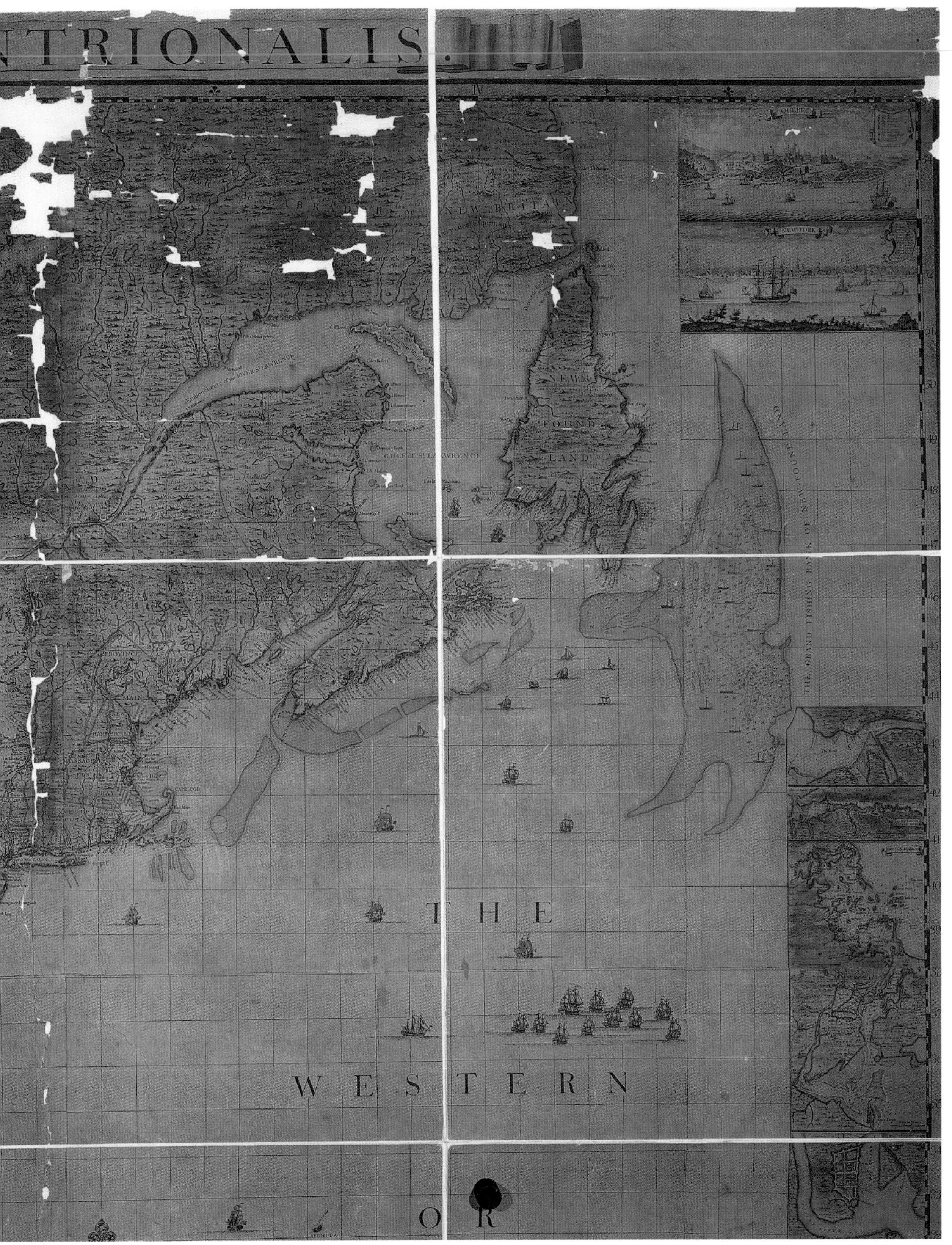
TRIONALIS.
QUEBEC
NEW YORK
NEW BRITAIN
GULF of ST LAWRENCE
NEW FOUND LAND
THE GRAND FISHING BANK OF NEW-FOUND LAND
CAPE COD
THE
WESTERN
OR
BERMUDA

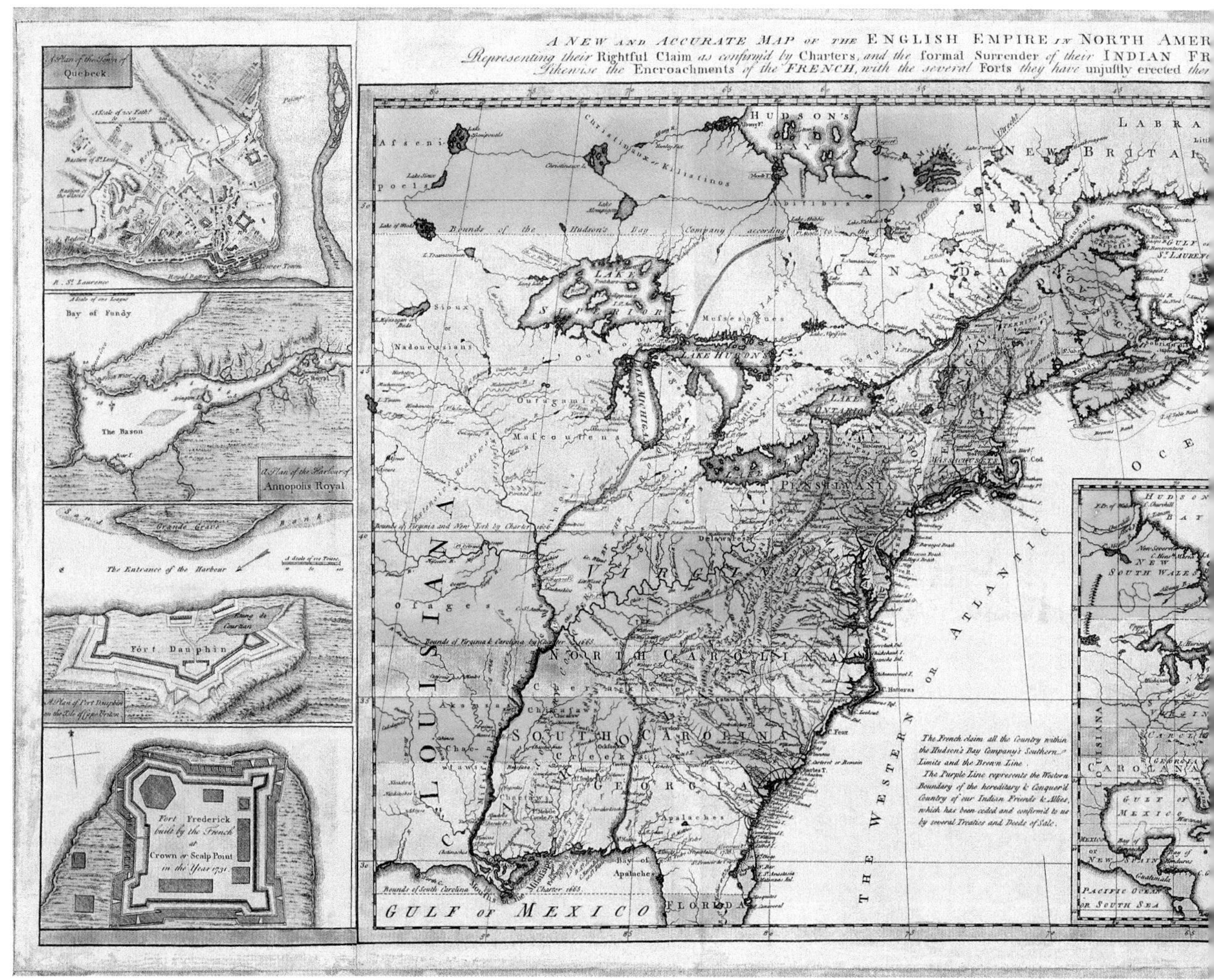

普羅筆下描述北美地理的變化。該幅地圖於1733年正式發表時，密蘇里州和密西西比州以北的河流已做了大幅改變。這兩幅地圖有些細節相當值得注意，像是河流、印第安名稱、堡壘和地形特徵，均比以往呈現得更加清晰。

波普羅繪製《北美的大英帝國》地圖時，大量吸取他在美國積累的第一手資料，如同德利爾前輩一樣，他並不滿足僅僅純粹複製早期地圖而已。在他持續測繪求證，也不斷地變化擴展邊界。例如：1727年版本的手抄本，揭示了新罕布夏州的邊界延伸到溫尼珀索基湖，並擴大到梅里馬克河以南地區。但在發行版本中，卻是將溫尼珀索基湖座落於麻薩諸塞洲的緬因省中間。

18世紀中的美國製圖師通常有兩種選擇：繪製「精確地圖」或繪製「政治性地圖」。波普羅的地圖令人欽佩之處是其準確度與高質量，但這部分卻被英國國璽專員狠狠否定，認為該幅地圖並未凸顯英國位於北美的地位，斷定這是一幅具有政治爭端的地圖。但英國無法以政治理由公開否定地圖，所以試圖抹黑其準確度，以便聲稱「這是一幅不精準的假摹本」。但無論如何，波普羅地圖在發行後仍深深影響美國製圖領域許多年。

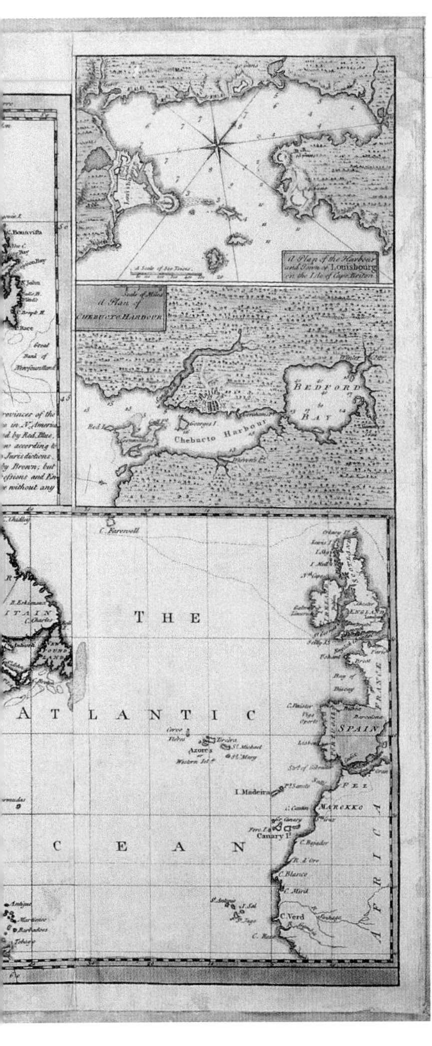

◀1755年，威廉·赫伯特和羅伯特·薩耶繪製的《精準無疑的北美大英帝國最新地圖》（A New and Accurate Map of English Empire），這是公開宣傳「反法國社會組織」的地圖。恰如許多同時期的地圖，其範圍包括紐芬蘭到佛羅里達州，西至密西西比河的地區；加拿大和加勒比海則出現在最大幅的插頁地圖。

▲喬治·華盛頓（左方）和班傑明·富蘭克林（最右方）出現在《北美地圖》的兩側。1750年代整個英法之間的地圖大戰引爆緊張局勢，華盛頓和富蘭克林為當時最有影響力的殖民領袖。當時英美因互相爭奪領土控制權所累積的忠誠與仇恨，影響之後的美國獨立戰爭。

1755年，「反法國社會組織」威廉·赫伯特和羅伯特·薩耶製作出有史以來最明目張膽的政治地圖。其發布時間是在法印戰爭爆發之後，並且完全去除公正性的偽裝。該地圖名稱說明了一切：《精準無疑的北美大英帝國最新地圖；其正當權利經契約和之前正式投降的印地安朋友證實；法國侵佔就地非法設置的堡壘》。因為英法彼此指責對北美領土的非法「侵占」，這幅地圖成為政治宣傳品，利用大膽色彩描繪出非常誇張的英國領土。而法國屬地之處則輕蔑地描述為「法國領地和侵占之處」，並在地圖上以空白呈現。

三角學的勝利

A Triumph of Trigonometry

19世紀初，英國可以自豪地吹噓說，大英帝國是「日不落帝國」。從加拿大以西，橫跨部分非洲地區，並穿越印度、錫蘭和馬來亞，再到澳大利亞和紐西蘭，世界地圖一眼望去有很大部份都是英國的天下。但是，帝國的幅員遼闊，反而造成了難題。

電報機出現之前，最快的通訊方法是透過快速帆船傳達。但對於土地400萬平方公里、人口3.5億的印度來說，遼闊的領土反而造成英國治理上的困難。

因此，英國解決的方式就是建立獨立殖民地，有些還成為領地，並且任命領地總督，賦予士兵軍隊和公務員，讓總督自行管理。總督代表國王（或之後的「女王」和「女皇」）統治領地。至於修建公路和鐵路、收稅、維持法律和秩序，當局的確需要精確的地圖。但是印度除了各地主要港口的簡略地區圖外，沒有任何相關實用地圖可參考。這片廣闊領地若缺乏確切知識，想運作鐵路是完全行不通。

1763年，東印度公司委託製圖師詹姆斯．倫內爾（James Rennell，1742～1830年）繪製恒河及孟加拉周邊地區。1779年，倫內爾出版孟加拉地圖集，但在過程中，倫內爾遇上一場與部落族人的衝突（發生於1766年），差點慘死刀下，可說是在千難萬險之下粗略測繪成圖。1782年，他將範圍擴大涵蓋整個印度次大陸，繪製出這幅《印度斯坦地圖》（Map of Hindoostan）。該幅地圖歷經多次改版，到了1826年時，範圍已涵蓋尼泊爾和喜馬拉雅山脈。倫內爾也是一位偉大的水道學者，尤其他的墨西哥灣流理論，提供海洋學家莫瑞所撰的《海洋自然地理學》（*Physical Geography of the Sea*）一個重要背景資料參考。

原則上東印度公司真正想要的是一幅準確詳細的完整國家地圖。此製圖任務落到軍事工程師威廉．萊姆頓上校（William Lambton，1756～1823）頭上。1802年，他開始進行「大三角測量計畫」（Great Trigonometrical Survey）。他從英國引進最好的測量儀器，頭兩個月都花在測量基準線。為了做到這一點，他利用「科爾比欄尺」（Colby's bars），這是一條由兩種不同金屬條打造的測量尺（3公尺長），優點是不隨溫度變化而改變長度。類似的條尺，後來也被英國地形測量局拿來用於構建基準線（同樣是由軍事工程師執行）。

三角測量的整體結構取決於精密測定的基線長度。測量師首先將兩個固定測點連成一條邊線，並反覆檢查確認其長度；萊姆頓分別取得400條邊線，以便確保基準線的精準度。接著，測量師再選擇一個座落基準線中心點對面，並且帶點距離的明顯物體，像是教堂尖頂或是塔樓等等，這些都是測量師愛用的三角點。若是處在沒有任何類似目標物的空曠郊區時，測量師必須自行找到一個三角點。有一種方法是利用石頭堆起約18公尺高的石標，並在頂端插桿；萊姆頓昔日所立的石標，有些至今仍存在著。然後，測量師使用經緯儀測量基準線一端和塔桿（或者其它任何形式的三角點）之間的夾角。（經緯儀是低功率望遠鏡安裝在水平圓台，以游標刻度校準；一台功能佳的儀器可精確測

量到小數點的角度）。最後，再測量三角點到基線另一端的角度。現在，製圖者應掌握到兩個角度和一條基準線所形成的三角形。利用基本三角學原理，可以計算出其它兩邊的長度，以及三角形的最後一個角度。接著，測量師再取另一邊長作為新基準線，重新選擇新的三角點，並且不斷地重複整個過程，一系列鋸齒三角形也慢慢呈現。

顯然，三角形越大，測量工作進展越快。但大三角形會放大任何錯誤，因此，測量師必須不斷重複再重複地檢查所有角度和測量計算的結果。

不過，由於地面不像紙張般平坦，丘陵或山區地面只能形

▲此幅《印度大三角測量》的索引圖顯示1802～43年期間由威廉．萊姆頓和喬治．埃佛勒斯負責進行勘查的大規模範圍。該圖版本可追溯至1876年，圖中標示出緬甸海岸附近的延伸地區。

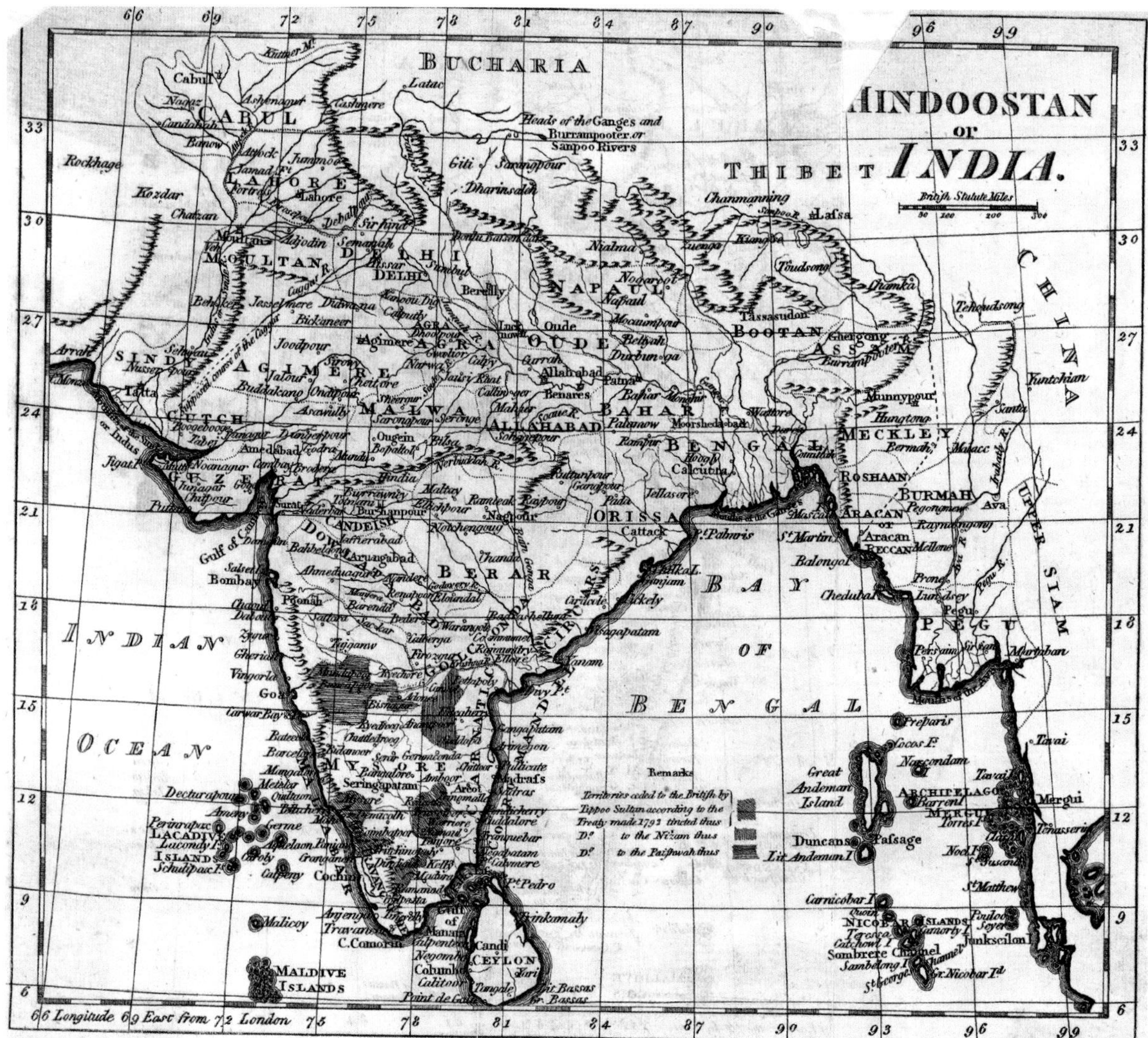

成小三角形。萊姆頓花了4年才完成大部分印度次大陸以南地區的勘查。這是一項龐大的工作，需要使用大型的經緯儀；萊姆頓的那台經緯儀重量超過半噸，如同一台小型曳引機的大小。這項任務最後是交給喬治．埃佛勒斯（George Everest）接力。

埃佛勒斯於1790年誕生威爾斯蒙茅斯郡（今波伊斯郡）。他在英國各種軍事學校受訓成為工程師；1806年加入東印度公司，擔任軍事工程師一職。在孟加拉任職7年之後，1814年他被委派前往印尼爪哇島進行勘查工作兩年。當時英國人佔領今稱「荷屬東印度群島」的地方。後來因在爪哇森林受到感染而回家養病了一段時間，之後再度回到印度，並於1818年拾起三角測量。首要任務就是完成次大陸「山脊」的三角形測量工作「大弧計畫」（Great Arc Series），全程共2,500公里。1823年，他成為「大弧計畫」的管理者。在電腦運算時代來臨之前，萊姆頓開啟的「大弧計畫」可說是複雜的數學方程式。埃佛勒斯沿著海岸線和波斯（伊朗）與阿富汗的邊界測量，並希望之後能朝北沿著經線勘查。至於東部勘查地區，則順著緬甸海岸，並穿越整個伊洛瓦底江三角洲到仰光。

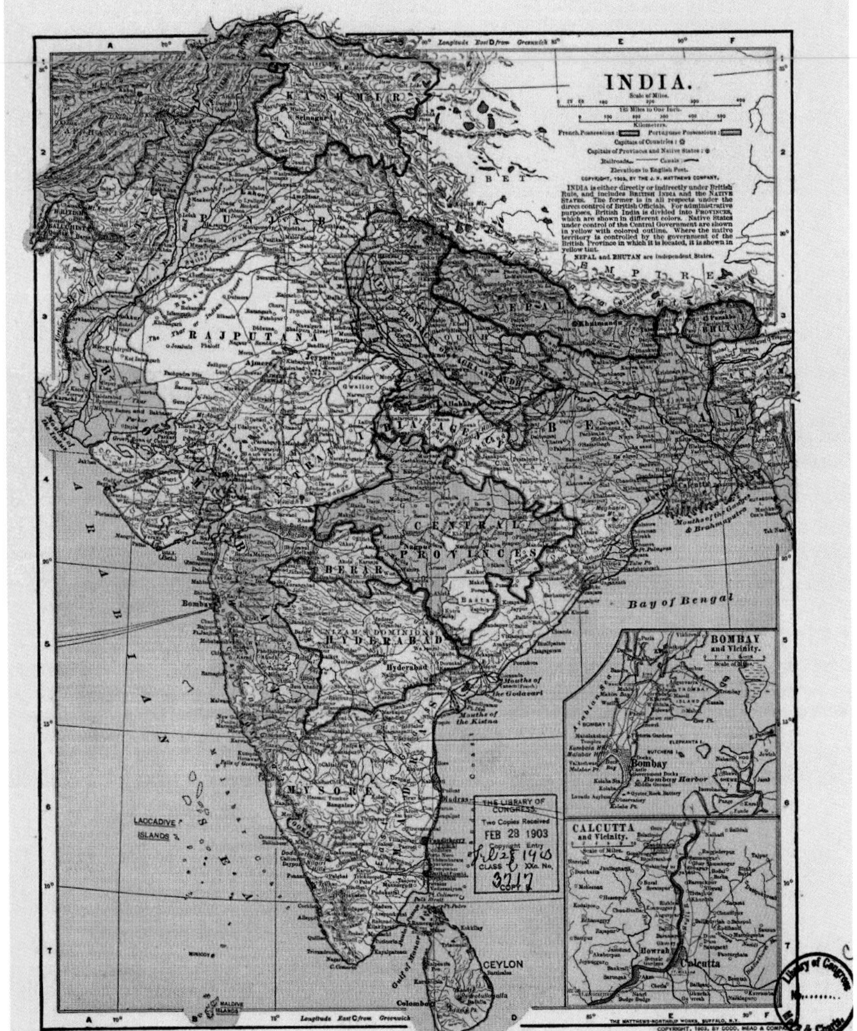

▶這幅1903年美國出版的地圖（J. N. Matthews Company版權所屬）明確聲明：「英國不是直接就是間接地統治印度」。為了便於管理，英屬印度被分成不同省，並以不同顏色作為區分。

◀即使在1790年末期，印度次大陸的地圖依然延續「印度斯坦」這個名稱。部分阿富汗標註為迦步勒，而西藏西北部則標示為布哈拉（Bucharia），正好對應今下的中國新疆維吾爾自治區。雖然印製語言為英文，但地圖顯示與卡西尼（Giovanni Cassini）於1797年在羅馬發行的《新坤輿之圖》（Nuovo Geografico Universale）有極相似之處。

1830年，埃佛勒斯成為印度測量指揮官。到了1837年，他完成主要測量部分的勘查。他擁有最精確的測量儀器，並在工作過程中，從喜馬拉雅山北邊到印度最南端的科摩林角測量出11.5度的子午弧長度。他繼續往北調查，測量喜馬拉雅山脈和山區高度。不幸的是，他健康出了狀況，痢疾、瘧疾、癱瘓發作，甚至還有發瘋情況。最終，埃佛勒斯於1843年退休，並在1861年被冊封為爵士。

1855年，任職於新德里北邊台拉登山腳下的「大三角測量」總部的孟加拉電腦運算工程主任拉德納．希達（Radhanath Sikdar），某天衝進督察長安德魯．史考特．沃夫（埃佛勒斯的繼任者）的辦公室，宣布已經發現世界上最高的山峰。這是根據三角學原理運算得來的結果，該方法可以測量高度與全國土地。總之，沃夫將「第15高峰」重新命名為「埃佛勒斯峰」（Mount Everest，又稱聖母峰）。而在1個世紀之後，此峰成為尼泊爾新成立的薩加瑪塔（Sagarmatha）國家公園的一部分。

柏林會議後的非洲樣貌

Africa after the Berlin Conference of 1884～85

1884年11月15日至1885年2月26日間，德國總理俾斯麥（Otto von Bismarck）在柏林召開一場「西非會議」（West Africa Conference），以解決歐洲列強之間的非洲領土爭議。有12個國家加上奧斯曼帝國和美國代表出席。雖然會議沒有領土劃分的正式決議，但重點仍在於「爭奪非洲」，因此當時幾乎所有列強集聚一堂。

與會國的主張是贊成大衛·李文斯頓（David Livingstone）所提出的將貿易、基督教和文明帶給非洲，但該任務從一開始就很空洞。

「柏林西非會議」（Berlin Conference）當時又稱作「剛果會議」[1]，說服俾斯麥主辦本次會議的主要推動者是比利時國王利奧波德二世（Leopold II），他本身關注1876年以慈善名目成立的「國際非洲協會」（簡稱AIA）之下所創建的「剛果自由邦」。這段期間內（包括他感興趣的真正理由）國王利奧波德假藉「國際剛果協會」作為掩目，偷偷運作累積私人商業利益。柏林西非會議將廣大的剛果自由邦領土劃為國際剛果協會的私有財產，250萬平方公里成為利奧波德的私人土地。俾斯麥在閉幕致詞上，以細心關懷的口吻說明本次會議結論，與會國將以關心原住民的福利草擬一般法案。這句話顯然跟奧波德行為有很大的落差。他濫用剛果人作為奴隸勞動力；若有人沒有達到殖民者期望開發商品的生產目標，將受到殘酷的對待。至少有600萬人為此喪命。當種族滅絕在1905～08年曝光後，利奧波德被迫放棄對剛果的控制權，並交給比利時政府管理。

不過，會議所帶來的負面衝擊並非局限在剛果的掠奪。1885年之前，約莫百分之八十的非洲大陸土地仍由當地統治者掌控。儘管白人傳教士和探險家早先發現許多非洲陸塊，如亨利·史丹利（Henry Morton Stanley）曾在1875～77年間，受利奧波德指派前往中非探索，當時還只是在試探建立殖民地的可能性，歐洲殖民通常局限於沿海地區。然而，非洲礦產的商業利益不斷向上成長；鑽石曾於1871年在南非金伯利被發現，其次黃金於1886年在德蘭士瓦被發現。而另一方面利奧波德則熱衷於開採剛果的象牙、木材和橡膠。後來，他嗅到了剛果成為天然橡膠來源地的巨大潛力〔同年會議剛好結束，之後卡爾·賓士（Karl Benz）推出了採用橡膠輪胎的新款汽車，這在未來可是的龐大商機〕。柏林西非會議上，也同意在剛果河和尼日河流域的河口和盆地之處，促成開放自由貿易的中立地區，並更意味深長地確立一個原則，那就是歐洲強國所佔領的海岸之腹地，可以合理視為勢力範圍。殖民者的這項裁決性合法侵佔，深入瓜分整個非洲大陸內部。瓜分結果可以從何斯雷（Hertslet）的地圖（參見右頁圖）一覽無遺。

1885年起，柏林西非會議與會國依各自勢力範圍瓜分非洲大陸，創建了50個專制國家，幾乎填滿了1909年的非洲地圖。這些新政體建立在傳統區域上，導致原本的部落解體，重新列入新國家之中。除了比利時取得剛果，大不列顛建立了一連串的殖民地和保護國，從開羅海角開始

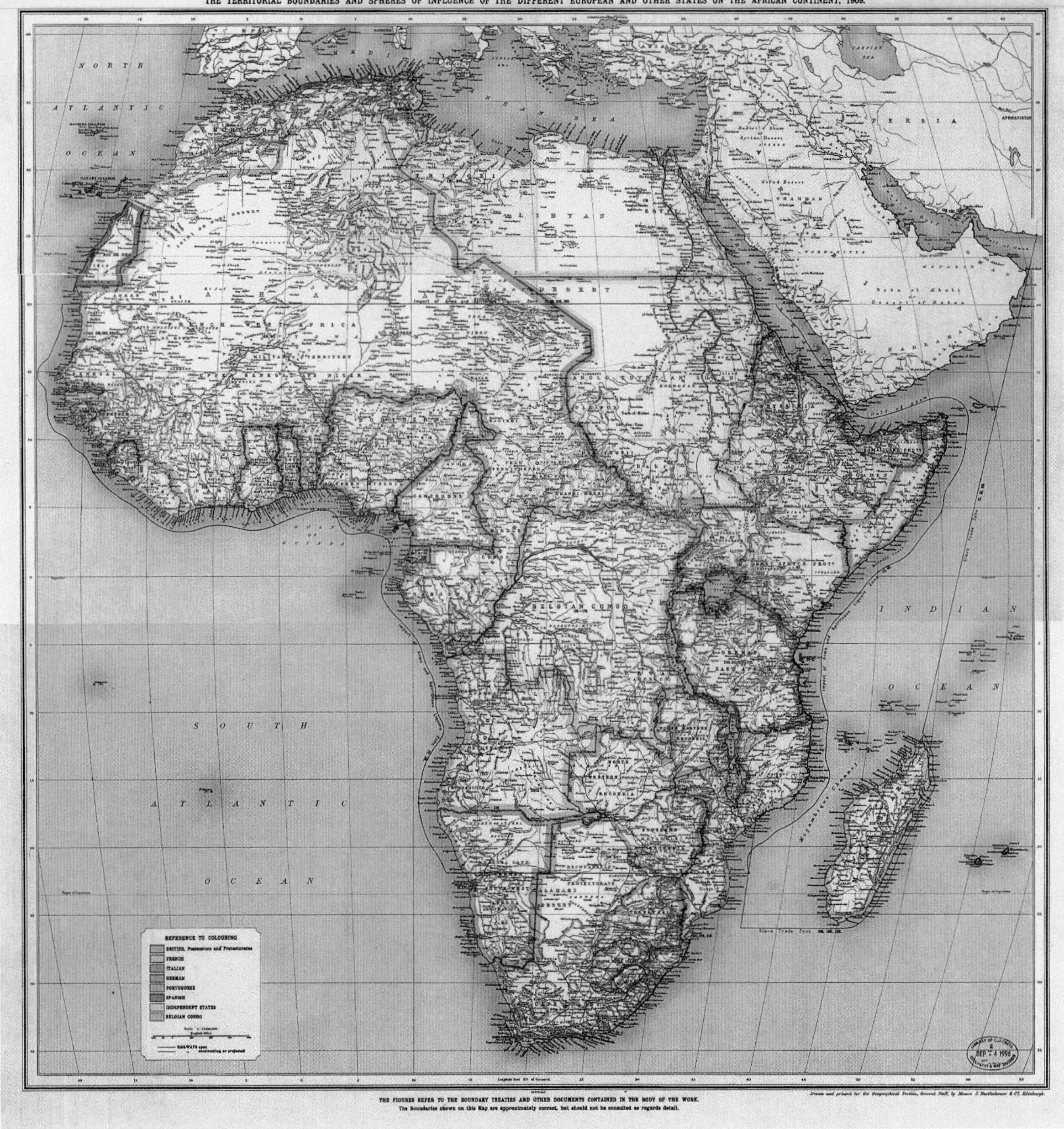

1. 中文普遍稱：「柏林西非會議」。英文稱Berlin Conference，直譯「柏林會議」。德文稱Kongokonferenz，直譯「剛果會議」。

▲1909年，愛德華．何斯雷（Edward Hertslet）繪製的《非洲概括地圖》（General Map of Africa）。此幅地圖在他去世7年後才發表，使用粗線顏色來區分英國屬地及那些來自法國、義大利、德國、葡萄牙、西班牙、獨立國家和比屬剛果的保護國。何斯雷曾擔任外交部門的檔案管理者。

背面：洪迪烏斯（Jadocus Hondius，1563～1611年）是著名的版畫家和製圖師。他於1610年繪製的《非洲新地圖》是利用麥卡托早期地圖冊的銅版製作而成，此幅最明顯的改良之處是：更精準的馬達加斯加東南海岸的輪廓。

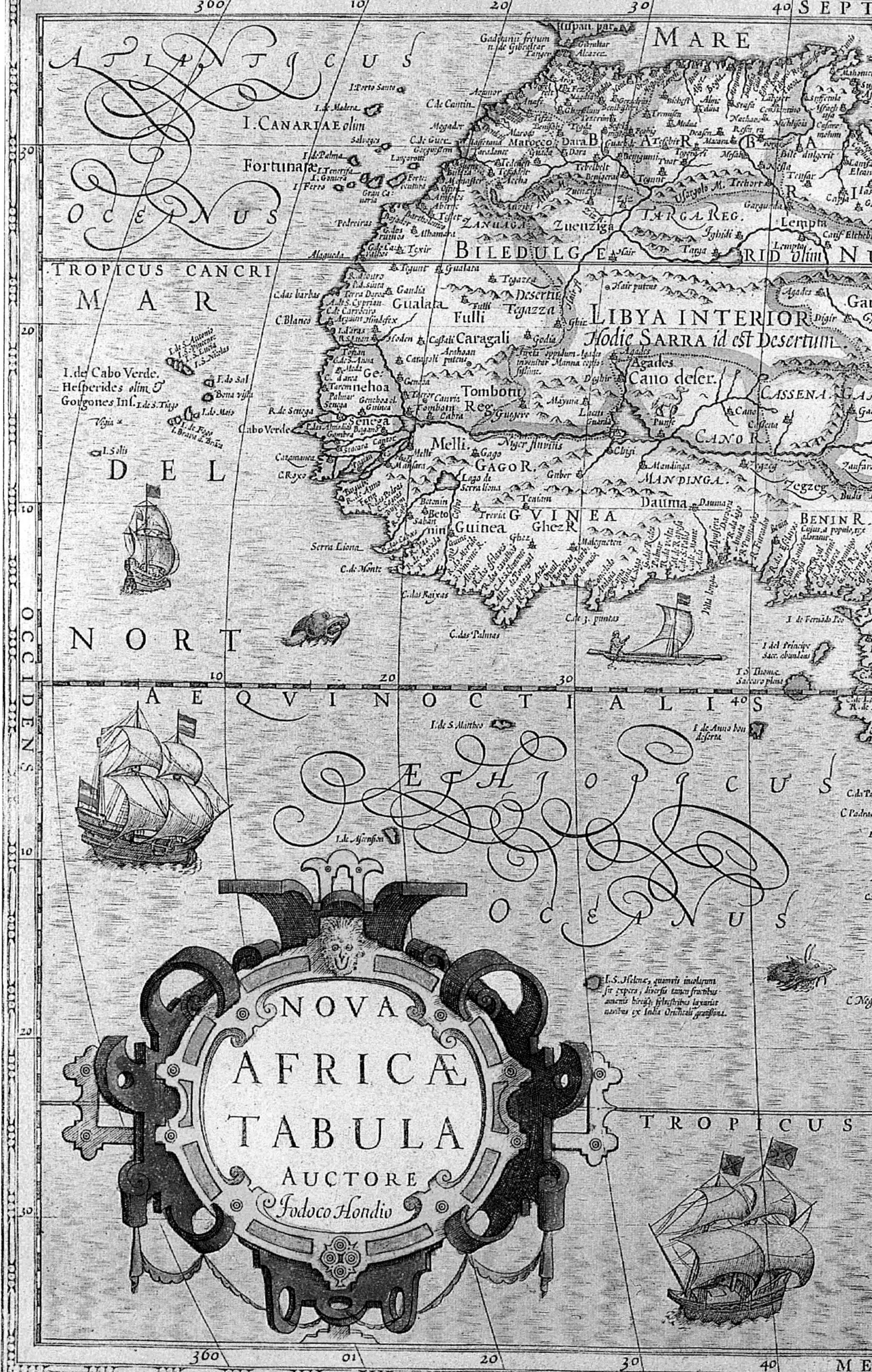

NOVA
AFRICÆ
TABULA
AUCTORE
Jodoco Hondio
MARE
ATLANTICUS OCEANUS
TROPICUS CANCRI
MAR DEL NORT
AEQUINOCTIALIS
ÆTHIOPICUS OCEANUS
TROPICUS
OCCIDENS
I. CANARIAE olim Fortunatæ
I. de Cabo Verde. Hesperides olim & Gorgones Ins.
BILEDULGERID olim NU
LIBYA INTERIOR Hodie SARRA id est Desertum
ZANHAGA
Zuenziga
TARGA REG.
GUINEA
Melli
GAGO R.
MANDINGA
BENIN R.
Tombotu Reg.
Cano deser.
CASSENA
CANO R.
Gualata
Caragali
Marocco
Senega
Cabo Verde
C. Blanco
Serra Liona
C. das Palmas
I. S. Thomæ
I. de S. Matheo
I. de Ascension
I. S. Helenæ

ASIÆ PARS
MEDITERRANEUM
Cyprus
Candia
Syria
Ægyptus
ARABIA DESERTA
Sinus Persicus
AYAMAN
ARABIA FELIX
MARE RUBRUM vel Arabicus Sinus
Sinus Arabicus
NUBIA
Nubia fluvius
GAOGA
BELLO
Dangali
Adel
Dobas
Balli
Fatigar
Melinde
Quiloa
Mombaza
Pemba
Zanzibar
Sinus Barbaricus et Asperum mare Ptol.
BAGAMIDRI
Beleguanze
Ambiancativa
Gojame
Zet Reg.
Luna Montes
Gasafila
Madagascar I. al. S. LAURENTII
MARE RUBRUM
LINEA
CAPRICORNI
ORIENS
Socotora I.
C. das Baixos
Excusum in ædibus Auctoris Amsterodammi

到統治地埃及、蘇丹、烏干達、英屬東非（今肯亞）、北羅德西亞（今尚比亞）、南羅德西亞（今辛巴威）、貝專納（今博茨瓦納），以及南非。但德國殖民地坦桑尼亞（德屬東非）打破了不列顛朝思夢想從開羅到好望角開設一條南北鐵路的完整不列顛殖民地。法國吞併大部分非洲西部，從茅利塔尼亞到查德（法屬西非），加彭和剛果共和國（法屬赤道非洲）；葡萄牙佔領西部的莫三比克，以及東部的安哥拉；義大利佔領了索馬利亞（義屬索馬利蘭）和部分衣索比亞。地圖上一些不尋常的現象，可以看出列強如何為了自身殖民需求而排除本地居民，劃分領土。例如，德國穿越西南非洲（今納米比亞）東北角的狹窄卡普里維地帶建立殖民地，是為了便於到尚比西河殖民。會議解決的邊界問題和與會國的陰謀詭計，在1963年被勉強認可為「非洲統一組織」的實際國界（其中也承認，若有人企圖重新劃定邊界的話，將會導致更多流血事件）。

柏林會議遺留的問題和接續的爭奪事件越滾越大。最明顯的是在去殖民化之後，新獨立國家中的民族敵對狀態，爆發劇烈的權力鬥爭。舉例來說，因為約魯巴族（Yoruba）和伊博族（Igbo）之間的緊張關係，奈及利亞爆發了激烈的內戰「比夫拉戰爭」（Biafran War，1967～70年），以及1994年胡圖族（Hutu）在盧安達和蒲隆地對圖西族（Tutsi）發動種族大屠殺。從長遠來看，經濟和環境的破壞影響一直存在。在剛果開採橡膠，便是殖民主義如何打亂當地社會經濟的平衡最明顯的例子。咖啡、可可、棉花等有利出口的經濟作物的種植園，損害木薯、玉米或小米等當地傳統農作物的生產，破壞特定區域維持生計的經濟。此外，將人民強制安置在以前只有游牧生活的地區，只會造成過度放牧和乾旱問題。非洲大部分的政治動盪、債務和飢荒的歷史，都源自於1885年在柏林圓桌會議上所做的決定。

▶此幅為荷蘭數學家和地理學家威廉·布勞（Willem Bleau，1571～1638年）於1640年繪製的《非洲新地圖》，海岸線呈現的十分細緻，主要依據是來自阿拉伯和葡萄牙探險家的口述，但內陸細節顯然大多純屬虛構。地圖依循托勒密的先例，描繪尼羅河的源頭薩伊湖（Zaire）和扎佛蘭湖（Zaflan）。

▶1994年，盧安達難民營。1994年4月至6月間，約有80萬盧安達人（大多是圖西族）在100天內被屠殺。胡圖族和圖西族之間的緊張關係，導火線是源於1916年比利時佔領者偏袒胡圖族而非圖西族的關係。1962年比利時撤退，胡圖族獲得權力，而圖西族成為代罪羔羊。事實上這兩個種族沒有太大區別，他們甚至共享同一種語言。

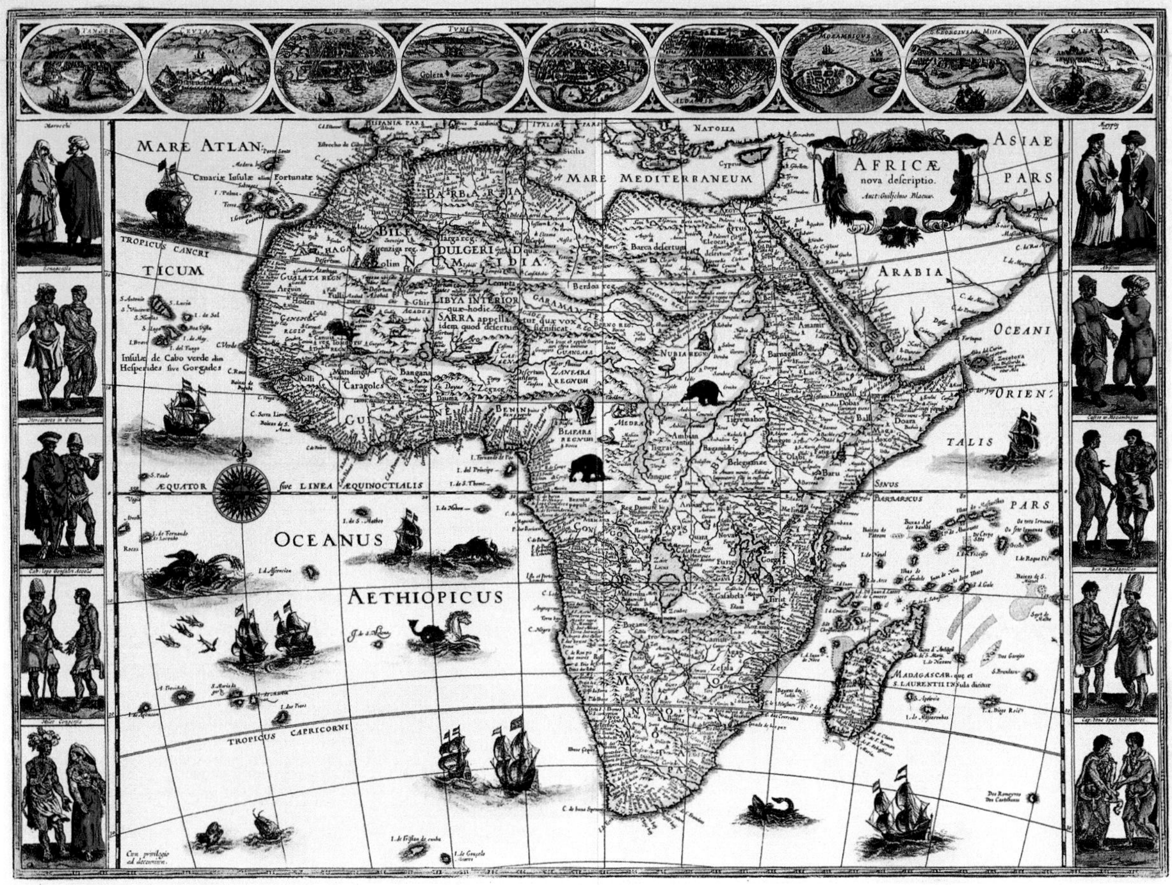
AFRICÆ
nova descriptio.
MARE ATLAN:
MARE MEDITERRANEUM
ASIAE
PARS
TROPICUS CANCRI
TICUM
ARABIA
OCEANI
ORIEN:
TALIS
ÆQUATOR
OCEANUS
AETHIOPICUS
TROPICUS CAPRICORNI
NATOLIA
BARBARIA
NUMIDIA
LIBYA INTERIOR
SINUS
BARBARICUS
PARS
MADAGASCAR
S. LAURENTII

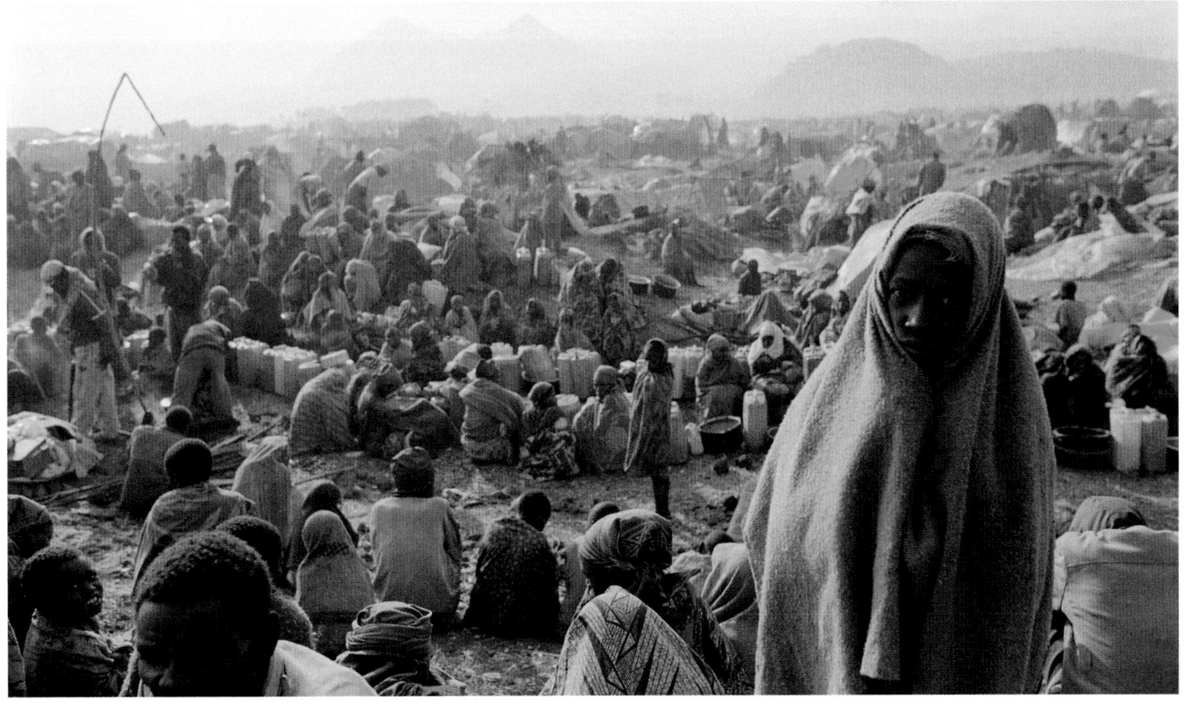

橫貫美國大陸鐵路

Transcontinental Railroad

1869年5月10日，當橫貫美國大陸的鐵路終於完成時，一封電報從猶他州海角點（Promontory Point）捎來一個消息：「完工。」該鐵路工程耗資超過1.5億美金，兩個團隊合計25,000人，在世界堪稱數一數二的惡劣地形條件上，打造3,220公里長的鐵路線。故事始於1849年，一艘快船的甲板上載著重達20噸、被戲稱為「大象」的蒸汽火車頭，奮力駛進舊金山港口。

「大象火車頭」是在費城的鮑德溫機車廠（Baldwin Locomotive Works）打造完成後，再運往大西洋東部，經過合恩角的洶湧潮水，最後抵達太平洋沿岸的舊金山。這是西海岸的第一個火車頭，直接送到舊金山和沙加緬度之間的「沙加緬度谷鐵路公司」（Sacramento Valley Railroad，簡稱SVRR）運作。第一條密西西比河西部鐵路於1856年完成，而沙加緬度谷鐵路從西部終點站「佛森」攜載「快馬郵遞」（Pony Express）的郵件，行駛了35公里抵達沙加緬度（1861年後，快馬郵遞可送至普萊瑟維爾）。「大象」後來被更名為「葛瑞森」（Garrison；依鐵路公司總裁名字而命名），最終定名為「先鋒」（Pioneer），這在美國算是很受歡迎的火車頭名。

在人口稠密的東部早已有一條從芝加哥直抵西部內布拉斯加州奧馬哈的鐵路線，大約有幾百英里之長。1862年，在南方分裂國家的刺激下，美國總統亞伯拉罕・林肯簽署《太平洋鐵路法》，授權修建一條連結沙加緬度和奧馬哈兩端的新標準鐵軌幹線。其因是林肯想要確保聯盟與西岸各州（尤其加州）有所接觸的關係。為籌措資金建設，該法案授權發售30年期債券，鐵軌每英里貸款16,000至48,000美元（價格取決於地形開發的難易程度：平原為16,000美元；大盆地32,000美元；最困難的山區地帶為48,000美元）。然而，為了籌集更多資金，1864年的《太平洋鐵路法》贈與兩倍的土地，並且允許鐵路公司發行自己的債券。實際建設成本為每英里10,600美元，後來鐵路董事因公然在金融交易貪腐被指控暴利。總之，橫貫大陸鐵路公司總計免費取得134,000平方公里的土地。

1853年時，陸軍部的測量師已經完成任務，製圖師立即投入工作，繪製橫跨平原和穿山越嶺的曲折路線詳細圖。測量師和製圖師甚至歸納出一些會出現土木工程問題的困難地形路線。然而，由於南北戰爭和缺乏投資者的關係，只好延後工程，直到1865年的7月才再度復工。中央太平洋鐵路（Central Pacific Railroad）大多聘雇的是中國工人，他們從沙加緬度開始往東鋪設鐵軌，所使用的軌道是從東岸海運而來的。名為「利蘭・史丹佛」（Leland Stanford）的「建築工程車一號」也透過海運抵達，並自1863年起上線運作。事實上，促進西端工程運作的主要推動者之一正是史丹佛[2]本人。

2. 利蘭・史丹佛（Leland Stanford）為中太平洋鐵路公司董事長，也是史丹佛大學的創建人。

▶紐約出版商蓋洛德・華森（Gaylord Watson）於1871年發行的《美國和加拿大之新鐵路和距離圖》，涵蓋橫貫大陸鐵路東端的路線（完工後兩年才發行）。

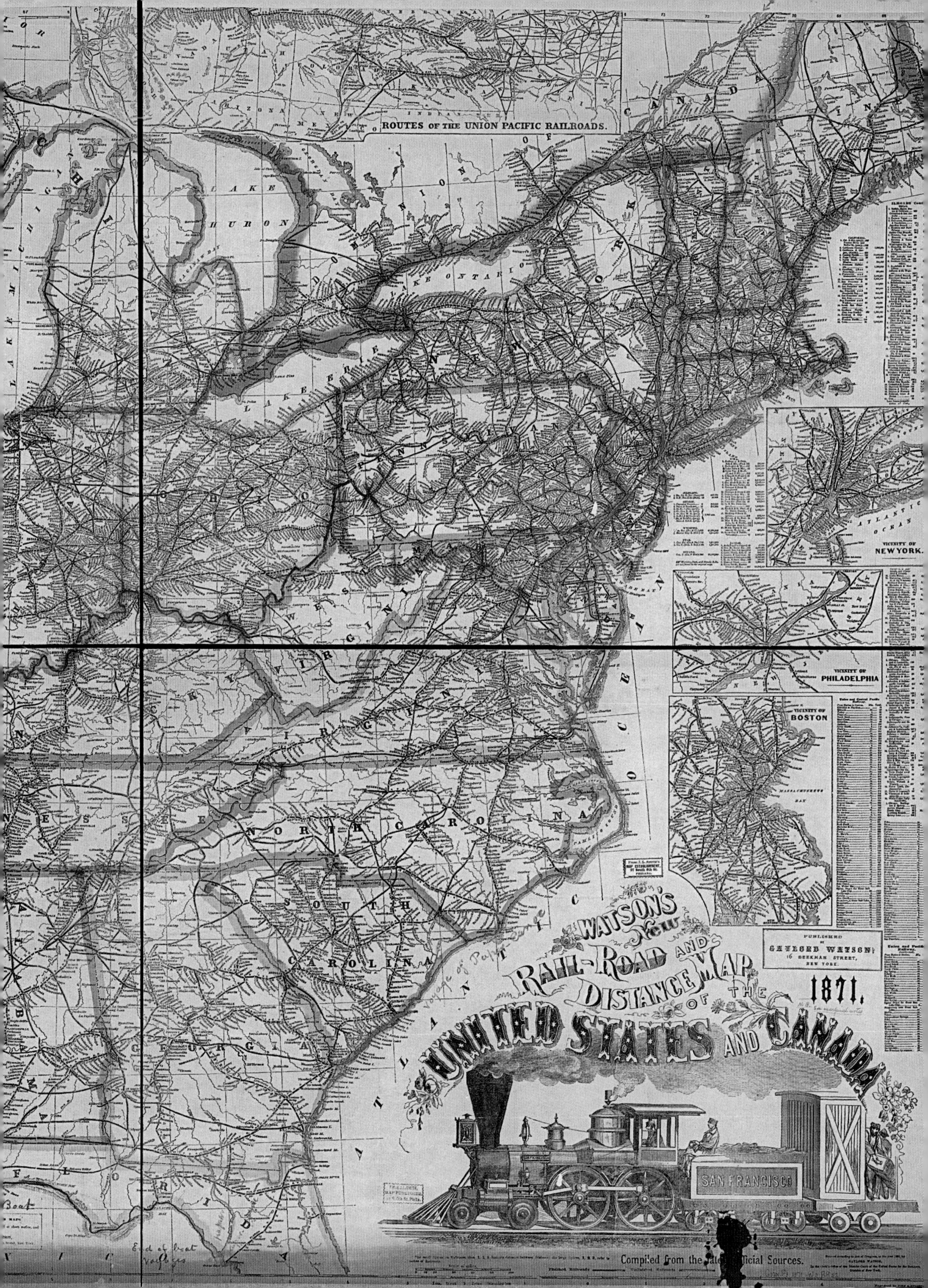

ROUTES OF THE UNION PACIFIC RAILROADS.
LAKE HURON
LAKE ONTARIO
LAKE ERIE
DOMINION OF CANADA
NEW YORK
PENNSYLVANIA
OHIO
WEST VIRGINIA
VIRGINIA
NORTH CAROLINA
SOUTH CAROLINA
GEORGIA
ATLANTIC OCEAN
VICINITY OF NEW YORK.
VICINITY OF PHILADELPHIA
VICINITY OF BOSTON
MASSACHUSETTS BAY
PUBLISHED BY GAYLORD WATSON, 16 BEEKMAN STREET, NEW YORK.
WATSON'S New RAIL-ROAD AND DISTANCE MAP OF THE UNITED STATES AND CANADA
1871.
SAN FRANCISCO
Compiled from the
ficial Sources.

與此同時，新加入的聯合太平洋鐵路（Union Pacific Railroad）在奧馬哈開始運作，工人主要來自愛爾蘭移民及內戰復員老兵，他們的任務是建設往西至普拉特河谷和穿越內布拉斯加州往格蘭德島的路線。聯合太平洋的工人度過了寒冷冬季和悶熱夏天，不停地付出勞力3年後，將路線連結到懷俄明州的夏安城、拉勒米城和羅林斯城。過程中，鐵路工人也常常因為吃肉而殺死水牛群的問題，引發印地安人的攻擊。

同時，中央太平洋的鐵路工人在遭受同樣惡劣的天氣條件之下徐徐前進，通過內華達州，朝著大鹽湖北方的海角峰前進。他們必須建立十幾個橫跨峽谷的木棧橋，以及好幾英里的雪棚以防止雪崩。3組工人輪班接替。第一組清除樹木和地上石塊，用火藥炸掉障礙物；隨後第二組出動平地機，整平道床和減緩路線上下坡度；最後一組鋪軌工人開始鋪設十字枕木，為了加速施工，直接從威斯康辛州運來大小適中的樹幹。工人常以簡陋方式居住在鐵路工地旁，並被施壓加快完工腳步，因此意外事故頻傳。

1869年7月，兩端工人團隊終於在海角點會合了，並隆重地釘上一根金釘以作最後固定；這條路線一開始就設定成單一軌道的鐵路。「中央太平洋公司」的火車頭「木星」（Juptier）與「聯合太平洋公司」的火車頭「119號」（Number 119）面對面。當時有個順口溜：

對看火車頭一旦啟駛，相遇的話如何迴避。

工人們打開酒瓶慶祝，在沙加緬度的火車頭發出30聲的汽笛「歡呼聲」。5天後，鐵路運輸於奧馬哈正式啟動，頭等艙票價是110美元，二等艙為80美元，無設施的移居艙則需40美元。火車行駛時，有時會遇上水牛阻擋、火車搶劫和印地安人突襲的情況，導致加長行駛時間。但正常來說，行駛時間是4天4小時40分鐘。偶爾洪水會沖毀了整個軌床，但只要修復好後並無大礙。1876年，百年橫貫大陸快車從紐約到舊金山的旅途共5,630公里，行駛時間為83小時39分鐘的時間，平均速度為每小時68公里，破了過去50年的平均記錄。

橫貫大陸的鐵路（之後另打造了4條路線）所帶來的第一個直接影響是社會和心理而非經濟或商業。從此之後，就算當下有南北內戰，此刻的美國也開始視為自己為單一整體的國家，而非集合所有半獨立州和區域的國家。火車立即取代馬車，攜載移居者和生活用品，也避開需要繞道好望角的危險航程。原本需4～6個月路程，也縮短至只需5、6天。

這段期間內出版的幾幅鐵道導覽地圖，皆為旅者所設計。像是《克洛夫特的跨陸旅遊指南》（*Crofutt's Trans-Continental Tourist's Guide*）就是一本內容豐富的出版物，其描述了「城市、城鎮、村莊、堡壘營區、山脈、湖泊、河流等500處地點；可到哪裡去尋獵水牛、羚羊、鹿；進行例如釣鱒魚之類的休閒活動時的必訪景點與行前規劃；聯合太平洋鐵路和中央太平洋鐵路沿路上的馬車與船隻的接駁點等」。1872年的版本，是一式攤開全長90公分的三摺頁手工上色世界地圖，顯示不同目的地的來回距離和票價。阿佛列德．哈特（Alfred A. Hart）於1870年出版的《旅人私書》（*The Traveler's Own Book*）則提供「全新鐵道之旅的所有細節，該注意的有趣景點……並附上明媚風光的彩色照片說明。」該地圖比較像是一幅路線圖，底部以文字標明「加州」，並提到從火車窗口會看到的風景，如：「優勝美地山谷－葡萄園－瘋狂瘋人院－銅礦區－大樹。」

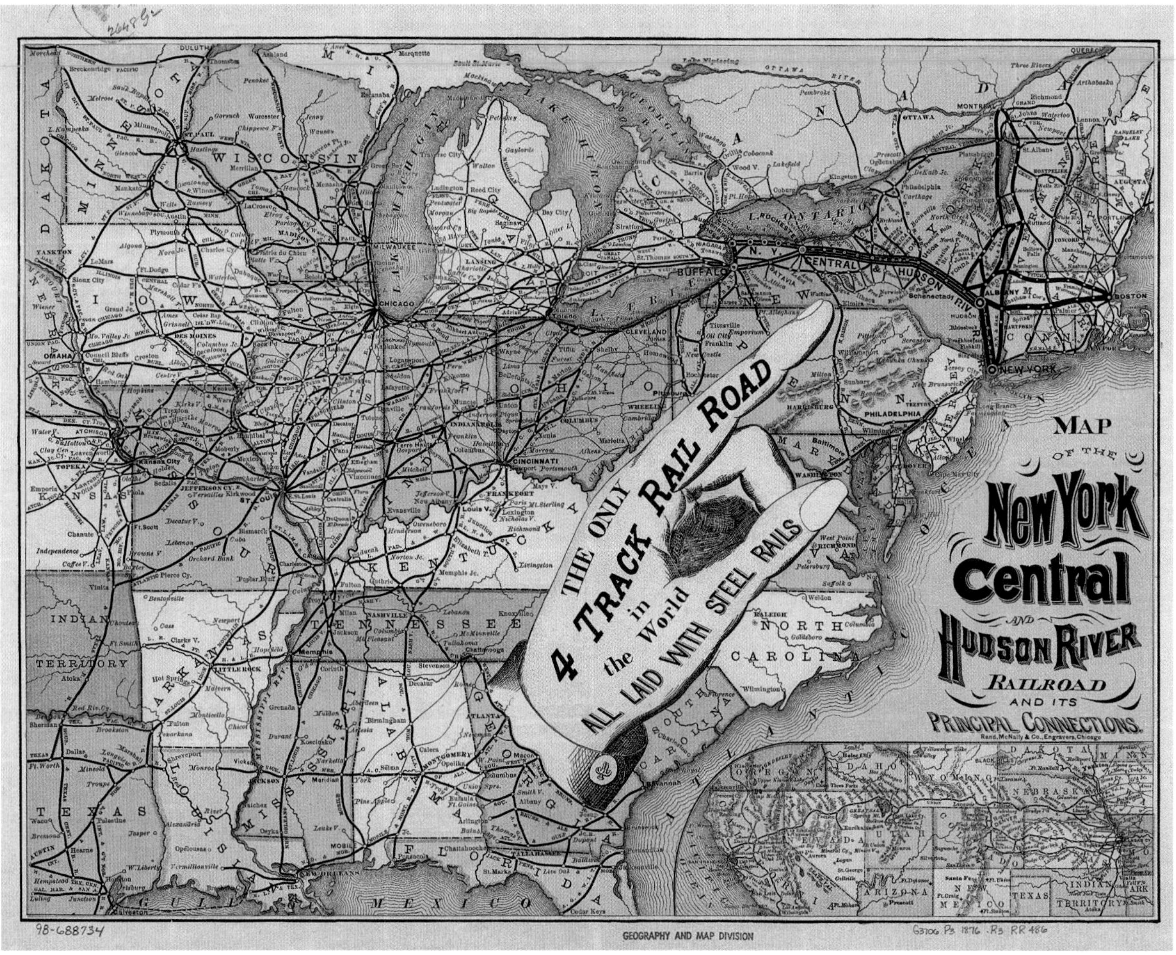

▲1876年，《紐約州中央和哈得遜河鐵路地圖》（New York Central and Hudson River Railroad provided New Yorkers）發行之後，提供紐約到水牛城和芝加哥的主要路線。橫貫大陸鐵路有了奧馬哈的中途停靠站，從紐約到舊金山之旅即可於4天內完成。

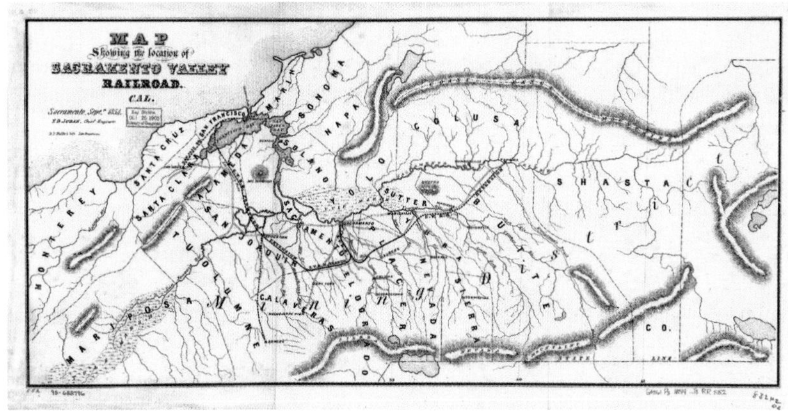

◀「沙加緬度谷鐵路」是加州第一家成立的鐵路公司。首席工程師西奧多．猶大（Theodore Judah，1826～63年）在1854年製作地圖計劃中，東至舊金山，西至索諾拉。沙加緬度谷鐵路不僅是中央太平洋鐵路一部分，也涵蓋橫貫大陸西端的鐵路網。

約翰・甘迺迪和寮國

John F. Kennedy and Laos

1961年1月，約翰・甘迺迪（John F. Kennedy）當選美國總統時，立即面臨東南亞共產主義的威脅——寮國。

艾森豪總統警告甘迺迪總統即將受到共產主義威脅，並意識到美國的危機。在1961年3月23日的記者會上，他對著記者們強調事情的嚴重性：

我想做個有關寮國的簡短聲明。我認為所有美國人都應重視並理解目前國家所面臨的困境和危機。我與艾森豪將軍在1月19日就職典禮前一天有過交談，我們花了大部份的時間研討這件棘手之事；是新政府一上任必須立即解決的重要問題。

寮國的危機是因為巴特寮（Pathert Lao）引起的，這是一支北越和蘇聯政府共同支持的共黨游擊隊組織。巴特寮控制著大部份北寮，並往南跨越石缸平原朝湄公河方向發動攻擊。甘迺迪以一系列圖表來解釋共產黨範圍急速擴大：

此3幅地圖顯示去年8月共產黨實際統治的地區，右上角的色塊部分代表當時共產黨主導的區域。接下來是1960年12月（記者會3個月前），紅色區域已經擴大，而從12月20日到3月底，共黨已大範圍控制寮國。

甘迺迪是否應立即進行干預，防止寮國政府的崩潰？當時美國在兵力上捉襟見肘，只有幾個部隊可用。甘迺迪也警告蘇聯領導人赫魯雪夫不可輕舉妄動。不過，他很清楚所謂的「骨牌效應」，在同一場記者會上，他明確表明準備採取的立場：

我們決定密切與盟國進行討論合作，最終以寮國政府的意願為主。我們不會被目前或任何情況激怒，陷入或捲入困境，但我知道，每位美國人會希望自己的國家是在履行落實世界和平與自由的義務。

他唯一的預備行動，就是在日本沖繩部署1萬名海軍陸戰隊員。這項軍事威脅行動奏效了，赫魯雪夫也確實讓步，而大批前進石缸平原的士兵和軍備也漸漸稀疏零散。1961年，英國和蘇聯在日內瓦談判和平解決的問題。1962年1月19日，達成停火協議。寮國情況穩定後，甘迺迪接著把注意力轉向南越。1962年，成立了「美國駐越軍援司令部」（Military Assistance Command of Vietnam，簡稱MACV），目的是協助越南的軍隊訓練，這也是大規模美軍駐越的起始，最後發展成越戰。這一刻，這個記者會，這3幅地圖，將會對20世紀後半葉產生深遠影響。

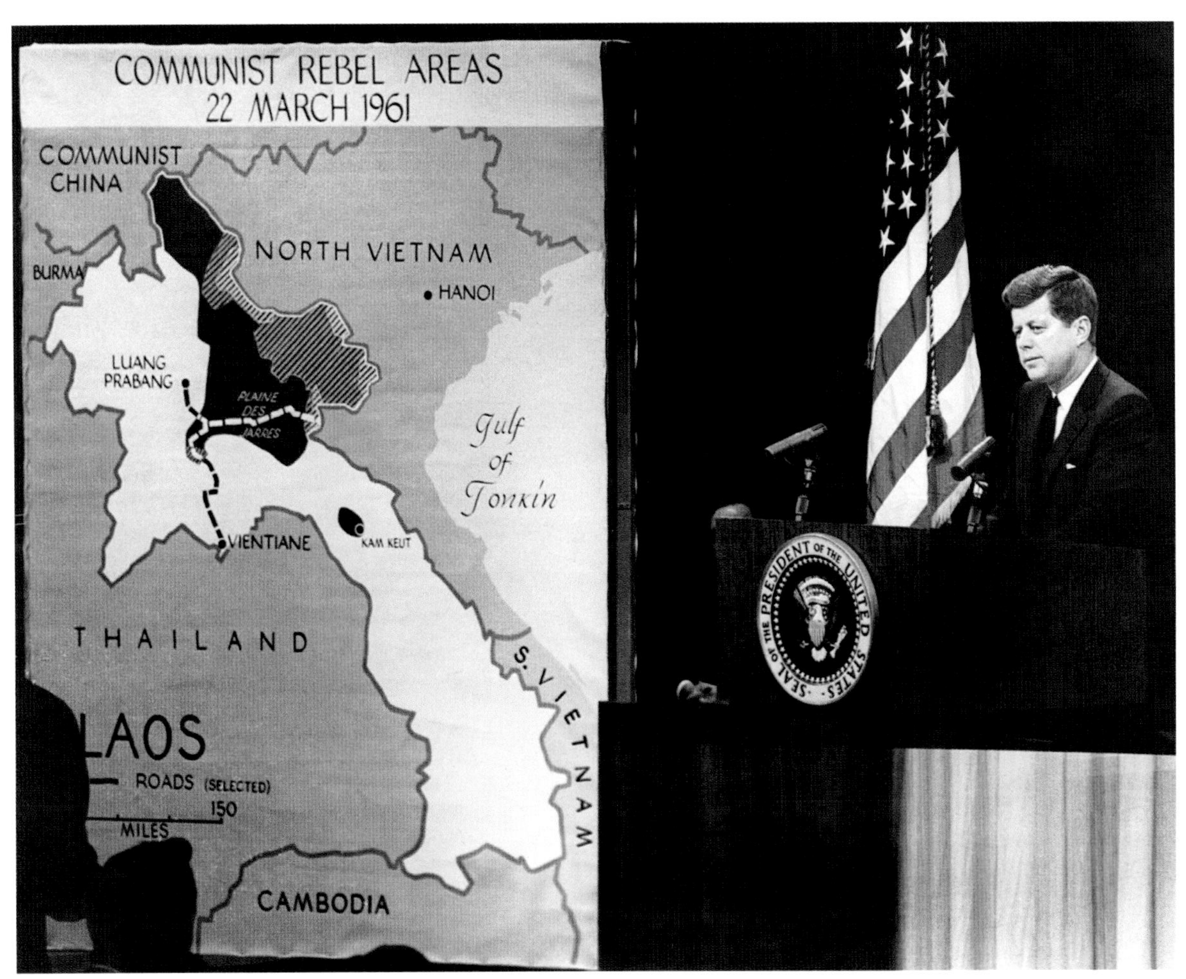

▲該地圖是典型利用製圖製造政治效果的例子。共產黨的成功擴大，紅潮（red tide）跟著高漲。而與地圖並列的政治領袖是甘迺迪總統。此圖表明著權力與理解，並意味著掌控權。

以色列地圖

Maps of Israel

近代沒有一個國家地圖如以色列這般經常更動，這也反映了該國頻繁地捲入衝突，且至今依然如此。除了顯示實際領土變動外，以色列地圖除了顯示實際領土變動，也代表猶太人與阿拉伯人之間領土劃分的衝突從未平息。

自19世紀末，從歐洲發起的猶太復國主義（亦稱：錫安主義）運動，主張猶太人返回巴勒斯坦重建家園。然而，復國運動的正式推手，可追溯至1917年英國政府發表的《貝爾福宣言》（Balfour Declaration），這份簡短聲明表達了支持猶太人在巴勒斯坦建國，並在第一次世界大戰結束後，英國透過國際聯盟的安排，獲得巴勒斯坦的託管權。

以色列復國，並非透過任何外部機構策劃程序成立，而是在極端動盪情況下達成的。在英國的託管之下，猶太人和阿拉伯人之間的暴力衝突和緊張情勢，在1920～30年間持續升溫。大量逃離納粹迫害的猶太人在二戰結束後，迫切需要解決祖國的問題。早在1937年，英國「皮爾委員會」（Peel Commission）的結論是阿拉伯和猶太人絕對不可能和平共處一國，因此提出分治的建議。阿拉伯大國和猶太小國涵蓋巴勒斯坦以北沿海平原，並延伸到加利利海東岸的敘利亞邊境。這一條從雅法海岸到耶路撒冷的狹長地域則交由英國託管。

到下一次分治提案時，實際的政治和人口的情勢已經產生了翻天覆地的變化。1946年，英美調查團提出「莫里森－格雷迪計畫」（Morrison-Grady Plan），也就是兩國分治的方案，但這個建議完全失效。特別是在巴勒斯坦伊休夫（Yishuv）的猶太社區主張只接受一個猶太主權的國家，並強調自己並非隸屬阿拉伯的少數猶太民族。後大屠殺時代的猶太人憎恨任何意圖打擊他們的計畫，認為巴勒斯坦人完全站在阿拉伯那一方，直到1990年初，巴勒斯坦領導人阿拉法特（Yasser Arafat）終於承認以色列國主權與生存權。

1947年，猶太事務局（Jewish Agency）自行擬定計劃，宣稱在巴勒斯坦的主權範圍，僅除約旦河以西的阿拉伯人居住城鎮（傑寧、拉馬拉、奈卜勒斯）。聯合國巴勒斯坦特別委員會（UN Standing Committee on Palestine）於同年11月提議分治方案，雖未達到猶太事務局的期望，但至少確保猶太人最在乎的關鍵主權，因此被接受。聯合國計劃授予一大塊涵蓋北部、中部和南部區域的領土（包括加沙地帶）給巴勒斯坦阿拉伯人，但他們的領袖仍徹底拒絕。1948年5月14日，猶太復國主義領袖大衛・本古里安（David Ben-Gurion）宣布以色列建國，初出茅廬的以色列國立即陷入與周圍阿拉伯鄰國的交戰。1949年，以阿雙方簽訂停戰協議，以色列人獲得大部份猶太事務局當時所預期的區域範圍。

停戰協議暫時劃清的分界線稱之「綠線」（Green Line，即用以界定以色列在約旦河西岸地區的邊界）。1967年，以色列再度對敘利亞、埃及和約旦發動突擊，戰爭持續6日之後，以色列幾乎拿下約旦管轄的約旦河西岸地區。令人納悶的地方是，雖然今日巴勒斯坦學校使用的地圖集中不承認以色列建國的事實，但卻提到1949年停戰協議所建立的「綠線」邊界。

「6日戰爭」之後，以色列獲得空前的重大勝利，並佔領整個埃及的西奈半島，駐軍鎮守蘇伊士運河東岸。至於東北部敘利亞具戰略要地的戈蘭高地也被以色列拿下。1979～82年，以色列和埃及再度達成《大衛營協議》（Camp David Accords），以色列軍隊分段性撤出西奈半島，但敘利亞戈蘭高地的和平協議仍遙遙無期。近代最巨大的變化是，1995年移交加薩走廊和約旦河西岸部分地區的管理權給巴勒斯坦主權國家；目前看來，似乎兩個國家皆處在相對和平的邊緣。

然而，醞釀中的巴勒斯坦國和以色列之間仍處於動盪不安的狀態。另一方面，以色列更積極地在巴勒斯坦地區擴展更多屯墾區，用於大量容納那些1991年蘇聯瓦解後，從俄羅斯離開的猶太人，也因此和聯合國與阿拉伯產生意見衝突。另外，失望的巴勒斯坦人日益激進，開始以一波波自殺式炸彈攻擊以色列平民，以

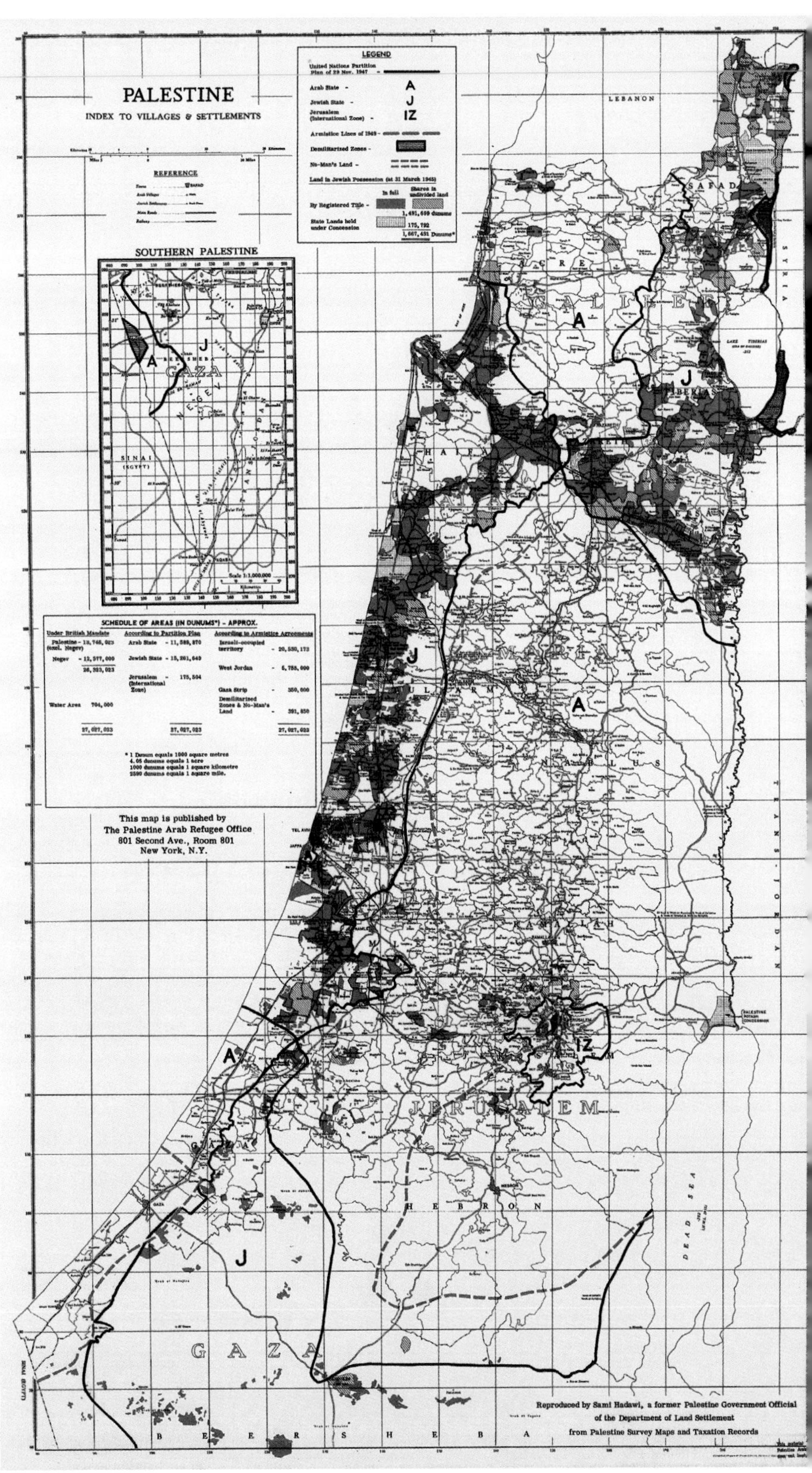

▶薩米．哈大維（Sami Hadawi）於1949年繪製的《巴勒斯坦的村莊和社區索引圖》。此圖說明了聯合國1947年提出的分治計劃。此地圖是由紐約的巴勒斯坦難民事務處所發布。在停戰中，猶太軍隊佔領了太巴列、薩法德、海法和耶路撒冷等族群混合的城市，50個純阿拉伯人的城鎮，約500座阿拉伯人村莊，以及約100座貝都因（Bedouin）村莊和群落。

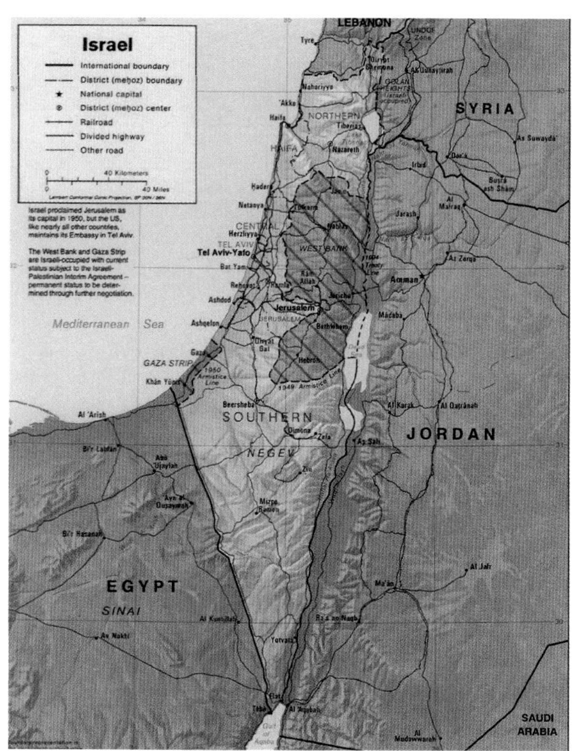

色列軍隊重新佔領自治區以平息暴力紛爭。

正是在這樣的時空背景下，21世紀初開始，以色列地圖上出現極具爭議的特徵。以色列為了保護國人免於遭受恐怖攻擊，而築起了一道封鎖約旦河西岸巴勒斯坦地區的安全籬與隔離牆。這算是以色列有史以來最龐大的基礎建設計畫，估計總長約656公里；雖然在24公里之處（狙擊手曾經活躍過的地方）蓋起一道9公尺水泥高牆，但其實多半隔離築體是以圍欄構成。

對於支持者來說，圍欄就是一道安全屏障；反對者則擔心這道屏障代表以色列單方面重劃的邊界。對右派人士來說，靠近綠線附近的圍欄等同於接受1949年停火線的邊疆（所以可以讓以色列人民做好準備，未來大規模移交朱迪亞和撒馬利亞地區給打造「無猶太人」地區的巴勒斯坦人）。相較之下，左派人士則認為，圍欄將巴勒斯坦人變成經濟無法自主的「孤立領土」[3]的第一步。就像當年南非政府為推行種族隔離政策，將南非黑人分配至貧瘠的地區，剝奪所有權利；此圍欄的目的就是要建造只剩名義上獨立的「巴勒斯坦的班圖斯坦」（Palestinian Bantustans）[4]。也有些人認為，安全圍欄是用來凸顯事實現狀（一邊一國）的製圖策略。

在巴勒斯坦自治政府（Palestine National Authority）的管轄之下，對於經濟、教育和社會凝聚力上的阻礙很少出現反對情緒，但卻嚴正反對建造東部圍欄，以此對抗「孤立領土」的計畫。築構安全牆只是以巴領土問題的其中一個碎片。自以色列建國成立以來，不斷變化的地圖，記錄下不公正的歷史和流血事件，雖然美國曾於2002年提出解決衝突的「以巴和平路線圖」（Road Map for Peace），但從來沒有實現過。

◀美國中情局於2001年繪製的《以色列地圖》（左上圖）；「西岸和加薩走廊是以色列的佔領區……永久地位需透過進一步協商裁決。」美國中情局於2001年繪製的《加薩走廊地圖》（右上圖），區分了「以色列控制區」和「以色列安全控制區，巴勒斯坦民間控制區」（黃色區塊）。虛線代表安全邊界。

▶出自以色列國防部製作的《安全圍欄的路線圖》。附文說明：「我們已盡力避免涵蓋到安全圍欄地區內的巴勒斯坦村莊。安全圍欄並非在於併吞領土，也不會改變這些地區居民的身份。」

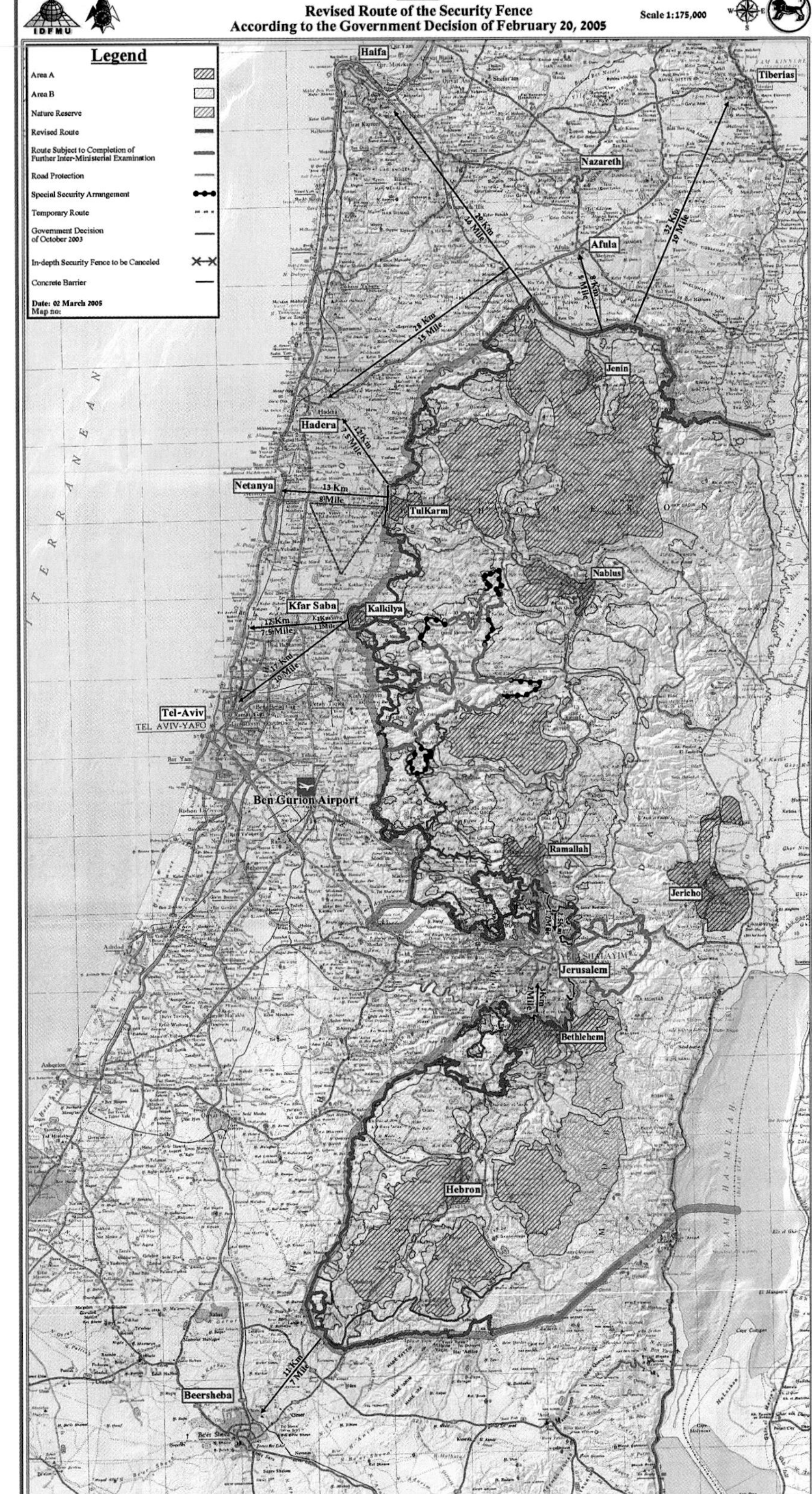

3. 「孤立領土」（enclave）指在本國境內但主權隸屬另一國的領土。
4. 「班圖斯坦」是南非在種族隔離年代，專門用來隔離黑人的居住區，意即「黑人家園」。

norvega
svelia
grotia
hyrlanda
Anglia
amborg
alamagna
flandria
collonia
EUROPA
paris
bretagna
Mar Atlanticu
ocidens
la rorelia
bajona
tolosa
provenza
hispania
catalogna
portogal
lisbona
granata
cor sica
sardigna
balears ins
cadis
barbaria
tunis
Charte de navigatione de cognito orbe sin a tepi nri cum perenne gloria a Dio me fecit fra Matheo de Chiara de arimino ann. dne M. D. XIX.

Chaper6 | 第六章

奇幻、荒唐、揑造

Fantasies, Follies & Fabrications

根據左下角的文字顯示，此幅地圖是馬修斯・其雅拉（Matheus de Chiara）於1519年繪製的波特蘭型海圖集其中1幅（共4幅），範圍包括歐洲與地中海。該圖集目前收藏於加州的亨廷頓圖書館（the Huntington Library）。老羊皮紙上有蟲蛀洞，以黑色墨水描繪出覆滿赭石的地形輪廓。但此圖有幾個錯誤：32條等方位線並不完整，也與羅盤方位不符；上頭的文字似乎寫於19世紀或20世紀初。最重要的是，附表中的北美洲西岸描繪的過於詳細，以16世紀初的地理知識來說是不可能的。此圖的創作時間應為假。

失落的亞特蘭提斯大陸

The Lost Continent of Atlantis

失落的亞特蘭提斯大陸傳說由來已久。聽說曾經有個燦爛輝煌的古文明，藝術和科學成就輝煌。關於該文明興起與沒落的相關推論，也許能揭開許多古文明的神祕的面紗：埃及人和馬雅人如何發展出相同的金字塔建構技術？為什麼埃及人和馬雅人（跟其他種族相比）皆有關於沈沒大海的失落文明的傳說呢？

最早有關亞特蘭提斯的記載，可追溯至西元前4世紀希臘哲學家柏拉圖的作品《蒂邁歐篇》（*Timaeus*），當中訴說雅典政治家梭倫（Solon）在埃及旅行的故事。當梭倫在尼羅河三角洲參觀塞以斯（Sais）神廟時，一位牧師告訴他關於亞特蘭提斯失落文明的歷史。根據柏拉圖的說法，牧師告訴梭倫亞特蘭提斯曾經是海洋帝國，但在距當下時空的9,000年前一夕之間消失。

柏拉圖所描述的亞特蘭提斯大陸，規模大小如同西班牙，位於海克力斯之柱（Pillars of Hercules，今直布羅陀海峽）的西側海域。即便亞特蘭提斯的勢力已支配當時全世界的國家，卻仍無止盡的追尋權力欲望，最終因自滿和野心走向一條毀滅之路。根據柏拉圖的觀察，亞特蘭提斯的建築成同心圓狀，環狀運河之間由橋樑相連，中央則有一座巨大的圓形神廟。柏拉圖認為亞特蘭提斯國王破壞了和諧基礎，帝國開始腐敗，致使天神宙斯震怒，亞特蘭提斯從此消失沈沒大海之中。

關於亞特蘭提斯確切位置的相關研究也不少，從巴哈馬，百慕達三角州到加那利群島都有其論述說法。17世紀的百科全書編纂者阿塔納斯．珂雪（Athanasius Kircher）畫了幾幅亞特蘭提斯的地圖。背頁所出示的是西元前1萬年亞特蘭提斯大陸佔據大部分北大西洋的地圖。在柯雪的年代裡，他相信亞速爾群島和加那利群島都是亞特蘭提斯的遺跡。自從1869年朱爾．凡爾納（Jules Verne）出版了《海底兩萬哩》（*Twenty Thousand Leagues Under the Sea*）小說，內容提到英雄船長尼莫發現海底的廢墟寺廟和亞特蘭提斯宮殿遺址；至今已吸引無數探險家前去尋找。

眾多堅信亞特蘭提斯確實存在的人當中，還包括了奇幻小說家托爾金（J. R. R. Tolkien）。托爾金從小就常常做同樣的惡夢，夢中總是出現洪水滔天大浪淹沒整個樹林和綠地。對他來說，令他畏懼的並非惡夢本身，而是夢中的場景讓他感覺記憶猶新。

直到某天托爾金讀了有關亞特蘭提斯的傳說故事後，他才將這個古老災難與自己的陰暗夢境聯想一起。但更讓人匪夷所思的是，托爾金從未將此夢境告訴過孩子，直到多年後，他才得知兒子麥可居然也長期反覆夢見相同的惡夢。這個意外發現，讓托爾金相信這一場巨浪夢境來自「種族記憶」（racial memory）。也幸好托爾金活得夠久，終能見到與亞特蘭提斯古老文明的相關證明；而他夢中可怕的驚濤駭浪畫面歷史上也的確發生過。

不管動機為何，托爾金開始創造或「重新編寫」有史以來最詳細和錯綜複雜的亞特蘭提斯歷史。托爾金編制橫跨33個世紀的詳細年表，撰寫《努曼諾爾淪亡史》（*Akallabêth*）[1]。「努曼諾爾」即精靈語[2]中的亞

▲烏爾夫博士（Dr. Ulf Erlingsson）在其著作《從地理學的角度看亞特蘭提斯》一書中，論證愛爾蘭正是亞特蘭提斯。他發現到愛爾蘭面積符合柏拉圖描述的亞特蘭提斯的規模大小，而事實上愛爾蘭是三面環山平原，這也跟柏拉圖所描述的一樣。烏爾夫博士是海底測繪專家；其理論在愛爾蘭特別引起一番討論。

---

1. 托爾金的奇幻小說《精靈寶鑽》系列第五部。

特蘭（Atlante）或特亞特蘭提斯（Atlantis）。

托爾金筆下的亞特蘭提斯貌似一座星形島，亦稱之為「西方大地」（Westerness）。該海島面積最窄處為400公里，最寬處為800公里左右。島嶼劃分為6個區域：6個半島，以及一座稱之「米涅爾塔馬山」（Meneltarma）的中央神聖高山，又名「天堂之柱」。島嶼的皇城是雅米涅洛斯（Armenelos），並且擁有3個巨大港口市。努曼諾爾算是相當巨大的五芒星形海島，座落於海中央。東方是中土世界的凡間；西方是不死樂土的仙境。托爾金筆下的努曼諾爾人是中土世界最具天賦和強大種族的人類。最終，凡人希望能夠獲得長生不死，因此與眾神交戰。這場戰爭毀滅了努曼諾爾帝國，如同亞特蘭提斯沈沒大海般。

1960年代中葉，有人在愛琴海發現一座曾被威力無窮的火山爆發毀於一旦的富強島國遺址；這場猛烈的火山爆發還引發超過90公尺高的巨浪海嘯，從安納托利亞到直布羅陀，席捲整個地中海盆地。該火山爆發的能量相當於大約6千噸氫彈的威力，在人類史上可說是空前絕後。

火山爆發事件的主角就是錫拉島（Thera），在古代米諾斯帝國中屬於最繁華的古城之一，但卻不幸在一場火山爆發災難中毀滅。這座島嶼約莫50平方公里的陸地面積幾乎被完全摧毀，只剩下一座幾英里長的月牙形火山脊島嶼，今稱之「聖托里尼島」（Santorini）。

不可否認的是，如果真有亞特蘭提斯，那它的毀滅應與錫拉島的這場火山爆發有關。且亞特蘭提斯的毀滅應發生在西元前2000年中期，或柏拉圖年代的

▼亞特蘭提斯幾乎填滿了這幅《亞特蘭提斯島》（Insula Atlantis）中北大西洋範圍，該地圖是刻印在阿塔納斯．珂雪於1665年出版的《地下世界》（*Mundus Subterraneus*）一書中。柯雪聲稱這是根據柏拉圖的描述所繪製的地圖。

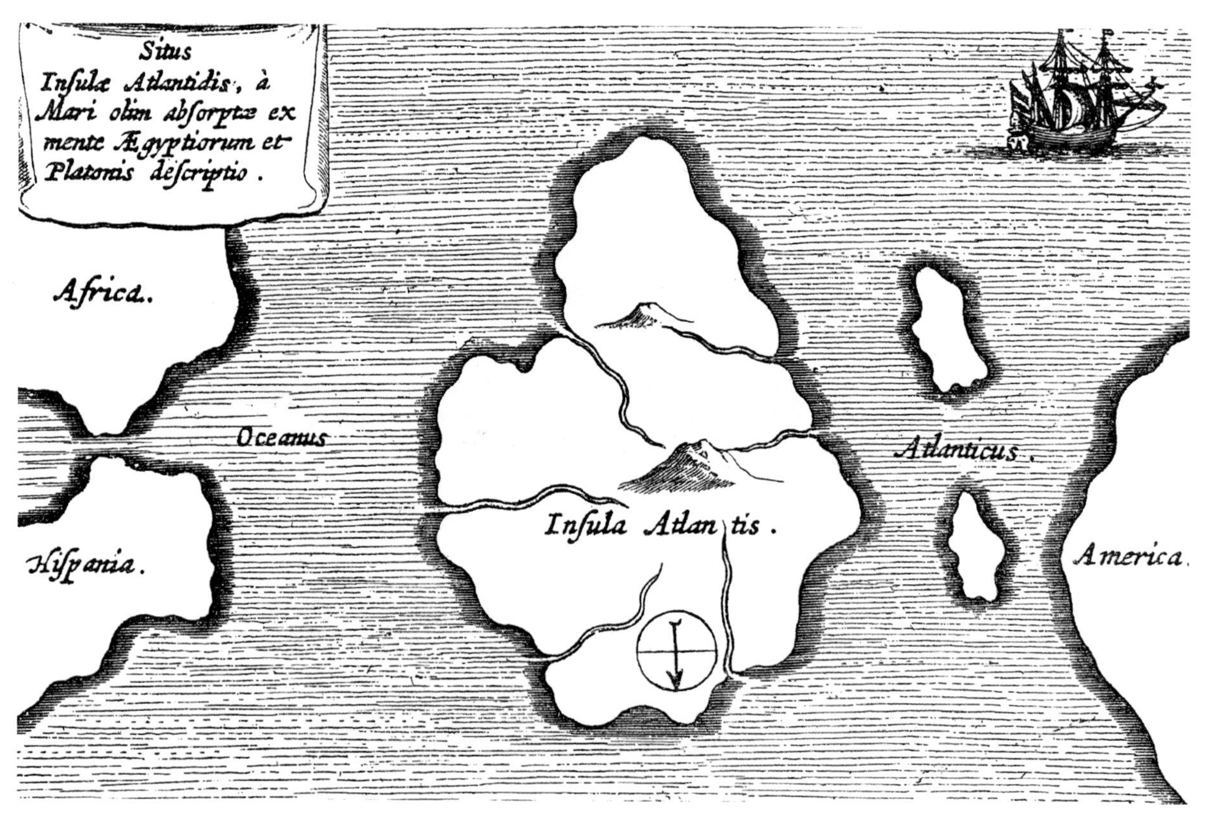

▲此幅愛琴海地圖顯示了在基克拉迪斯群島的錫拉島（聖托里尼島）。這些島座落於的位置約3,600年前曾發生浩大的火山爆發，隨之而來的海嘯摧毀了米諾斯島嶼文明。許多人相信這場災難是啟發柏拉圖撰寫亞特蘭提斯的靈感來源。

前900年（幾乎不太可能是9,000年）[3]。

亞特蘭提斯一夕之間毀滅，無人倖免。錫拉島所有的城市、艦隊和居民都消失在海底。這場前所未有的巨嘯，幾乎摧毀了整個米諾斯帝國的大小港口、城鎮和沿海土地。

2. 身為語言學家的托爾金，為其奇幻小說創造了體系完整的「精靈語」。
3. 支持此派說法的人認為柏拉圖（或最初聽到這個故事的人）把數字弄錯了，導致年份誇大了10倍。

亞瑟王和阿瓦隆島

King Arthur and the Isle of Avalon

托馬斯・馬洛里（Thomas Malory）筆下的散文作品《亞瑟王之死》（*Le Morte d'Arthur*），結局是在最後一戰「劍欄之戰」，幾乎所有英國優秀騎士皆相繼陣亡。而身受重傷的亞瑟王命令身邊最後倖存的騎士（貝狄威爾爵士），將「王者之劍」（Excalibur）[4]投入戰場邊緣的湖水中。後來騎士回報說，湖面奇蹟般出現女神的手接住了寶劍，亞瑟王知道他完成了承諾。

我必到艾維林恩山谷，去治療身上重傷。之後假如再也沒聽到我的消息，請為我的靈魂祈禱。
《亞瑟王之死》（第21卷，第5章）

馬洛里接續著說，就在黃昏時分，一艘如大天鵝般的駁船，載著9位身穿黑色連帽斗篷的高貴淑女。這些善良美麗的女子將受傷的國王抬到船上，隨即航行到充滿迷霧的阿瓦隆島（Avalon）。傳說中，亞瑟王在阿瓦隆島療傷痊癒，至今他仍長眠此地。

許多傳統學派宣稱，亞瑟王像統治卡美洛（Camelot）帝國那樣統治阿瓦隆島。世上眾英雄皆來到阿瓦隆島成為座上賓客，不僅共饗盛宴，練習運動競技，甚至進行比武大會。亞瑟王將世界盡收眼底，成為布立吞人（Britons）[5]和其他古王國人民的守護者。預言提到亞瑟王將在世人需要的時候，重返人間成為救世主。

儘管大多著名的傳奇故事皆與亞瑟王傳說有關，但阿瓦隆島有著更古老的淵源，這個地方曾經是一處充滿神祕魔法的聖地和庇護所。阿瓦隆上住著9位皇后、9位繆斯[6]和9位女神，以及服務祂們的侍女。

「阿瓦隆」一詞在凱爾特語的意思是「蘋果之島」，這其中含義也透露出某些淵源。許多傳說和神話記載西部海域有處天堂島，那裡的樹結出「金蘋果和銀花朵」。阿瓦隆島的主要靈感似乎來自希臘神話，在島上可見傳說中的「赫斯珀里得斯姐妹花園」（Gardens of the Hesperides）。這一群赫斯珀里得斯姐妹是阿特拉斯（Atlas；負責將天空頂在肩上的泰坦神之一）的9個女兒，而西方女神赫斯珀瑞斯（Hesperis）則是阿特拉斯的妻子。

這座充滿驚奇的神奇花園是宙斯與希拉的結婚禮物，而花園裡最高貴的是一棵結滿金蘋果的樹，樹根底還湧出春天甘露。金蘋果提供源源不絕的財富，並且只要喝下甘露便能長生不老。這些珍品所體現的是普通新婚夫婦皆想擁有的願望——健康長壽和財源滾滾。總之，這棵金蘋果樹和泉源十分珍貴，宙斯為了不讓凡人接近，將此樹安置在海克力斯之柱西側的一座島嶼上。並將這顆神樹交由阿特拉斯和赫斯珀瑞斯的9位女兒守護。該樹根底還盤繞著一條不眠的巨蛇「拉冬」（Ladon），也是金蘋果和泉源的守護者。

在希臘神話中，海克力斯有個任務，就是前往赫斯珀里得斯花園，從神樹上摘取3顆金蘋果。在北歐神話中也有類似盜採伊甸園蘋果的任務，而其後果是差點讓靠著吃金果維持長生不老的阿斯嘉諸神滅絕。

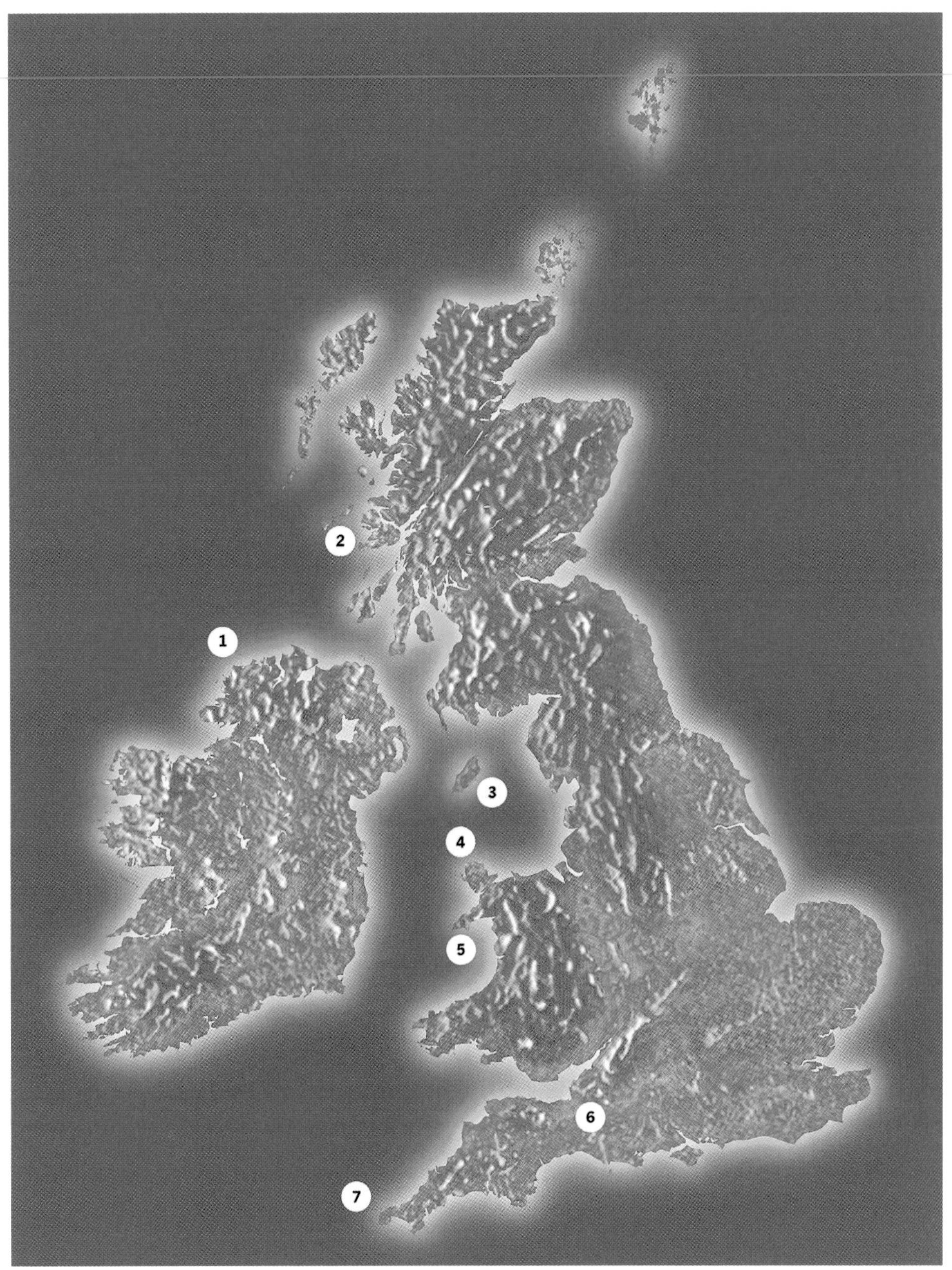

▲以上為位於不列顛群島、被假設為阿瓦隆的地點：（1）托里島、（2）愛奧那島、（3）曼島、（4）安格爾西島、（5）巴德西島、（6）格拉斯頓伯裡突岩、（7）錫利群島。看來格拉斯頓伯裡突岩應最具可能性，此處是個充滿精彩神聖故事的地方，但也已不再是個島。

4. 亞瑟王傳說中的「王者之劍」是由湖中女神所賜，女神賜劍時要求亞瑟王日後不管發生什麼事，都要將神劍歸還。
5. 「布立吞」是古代凱爾特人的分支之一，存在於英國從鐵器時代直至羅馬時期和後羅馬時期。
6. 希臘神話中主司藝術與科學的9位文藝女神。

在眾多亞瑟王傳說中，最早描述到有關阿瓦隆島的種種，應來自孟莫斯郡的傑佛里（Geoffrey of Monmouth，英國編年史家）於12世紀初期所撰的《梅林生平》（*Vita Merlini*）一書裡。阿瓦隆島是處充滿農作物和葡萄樹自行繁殖的永恆暖夏小島；其呼應了中世紀的一個想法，就是在西部海域仍有尚未被發現的、古代傳說中的永恆之島。傑佛里說道，阿瓦隆島是一處和平沒有疾病，並且存在超過100年以上的島嶼。如馬洛里或傑佛里所宣稱，受到重傷的亞瑟王被帶到阿瓦隆島療傷。在《梅林生平》中，傑佛里甚至點出阿瓦隆島的確切地理位置，也就是當時往西南航行，通過直布羅陀海峽，即可在非洲外海發現阿瓦隆島。從這些航行路線來看，應可推斷阿瓦隆是加那利群島的其中一島，有可能指的是面積最大的「大加納利島」。「馬卡羅尼西亞」（Macaronesia）意指當今歐洲和北非附近大西洋的數個群島。原文名稱Macaronesia，源自希臘文「幸福島」之意，古希臘地理學家曾用該詞語稱呼直布羅陀海以西的群島。馬卡羅尼西亞群島包括：加那利群島、亞速爾群島、維德角、馬德拉、或介於加那利群島和馬德拉的野人群島。若將其一島嶼視為阿瓦隆島也是有可能的。這些島嶼沒有一個曾經是大陸，島嶼上的生物與地理分布十分獨特且極具吸引力；事實上可說是不可思議。

除了大加納利島，關於阿瓦隆島位置還有份長長的候選名單：安格爾西島、托里島、曼島（在古愛爾蘭傳說稱此島為「Ablach」，是蓋爾語「富饒蘋果」之意）、巴德西島（威爾斯當地人口中的最愛，是亞瑟王、梅林神和遺失已久的「古代不列顛13件祕寶」之一的神奇鍋的所在地）、愛奧那島（蘇格蘭的「夢之島」）、錫利群島、勃根地省的阿瓦隆。最熱門的阿瓦隆島地點，是一處在土地乾枯之前曾被沼澤包圍的島：格拉斯頓伯裡突岩（Glastonbury Tor）。據稱，從前該處有許多的蘋果樹，因此其古老名稱為：Inis Avalon（音譯：伊尼斯阿瓦隆）。

在15和16世紀期間，許多探險家因相信阿瓦隆島的存在，而大老遠跑去新發現的美洲島嶼上尋寶。事實上，因西班牙和葡萄牙征服中美洲和南美洲的關係，發現美洲印地安部落擁有大量黃金，因此令許多歐洲人傾向認為，一切財富來源可能是透過神力庇護而來的。西班牙探險家德萊昂（Ponce de Leon）率領探險隊深入沼澤和叢林（今為美國佛羅里達州），部分動機就是來自追求無窮的財富，以及尋找傳說中長生不老的「青春之泉」（Fountain of Youth）。

19世紀時，丁尼生（Tennyson）的史詩《國王之歌》（*Idylls of a King*）喚起一股亞瑟王傳奇的興趣，美國詩人朗費羅（Henry Wadsworth Longfellow）與英國作家兼藝術家莫里斯（William Morris）更是特別復甦了阿瓦隆島的傳說。到了20世紀，市面上已經有許多關於阿瓦隆島的探究和傳說，但沒有一則故事比美國奇幻作家布萊德蕾（Marion Zimmer Bradley）所撰的《阿瓦隆之謎》（*Mists of Avalon*；以仙女摩根的角度來撰寫亞瑟王故事）還來得真實。

▶威廉・泰斯度（Guillaume le Testu）於1556年繪製的《西非和加那利群島圖》（West Africa and the Canary Islands）。有些往西航行的人，除了探索和掠奪大陸，也抱持尋找長生不死生命之泉的希望。泰斯度的地圖證實法國航海家岡恩維爾（Paulmier de Gonneville）於1503年成為首位登陸澳大利亞的歐洲人。

MARE OCEANUM

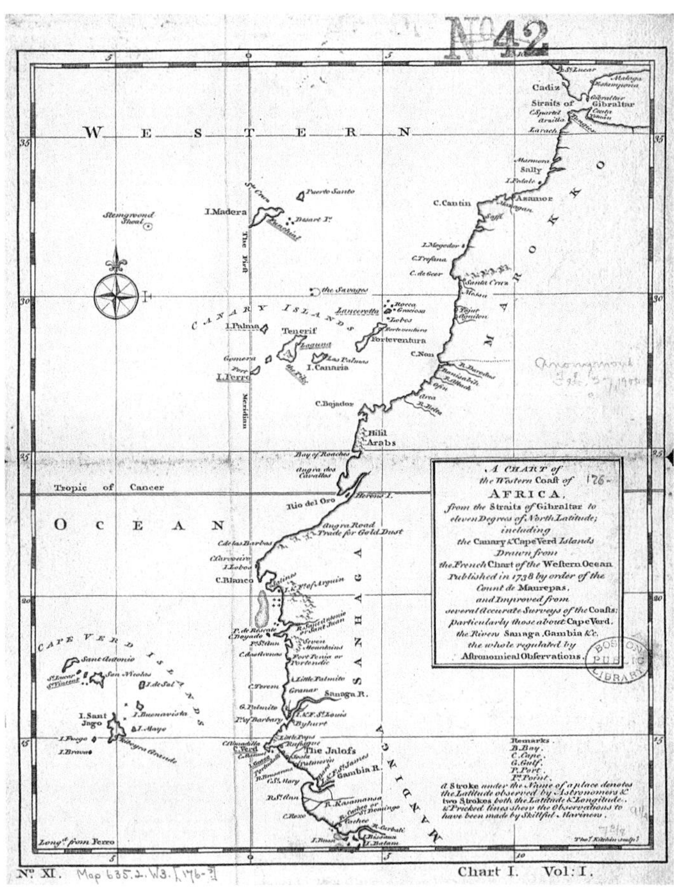

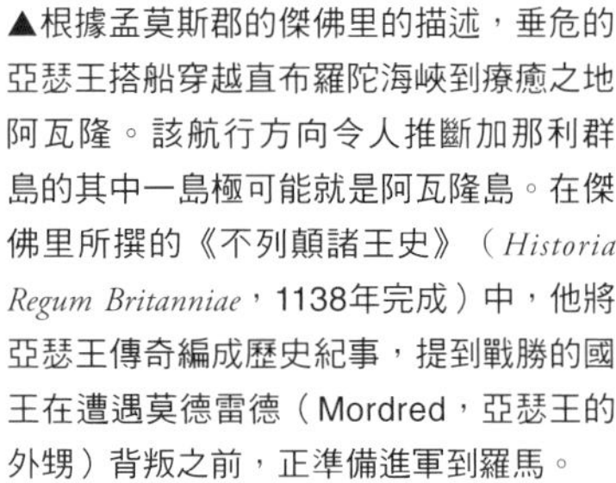

▲根據孟莫斯郡的傑佛里的描述，垂危的亞瑟王搭船穿越直布羅陀海峽到療癒之地阿瓦隆。該航行方向令人推斷加那利群島的其中一島極可能就是阿瓦隆島。在傑佛里所撰的《不列顛諸王史》（*Historia Regum Britanniae*，1138年完成）中，他將亞瑟王傳奇編成歷史紀事，提到戰勝的國王在遭遇莫德雷德（Mordred，亞瑟王的外甥）背叛之前，正準備進軍到羅馬。

▶該幅未註明日期的木刻版畫，顯示亞瑟王正航行到阿瓦隆。在馬洛里詩歌的結尾，他增添了最後註解：「有人說亞瑟王未死……他必再返回奪回聖冠。」

新法蘭西或假美洲？

New France or Fake America?

17世紀時，歐洲人對北美五大湖區的認知，皆來自旅者和探險家的所見所聞，他們依據資料繪製區域地圖。其中像是法國拉洪坦男爵（Baron Lahontan）不僅繪製地圖，並且執筆遊記寫作。就像有些記者一樣，他從未讓事實妨礙故事的趣味性。1931年，製圖專家路易·卡平司基（Louis Karpinski）不得不指出說，在拉洪坦男爵地圖書中的「任何真實事件純屬偶然或巧合」。

拉洪坦男爵路易·阿蒙德（Louis-armand de l'om d'arce）於1666年誕生於朗唐（La Hontan；位於法國貝阿恩省）。之後，他加入200人規模的部隊，國王路易於1683年下令他們前往新法蘭西的魁北克，協助平息五大湖區附近的易洛魁部落。在埔皮（Beaupré）過冬後，他在家書中提到：「說實話，這裡的農民生活過得比在法國的紳士還要舒適許多。」然後，他又被派遣到蒙特婁，接著於1684年6月與偵察軍隊到安大略湖的夫隆特納克要塞（Fort Frontenac）。他們與拉巴利將軍（Lefebvre de La Barre）所指揮的一支由當地民兵、印第安人所組成的1,200人軍隊共同鎮壓易洛魁，卻因士兵生病而告失敗，阿蒙德回到埔皮附近的瑪莉小鎮（Ville Marie）。

1685年春天，阿蒙德抵達尚布利要塞（Fort Chambly）；同年秋天，他搬到布舍維勒（Boucherville）待了將近兩年。由於身上沒有繁重職責，他花時間學習阿岡昆語（Algonquin），並定期外出狩獵捕殺任何身上有毛皮或羽毛的動物，甚至追殺易洛魁人。7月時，他被調到休倫湖入口處的聖約瑟夫要塞（後來成為密歇根州的奈爾斯鎮）指揮，在越過伊利湖（Lake Erie），橫越底特律河之後，他和100名士兵終於抵達尼加拉瓜大瀑布。因冬日嚴酷與物資匱乏，他們最終放棄了軍事堡壘。

到目前為止故事都是真實的，300年後的今天仍可驗證。之後，在1688年9月，他與4、5名渥太華獵人展開另一段旅程（他自己說的）。根據他的說法是，他從北方出發抵達密西根湖，再橫渡格林灣（Green Bay），搭著獨木舟往狐狸河（Fox River）下游划，再帶著獨木舟到威斯辛康河。然後，他再往西抵達密西西比河，並沿著這一條「長河」直到盡頭（這段旅程幾乎是在冬季中度過）。據他沿途所遇的印第安人說，在密西西比河注入大鹽湖之前，「有6座堂皇的城市和100座大小城鎮

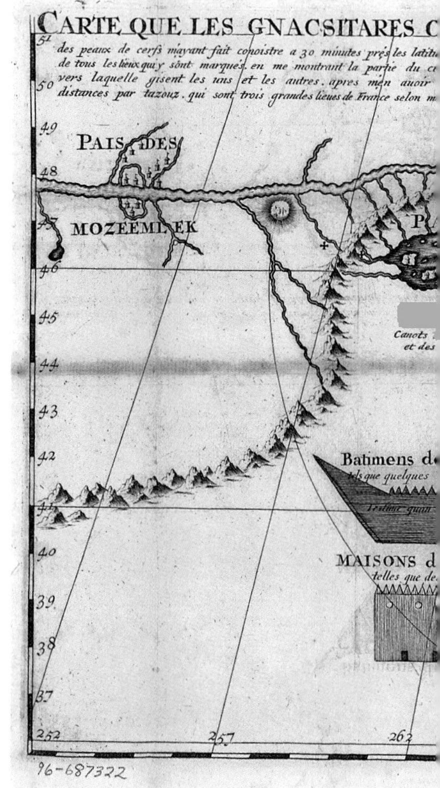

遍布下游地區。」1689年3月，他展開回程之旅，也是一段艱辛歷程，返回殖民地時已是7月。

回到法國1年後，1691年末阿蒙德又再度返回魁北克省，隔年又回到法國向法國部長呈現殖民地的堡壘和五大湖的艦隊計畫。雖然計劃被否決，但他短暫地成為紐芬蘭省普拉森提亞副州長。但因擔心當局逮捕拒絕服從的他，於是1693年他逃到荷蘭避難。接著，他歸納自己的日記和筆記，撰寫出廣受歡迎的遊記（1703年以好幾卷的形式發表）。他筆下的《嶄新之旅》（*Nouveaux Voyages*）記載介紹以前未知部落的文獻，並自行捏造的部落名字，例如：Essanapes、Gnacsitares、Moozimlek、Nadouessioux、Panimobas（只有「sioux」是當中唯一的印第安音節發音）。他細述與當地人的對話，並形容他們為「高貴的野蠻人」。他的遊記中甚至包括一幅顯示他長期遊歷五大湖區和附近流域的地圖。

1715年，被免去聖職的僧侶尼可拉．葛吉維（Nicolas Gueudeville）發表大幅修改過《嶄新之旅》的新版本，但反而令人產生更多猜疑，而在阿蒙德於1715年去世後，這位好逸惡勞的作者仍繼續詳述著阿蒙德對於長河的讚嘆。最終，這本新版內容來源信賴度不佳，而被歸類成小說，這位抄襲者也被阿蒙德這騙子給擺了一道。

▼此幅為路易．阿蒙德於1703年繪製的《長河圖；密西西比河流域附近Gnacsitare印第安人》（Carte de la Riviere Longue; and Carte que les Gnacsitares ont dessiné sur des paux de cerfs）。然而，此鹿皮地圖應顯示出密西西比河西部區域。但地圖中不僅看不到長河，也不見Gnacsitare部落的存在。

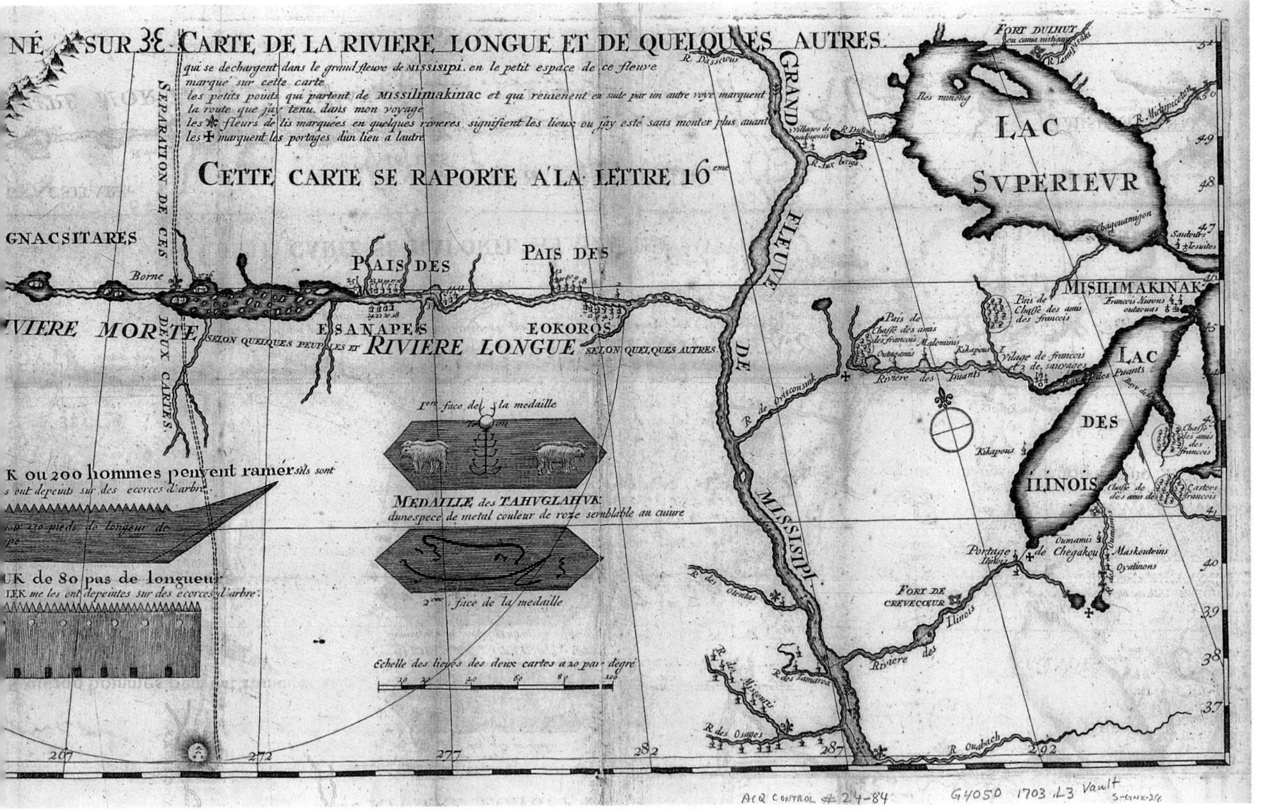

德克薩斯州烏托邦

Utopia in Texas

1848年的「法國二月革命」推翻了法國國王路易．菲利普，建立第二共和國。在起義之前，一批社會主義理想主義者離開了不平等的歐洲，移居美國安頓。這群人是由初出茅廬的共產主義者兼自稱仁慈獨裁者的艾蒂安．卡貝（Etienne Cabet）帶領之下組成的。

卡貝於1788年1月1日誕生於法國第戎，是名桶匠之子。在他受訓成為一名律師的不久後便踏入政界。他的左派觀點對於當局來說過於極端，所以在1835年時被逮捕、審判和流放。他在倫敦住了4年，期間拜讀了湯馬斯．摩爾（Thomas More）撰寫的《烏托邦》（*Utopia*），並與英國工業家兼社會改革家羅伯特．歐文（Robert Owen，1771～1858年）結為好友。卡貝也撰寫了一部虛構作品《伊卡利亞之旅》（*Voyage to Icaria*），描述一名英國爵士伊卡建立一個公社化的烏托邦共產主義國家。社會所有一切共享，從此以後人人過著幸福快樂的日子。

1839年，卡貝返回法國，並於隔年出版他的暢銷書，這本著作引起法國工人階級的共鳴，但資產階級卻偏好閱讀他所發行的《流行週報》（*Le Populaire*，馬克思和恩格斯寫信給卡貝，要求他把德國工人聯盟的立場記錄在報中。）卡貝信仰的「真正基督教」（true Christianism）秉持自然神論和理性態度，他的神是為窮人和被壓迫者主持公平正義之神。因此，他受到眾多工人的支持擁護。「伊卡利亞跟隨者組織」（Icarian organizations）紛紛出現在全國各地。接著，他在1847年宣布計畫在一些祕密地點成立平等社會，並歡迎所有追隨者自願加入。德克薩斯州的政府同意給卡貝100萬英畝的土地，但他必先派遣先鋒者到那裡建立伊卡利亞組織。每位自願者必先繳交600法郎以取得特權。卡貝的西班牙支持者是研發出現代雙

體船潛艇的發明家納西斯蒙．圖里奧爾（Narcís Monturiol，1819～85年）。他和巴塞羅納的友人共籌600法郎，贊助年輕的西班牙醫生朱安．羅維拉（Joan Rovira），讓他跟其他69位移民於1848年2月2日，從勒阿弗爾（Le Havre）出發航行至紐奧良。3週後，二月革命起義。

當伊卡利亞追隨者（Icarians）抵達紐奧良，發現他們必須跋涉數百英里才能抵達德克薩斯州西北地區的「自由之地」。並且若要保有這塊土地，必須在7月1日之前，蓋出3,125棟房子（每棟面積要320英畝），這樣才能達到100萬英畝的佔地面積，但最後他們只蓋出32棟，因此只獲得10,240英畝的土地。由於土地無法拿來耕耘，為了避免冬天飢餓，伊卡利亞追隨者只好長途跋涉回到紐奧良，途中有幾人因受傷和感染而斷送生命。

1849年春天，卡貝與另外200位追隨者（包括羅維拉的妻子和剛出生的寶寶）啟程前往他

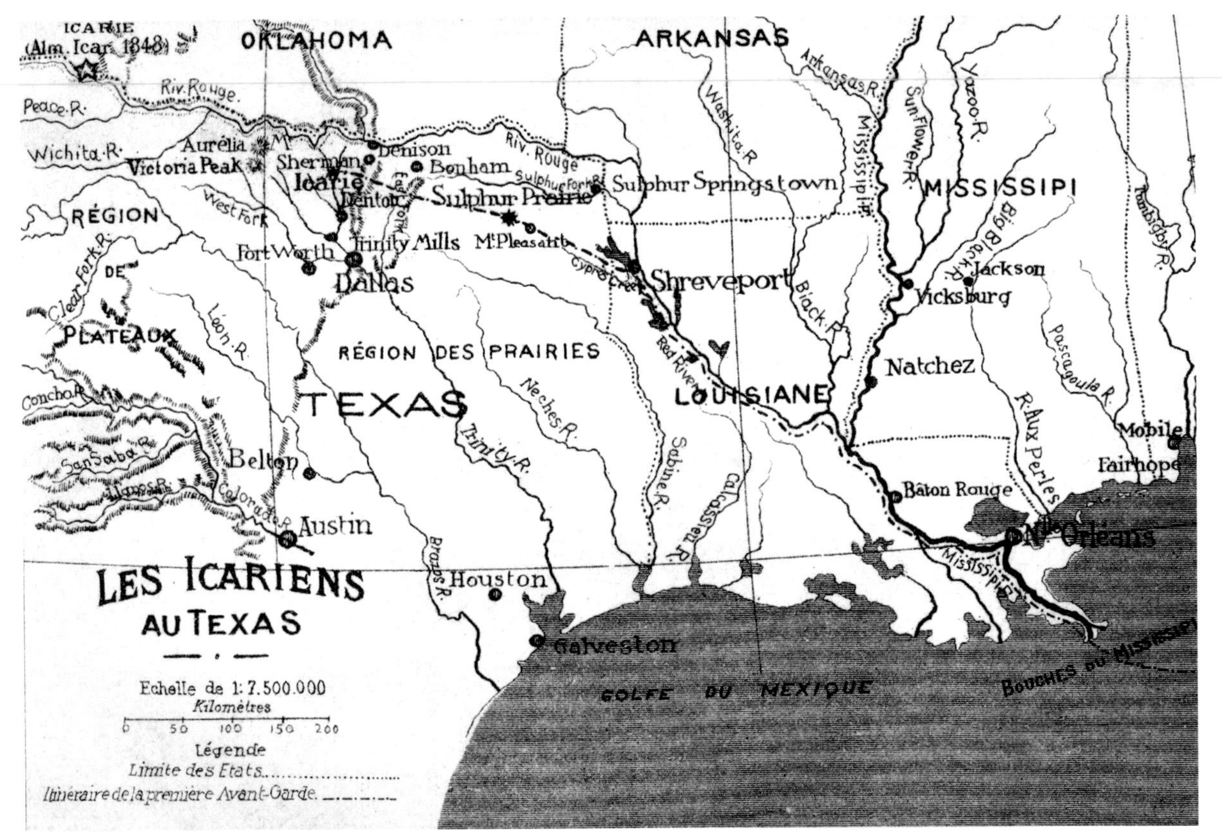

們的「應許之地」。但因卡貝之前的缺席，且獨佔所有伊卡利亞追隨者的財產，因此被控告詐欺被判刑2年。此外，羅維拉覺得卡貝在整個過程管理不善而與他攤牌，最後羅維拉因抑鬱而開槍自殺。整團遠征追隨者滯留紐奧良數月，卡貝將一切的不幸歸咎於先鋒隊領袖阿道夫（Adolph Gouhenant），並將他逐出這波烏托邦運動（之後阿道夫在德克薩斯州各地成功地開設一系列酒吧）。卡貝隨後帶領追隨者們往北前進密西西比河，最後抵達伊利諾州的諾伍小鎮，在那裡他趁摩門教撤離搬到猶他州之前，向他們買了許多適用的土地。

1850年，卡貝回到法國處理一些伊卡利亞追隨者對他不當管理的指控，但最後他被宣告無罪，並重返諾伍小鎮。1854年，他成為美國公民。該公社選舉委員會不同意卡貝想再次成為唯一仲裁者（或獨裁者）一事；1856年他們把卡貝帶到州法院，希望把他從自己建立的社區驅逐出去，但宣告失敗。最後，卡貝和少許忠實追隨者在聖路易斯建立新公社，也稱為「伊卡利亞」。不久，他因致命性中風過世，伊卡利亞運動也隨之滅亡。

▲此幅大概是因應卡貝（左頁圖）要求所繪製的地圖，看似美好願景卻帶來一場悲劇，現今收藏於紐約歷史學會。原本預計100萬英畝的烏托邦土地，但在這幅「先鋒隊旅程地圖」裡卻不見任何相關邊界範圍。正如作家馬修．史都華（Matthew Stewart）在他的著作《圖里奧爾的夢想》（*Monturiol's Dream*）中指出，「在心中建立烏托邦理想的願景是崇高至上的……但將烏托邦設置在德克薩斯州則是瘋了。」其他同時代作家也認同該說法。

諷刺趣味的國家地圖

Mocking National Stereotypes

古閃米特語（後為希伯來語）第一個字母是「א」（Aleph，音譯：艾樂芙），其源自腓尼基象形文字「公牛」之意。「Aleph」也是威廉．哈維（William Harvey）的化名，他於1869年製作一本兒童地圖讀物《地理好好玩》（*Geographical Fun*）。哈維的用意是想發展一套歐洲地理教育圖集，有助於那些認為地圖與地球知識很乏味的年輕學子大大改觀[7]。

他也希望這獨特的教學地圖繪本「可以讓心靈瀰漫著健康有益的異國認知。」17世紀有位證實血液循環現象的人也叫做威廉．哈維，但他跟這位開明的哈維是迥然不同的兩個人。繪製地圖的威廉．哈維（1796～1866年）是早期維多利亞傳統典型的老師，通常對於歐洲各國有著刻板印象。他在長達16頁的地圖集裡，利用各國的地理輪廓，將之擬人化成該國人民典型的生活樣貌。為了強調這點，每幅地圖皆伴隨一首4句詩來總結該國民族的特性。例如：愛爾蘭被描繪成背著孩子的農婦，她的手裡拿著一只裝滿嬰兒哺育用品的箱子，而背上的孩子還握著一條鯡魚。為了強調愛爾蘭處於貧困環境，伴隨詩句則是如此描述：

典型「綠寶石島」[8]應長什麼模樣？
看見孩兒笑容的農婦是否幸福？
雖然她不富有，但卻擁有豐富的在地恩典，
鯡魚、馬鈴薯、滿足笑臉。

言意之下，只要有魚和馬鈴薯，生活一切足夠。

全書12幅的地圖集，以英格蘭作為開端，描繪富有同情心的維多利亞女王作為象徵意義。她頭戴不列顛鋼盔，手持三叉戟和聯合旗盾牌。接下來一幅是蘇格蘭，是一張擁有愁苦的臉，並且露出毛茸茸膝蓋的紅髮風笛手，從無框眼鏡窺視著隨風起舞的短裙，蘇格蘭旗以素面藍底為主，而左上角有聯合旗。另一幅代表威爾斯的是蓄著山羊鬍的歐文．格蘭道爾親王（Owen Glendower），他頭戴金色皇冠，身披龍袍，並且配戴耳環，口中還唱出「一串長長的亞瑟王家譜」。威爾斯旗跟聯合旗一模一樣。

繼愛爾蘭地圖之後，哈維橫渡英吉利海峽，幽默譏嘲那些不得歡心的外國人。第一個調侃的是法國，圖中描繪有著高高鷹勾鼻的皇后，手持一面閃閃發亮的鏡子，藉此宣告帝國的美貌、財富和權力。伊比利半島地圖則同時涵蓋西班牙和葡萄牙。西班牙是位身穿長裙、長髮飄飄的少女，手裡捧著一串葡萄，和隔壁友好的葡萄牙大熊共襄盛舉。大熊身穿紅褲，綠色燕尾服，加上花邊領。至於義大利則蓄著大鬍子，呈現「為自由決不輕易妥協」的革命姿態；他腰上掛著一把劍，另一隻手舉起棍棍子，即便頭戴一頂農夫帽，手裡仍緊緊抓著象徵自由的帽子。而在鄰近的撒丁尼亞王國，含淚的樞機主教一手揚起十字架，一手緊抓收

7. 哈維出版《地理好好玩》時未用自己的真實姓名發表，而是化身為一名15歲的小女孩艾樂芙，讓讀者以為這些地圖都出自於一個小女孩的創意。
8. 綠寶石島（Emerald Isle）為愛爾蘭別稱。

ENGLAND.

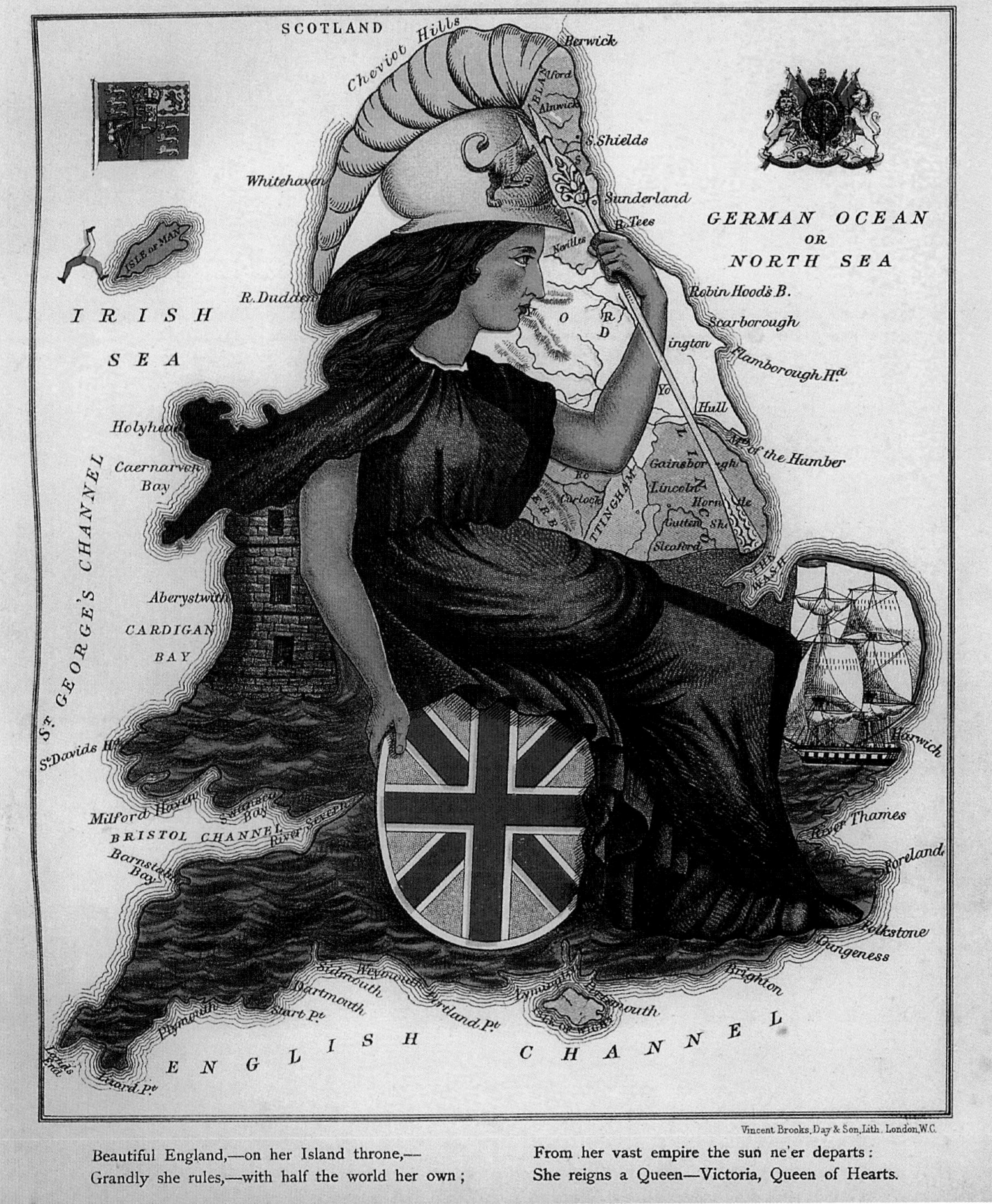

▲此幅沒有太多譏諷點，因為少了烤牛肉、溫啤酒，喧囂或殖民貪婪，只有這位「民心之后」維多利亞女王。

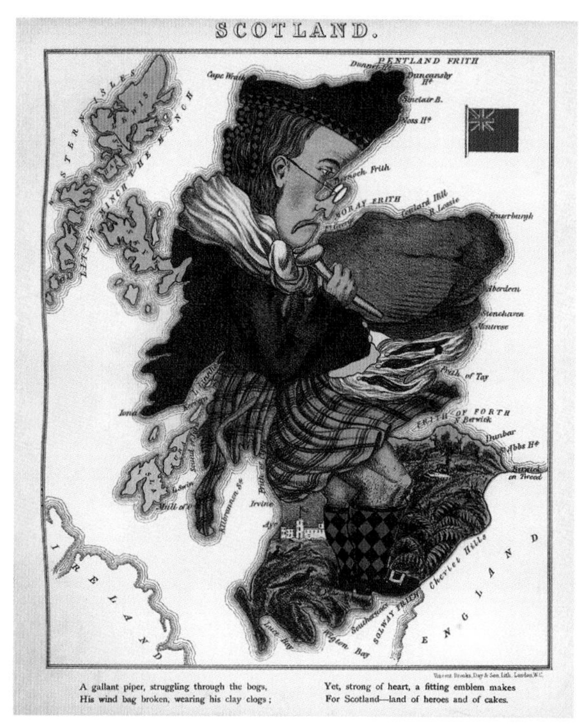

好的傘。

在德國完成偉大統一之前，普魯士和德國的地圖是獨立分開。在普魯士地圖中，普魯士國王威廉一世單膝下跪，將手裡紙條遞給忠心耿耿的皇家鐵血宰相奧托·俾斯麥。頭戴尖釘頭盔、身著長版灰色軍大衣並佩戴金色肩章的俾斯麥，手持火槍，雙眼凝視著波蘭方向，試圖進一步尋找征服據點。德國則是一位楊柳細腰的淑女，對於即將到來的統一大業感到榮耀愉快……「翩翩起舞的淑女表達了她的欣喜。」

荷蘭和比利時的形象也以女性為主。比利時地圖仍保留後來德國併吞的地域範圍，荷比地圖中的兩位女性，高個女子是比利時，她憂心忡忡地看著嘴裡叼著雪茄並抓住她帽帶的荷蘭女子。荷蘭面積小很多，反映了大規模填海造地工程前的國家面積。這兩個國家代表「一塊土地……隆重的完美藝術。」接著是島嶼支離破碎的丹麥，主要島嶼是一位似乎快要往後跌倒的溜冰女子，而剩下眾多小島則以妖精怪物形象與扭曲的臉呈現。該地圖是獻給英國威爾斯王子和王妃。

最後一幅地圖是俄羅斯，展現經典俄羅斯熊背對著把腳趾泡在裡海的白鬍子沙皇亞歷山大二世。其4句詩如下：

彼得、凱瑟琳、亞歷山大，
瘋癲的保羅和尼古拉，可憐憂鬱徘徊不去，
所有冷落凋零，排除沙皇亞歷山大二世在外；
老鷹、神父、熊皆至高無上。

哈維的「諷刺地圖」會比一般酒吧笑話更損人利己嗎？其實不會。如同地圖集的副題：「描繪各國的幽默輪廓」（Being Humorous Outlines of Various Countries），哈維化身成為了想辦法逗她久病無法下床的哥哥歡笑而繪製這些地圖的15歲少女艾樂芙，其實是希望「如果這些地理思索能激起孩子們的歡笑；那片刻的娛樂效果也應能鼓勵年輕學子的好奇心。」

◀▲德國是位開心跳舞的淑女（左上圖），因為她對未來感到極度樂觀。風笛和短裙具體呈現蘇格蘭人的形象（右上圖）；上圖為俄羅斯。

宣傳地圖

Propaganda Maps

「地圖並非等於國家。」這幾乎是常常被忽視的真理。地圖塑造我們觀看世界的方式。雖然地圖不等於國家，但任何一幅地圖都以平面形式來劃界定義一個國家。無論地圖是扁平、長橢圓形甚至球狀，都有一套符號和測量系統。儘管每幅地圖皆有不足之處，人們依然傾向於相信眼前所看到的地圖景象。

地圖總是有股令人相信圖面資訊的魔力。每當地圖呈現於眼前，我們總會採納圖像和符號所呈述的客觀和精準的世界象徵。但是，似乎也忘了地圖的出發點（無論是直接視覺效果或作為一般用途）總是來自製圖師，或地圖委託人，或政府。無論此幅是有關國家、種族、文化、政治、哲學或經濟，幾乎所有地圖都有其專屬議題或存在偏見。

第二次大戰期間，各參戰國廣泛使用地圖作為宣傳目的。但更糟糕的是，製作宣傳地圖的政府當局往往反被地圖給洗腦。他們開始相信自己的宣傳。這些地圖經常成為自我欺騙的手段，並且造成軍事與政治災難。

在戰爭爆發前，德國宣傳地圖顯示出德國受到各方內外部的邪惡力量威脅，目的在於蓄意製造社會大眾恐懼和合理化戰爭行為。其中最好的典型例子，如右頁的宣傳圖例：「小國威脅德國」，其畫面顯示轟炸機可以從捷克斯洛伐克[9]觸及到整個德國。從理論上來說看似可行，但實際上捷克空軍並不具備此類型的轟炸機。

在冷戰時期，類似宣傳圖被美國和蘇聯廣泛地利用來證明

▲「結束了！戰爭接近尾聲了。敵軍對人類攻擊的力量已瘋狂超越所有界限。全世界都感到可恥和厭惡。介於財閥統治和布爾什維克主義之間的邪惡聯盟正瓦解中！」宣傳部長約瑟夫．戈培爾於希特勒56歲生日會的致詞（1945年4月20日）。

9. 捷克斯洛伐克已是解體的歐洲國家，演變為今日兩個獨立國家——「捷克」和「斯洛伐克」。

顛覆政府有理以及募資軍備預算因應第三次世界大戰。事實上，「納粹－捷克」宣傳地圖策略（1930年代）於21世紀被完全複製，刊登在英國報紙上，「證明」伊拉克擁有「大規模殺傷性武器」，有能力在45分鐘內攻下英國位於塞浦路斯的基地。再說一次，理論上或許可行，但問題是伊拉克並不具備任何此類的導彈或彈頭。

任何強加國家、政治或種族身份的世界地理圖，事實上都是宣傳手段一種。大多數的美洲游牧原住民，在與歐洲人接觸之前，對於土地所有權的概念，就如同霸佔一道風或一朵雲般，根本毫無意義。以更實質的角度來說，身為一個人或一個國家，如何能真正「擁有」一座山或一片荒原呢？

諸如利用地圖作為主權宣示文件或掌控全世界，並非普遍現象。不管如何，誠如在本書其它章節所示，在歐洲中世紀的探

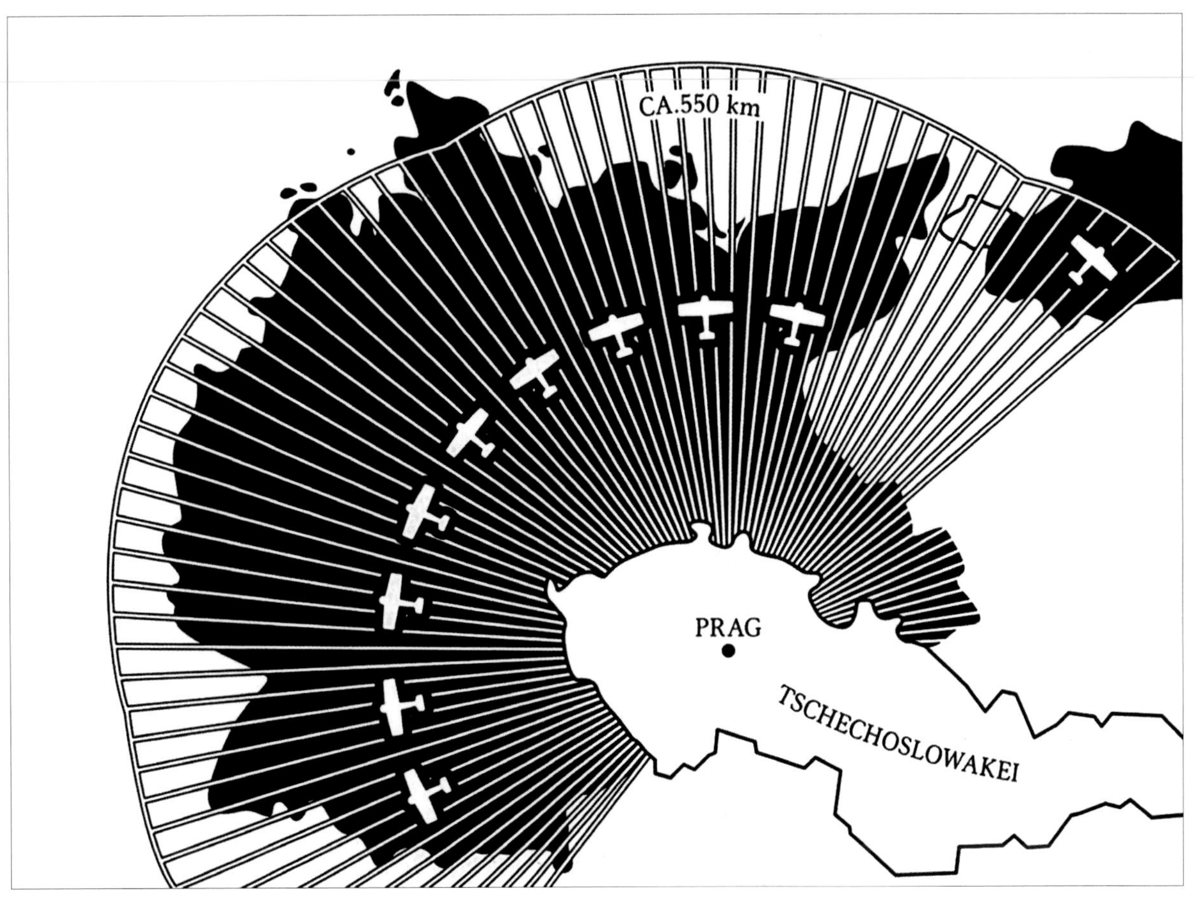

險時代裡，地圖成為既方便又受公認的「合法」手段，當時歐洲帝國列強直接忽視原本居住在新世界土地上的人，直接宣稱領土主權。地圖作為資助帝國擴展的手段，目的在於掌控那些尚未被其他製圖師劃界宣示主權的地方。即便有些人已在土地上居住千年之久，但在沒有地圖依據下，等同沒有合法權利宣示領土主權。這種剝奪情況不僅施加在原住民部落，同時還有那些自身沒有地圖的歐洲國家。

法國合法主張加拿大東部領土主權一事，從雅克・卡地亞（Jacques Cartier）於1534年的「發現」記載中有文為證。該「發現」令人匪夷所思；尤其卡地亞記錄他抵達聖羅倫斯灣時，現場有超過1,000艘巴斯克漁船。顯然巴斯克人比卡地亞更早（可能甚至早於哥倫布）在北美海岸附近捕捉鱈魚數十載；但卻因為巴斯克人沒有地圖依據，所以不能合法宣示領土主權，或是將發現新世界的事蹟歸功於己。

而在美洲、非洲和亞洲裡，所有歐洲殖民強權國家，都將地圖繪製者化身為誇大領土主權範圍的宣傳者。這也導致彼此出現激烈的「地圖交鋒」，而結果往往呈現荒謬誇大或扭曲自然地理的地圖。

▲此幅為1930年代的納粹宣傳圖：《小國威脅德國》；但事實上捷克斯洛伐克並沒有轟炸機。

到了20世紀，宣傳地圖發展得更加細膩。20世紀初時，世界地圖以顏色編碼，作為指示歐洲列強的掌控範圍。最為人所知的是大不列顛帝國的廣大領土，在大多數地圖上以淡紅色呈現。由

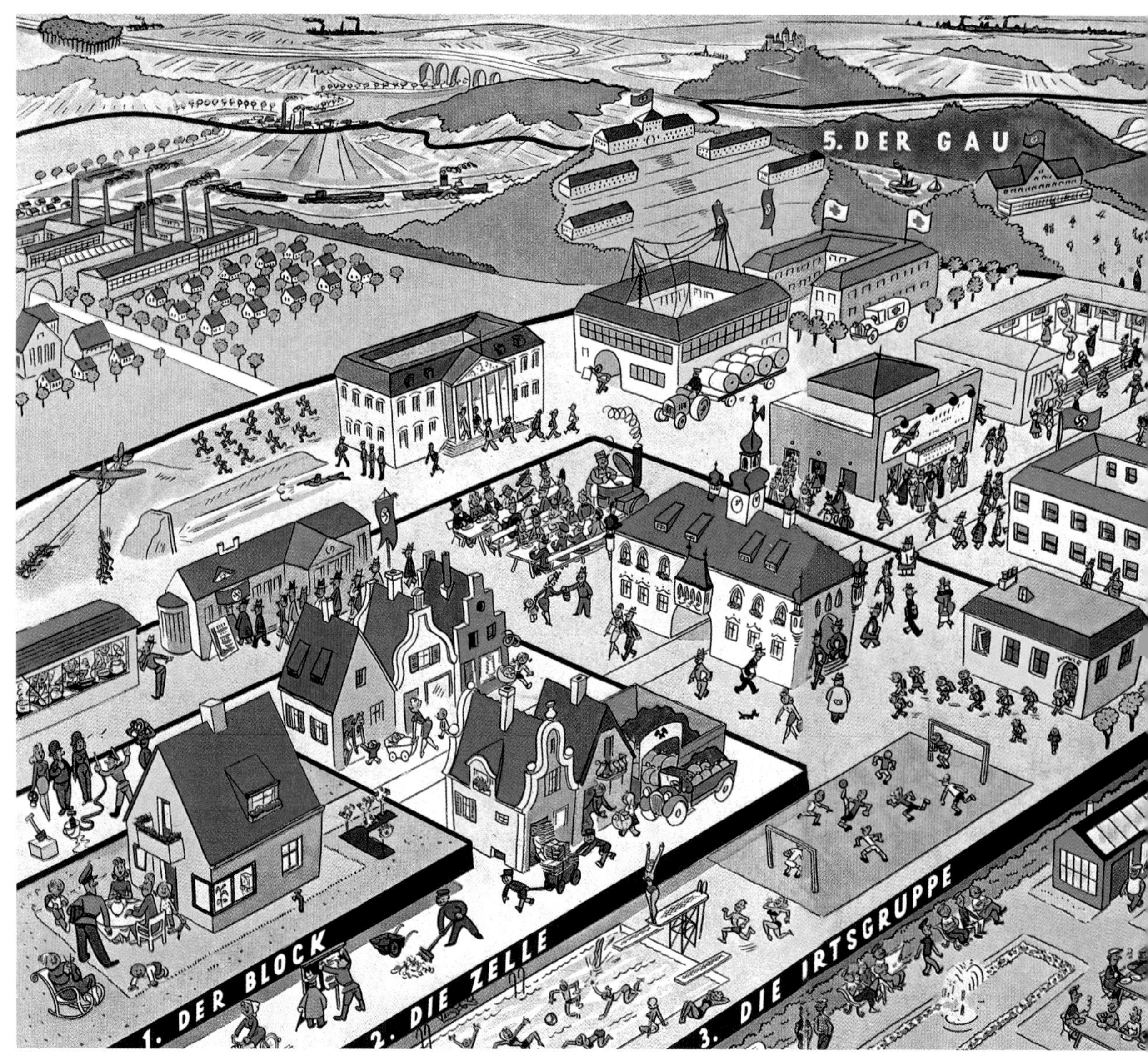

於地圖上的淡紅色陸地面積覆蓋了地球的四分之一，帶給人們大不列顛帝國是海上霸權和殖民帝國的震撼。

眾所皆知，納粹德國最擅長製作膽大妄為的宣傳地圖。在戰爭之前，德國將自己描繪成被其它強權國家威脅的受害者。可是一旦戰爭開始，德國宣傳地圖部門重新繪製地圖，展現德國瞬間成為無堅不摧的形象。在排版設計和地理範疇方面，德國的地圖繪製變得更加大膽又大幅。德國製圖師總忽視正常的測繪比例，而宣傳地圖則有意識地模仿羅馬帝國史詩般的規模和風格呈現。

戰爭初期，納粹雜誌發表主要戰事地圖，而且相當準確地描繪德國戰爭機器席捲歐洲其它勢力。每幅地圖與評註，傳達了一股媲美凱撒軍團征服成就的歷史意義。後來，當戰爭趨勢由勝轉敗，就算前線全軍覆沒，宣傳地圖仍持續繪製勝利出擊的姿態。

納粹出版物善於描繪基於國家和人民利益原則的「理想」社會社區。納粹精於鼓吹烏托邦願

景：未來德國將成為一個完美有組織的社會，健康與才智都將優越其他人種。這種天真爛漫的創意想法（如上圖所示），只會帶來更多寒蟬效應罷了。

▲左上圖：「黨組織的奇蹟調查圖」刊登於《信號雜誌》（*Signal*）。此鳥瞰地圖的附文說明了德國國家社會主義的理想組織狀態：一條街（40戶）、一個鄰（200戶）、一個鄉鎮（3,000戶），一個地區（20,500戶），橫跨40省區（50萬戶）；圖中還包括海濱度假勝地、療養院、希特勒青年政治培訓學院等，看看你能從圖中找出幾樣？這種童趣的表現方式，算是本書中最擾亂人心的地圖。不知這種童趣概念是有意的策略，或只是太過天真？

▲右上圖：1940～45年間，在戈培爾監督下，《信號雜誌》在歐洲各地發行多達20種語言版本，同時也在美國到處發行直到珍珠港襲擊事件為止。1943年雜誌以雙週刊出版賣了300萬份。該幅圖像描繪出英國利用歐洲作為對抗俄羅斯的緩衝據點，並伴隨一篇主題為「泛歐的虛假路徑」的文章，算是相當出色的構思設計。

托爾金的中土世界

Tolkien's Middle-Earth

托爾金筆下兩部小說《哈比人》與《魔戒》中的史詩冒險世界，最讓人耳熟能詳的就是「中土世界」。托爾金承認在與讀者和書評的往來書信中，「中土世界」所在地確實常常令人摸不著頭緒，但因為在托爾金心中的中土世界位置明確無疑，所以十分不解為何有不少人假設中土世界來自別的星球。

對托爾金而言，中土世界並非虛構。居住中土世界的人是他的祖先盎格魯－撒克遜人。在古老中世紀英語，「世界」一詞是「Middelerd」，指的是一處大量與「中庭」共聚一堂的地方，中庭是從古諾爾斯語Midgard詮釋而來，其意指「人類的世界」。托爾金曾在一封寫給出版社的信中提到：

Midgard是midden-erd或middel-erd的現代書寫形式，是oikoumene（人境）的古老稱呼，意指有人類居住的部分，是處客觀真實的世界，是與虛構世界（仙境）或看不見世界（天堂或地獄）背道而馳之地。

托爾金一直以來明確地指出哈比人的故鄉所在地是「夏爾」（The Shire），哈比人是來自工業革命前的古代先祖，他們大多居住在英格蘭中部農郡的美好綠地。托爾金經常提到夏爾的位置，除了古代英格蘭腹地之外別無他方：「畢竟所有書籍都使用英語，內容也皆出自於英國人筆下……。」

針對記者的提問，托爾金甚至以引導式回答，他以宏觀的「現實世界」角度來說明小說史詩的地理位置：「故事發生在中土世界的西北部，緯度上相當於歐洲沿海和地中海北岸地區。哈比屯（Hobbiton）和瑞文戴爾（Rivendell；精靈庇護所）的緯度和英國牛津差不多；而剛鐸聖白樹（White Tower of Gondor）的緯度則相當義大利佛羅倫斯以南600英里處。」在魔戒聖戰結束後，托爾金解釋其它地方，像是登丹重聯王國（Reunited Kingdom of Dunedain）的廣大土地可媲美查理曼神聖羅馬帝國；大致上來說，該地區可比擬定義為西歐。

想了解托爾金筆下世界的真正竅門，不是搞清楚地理位置，而是明白時序。針對這點，他在與讀者來回書信中解釋了很多遍：「我的故事發生的舞台是我們現在居住的世界，但歷史時空是虛構的。」該虛構時空是信史開端前的英雄神話時代。這是一個人類首次與天龍、精靈、矮人、巨人共處的時代。

托爾金的中土世紀鋪設於「神話時代」，該時空與世界文明演進的神祕理解是保持一致性。這部分與20世紀著名的宗教神話史家米爾恰．伊利亞德（Mircea Eliade）的理論有很多共同點。根據伊利亞德的說法，神話是關於永恆世界的創造與排序的傳說。重演儀式和吟誦神或始祖在「彼時」（illo tempore）的行為原型。托爾金的中土世界是一處充滿理想英雄原型的世界：一處文明的夢想與夢魘起源的世界。

▶貝爾蘭位於中土世界的西北部，曾建立多個王國，直到第一太陽紀元因「憤怒之戰」而摧毀大半，直接沉於大海。貝爾蘭是否涉指特定的地理位置？是沈沒在北海還是大西洋底下呢？

UNDYING LANDS
HELCARAXË (GRINDING ICE)
IRON MOUNTAINS
Tol Sirion
Belegost
Nogrod
Dorlath
Gondolin
BLUE MOUNTAINS
Nargothrond
Narog River
Sirion River
Menegroth
Gelion River
BAY OF BELAR
MIDDLE EARTH
BELERIAND
BELEGAER (WESTERN SEA)

《魔戒》（*The Lord of the Rings*）史詩般傳奇故事，反射出中土世界的地廣複雜的境界，而中土世界的真正時空概念是直到《精靈寶鑽》（*The Silmarillion*）一書出版後，讀者才又多了一些理解。

《精靈寶鑽》是關於精靈的歷史綱要和神話（許多有關中土世界的筆記和文稿是托爾金身後才補充的），此書開端以宇宙創造之始的《埃努的大樂章》（*Great Music*）說起。音樂讓世界顯耀成一顆充滿光明與氣息的球體。世界是一處遼闊寬廣平坦陸地之方，最初居住此地的是天神維拉（Valar）和邁雅（Maiar）；祂們是創造高山和星星，降伏火災和支配洪水的異教神及半神。排在這些天神之後的，是其它在中世紀動物寓言集紛紛出現的傳說種族和物種，比如：精靈、矮人、樹人、野人、座狼、獸人、炎魔、巨人、巨龍等等。

儘管達爾文的進化論不能套用在托爾金的世界，但他似乎非常熱衷於萊爾（Charles Lylle）的地質漸變學說。事實上，他是過度狂熱，因此才加速往前推動「大陸漂移說」的論述。一個超級大陸（超過數十萬年以上）分裂成不同規模大小的板塊，因而造成陸地運動和大陸漂移加速了幾百萬年。

值得注意的一點是在托爾金的中土世界歷史之中，人類是在3萬年左右才出現的。然後經過將近4,000年之後，發生一場所謂「世界大災難」，從此凡人和神仙各奔東西。中土世界成了存在於地球的世界；而維拉的仙境則變成另一種空間存在形式。

托爾金筆下的《魔戒》的世界，在演變成中土世界地圖所示的形狀之前，已存在了37,000年。考量到實際魔戒任務在短短90天就達成，37,000年歷史場景的鋪設似乎就有點太誇張，但這還不算結局。在魔戒聖戰後，托爾金估計在中土世界編年史裡，還另存6,000年的史事，從我們現代時間往回推算，魔戒聖戰年代應落於西元前4,000和5,000年之間；而托爾金的創世界則從西元前41,000年左右起始。

為何中土世界的一切演變與展現會穿越時空呢？答案是托爾金不只於滿足創作幾則津津有味的冒險故事而已。在他早年時，就已設下一個人生目標：創造或修復失落的盎格魯－撒克遜民族神話（也是他預見的）。史詩故事《魔戒》的重要性對他來說幾乎是次要。托爾金最大的寫作熱情是想為英格蘭人建立一個完整的神話世界。

托爾金的中土世界創作，企圖重建被遺忘的英格蘭原型世界。托爾金的作品規模龐大驚人；其需梳理的程度，可比荷馬在動手撰寫《伊利亞特》和《奧德賽》之前，必先透徹了解整個希臘神話和歷史那般浩大。實際上最令人讚嘆的地方是，托爾金將自己的雄心壯志實現到一個非凡境界。他的哈比人如今代表英格蘭，如同愛爾蘭人的妖精、德國的侏儒和北歐的巨人。英國歷史的各大事件，都可以在托爾金的古老神祕的中土世界原型中預先想像。

▲魔窟之王（Witch-king of Morgul），邪惡的戒靈之王，「沒有人殺得了。」托爾金刻意呼應蘇格蘭國王馬克白的傳奇。如同書中其它地方一樣，托爾金是在重建尋回失落的原型。

▶最能夠永恆代表奇幻世界的絕屬「中土世界」；此處終究是啟發托爾金靈感的地方。該圖為插畫家米哈伊爾（Mikhail Belomlinsky）為《哈比人》俄語版所繪製的圖像，將古老圖象和質樸無華的境界表達到恰到好處。

Железные
холмы
Эсгарот
Одинокая
гора
Долгое озеро
Дейл
р. Быстротечная
Дворец
короля
эльфов
Чёрный лес
скала Каррок
Дом
Беорна
Туманные горы
Последний
домашний
приют
Дикий край
С
Ривенделл
Хоббитон
З
В
Ю

文蘭地圖

The Vinland Map

耶魯大學拜內克古籍善本圖書館的策展人，看到支票開出時，內心可是充滿感激又歡喜。1958年，100萬美元並非是筆小錢。但是，到底是何方寶物值得如此高價珍藏呢？超過40年後，耶魯大學仍對保管這幅「耐人尋味和具爭議性的史料」感到驕傲不已。然而，到底這是一幅真跡地圖，還是輝煌贗品而已？

《文蘭地圖》最早是由巴塞隆納古書商人從一本手稿古籍中發現，手稿名稱為《韃靼關係》（*Tartar Relation*），其內容與13世紀的中亞探險隊有關。1957年，來自美國新哈芬的古董商，花了3,500塊美金買下手稿和地圖。接著他將地圖優先展示給耶魯大學的地圖策展人亞歷山大館長維特（Alexander Vietor）。1965年，因出現匿名贊助者的關係，耶魯大學順利將地圖公之於眾，並同時出版《文蘭地圖和韃靼關係》一書。

為何區區一幅地圖要小題大做，並且大張旗鼓張揚百萬美金和出書呢？這幅《文蘭地圖》繪製於有如厚描圖紙般堅硬的羊皮紙上，地圖尺寸長41公分，寬28公分，中間還對折，剛好能夠完整折收到手稿古籍裡，研究人員推測該古籍存留至今應有數百年之久。此幅地圖揭示歐洲、北非、格陵蘭和北美洲部分東北海岸的地理範圍。而圖中一座大島旁邊有段拉丁文注釋，其海岸線無疑為加拿大拉布拉多和紐芬蘭的一部分。此段譯文之意為：「布加爾尼（Bjarni）和雷夫（Leif Ericksonn）[10]共同發現一塊新陸地，此地豐饒肥沃，甚至生長葡萄，因此他們將此島命名為文蘭。」

該幅地圖推斷繪製於1440年，據稱比哥倫布發現美洲早了50年，成為歐洲首次踏上新世界的證明。《時代雜誌》宣揚這是「20世紀最重要的地圖發現。」

然而，收購典藏後與正式發表之間的準備期，耶魯大學並沒有操之過急，主要是考量到長期贊助耶魯大學的保羅．梅隆（Paul Mellon）的捐贈遺志，他要求出版前必得深入探究此圖才行。為此，研究期間不少疑惑迅速地浮出水面。1966年，美國史密森學會舉辦了一場國際研討會，幾位學者提出異議。與此同時，英國皇家地理學會地圖館長克隆（Gerald Crone）也在《倫敦時報》鏗鏘有力地投書質疑地圖的真實性。而耶魯大學的反應可想而知。史密森學會的美國研究中心主任華旭本恩（Wilcomb Washburn）更於30年後的第二場國際研討會上辯論同一主題——「史上最具爭議性的文蘭地圖。人類主觀意見對歷史真相的影響。」

1972年，地圖墨跡的化學鑑定結果更提高對於真跡的質疑。透過化學家麥克隆（Walter McCrone）進行分析地圖墨水，發現了墨跡含有較高量的鋭鈦礦，而含有這一化學元素的墨水是直到1920年才生產。由此，研究人員正式聲明文蘭地圖是偽造的，這可是打破多年學術研究的聲譽。麥克隆的分析結果似乎解決了爭議，但又不盡然。

1985年，耶魯大學拜內克古籍善本圖書館，私下把地圖交付給物理學家卡希爾（Thomas

10. 兩人均為北歐探險家。

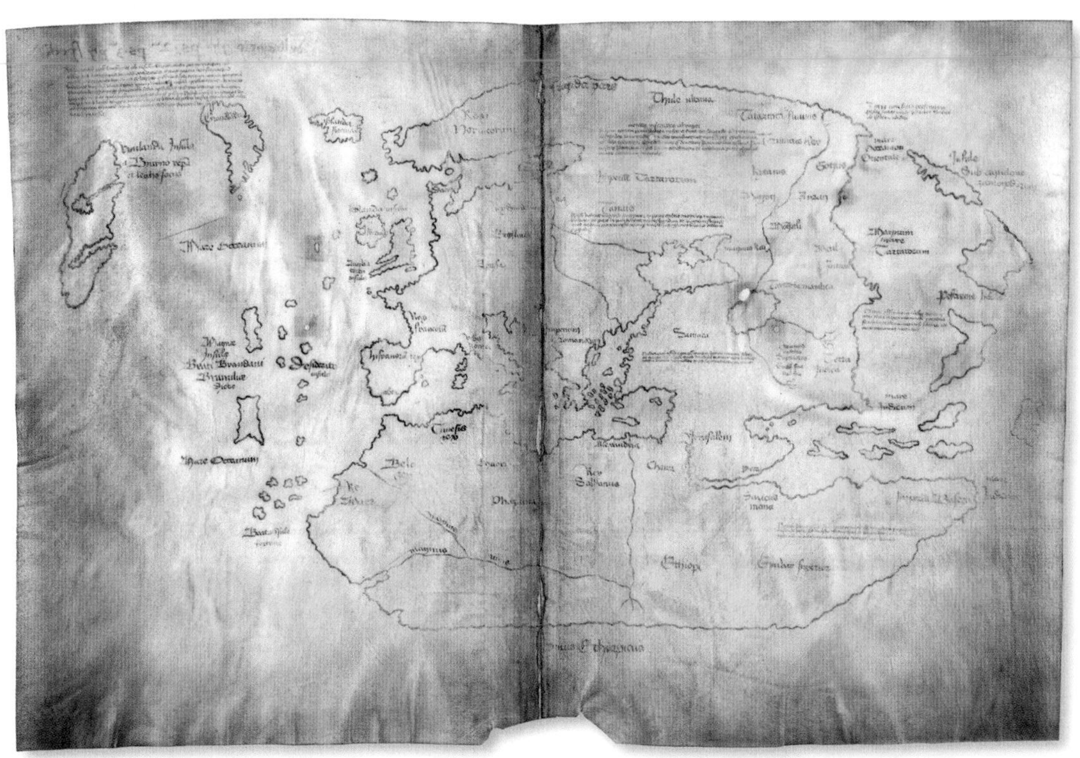

▲古文書學家保羅．桑格（Paul Saenger）聲稱，「從文蘭島到精準描繪的格陵蘭和冰島的北歐細節令人讚嘆不已……但卻沒有呈現任何中世紀北歐製圖傳統的跡象……強烈斷定是幅偽造圖。」德國耶穌會神父（製圖師）約瑟夫．費雪（Josef Fischer）被懷疑是始作俑者。有人說他假造此幅地圖以揶揄納粹黨1930年代侵略天主教教會，表明教會與維京人（暗指納粹黨）同時來到新世界。

Cahill）進行4天的鑑定。卡希爾和加州大學的同事以另一種技術來進行墨跡化學測定。他利用「粒子誘發X射線」進行全面性（非局部）墨水物質分析。結果只發現極少量的銳鈦礦，科學家認為這是自然現象產生的結果。因此，15世紀學者筆下的墨水可能含有這種物質。隨後於1995年，來自亞利桑那大學布魯克海文國家實驗室的化學家加曼（Garman Harbottle），被允許剪下一條3英寸的地圖羊皮紙來進行「碳14定年法」（Carbon-14 dating）。他非常肯定結果可追溯至1434年，前後誤差值為11年。「那又怎樣，」這是麥克隆的反應，因為地圖本身「仍是20世紀的贗品」。2002年，倫敦大學學院的兩位化學家羅賓（Robin Clark）和凱瑟琳（Katherine Brown）的鑑定結論似乎更篤定了麥克隆的立場。他們所使用的技術稱之「鐳射拉曼微探針光譜測定法」（laser Raman microprobe spectrometry），基本上是以激光束直接照射在物品，其中有很小部分光子產生所謂的拉曼散射。每種材料皆具獨特的散射光譜作為科學家鑑定識別的依據。因此他們的結論是：偽造者在黃線上覆蓋一層黑線以仿製陳舊效果。這次換成卡希爾說，「那又怎樣，他們只是從非常有限的數據結論借鑒而來的。」

真偽性的辯論一直持續至今。到目前為止，沒有確切的證據可以佐證科學的分析絕對會比非專家的猜測更為準確。

宣傳投影圖

Propaganda Projections

如同本書所表明，沒有一幅地圖投影是完美的。而在平面圖上呈現地球弧形表面是不太可能的事。有些製圖者的世界地圖投影確實比較出色，但當中有位製圖者靠的不是傑出的投影，而是憑藉遊說和精明宣傳而成功令人接納他的含糊概念。另一位輕鬆看待製圖的人，雖然沒有達到相同的影響力，卻成了國家英雄。

上述所提及的第一個地圖操弄故事的核心人物是阿諾．彼得斯（Arno Peters）。他於1916年誕生於柏林，1930年代在成為希特勒納粹德國的電影工作者之前，是專門研究歷史的。1942年，他完成博士學位，論文有關政治宣傳。後來他成為一名記者，並培養出收購地圖的興趣，他將此視為一種表達政治理想的方式。彼得斯一直居住在不萊梅小鎮，於2002年逝世。

1973年，彼得斯召開記者會，詆毀大家常用的麥卡托世界地圖，介紹了自己「新創」的等面積投影圖。麥卡托地圖（採用圓柱投影法）因導致北美和歐亞國家的北緯地區扭曲變形，而使得面積看起來遠遠比實際大很多。之所以沿用至今的理由為地圖線條繪製的方向是精準的。

彼得斯宣稱，如果標準緯線往南移動45度，同時保持緯度和經度平行交叉的矩形網格，這樣對世界上未開發國家來說會更公平。而其結果呈現的是或多或少的等面積地圖，有位重要的現代製圖師形容此幅地圖就像「北極圈曬著好幾條又濕又長的冬天衛生褲。」另一位專家評論則說，彼得斯投影是身在政治正確時代（任何評論現狀的人都應獲得適當尊重）下受益的一場製圖假道學。

彼得斯的同等面積的方法遠遠不及原創。誕生於瑞士的德國數學家約翰．蘭伯特（Johann Lambert，1728～77年）是最早於1722年提出此原創概念的人，也就是在地圖上放棄正確的角度關係。1855年，由蘇格蘭牧師兼製圖師和數學家的詹姆斯．高爾（James Gall，1808～95年）將投影化為實用形式，並將此投影法「正射等面積投影法」（orthographic equal-area projection）發表在《蘇格蘭地理雜誌》。蘭伯特的正方位投影和亞爾勃斯的圓錐投影，皆保留土地面積的正確比例。現代「古特

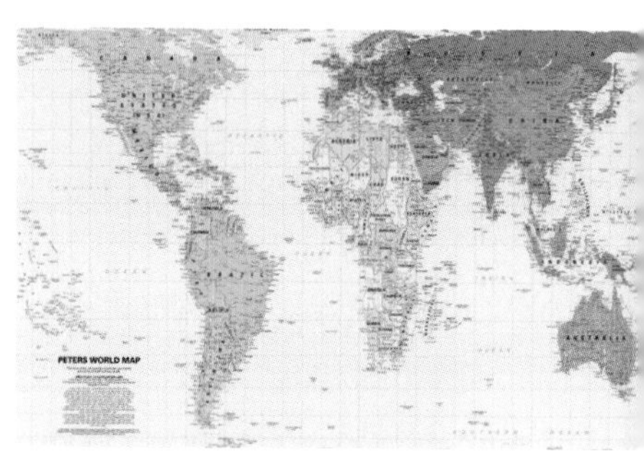

▲彼得斯的「正射等面積投影法」，俗稱「彼得斯－高爾投影法」，因詹姆斯．高爾是最早運用此概念的人。標準麥卡托投影常被提到的問題（也是彼得斯攻擊的點）是：其地圖顯示非洲面積約格陵蘭大小，但實際上大了13倍。但彼得斯的世界地圖，非洲南北長度比東西長了兩倍，但實際上長度應該是差不多的。

投影」（Goode projection）將地球劃分為4大橢圓形，因而所有大陸皆具幾乎相同的形式，形狀也與實地相差不大。

然而，彼得斯自己的宣傳得到了回報，媒體抓住了這幅「第一次不分種族地圖」的大標題。到了1983年，此幅世界地圖出現了英語版本。與此同時，彼得斯竭力爭取各種名聲響亮的國際組織的背書，其中包括基督教

援助、普世教會組織、聯合國教科文組織、聯合國兒童基金會等等。幾個基督教左派的非政府慈善組織則規避了彼得斯的勢力範圍。他也獲得西德政府的支持。他的支持者沒有人聽信那些指責彼得斯的投影不原創，或地圖並非特別準確的批判言論。美國地質調查局的發言人堅持：「彼得斯的地圖仍舊比不上已經使用400年的類似地圖。」但成千上萬的教育網站仍提供彼得斯地圖的連結。

也許這些批判對彼得斯來說太苛刻了，畢竟，他的父親曾被納粹關進集中營（他的父母皆為社會運動家），有些價值觀也許是受到父母所影響。1989年，7個北美地理組織提出一項決議，敦促所有地圖出版商不再使用矩形等積圖，因為「世界地圖會強烈影響到人民對於形狀印象，土地和海洋面積大小的感受……而諸如此類的地圖在扭曲世界上規模較大地區時，會造成嚴重的錯誤觀念。」但是就算看到格陵蘭島面積小於非洲，就能有助於緩解世界貧窮嗎？

另一個破壞製圖規範，但較不具爭議的人，是來自澳大利亞墨爾本的麥克阿瑟（Stuart McArthur）。1970年正值12歲的他，繪製了第一幅「以南為上」的地圖。但當時他的地理老師要求重做作業。現年21歲的他又再試了一次；迄今這幅《麥克阿瑟通用糾正世界地圖》（McArthur's Universal Corrective Map of the World）已售出逾50萬張。原創地圖聲明如下：

終於，第一步已啟動，這期待已久的改革第一步，提高我們光榮，但在世界權力中，處於黯淡深處被忽視的無名國家，正努力奮鬥爭取其應有地位，也就是凌駕北方鄰國之上，成為了不起的宇宙主宰者。

▼如同《麥克阿瑟通用糾正世界地圖》一樣，「候伯－戴爾等面積投影法」（Hobo-Dyer Equal Area Projection）提供「以南為上」的另一種視角地圖。此幅地圖由地圖出版商專門委託製作，依據1910年「貝爾曼投影」（Behrmann projection）微調而來的。該南方導向的圓柱投影，在地球緯度37.5度劃分出南北；而澳大利亞當然是在世界頂端。俄羅斯面積一如往常是最大的，但卻失去大部份陸地面積。也許是因為太平洋地區占用了太多印刷空間。

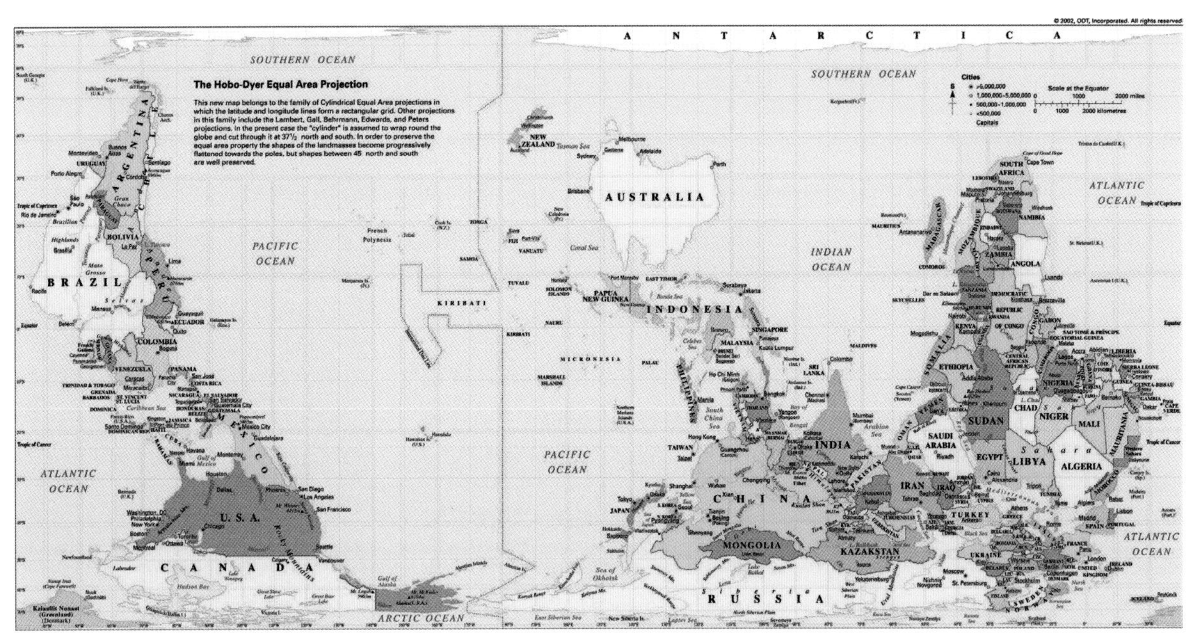

匹茲加諾的「新世界」地圖

The Pizzigano 'New World' Map

2002年，英國作家兼「業餘」歷史學家孟席斯（Gavin Menzies）出版了《1421：中國發現世界》，該書提出一個有趣的想法，就是中國遠征艦隊在著名宦官鄭和（1371～1433年）的帶領下環繞地球航行，比哥倫布早70年發現美洲大陸。

此幅繪製於羊皮紙的波特蘭型海圖，出自於祖阿尼·匹茲加諾（Zuane Pizzigano）之手，是否該幅地圖能證實孟席斯的理論呢？至少這幅《1424海圖》的真實性是不容置疑的。該幅地圖收藏於明尼蘇達大學詹姆士福特貝爾圖書館，圖上繪有不列顛群島、法國和伊比利亞半島附近的歐洲海岸線，以及部分非洲西海岸地區。同時在大西洋深處繪有4座色彩鮮明的大小規模群島，匹茲加諾分別命名為：Antilia、Satanazes、Saya、Yamana。孟席斯首先辨識出其中兩座（最大型）島嶼，分別為波多黎各島（Puerto Rico）以及瓜德魯普島（Guadeloupe），並推測地理訊息應來自一名威尼斯旅行家尼可拉·寇帝（Niccolò da Conti），因為當時處於西南印度馬拉巴海岸的主要貿易港口卡利卡特（Calicut）的他，同時（1421年）遇上中國探險艦隊，並很可能跟探險隊史官馬歡交談過。但迄今沒有一幅現存中國地圖記載過有關此趟航行的種種，其因歸咎於1424年明成祖朱棣駕崩後，中國進入鎖國時期，海外遠航隨之擱置停止，大批文獻紀錄遭到銷毀。孟席斯聲稱，這些在哥倫布航行之前所繪製的海圖島嶼，並非道聽途說，而是真正來自航海探險測繪成就。孟席斯以上論述要點是經得起考驗的。匹茲加諾確實將兩座島嶼之中最大島標記為Antilia（安迪利亞島），這是首次出現的稱號。研究此幅地圖的葡萄牙歷史學家阿曼多（Armando Cortesão）指出Antilia名稱來自anti（前）和ilha（島）的詞源組合；更進一步衍伸之意為「座落於大陸前面的島嶼」。爾後，「安迪利亞島」名稱也出現於1435年，義大利熱那亞製圖師巴蒂斯塔·巴塞呂歐（Battista Beccario）繪製的地圖中；更廣為人知的則是出現在馬丁·貝海姆（Martin Behaim，葡萄牙國王約翰二世的航海顧問）於德國紐倫堡製作的地球儀上面（剛好在哥倫布1492年啟航前完成的）。

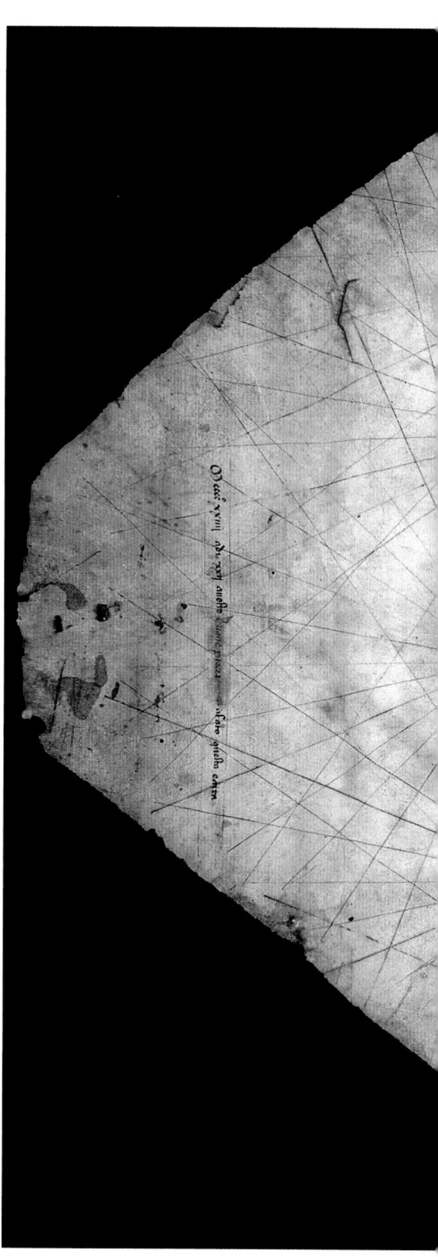

▼匹茲加諾的「1424地圖」顯示葡萄牙沿海、西班牙和非洲範圍，孟席斯也辨識出波多黎各島和瓜德羅普島。兩個關鍵島嶼顯示在左側。孟席斯將紅色島嶼「安迪利亞島」視為波多黎各島，因為圖中的瓜亞尼亞灣（Guayanill）和今波多黎各聖胡安灣（San Juan）的相似性相當具有說服力，且波多黎各島本身是明顯的長方形。但其它地方的比對結果就相當薄弱。還有人認為有些島嶼代表紐芬蘭、佛羅里達州或福爾摩沙。而堅定不移支持孟席斯論述的則是中國政府。

有關匹茲加諾繪製的海圖，其重點是納入航海家和水手的製圖知識經驗（無論知識真假與否）。「波特蘭」（portolan）一詞意指「抵達避風港或安全港」，其意表明波特蘭型海圖繪製者所涵蓋的每條訊息，目的皆要航海員順利平安登陸。其中一幅1367年繪製的裝飾性海圖（有時被稱為「教皇烏爾班地圖」，取自資助者教宗烏爾班五世之名），出自佛蘭西斯和多梅尼科之手，這兩位製圖師皆為同個威尼斯製圖師族，他們是匹茲加諾家族的兄弟；特別值得注意的地方是圖中呈現大西洋以西的大型群島。雖然地圖隻字不提「安迪利亞島」，但圖中如此清楚表明，在《1424海圖》之前，整個遠至亞速爾群島以西的異國想像早已流傳開來。若此事當真，那麼「安迪利亞島」有可能只是傳說，隨著時間推移，製圖師的形而上概念，僅僅再次在15世紀地圖上作為描述時間的結果。

最早關於這些島嶼的文獻，可能來自西元1世紀希臘散文家普魯塔克（Plutarch）在著作中提及的4個「惡魔島」（isles of the Demons；按說是位於大西洋）；可以肯定的是，此名稱與匹茲加諾的Satanazas（魔鬼島；Devil's Island）說法吻合。但到了15世紀，一個迥然不同的神話正流傳中，1474年，一名佛羅倫斯科學家保羅．托斯卡內利（Paolo Toscanelli）寫了一封信給葡萄牙國王，內容臆測著通達印度的西部海域，他斷言：「從安迪利亞島（也就是您所知的七城島）到日本島之間的距離為2,500英里。」這個引用來自貝海姆後來製作的世界地圖。圖中安迪利亞島如此被描述：

西元734年，當整個伊比利亞半島被非洲異教徒入侵（即711年，入侵西班牙的丹吉爾摩爾人），而在安迪利亞島之上，則稱之為「七城」。此地是由葡萄牙波爾圖的大主教殖民統治，並且還有6名主教，以及帶著牛隻和家當從伊比利亞半島坐船逃難來到此地的基督教男女。1414年，一艘船伊比利亞半島航行到安迪利亞島附近。

在貝海姆的描述文字中，安迪利亞島被安置於虛構的基督教王國所在地，其發源與伊斯蘭教擴展有關，並因新信仰崛起而大失領土。另一則類似傳說是，據說亞美尼亞和波斯以西某處的中亞王國，居住一位神祕基督教牧師兼戰士的約翰長老王，傳說他把耶路撒冷和基督教的歐洲，從十字軍東征時期的穆斯林威脅中解救出來。

這些傳說很難去質疑，因為即便16世紀航海家已打消安迪利亞島的概念（重新命名納入西印度群島），七城神話仍舊存在，只是重新以「西波拉七城」（Seven Cities of Cibola）之名作為掩飾，據稱該地區蘊藏豐富的黃金和白銀，位於北美墨西哥灣以北之處。

另一方面，15～16世紀間的眾多地圖中，安迪利亞島的地理位置（位於亞速爾群島以西大約700海里之處）仍舊始終如一；其它固定不變的特徵是面積，約三分之二葡萄牙國家大小，幾近完美的矩形。匹茲加諾地圖的島嶼和波多黎各島的海岸線之間的特徵相呼應，對孟席斯來說具有一致性的說服力。然而，魔鬼島（Satanazes）也是類似形狀，而證據將魔鬼島指向非矩形的瓜德魯普島是不太具說服力的。因此，也許同樣的輪廓被重複使用代表不同假設的地域呢？

孟席斯的論述遭來許多批判，其中不少理由是基於無充分嚴謹的地域研定。例如：孟席斯主張中國遠征艦隊，把源自南美洲的磨齒獸引進澳大利亞，但實情是這種動物早在15世紀已滅絕。同樣地，有關他最初提出的匹茲加諾地圖論證前提也有嚴重缺陷；哥倫布發現美洲之前繪製的大西洋西部群島分佈圖，是完

▲最適合本書結尾的圖像是這幅來自14世紀的手抄插畫，描繪馬可波羅在《奇蹟之書》中歷經暹羅（泰國）的旅程。鄭和下西洋，馬可波羅則遊歷東方抵達忽必烈宮廷，而且他比鄭和早150年出發。馬可波羅的遊記，不僅捕捉到我們對中世紀的想像，也記載了不少奇聞軼事，該書更影響製圖學好幾世紀。我們知道哥倫布出航時身邊帶著馬可波羅的書；有些人認為他也攜帶了中國繪製的世界地圖。

全無法提出無可爭議的早期勘探反證證據。詹姆士福特貝爾圖書館的策展人的觀點形容得很恰當：

> 因為島嶼所顯現的細節，以及一些特定地名，很容易令人相信這不只是傳說或神話。但地圖名稱與現代地理名稱顯然不符，即使地名由來也無法證實。很多時候看法只是想要滿足「首次證實」理論的一己之慾。

中國政府其實支持該理論。《中國日報》於2004年7月提問關於年份的問題：請問哪位探險家比義大利探險家哥倫布早87年，以及比葡萄牙探險家麥哲倫早114年，完成環繞地球一圈？而為了慶祝鄭和下西洋600週年盛事，中國特派交通部部長張春賢統籌大規模的慶祝活動。

也許將孟席斯的論述編列在「奇幻、荒唐、捏造」的主題章節是不公平的。因為他的論述並沒有造假，而有些從歷史學術成就為立場的批判也未必是謙虛。將孟席斯先生的地圖故事作為本書最後一篇，原因是此幅地圖觸及了探索、政治、詮釋等多元主題，讓「製圖學」成為一門適合研究人類歷史的學門。

致謝

出版商在此誠摯地向以下為此書貢獻的所有作者致上謝意：

約翰．克拉克（John O.E. Clark）

作家，編輯。編撰英文字典、百科和各種知識書籍。專注於研究致力創新的製圖師，如：愛德蒙．哈雷（Edmond Halley）、亞歷山大．洪堡德（Alwxander von Humboldt）、威廉．史密斯（William Smith）等人。

傑米．布萊克（Jeremy Black）

英國艾克斯特大學歷史學教授（任教於歷史系、政治系與社會研究系）。其研究領域為：1500年後軍事史、18世紀不列顛史、國際關係、製圖學史。著有《地圖與歷史：重建過去圖像》（*Maps and History: Constructing Images of the Past*／耶魯大學出版社，1997）、《地圖與政治》（*Maps and Politics*／芝加哥大學出版社，1997）。曾擔任《DK世界歷史地圖集》（DK Atlas of World History／英國DK出版社，2000）的編輯。其它著作包括《軍事史反思》（*Rethinking Military History*／羅德里其出版社，2004）、《知識的力量：資訊和科技如何打造現代世界》（*The Power of Knowledge: How Information and Technology Made the Modern World*／耶魯大學出版社，2014）。

馬丁．艾文斯（Martin Marix Evans）

畢生研究軍事地圖的作家，著作超過20本以上，包括《撤退、地獄！我們剛抵達此地！：在法國的美國遠征軍1917～1918年》（*Retreat,Hell! We Just Got Here! The American Expeditionary Force in France 1917–1918*）。其所撰寫之文章〈地圖與決策：布勒的南北圖蓋拉1899～1900〉（*Maps and Decisions: Buller South and North of the Tugela, 1899–1900*）收錄於《戰場》（*Fields of Battle*，*2002*）一書中。他以一幅關鍵地圖，引起國際關注1940年著名的希特勒「暫停命令」事件（參見178頁）。

馬可斯．古柏（Marcus Cowper）

編輯、作家，同時也是美國歷史專家。北美拓荒者約翰．史密斯（John Smith）與約翰．懷特（John White）、桑森（Sanson）與尚普蘭（de Champlain）的製圖、17、18世紀的「英法地圖大戰」等，皆為其撰寫題材。

大衛．達伊（David Day）

為本書貢獻許多關於奇幻地圖與古代宇宙學的內容。至少撰寫了6本有關奇幻小說家托爾金作品的書籍。著有《尋找亞瑟王》（*The Search for King Arthur*／Facts on File出版社，1996）。

切特．赫恩（Chet Hearn）

為本書提供關於美國內戰製圖家傑迪代亞．哈奇基斯（Jedediah Hotchkiss）和海洋學家莫瑞（Maury）的內容。著作超過20本以上，包括《航跡圖：馬修．方丹．莫瑞與海洋繪製》（*Tracks in the Sea: Matthew Fontaine Maury and the Mapping of the Oceans*／Ragged Mountain出版社，2002）、《美國內戰：維吉尼亞州》（*Civil War: Virginia*／Salamander Books出版社，2005）。

朱利安．哈金森（Gillian Hutchinson）

其為本書提供有關「波特蘭型海圖」和「英國海軍海圖」等研究分析。本身為英國國家航海博物館之製圖學史策展人。

彼得．路易斯（Peter Lewis）

作家、譯者、編輯。研究領域為文藝復興與17世紀製圖史，包括塞拉里烏斯（Cellarius）、薩克斯頓（Saxton）、阿皮亞努斯（Apian）、基爾（Kaerius）、維特（de Wit）、匹茲加諾（Pizzigano）等製圖師的地圖。

圖片版權說明

R=右，L=左，C=中，T=上，B=下

Ancient Art & Architecture Collection Ltd: 18, 21.
Alan Lee, from Tolkien's Ring (Pavilion Books, 1999): 244.
The Art Archive / Biblioteca Estense Modena / Dagli Orti: 18. / The Art Archive / Bodleian Library Oxford / The Bodleian Library: 26. / The Art Archive / National Library Cairo / Dagli Orti: 27.
Beinecke Rare Book and Manuscript Library, Yale University: 247.
Bodleian Library, Oxford: 183.
Bridgeman Art Library: The Stapleton Collection/Bridgeman Art Library: 37. / Musée de la Poste, Paris, France, Archives Charmet/ Bridgeman Art Library: 45. / Royal Geographical Society, London, UK/Bridgeman Art Library: 227. / illustration from The Hobbit by J. R. R. Tolkien (1892–1973), edition published 1976 (engraving), Belomlinsky, Mikhail (contemporary artist), private collection/ Bridgeman Art Library: 245.
British Crown Copyright: 149.
By permission of the British Library: 63.
Chester Hearn Collection: 67T, 65.
Central Intelligence Agency: 89TR, 89BR.
CORBIS: 2, 213. / Michael Maslan Historic Photographs/ CORBIS:16. / Yann Arthus-Bertrand/CORBIS: 25. / Charles & Josette Lenars/CORBIS: 33. / Gianni
Dagli Orti/CORBIS: 41, 42. / Bettmann/CORBIS: 196, 200, 222, 229. / Royalty-Free/Corbis: 49, 51, 93, 94, 96, 107B, 111, 114, 119, 123, 130, 137, 196, 207T. / Stapleton Collection/CORBIS: 60. / Archivo Iconografico, S.A./CORBIS: 111. / ©The Andy Warhol Foundation for the Visual Arts/Corbis: 189. / David Turnley/ CORBIS: 207B.
Digital Vision: 6, 7, 10, 47, 48, 53, 56, 107T, 108, 109, 113, 117T, 117B, 118, 120, 129T, 204–205, 225.
Dixson Library/State Library of New South Wales: 141T.
Heritage image partnership / The British Library: 141B.
Reproduced by permission of the Huntington Library, San Marino, California: 218.
Imperial War Museum: 176, 177, 181.
The James Ford Bell Library, University of Minnesota: 251.
Library of Congress Geography and Map Division: 9, 11, 24, 28, 29, 59, 67B, 71, 72, 89BL, 90, 96, 100–101, 105, 125, 126, 129B, 138, 143, 146–147, 155, 190, 193, 201, 203, 209, 211B, 211T, 215, 216L, 216R, 223, 228, 233, 234, 235; Library of Congress, Geographyand Map Division / Preparation Route source: Frank Muhly, Lewis and Clark Trail Heritage Foundation, Philadelphia Chapter: 145; Library of Congress, Prints & Photographs Division: [HABS, RI,3-NEWP,3-1] 32, [LC-USZC4-724] 156.
London Transport Museum: 79.
Ludington Limited: 81.
Martin Marix Evans: 161T, 161B, 163T, 163B, 165, 167, 169, 171, 172, 173, 175, 179, 181T, 187B.
NASA: 83.
Courtesy of The National Archives of the UK: (C0700 NY 23) 12, (FO 931/1900) 38, (CO 700 AMERICAN COLONIES GENERAL 1) 133, (CO700 AMERICAN COLONIES GENERAL 2) 134–135, (W078/1006) 150, (MPI/1450 (4) 185T, (MPI 1/450 (3) 185B, (MPI 1303) 194–195.
Collection of the New-York Historical Society: 230, 231.
Octopus Publishing Group/Sally Davies: 241.
Pavilion Image Library: 99T, 99B, 168, 187T, 238, 239, 241R, 238, 248.
Photo Scala, Florence: 153.
From the NORSE MYTHS by Kevin Crossley-Holland, 1980 by Kevin Crossley-Holland. Used by permission of Pantheon Books, a division of Random House Inc.: 31.
Science Museum/Science & Society Picture Library: 55, 199.
The State of Israel / MOD: 217.
The Tank Museum Collection, Bovington: 181B.
Trustees of the Corsham Estate: 161.
Ulf Erlingsson, 2004. Atlantis From a Geographer’ s Perspective: Mapping the Fairy Land (Lindorm.com): 221.
US Department of Defense: 186.
U.S. National Oceanic & Atmospheric Administration (NOAA) and U.S. National Tsunami Hazard Mitigation Program: 85.
US Naval Observatory Library: 34.
Wellcome Library, London: 69, 77.
World Resources Institute: Data from China Human Development Report 1999, provided by CIESN, boundaries by ESRI, map reproduced from http://earthtrends.wri.org, a project at the World Resources Institute: 87TL. / ‘Poverty in Bangladesh: Building on Progress’ , World Bank Poverty Assessment 2002, map reproduced from http://earthtrends.wri.org, a project at the World Resources Institute 87TR. / Global map provided by CIESIN, anthropometric data by Demographic and Health Survey. Map reproduced from http://earthtrends.wri.org, a project at the World Resources Institute. 87BL, 87BR, 89TL.
ODT, Inc. For maps and other related teaching materials contact: ODT, Inc., PO Box 134, Amherst MA 01004 USA; (800-736-1293; Fax: 413-549-3503; E-mail: odtstore@odt.org. Web: www.odt.org:249.

感謝凱爾文學院（Calvin College）傳播藝術與科學系教授藍德爾．彼特沃克（Randall Bytwerk）提供240頁戈培爾語錄。

感謝詹姆斯．梅圖恩．坎貝爾（James Methuen-Campbell）授權使用159頁圖。

改變歷史的地圖與製圖師

藏在地圖裡的智識美學與權力遊戲

大寫出版 Briefing Press
知道的書 Catch On!　書號HC0068

著者　約翰・克拉克（John O.E. Clark）
譯者　曾雅瑜
美術設計　楊啟巽工作室
行銷企畫　郭其彬、王綬晨、陳雅雯、邱紹溢、張瓊瑜、蔡瑋玲、余一霞、王涵
大寫出版　鄭俊平、沈依靜、李明瑾
發行人　蘇拾平
地址　台北市復興北路333號11樓之4
電話　（02）27182001　傳真：（02）27181258
發行　大雁文化事業股份有限公司
台北市復興北路333號11樓之4
24小時傳真服務（02）27181258
讀者服務信箱 E-mail: andbooks@andbooks.com.tw
劃撥帳號：19983379
戶名　大雁文化事業股份有限公司

初版一刷　2017年3月
定價　560元

ISBN 978-986-5695811

大雁出版基地官網：www.andbooks.com.tw

Maps That Changed The World
By John O.E. Clark

國家圖書館出版品預行編目(CIP)資料

改變歷史的地圖與製圖師:藏在地圖裡的智識美學與權力遊戲
約翰.克拉克(John O. E. Clark)著;曾雅瑜譯.初版.
臺北市:大寫出版:大雁文化發行,2017.03
256面 ;19*25公分.(知道的書Catch On;HC0068)
譯自:Maps that changed the world ISBN 978-986-5695-81-1(平裝)
1.地圖學 2.地圖繪製 3.歷史
609.2　106002289

Maps

That
Changed
The
World

Maps

That
Changed
The
World